suhrkamp taschenbuch
wissenschaft 1656

»Was ereignet sich nicht alles zu gleicher Zeit, was sowohl diachron wie synchron aus völlig heterogenen Lebenszusammenhängen hervorgeht? Alle Konflikte, Kompromisse und Konsensbildungen lassen sich zeittheoretisch auf Spannungen und Bruchlinien zurückführen, die in verschiedenen Zeitschichten enthalten sind und von ihnen ausgelöst werden können.« Reinhart Koselleck, zahlreich ausgewiesener Fachmann für die Theorie der Geschichte, geht in den Studien dieses Bandes der Frage nach, was sich bei dem, was Dauer, Lang-, Mittel- oder Kurzfristigkeit genannt wird, eigentlich wiederholt, um einmaliges Handeln zu ermöglichen. Damit legt er in beeindruckender Weise die zeittheoretischen Fluchtlinien frei, die Erkenntnis und Darstellung von Geschichte erst möglich machen.

Reinhart Koselleck (1923-2006) war Professor in Bochum, Heidelberg und Bielefeld. Zahlreiche Gastprofessuren und Ehrendoktorate, Mitglied vieler Akademien und Kollegien, Träger u. a. des Sigmund-Freud-Preises 1999 und des Historikerpreises der Stadt Münster 2003.

Im Suhrkamp Verlag liegen außerdem vor: *Kritik und Krise. Eine Studie zur Pathogenese der bürgerlichen Welt* (stw 36), *Vergangene Zukunft. Zur Semantik geschichtlicher Zeiten* (stw 757), *Begriffsgeschichten* (stw 1926), *Vom Sinn und Unsinn der Geschichte* (2010).

Reinhart Koselleck

Zeitschichten

Studien zur Historik

Mit einem Beitrag
von Hans-Georg Gadamer

Suhrkamp

Bibliografische Information der Deutschen Nationalbibliothek
Die Deutsche Nationalbibliothek verzeichnet diese Publikation in der Deutschen Nationalbibliografie; detaillierte bibliografische Daten sind im Internet über http://dnb.d-nb.de abrufbar.

6. Auflage 2021

Erste Auflage 2003
suhrkamp taschenbuch wissenschaft 1656

Satz: Satz-Offizin Hümmer GmbH, Waldbüttelbrunn
Druck: C. H. Beck, Nördlingen
Printed in Germany
ISBN 978-3-518-29256-3

Inhalt

IV. Historiographische Perspektiven auf verschiedene Zeitebenen

Vorwort

Die folgenden Studien, Vorträge und Essays stammen aus den letzten drei Jahrzehnten. Ihr systematischer Zusammenhang ergibt sich aus einer durchgängigen Fragestellung. Sie zielt auf die zeitlichen Strukturen menschlicher Geschichten, ihrer Erfahrungen und ihrer Erzählungen. Auch wenn die einzelnen Themen chronologisch und räumlich weit gestreut sind, bleibt eine Theorie geschichtlicher Zeitschichten die gemeinsame Thematik dieses Bandes. Zwei weitere Bände, der eine zur Theorie und Praxis der Begriffsgeschichte, der andere mit historiographischen Studien zur Geschichte als Wahrnehmung – alle drei Titel verweisen aufeinander –, sollen in Kürze folgen.

Der zuerst vorgelegte Band ist nicht denkbar ohne zahlreiche Hilfen, für die ich meinen Dank aussprechen möchte. Im ›Netherlands Institute for Advanced Study in the Humanities and Social Sciences‹ fand ich die Ruhe, meine zurückliegenden Arbeiten zu sichten, zu ordnen und zu diskutieren. – Ohne den freundschaftlichen Nachdruck Siegfried Unselds und seine Einmahnungen wäre manches liegengeblieben. Und ohne die so entschiedenen wie sachkundigen Hilfen von Wolfgang Kaußen wäre der Abschluß nicht gelungen. Florian Buch danke ich für die Erstellung der Register.

Bielefeld, im Januar 2000 R. K.

Einleitung

Wer über Zeit spricht, ist auf Metaphern angewiesen. Denn Zeit ist nur über Bewegung in bestimmten Raumeinheiten anschaulich zu machen. Der Weg, der von hier nach dort zurückgelegt wird, das Fortschreiten, auch der Fortschritt selber oder die Entwicklung enthalten veranschaulichende Bilder, aus denen sich zeitliche Einsichten gewinnen lassen. Der Historiker, der es mit Geschichten zu tun hat, kommt gar nicht umhin, sich solcher Metaphern, die der räumlichen Vorstellung entlehnt sind, zu bedienen, wenn er seine auf verschiedene Zeiten bezogenen Fragen sachgerecht behandeln will. Denn Geschichte hat es immer mit der Zeit zu tun, mit Zeiten, die nicht nur metaphorisch, sondern auch empirisch auf räumliche Vorgaben bezogen bleiben, so wie ›geschehen‹, das der ›Geschichte‹ vorangehende Verb, zunächst auf ›eilen, rennen oder fliegen‹ verweist, also auf die räumliche Fortbewegung. Jeder geschichtliche Raum konstituiert sich kraft der Zeit, mit der er durchmessen werden kann, wodurch er politisch oder ökonomisch beherrschbar wird. Zeitliche und räumliche Fragen bleiben immer ineinander verschränkt, auch wenn die metaphorische Kraft aller Zeitbilder anfangs den räumlichen Anschauungen entspringt.

Daß auch ›Geschichte‹ eine räumliche Konnotation zuläßt, nämlich die, Schichten zu enthalten, mag als Wortspielerei abgetan werden. Aber die verräumlichende Metapher, die den Zeitbegriff pluralisiert, hat einen Vorteil für sich. ›Zeitschichten‹ verweisen, wie ihr geologisches Vorbild, auf mehrere Zeitebenen verschiedener Dauer und unterschiedlicher Herkunft, die dennoch gleichzeitig vorhanden und wirksam sind. Auch die Gleichzeitigkeit des Ungleichzeitigen, eines der aufschlußreichsten historischen Phänomene, wird mit ›Zeitschichten‹ auf einen gemeinsamen Begriff gebracht. Was ereignet sich nicht alles zu gleicher Zeit, was sowohl diachron wie synchron aus völlig heterogenen Lebenszusammenhängen hervorgeht. Alle Konflikte, Kompromisse und Konsensbildungen lassen sich zeittheoretisch auf Spannungen und Bruchlinien – man entrinnt den spatialen Metaphern nicht –

zurückführen, die in verschiedenen Zeitschichten enthalten sind und von ihnen ausgelöst werden können.

Damit ist der Rahmen grob umrissen, innerhalb dessen sich die folgenden Studien bewegen. Alle meine rein begriffsgeschichtlichen, historiographischen oder sozialhistorischen Arbeiten, die für eine separate Edition vorgesehen sind, treten hier zurück zugunsten solcher Aufsätze, die primär zeittheoretische Fluchtlinien freilegen.

Eine meiner Ausgangsthesen ist, daß sich historische Zeiten von naturbedingten Zeiten grundsätzlich unterscheiden lassen, auch wenn sie – auf sehr verschiedene Weise – aufeinander einwirken. Die regelhaft wiederkehrenden Umläufe der Sonne, der Planeten, des Mondes, auch der Sterne und die Erdrotation verweisen auf stetige Zeitmaße: auf Jahre, Monate, Tage und ›Konstellationen‹ sowie auf die Abfolgen der Jahreszeiten. Alle diese Zeitverläufe sind dem Menschen vorgegeben, selbst wenn er sie erst durch seine kulturellen und intellektuellen Leistungen zu deuten und vor allem zu berechnen gelernt hat. Unsere diversen Kalender und Chronologien, unsere Datenreihen und auch Statistiken fußen auf solchen der Natur entlehnten Zeitmaßen, welche die Menschen zwar für sich entdeckt haben, über die sie aber nicht beliebig verfügen können. Die Redeweise von vorgegebenen Naturzeiten behält insoweit ihren unbestreitbaren Sinn.

Die neben den Naturzeiten bereits einengende und präzisierende Metapher ›Zeitschichten‹ ist erst seit dem achtzehnten Jahrhundert sagbar geworden, nachdem die alte und ehrwürdige Naturkunde, die ›historia naturalis‹, selber verzeitlicht worden war. Kant und Buffon öffneten den neuen temporalen Horizont, der vor allem die Erde und alles, was auf ihr biologisch, zoologisch oder anthropologisch anzutreffen war, in eine geschichtliche Perspektive rückte. Kant war mehrfach auf der Suche nach einem neuen Begriff, besonders um die auch von ihm so genannte ›Naturgeschichte‹ von der menschlichen Geschichte abheben zu können. Aber weder ›Physiogonie‹ noch ›Archäologie der Natur‹ setzten sich wissenschaftssprachlich durch. Es blieb bei der nunmehr verzeitlichten ›Naturgeschichte‹.[1]

1 Siehe R. Koselleck, Art. »Geschichte, Historie«, in: *Geschichtliche Grundbegriffe*, hg. v. Otto Brunner u.a., Stuttgart 1975, Bd. 3, S. 678-682: »Von der ›historia naturalis‹ zur ›Naturgeschichte‹«.

Kant verzeitlichte darin den bis dahin theologisch einmaligen Akt der Schöpfung. »Die Schöpfung ist nicht das Werk von einem Augenblick« – sie erfaßt und strukturiert den gesamten, in die Zukunft unendlich offenen Prozeß der Geschichte der Natur. »Die Schöpfung ist niemals vollendet. [...] Das Werk, welches sie zu Stande bringet, hat ein Verhältnis zu der Zeit, die sie darauf anwendet.« Und Kant bediente sich in diesem Zusammenhang sofort der sichtbaren, erdgebundenen Vorgaben, um daraus eine zeitliche Metapher für den fortschreitenden Naturbildungsprozeß abzuleiten: »Es werden Millionen, und ganze Gebürge von Millionen Jahrhunderten verfließen, binnen welchen immer neue Welten und Weltordnungen nach einander in denen entfernten Weiten von dem Mittelpunkte der Natur, sich bilden, und zur Vollkommenheit gelangen werden.«[2] Das Bild der zu Gebirgen ausgefalteten Erdschichten gibt bis dahin unvorstellbare Zeitverläufe von Millionen Jahrhunderten metaphorisch frei.

Carus vollzog dann die Rückübertragung aus der einmal verzeitlichten Erdgeschichte, um z. B. »gewisse Gebirgsformen mit der inneren Struktur ihrer Masse in Übereinstimmung« zu bringen, und er stieß dabei »auf die Notwendigkeit, mit der wieder diese innere Struktur aus der Geschichte dieser Gebirge folgt«. Die geologische Herkunft des geschichtlichen Strukturbegriffs wird hier für unseren Sprachgebrauch deutlich.[3] So kann es kaum verwundern, daß in einer weiteren Rückübertragung auch die menschliche Geschichte mit den neuen, lange Fristen absichernden, Metaphern gedeutet wird. Indem Görres den ›Charakter des Modernen‹, seiner eigenen Zeit, also damals ›unserer Zeit‹, aufzuklären versuchte, bediente er sich prompt der einleuchtenden geologischen Gleichnisse: »Wie in der Geschichte der Erde die Periode der Bildung der Urgebirge zu der der Flözgebirge sich verhält, so die alte Zeit zur neuen Zeit.«[4] Kompakte und homogene Granitgebirge umlagerten die Erde und trügen alle folgenden Formationen, so wie die neue Zeit der jüngeren und beweglicheren

2 Kant, *Allgemeine Naturgeschichte und Theorie des Himmels*, in: *Werke*, hg. v. Wilhelm Weischedel, Bd. 1: *Vorkritische Schriften*, S. 335.

3 Carl Gustav Carus, *Neun Briefe über Landschaftsmalerei*, 8., in: *Romantische Kunstlehre*, hg. v. Friedmar Apel, Frankfurt am Main 1992, S. 265 (Bibliothek der Kunstliteratur).

4 Joseph Görres, *Korruskationen* [= Wetterleuchten], in: *Ausgewählte Werke*, hg. v. Wolfgang Frühwald, Freiburg, Basel und Wien 1978, Bd. 1, S. 97f.

Flözzeit gleiche. Unbeschadet der romantischen Spekulationen, in denen sich Görres ergeht, wird eines klar: Was ehedem in Schöpfungsmythen und Kosmogonien aufgehoben war, gewinnt jetzt geschichtliche Strukturen. Lange Zeitfristen der Erdgeschichte, auch deren Sedimente oder Eruptionen, fügen sich zusammen zu einer ›Vorgeschichte‹ der Menschheit, die nicht nur metaphorisch analoge Strukturmerkmale aufweist.

Es gibt eben metahistorische Faktoren, die sich ihrer Beherrschung durch den Menschen entziehen. Dazu gehören über die Erdgeschichte hinaus alle geographischen und klimatischen Bedingungen, die der Mensch beeinflussen mag, ohne sie vollends steuern zu können. Das führt uns zu jenen naturalen Voraussetzungen, die auch unsere spezifisch anthropologischen Zeiterfahrungen ermöglichen. Rein zoologisch teilen wir derartige Voraussetzungen mit den Tieren: die biologische Uhr, die unserem Leib eingestiftet ist; den Geschlechtstrieb, Voraussetzung für die Reproduktion der Generationsfolgen, eingefaßt von Geburt und Tod, die – mit Heidegger – die Zeitlichkeit unserer Existenz hervorrufen. Was wir natural mit den Tieren gemeinsam haben, wird freilich kulturell überformt: der Tod durch das politisch motivierbare Töten; das Geschlecht durch seine Steigerung in Lust und Terror; der Zwang, essen und trinken zu müssen, durch Askese oder Spiralen des Genießens.

Es ist nun eine gemeinsame Signatur dieser anthropologischen, auch natural bedingten Verhaltensformen, daß sie allemal auf Rekurrenz verweisen. Trotz aller kulturell enorm ausfaltbaren Variabilität zehren die sogenannten Triebe oder Bedürfnisse von ihrer Wiederholbarkeit, ohne die sie weder auftauchen könnten noch befriedigt würden. Das temporale Grundmuster der Wiederholbarkeit zeugt hier von einer Stetigkeit menschlicher Geschichten, die in die rund zwei Millionen Jahre unserer sogenannten Vorgeschichte zurückreichen.

Was Fernand Braudel die ›longue durée‹ genannt hat, jene lange Dauer, die strukturell allen Einzelgeschichten zugrunde- oder vorausliegt, muß also temporal differenziert werden. Entweder handelt es sich um geographisch oder biologisch einkreisbare Vorbedingungen, deren Dauer sich dem menschlichen Zugriff weitgehend entzieht. Oder aber es handelt sich um Wiederholungsstrukturen, die der Mensch bewußt aufnimmt, ritualisiert, kulturell anreichert und auf jene Stetigkeit einspielt, die seine jeweilige Gesellschaft stabilisieren hilft. Der von Braudel untersuchte Mittelmeerraum, dessen außermenschliche Vorgaben jahrhundertelange Geschichten bedingen, hat eine andersartige Dauer als jene Stetigkeit, die aus menschlichen Handlungen erwächst. – Damit wären zwei Zeitschichten unterschieden, die beide auf ähnliche Dauer zu verweisen scheinen. Aber die eine, Kontinuität verbürgende Dauer naturhafter Vorgaben mag unbewußt wirksam sein und in wachsende Bewußtheit überführt werden. Geographische und biologische Vorbedingungen menschlicher Geschichten lassen sich nicht rundum beherrschen, auch wenn dies mit den Fortschritten der Naturwissenschaft zunehmend der Fall ist. Die andere Weise der Dauer lebt von gewollter und gezielter Wiederholung. Sie verbürgt Dauerhaftigkeit und Stetigkeit gesellschaftlicher Verhaltensweisen. Empirisch gehen die naturalen und die menschlich geregelten Wiederholungsstrukturen ineinander über, aber zeittheoretisch müssen sie strikt voneinander getrennt werden.

Vor allem kann nicht genug betont werden, daß sich unsere Wiederholungsstrukturen nicht auf jene Kreisläufe reduzieren lassen, die wir den kosmischen Umlaufbahnen ablesen. Diese zirkuläre Metapher spielt in zahllosen Geschichtsdeutungen seit der Antike eine prominente Rolle, verfehlt aber jene zeitliche Eigentümlichkeit, die eben nicht – ewige – Wiederkehr, sondern – jeweils aktuell vollzogene – Wiederholung genannt werden muß. In jeder einmaligen Handlung und in jeder einzigartigen Konstellation, die von ebenso einmaligen oder einzigartigen Menschen jeweils vollzogen oder ausgehalten wird, sind immer sich wiederholende Zeitschichten enthalten. Sie ermöglichen, bedingen und begrenzen die menschlichen Handlungschancen und setzen sie zugleich frei. So mag jede Hochzeit für die Beteiligten, vor allem für die Partner, ein individueller und einmaliger Akt sein – aber die Rituale, mit denen Hochzeiten vorbereitet, durchgeführt und in ihren Folgen gesteuert werden, also Sitten, Gebräuche und auch Gesetze, sichern eine Stetigkeit eigener Art. In ihrer Wiederholbarkeit liegt die Voraussetzung aller Einzelfälle beschlossen.

Deshalb wird in den folgenden Studien das, was Dauer, Lang-, Mittel- oder Kurzfristigkeit genannt wird, daraufhin befragt, was sich in ihnen eigentlich wiederholt, um einmaliges Tun und Handeln zu ermöglichen. Der methodische Ansatz von Fernand Braudel wird also aus der Parallelschaltung von langer, kurzer und situativer Dauer herausgedreht und auf ein gemeinsames anthropologisches Grundmuster zurückgeführt, das zugleich verschiedene Zeitschichten in sich birgt. Ohne diese Art der Differenzierung läßt sich keine Geschichte erkennen oder darstellen. Riten oder Dogmen sind auf ihre Wiederholbarkeit angewiesen, um ihre Stetigkeit zu verbürgen. Sitten, Rechtsregeln und Gesetze fußen auf ihrer wiederholten Anwendbarkeit, ohne die Ordnung und Gerechtigkeit – wie gefährdet auch immer – nicht zu haben sind. Jede Verfassung, Institution und Organisation im politischen, sozialen oder ökonomischen Bereich zehrt von einem Minimum an Wiederholung, ohne die sie weder anpassungs- noch erneuerungsfähig wären. Auch die Künste, so originell sie auch sein wollen, leben von der Wiederaufnahme vorgegebener Möglichkeiten. Jede Rezeption enthält oder entbirgt Wiederholungen.

Das Analoge gilt für die Sprachgeschichte. Die Pragmatik der Sprache ist immer einmalig und situativ, als Sprachhandlung Ereignis-stiftend oder auf Ereignisse bezogen. Die Semantik dagegen hält sich länger durch, ist weniger variabel, verändert sich langsamer. Denn in jeder Semantik sind Deutungspotentiale enthalten, die über Generationen hinweg weiterwirken. Ohne deren Vorkenntnis wäre keine Verständigung möglich, weder gleichzeitig noch über die Zeiten hinweg. Die grammatische und syntaktische Grundstruktur schließlich verändert sich noch langsamer, ist direkt kaum zu beeinflussen.

So enthalten alle menschlichen Lebens- und Handlungsbereiche unterschiedliche Wiederholungsstrukturen, die sich mit verschiedenen Veränderungsgeschwindigkeiten abschichtig gestaffelt wandeln. Dabei ist keineswegs davon auszugehen, daß sich alles gleichzeitig oder parallel verändert, sosehr sich alles im Sinne der Chronologie zugleich ereignet und auf schwer durchschaubare Weise zusammenhängt.

Wie und wo speziell die sprachliche Welterfassung von der sogenannten realen Geschichte abweicht, sie aber ebenso bedingt und überhaupt erst freisetzt, davon zeugt die unterschiedliche Beweisführung, mit der hier mein Lehrer Hans-Georg Gadamer in den Thesengang eingreift. – Ich bin weiterhin geneigt, das Verhältnis der Sprachgeschichte zur Sachgeschichte aporetisch zu deuten: In der Sprache ist immer mehr oder weniger enthalten und aussagbar, als es in der wirklichen Geschichte der Fall war. So wie umgekehrt in jeder Geschichte immer mehr oder weniger enthalten ist, als jeweils darüber gesagt wird. Schon aus diesem Grunde muß die Historie immer wieder neu einsetzen und die vergangene Geschichte umschreiben.

Ohne die Mehrschichtigkeit historischer Zeiten wäre es auch nicht möglich, Prognosen zu wagen. Ereignisse und Personen sowie deren Handlungen und Unterlassungen sind wegen deren Einmaligkeit kaum voraussagbar. Wohl aber lassen sich die hier mehr, dort weniger wiederholbaren Rahmenbedingungen analysieren, innerhalb derer künftige Ereignisse stattfinden mögen. Dieses Prognosepotential zehrt von einem vorauszusetzenden Minimum an Wiederholbarkeit. Andernfalls stürzte die Menschheit von Tag zu Tag in ein bodenloses Nichts.

Aber die Grenzen der Hochrechenbarkeit erweisen sich sehr bald dort, wo die ehedem räumliche Utopie verzeitlicht und in die Zukunft hinein entworfen wird: Schnell schafft sie das Gegenteil dessen, was sie scheinbar widerspruchsfrei erreichen will.

Da sich die Wiederholungsstrukturen nie in gleichförmiger Weise reproduzieren, stellt sich theoretisch zwingend die Frage nach den unterschiedlichen Veränderungsgeschwindigkeiten, also nach Verzögerung oder Beschleunigung. Diese Frage läßt sich nur beantworten, wenn die subjektiven Erwartungshaltungen und ihre enttäuschten oder erfüllten Zielsetzungen strikt unterschieden werden von jenen Faktoren, die innerhalb der technischen Industriegesellschaft wissenschaftlich meßbare Akzelerationen den Menschen in den Leib diktieren.

Beschleunigungserwartungen im Sinne erhoffter Zeitverkürzungen gibt es seit der jüdisch-christlichen Apokalyptik, tatsächliche, wirklichkeitsverändernde Beschleunigungen erst in unserer technisch überformten Welt der Neuzeit. In der Wahrnehmung der Beteiligten und Betroffenen hängt beides zusammen, ohne kausal aufeinander zurückgeführt werden zu können. »... diese Eil-Entwicklungen ... will eben der kurzlebige, auf den halben Sold eines halben Jahrhunderts gesetzte Mensch leibhaft erleben« – wie Jean Paul die zeitverkürzende Naherwartung der christlichen Apokalypse in eine moderne Beschleunigungserfahrung umschafft.[5] Aber die sprachlich zugespitzte ›Eilentwicklung‹ ist noch nicht identisch mit einer realgeschichtlichen Akzeleration. Auch hier muß die Sprachgestalt vom Sachverhalt methodisch getrennt werden, um begründbare Aussagen treffen zu können.

Wie sehr historiographische Perspektiven auf ihre zeittheoretischen Prämissen verweisen, unter denen die tatsächliche Geschichte begriffen werden muß, wird in den abschließenden Studien gezeigt. Es bedarf immer formalisierter Kategorien, die es ermöglichen, konkrete Geschichten zu rekonstruieren und vor allem vergleichbar zu machen. Gerade die anschauungsfreien Zeitbestimmungen fordern zwingend inhaltliche Ausfüllungen. Die formalen Kategorien: Innen/Außen, Oben/Unten, Früher/Später gehören zu den Grundfiguren, auf die alle Geschichten rückführbar sind, auch wenn sie sich inhaltlich ins Unendliche differenzieren. Es sind stetige anthropologische Differenzbestimmungen, die ihre zeitlichen Konsequenzen aus sich hervortreiben. So werden auch fünf zeitliche Verlaufstypen verglichen, die je verschiedene Formen der Gerechtigkeit mit ihrer geschichtlichen Erfahrung zu verknüpfen suchen.

Ein sehr besonderer Fall liegt vor, wenn etwas nicht nur früher als... gleichzeitig mit... oder später als... geschehen ist, sondern zu früh oder zu spät. Eine solche Bestimmung zielt auf eine einmalige Handlungssituation, die ihren kairos enthält, der ein für allemal eingelöst, verfehlt oder verpaßt werden kann. Deshalb läßt sich die Kategorie der Verspätung, die heute so gern auf die deutsche Geschichte angewendet wird, nur auf einen Zeitpunkt beziehen, der handlungsrelevant war. Nicht aber eignet sich die Verspätungskategorie dafür, auf Sozialformationen wie Staaten oder Gesellschaften oder gar auf Kulturen und Sprachen angewendet zu werden. Eine bedauerte Verzögerung zielt immer auf eine verpaßte Gelegenheit, auf eine rückwärtsgewandte Wünschbarkeit, die ein beschleunigtes Aufholen ideologisch programmieren soll. Sie gehört zur politischen Programmsprache, entbehrt aber jeder analytischen Stringenz. Denn mit Herder läßt sich vermuten, daß jede Geschichte ihr eigenes Zeitmaß in sich birgt. Moralische Urteile sind nötig, aber nicht konstitutiv für das, was einmal geschehen ist.

5 Jean Paul, *Werke*, hg. v. N. Miller, München 1980, Bd. 5, S. 929.

I.
Zur Anthropologie geschichtlicher Zeiterfahrungen

Zeitschichten

Mein Thema lautet »Zeitschichten«. Und ich darf vorausschicken, daß ich als Historiker keine physikalisch oder biologisch begründeten Aussagen zu machen fähig bin. Eher bewege ich mich im Bereich der Metaphern: »Zeitschichten« verweisen auf geologische Formationen, die verschieden weit und verschieden tief zurückreichen und die sich im Laufe der sogenannten Erdgeschichte mit verschiedenen Geschwindigkeiten verändert und voneinander abgehoben haben. Wir verwenden also eine Metapher, die erst seit dem achtzehnten Jahrhundert sagbar geworden ist, nachdem die alte statische Naturkunde, die ›historia naturalis‹, verzeitlicht und damit historisiert worden war. Die Rückübertragung in die menschliche, die politische oder soziale Geschichte und in die Strukturgeschichte erlaubt es, verschiedene zeitliche Ebenen analytisch zu trennen, auf denen sich die Personen bewegen, Ereignisse abwickeln oder deren längerwährende Voraussetzungen erfragt werden.

Die üblichen Weisen der Historiker, Zeit zu behandeln, sind bekanntlich doppelpolig: Entweder wird Zeit linear, gleichsam als Zeitpfeil dargestellt, sei es teleologisch oder sei es mit offener Zukunft. In diesem Fall handelt es sich um eine irreversible Form von Ablauf. Oder aber Zeit wird rekurrent und kreisläufig gedacht. Dieses Modell, das die Wiederkehr des grundsätzlich Gleichen thematisiert, wird gerne auf die Griechen zurückgeführt, denen gegenüber Juden und Christen das lineare Modell enwickelt hätten. Daß diese Opposition ideologisch vorbelastet ist, hat Momigliano bereits gezeigt.[1] Von beiden Modellen läßt sich sagen, daß sie unzulänglich sind, denn jede geschichtliche Sequenz enthält sowohl lineare wie rekurrente Elemente. Vor allem ist jeder sogenannte Kreislauf in sich auch teleologisch zu denken. Denn das Ende der

1 Arnaldo Momigliano, *Time in Ancient Historiography*, in: History and Theory, Beiheft 6, 1966, S. 1-23, dt. Übersetzung von Horst Günther in: A. M., *Wege in die Alte Welt*. Mit einer Einführung von Karl Christ, Berlin 1991, S. 38-58. Ferner A. M., *On Pagans, Jews and Christians*, Wesleyan University Press 1987 (Paperback 1989).

Bewegung ist das vom Anfang her vorgesehene Ziel, der Kreislauf selber also eine in sich zurückweisende Linie.

Wenn im folgenden versucht wird, geschichtliche Befunde durch zeitschichtentheoretische Angebote aufzuschlüsseln, so deshalb, um die Opposition von linear und kreisläufig zu unterlaufen. Denn die historischen Zeiten bestehen aus mehreren Schichten, die wechselseitig aufeinander verweisen, ohne zur Gänze voneinander abzuhängen. Zuvor noch ein wortgeschichtlicher Hinweis: Herder hat gegen Kant bereits Eigenzeiten behauptet, entschieden betont, daß jedes Lebewesen seine eigene Zeit habe und seine Zeitmaße in sich trage, somit die apriorische Formalbestimmung von Kant kritisierend. – Und noch eine zweite wortgeschichtliche Anmerkung, die für die Historie wegweisend ist. ›Historia‹ im Griechischen bedeutet anfangs das, was wir im Deutschen mit ›Erfahrung‹ bezeichnen. ›Erfahrung machen‹ heißt, man geht von hier nach dort, um etwas zu erfahren; es handelt sich gleichsam um eine Entdeckungsreise. Aber erst durch den Bericht über diese Reise und erst durch die Reflexion des Berichts entsteht die Historie als Wissenschaft. Sie ist sozusagen per definitionem *die* Erfahrungswissenschaft schlechthin. Wenn im folgenden von Zeitschichten gesprochen wird, so soll immer auch auf Erfahrungsbefunde verwiesen werden, selbst wenn diese in drei Schichten analytisch aufgeschlüsselt werden.

1. Der erste Erfahrungsbefund, wenn man nach Zeit in historischen Vorgängen fragt, ist natürlich die Einmaligkeit. Ereignisse werden primär als überraschend und als unumkehrbar erfahren, und jeder wird sich in seiner eigenen Biographie dessen vergewissern können. Aber das gleiche gilt auch für Handlungsgemeinschaften, deren Entwicklung im Zuge ihrer politischen oder militärischen Geschichten oder ihrer sozialen und wirtschaftlichen Zusammenhänge schlichtweg als Sukzession einmaliger Konstellationen erfahren wird. Dasselbe gilt für alle Bereiche, die historisch thematisiert sein wollen. Die Religionsgeschichte kennt – exemplarisch – den Wechsel vom Saulus zum Paulus; die politische Geschichte kennt die Wende von 1789 oder neuerdings die von 1989. Jedesmal handelt es sich um einmalige Wenden, die aufgestaute Vorgänge irreversibel festschreiben und freigeben. Das gleiche gilt eo ipso für jene militärischen Siege oder Niederlagen, die

ihre Ausgangskonstellationen grundsätzlich verändert haben. Das gleiche gilt für ökonomische Krisen, oder es gilt für Entdeckungen in der Technik- oder in der Industriegeschichte, deren einmalige Neuerungen unumkehrbare Folgen hervorgerufen haben. Insofern sind die ereignisbezogenen, einmaligen Sukzessionen linear zu nennen, und auf einer solchen Linie lassen sich alle Innovationen eintragen. Fortschritt ist deshalb denkbar und möglich, weil Zeit, sofern sie als Sukzession von Einmaligkeiten abläuft, auch Innovationen freigibt, die progressiv deutbar sind.

II. Dieses Einmalige aber ist nur die halbe Wahrheit, denn die gesamte Geschichte beruht zugleich auf Wiederholungsstrukturen, die sich nicht in Einmaligkeit erschöpfen. Nehmen Sie den banalen Fall eines Briefträgers, der morgens kommt und Ihnen die Nachricht vom Tode eines nahen Anverwandten bringt. Da mögen Sie betroffen sein oder sich vielleicht gar darüber freuen. Jedenfalls ist es ein einmaliger Vorfall, der Ihnen über diesen Briefträger vermittelt wird. Aber die Tatsache, daß der Briefträger morgens zu einer festen Zeit kommt, ist ein rekurrenter Vorgang, der wiederum durch die regelhafte Postverwaltung mit einem jährlich neu aufgelegten Budget ermöglicht wird. Der jeden Morgen zur selben Zeit wiederkehrende Postbote taucht regelmäßig auf, um einmalige Nachrichten zu überbringen. Das gleiche gilt für alle Verkehrsnetze und Kommunikationsweisen. Auch die Tatsache, daß wir hier (am Tagungsort) vereinigt sind, zur gleichen Zeit angekommen oder zur rechten Zeit immer noch ankommen, beruht auf Fahrplänen, die rekurrente Vorgänge auf dem Schienennetz garantieren. Ohne Wiederkehr des Gleichen, zumindest des Analogen in der Planung, und ohne Organisation ist es gar nicht möglich, daß einmalige Ereignisse (wie unsere Sitzung) zustande kommen. Scheinbar handelt es sich hier um vordergründige, alltägliche Vorgänge. Aber es gibt noch weiter durchgreifende Beweise für Rekurrenz als Voraussetzung der Einmaligkeit.

Nehmen wir die Relation von Sprechen und Sprache. Wer etwas ausdrücken will, um sich verständlich zu machen, beruft sich auf die vorweg gewußte Sprache, deren Kenntnis beim Zuhörer vorausgesetzt wird; nur so ist Kommunikation überhaupt möglich. Und selbst wer etwas Neues zu sagen versucht, muß zumindest alles, was er sagen will, in der vorgegebenen Sprache verständlich machen. Der gesamte Sprachhaushalt muß in seiner Vorgegebenheit abrufbar bleiben, damit die einmaligen Akte des Sprechens verständlich werden. Die einmaligen Sprechakte beruhen also auf der Rekurrenz der Sprache, die im Vollzug des Sprechens immer wieder performiert wird und die sich selbst nur langsam verändert, selbst wenn völlig Neues zur Sprache kommt.

Das gleiche gilt, um ein anderes Beispiel zu bringen, für das Verhältnis der Gesetze zur Gerechtigkeit. Gesetze müssen so allgemein formuliert werden, daß sie wiederholt anwendbar bleiben. Nur wenn sie wiederholt anwendbar sind, können sie Gerechtigkeit absichern. Die Einzelfälle mögen sich in ihrer Einmaligkeit alle unterscheiden, aber für die Anwendung der Gesetze auf die Einzelfälle ist ein Minimum an Rekurrenz erforderlich, damit überhaupt Gerechtigkeit garantiert ist. Das heißt, alle Gerechtigkeitstheorien beruhen auf der relativen Dauerhaftigkeit von Gesetzestexten und deren Reapplikabilität. Dasselbe gilt in Theologie und Kirche, für Riten und Dogmen, die nur kraft ihrer Wiederholung Wahrheitsgarantien anbieten.

Genug der Beispiele. Die Rekurrenzphänomene, welche die Bedingung möglicher Einmaligkeit absichern, lassen sich in allen Lebensbereichen aufweisen. Aber eine Schwierigkeit macht sich dabei sofort bemerkbar: dann nämlich, wenn man danach fragt, ob und wie diese Wiederholungsstrukturen sich selbst wiederum ändern. Im Licht dieser Fragestellung gewinnen auch dauerhafte Wiederholungsstrukturen – streckenweise – den Charakter von Einmaligkeit: indem sie sich als veränderliche erweisen. Hier taucht jenes Phänomen auf, das die Geschichte so spannend macht: daß nicht nur die plötzlichen Ereignisse in ihrer Einmaligkeit Veränderungen zu verbürgen scheinen, sondern daß sich auch die länger währenden Strukturen, die Veränderungen ermöglichen, aber ihrerseits statisch scheinen, ebenfalls wandeln. Der Gewinn einer Zeitschichtentheorie liegt also darin, verschiedene Geschwindigkeiten messen zu können, Beschleunigungen oder Verzögerungen und damit verschiedene Veränderungsweisen sichtbar zu machen, die von großer temporaler Komplexität zeugen.

Ein inzwischen oft thematisierter Fall ist die Wende von 1989. Die DDR ist relativ schnell in die Bundesrepublik alten Stils eingemeindet worden, durch Verfahren, die zwar strittig waren, aber politisch die ehemalige DDR zu einem festen Teil der neuen Bundesrepublik gemacht haben. Die Verfassungsgeschichte – als sich vollziehende Ereignisgeschichte begriffen – läßt daran keinen Zweifel. Freilich gilt das nicht, wenn nach den ökonomischen Bedingungen und nach der Mentalität der ehemaligen DDR-Bürger gefragt wird. Der politische Akt, der in Kürze und in Schnelle irreversibel vollzogen worden ist, innerhalb eines Jahres und mit erstaunlicher diplomatischer Kunst, hat in keiner Weise die wirtschaftlichen Bedingungen unmittelbar verändern können, und schon gar nicht die mentalen Einstellungen derer, die in diesem Gebiet wohnen. Die sozioökonomischen Anpassungsschwierigkeiten lassen sich eben nicht direkt politisch lösen. Sie sind nur durch Verhaltensänderungen oder Akklimatisierungen oder durch gegenseitige Einstimmungen der östlichen und der westlichen Bevölkerung zu beheben, und das offensichtlich in einer Zeitspanne, die wohl länger anhält als eine halbe Generation. Wie lange genau, wissen wir noch nicht. Für jede empirische Untersuchung ist es hier jedenfalls erforderlich, zumindest implizit, mit einer mehrschichtigen Zeittheorie zu arbeiten.

Wir haben bisher von einmaligen Vorgängen und von Wiederholungsstrukturen gesprochen, ohne die einmalige Vorgänge gar nicht möglich sind. Dabei wurden die verschiedenen Zeitschichten auf die Erfahrungssammlung von Individuen oder von zusammenlebenden Generationen bezogen. Schauen wir diese Verhältnisbestimmung noch einmal näher an. Die Einmaligkeit einer Ereignisfolge ist empirisch dort zu finden, wo man Überraschungen erlebt. Eine Überraschung erleben heißt, daß es anders gekommen ist als gedacht. »Erstens kommt es anders, zweitens als man denkt« (Wilhelm Busch). Plötzlich steht man vor einem Novum, also vor einem zeitlichen Minimum, das sich zwischen Vorher und Nachher generiert. Das Kontinuum von bisheriger Erfahrung zur Erwartung des Kommenden wird durchbrochen und muß sich neu konstituieren. Es ist dieses zeitliche Minimum von unumkehrbarem Vorher und Nachher, das die Überraschungen in unseren Leib hineintreibt. Deshalb versuchen wir immer wieder, sie zu deuten. Speziell die historische Zunft fragt nicht nur, was der Fall, was einmalig war, sondern sie fragt auch, wie es dazu kommen konnte. Insofern sucht sie nach Gründen, deren Beweiskraft in ihrer Wiederholbarkeit liegt. Einmaligkeit kann durch Gründe nur dann plausibilisiert werden, wenn diese sich wiederholen. Die Erkenntnis solcher Gründe quittieren wir mit Aussagen wie: Aha, das hätte ich vorher wissen können, »sowas kommt von sowas«. Hierin liegt die Ex-post-Reaktion, die bereits auf Gründe rekurriert, die immer wieder abrufbar sind. Es gibt freilich, streng historistisch, auch einmalige Gründe, die auf der Zeitebene der reinen Sukzession Erklärungen herbeischaffen sollen. Jedenfalls summiert sich die Erfahrung, die wir einst durch Überraschung einmalig gemacht haben, zu einem anwachsenden Wissen von den Möglichkeiten solch einmaliger Überraschungen. Wer älter wird, den kann daher nicht mehr so viel überraschen wie die Jugend. So läßt sich zunehmendes Alter durch abnehmende Überraschungspotentiale kennzeichnen. Je größer der Vorrat an möglicher Überraschung bereits internalisiert ist, desto geringer wird die Überraschungsfähigkeit, welche die Jugend noch auszeichnet. Dies freilich ist ein biologischer Aspekt menschlicher Geschichtserfahrung, der nicht rundum in der politischen oder ökonomischen Geschichte aufgeht.

Schnell kann Altersüberheblichkeit zur Verblendung führen, gerade weil die Überraschungsresistenz mögliche Erfahrungen blokkiert. Durch die Wiederholung von eingefahrenen Erfahrungsweisen werden Chancen vertan, überhaupt Neues noch wahrzunehmen. Insofern gründen die geschichtlichen Zeiten in biologischen Endlichkeiten. Die akkumulierte Erfahrungssammlung und die Fähigkeit, einmalige Überraschungen zu verarbeiten, stiften einen endlichen Haushalt: Er bleibt eingespannt zwischen Geburt und Tod eines Menschen, er kann nicht überdehnt oder überlastet werden. Nicht jeder Mensch kann alles verarbeiten. Darin liegt eine individuelle Generationsbestimmung, die sich nun zwanglos ausdehnen läßt auf die gleichzeitig Lebenden, deren soziale Einpassungen oder deren politische Erlebnisschwellen einander ähneln. Auf diese Weise werden Generationseinheiten gestiftet, auch wenn durch die Absterbe- und Geburtsvorgänge die Generationseinheiten sich ständig verschieben. Alles, was über Wiederholungserfahrung und Einmaligkeitsverarbeitung gesagt werden kann, bezieht sich also immer auf zusammenlebende Generationen, deren gegenseitige Rückmeldung kommunikativ jeweils nachvollziehbar bleibt.

III. Die skizzierte biologische Fundierung und gleichzeitige Begrenzung möglicher geschichtlicher Erfahrungen verweist uns auf eine weitere Zeitschicht. Es gibt geschichtliche Zeiten, die über die Erfahrung von Individuen und Generationen hinausweisen. In diesem Fall handelt es sich um Erfahrungssätze, die bereits *vor* den jeweils zusammenlebenden Generationen angeboten wurden und die auch *nach* den zusammenlebenden Generationen aller Wahrscheinlichkeit nach weiterwirken werden. Die stetige biologisch bedingte Reproduktion ist nur ein besonders einfacher und einleuchtender Fall, der über alle Erfahrungseinheiten hinaus immer wieder in Kraft tritt. Hier handelt es sich um jenen wirklich wiederkehrenden Kreislauf zwischen Zeugung, Geburt und Tod, und darin eingebettet sind alle Liebes- und alle Haßgeschichten, alle intergenerationellen Konflikte. Dieser biologisch fundierte Kreislauf wiederholt sich in bestimmten Rhythmen, solange es das Menschengeschlecht gibt, ohne daß es sich seit rund zwei Millionen Jahren in dieser, biologischen, Hinsicht grundsätzlich geändert hätte.

Sobald wir aber aus den biologischen in kulturelle Fragestellungen überwechseln, lernen wir schneller absterbende Rekurrenzverläufe kennen. Dennoch gibt es zahlreiche Wiederholbarkeiten, die weit über eine zusammenlebende Generation hinausreichen, über jene empirisch einleuchtende Sukzession von Generationen, soweit sie sich mündlich noch untereinander verständigen können. Solche den Alltag übersteigenden Phänomene der Wiederkehr mögen ›transzendent‹ genannt werden. Dahin gehören religiöse oder metaphysische Wahrheiten, die auf Grundaussagen beruhen, die über Jahrtausende hinweg immer wieder modifiziert werden, aber abrufbar bleiben – auch wenn sie nicht von allen Menschen geteilt werden. Wir kennen die Sukzession magischer Verhaltensweisen, verschiedener religiöser oder moderner wissenschaftlicher Einstellungen, die allemal über jeweils zusammenlebende Generationen hinausweisen. Solche menschlichen Weltentwürfe wiederholen sich in zu langsamen Rhythmen, als daß ihr Wandel innerhalb von Generationen direkt erfahrbar würde. Insofern lassen sich diese langfristigen, sich wiederholenden und nur schleichend ändernden Grundannahmen möglicher Erklärungen allen empirischen Daten gegenüber transzendent nennen. ›Transzendent‹ nicht im Sinne von Jenseitigkeit, sondern in dem Sinne, daß sie die jeweiligen Generationen übergreifen oder unterfangen. Alle Erfahrungseinheiten enthalten ein solches Minimum an Transzendenzbedürfnis: Ohne dieses gäbe es keine Letzterklärung – wie vorläufig immer letztere auch ausfallen mag –, und ohne sie ließe sich keine Erfahrung in Wissenschaft überführen.

Was sich also alltagssprachlich als lang-, mittel- und kurzfristig definieren läßt, fordert eine komplexe Theorie geschichtlicher Zeiten heraus. Das Angebot verschiedener Zeitschichten erlaubt es, verschiedene Wandlungsgeschwindigkeiten zu thematisieren, ohne in die Scheinalternative linearer oder kreisläufiger Zeitverläufe zu verfallen.[2]

2 Nach diesem Vortrag erhielt ich Kenntnis von Friedrich Cramer, *Der Zeitbaum. Grundlegung einer allgemeinen Zeittheorie*, Frankfurt am Main und Leipzig 1993. Seine Thesen decken sich streckenweise mit den hier vorgetragenen historisch-anthropologischen Gedankenführungen, begründen sie aber sowohl naturwissenschaftlich als auch wissenschaftsgeschichtlich weit umfassender und empirisch gesättigter.

Erfahrungswandel und Methodenwechsel

Eine historisch-anthropologische Skizze

Was als historische Wahrheit gesucht, gefunden und dargestellt wird, hängt nie allein von den Erfahrungen ab, die ein Historiker macht, aber es hängt ebensowenig allein von den Methoden ab, die er verwendet. Sicherlich verweisen, wenn ein historisches Werk entsteht, Erfahrung und Methode aufeinander. Deren Relation zu bestimmen ist freilich schwierig, denn erstens hat sich ihr Verhältnis im Verlauf der Geschichte dauernd verändert, und zweitens gibt es bisher weder eine anthropologisch fundierte Geschichte der geschichtlichen Erfahrung noch eine übergreifende Geschichte der historischen Methoden.[1] Der folgende Versuch sei deshalb als Anregung verstanden, die mehr Fragen stellt als Antworten liefern kann.

1. *Semantische Vorbemerkung*

In einem seiner schönsten Artikel belehrt uns Jacob Grimm über Bedeutung und Bedeutungswandel des »erfahrens« und der »erfahrung«. Er betont den zunächst aktiven, geradezu prozessualen Gehalt, der diesen Worten früher innewohnte. Erfahrung meinte vor allem Erkundung, Erforschung, Prüfung. Damit rückte der alte Wortsinn in unmittelbare Nähe zum griechischen »historein«, das ebenfalls – außer dem sekundären Erzählen – »erkunden« und »erforschen« abdeckte. »Erfahrung« konvergierte also im Hinblick auf die gemeinten Sachverhalte und deren Erforschung weithin mit »Historie« und sogar mit historischer Methode, sofern die Schritte der Forschung und der Prüfung mitgedacht waren. So

1 Eduard Fueter, *Geschichte der neueren Historiographie*, München und Berlin 1936, Neudruck New York 1969, behandelt die methodischen Schritte als Teil der Geschichtsschreibung, ohne Rhetorik und Methodik exakt zu trennen; Jerzy Topolski, *Methodology of History*, Dordrecht und Boston 1976 (engl. Übersetzung der polnischen Ausgabe: Warschau 1973), ist systematisch angelegt, mit historischen Perspektiven und bezieht die theoretischen Prämissen als ihre impliziten Elemente in die Methodenlehre ein.

»ist der erfahrende als ein dahin, wo er forschen soll, gehender gedacht«.[2] Erfahrung haben hieße »nachforschung halten«. Aber Jacob Grimm registrierte für die Neuzeit auch schon eine Verschiebung, um nicht zu sagen Ausdifferenzierung des Erfahrungsbegriffs. Eine mehr passive, rezeptive Bedeutung drängt sich vor: »am meisten ab von der ursprünglichen bedeutung des erfahrens liegt die heute gangbarste des bloszen gewahrens und vernehmens der dinge, ohne dasz ein fahren und forschen vorausgieng«.[3] Deshalb auch konnte die »Erfahrenheit« – ursprünglich das einmal gewonnene Ergebnis des aktiven Erfahrens – von der gleichsam neutralisierten »Erfahrung«, wie Grimm bedauernd feststellt, aufgesaugt bzw. verdrängt werden.

»Erfahrung« wurde also im Laufe der frühen Neuzeit um seine tätige, auf Erforschung zielende Dimension verkürzt, der »methodische« Weg der Prüfung ausgespart oder ausgesondert. Auch wenn berücksichtigt wird, daß Grimm nur literarische und theologische Quellen zitiert, so zeichnet sich doch eine Einengung im allgemeinen Sprachgebrauch ab, die »Erfahrung« auf das sinnliche Wahrnehmen, auf das Erleben konzentriert. Das »erfahrene« ist »das wirkliche« und rückt in Opposition zu »dem nur gedachten«.[4] Erfahrung als Erfahrung der erlebten Wirklichkeit und die geistige Tätigkeit, die früher im Sinne vormoderner »historischer« Forschung mitgemeint war, treten also sprachgeschichtlich auseinander. »Gutes und böses, wie es uns zu theil wird« – auch das ist seit dem 18. Jahrhundert mit Erfahrung gemeint, während der Prozeß der Erkundung und Erforschung, die Methode als Schrittmacher der Erkenntnis vom Erfahrungsbegriff nicht mehr abgedeckt wird. Grimm bedauert diese Ausdifferenzierung, die im deutschen Sprachraum die andauernde Herausforderung des Historismus präformiert, wie sich »Leben« und Historie als Wissenschaft zueinander verhielten. In den gedämpften Worten des alten Jacob Grimm: »Es muß jedoch schwer sein forschung und kunde, gleichsam thätiges und leidendes wahrnehmen überall zu sondern.«[5]

2 Jacob und Wilhelm Grimm, *Deutsches Wörterbuch*, Leipzig 1862, Neudruck München 1984, Bd. 3, Sp. 789.

3 Ebd., Sp. 790.

4 Ebd., Sp. 790.

5 Ebd., Sp. 794.

Und Grimm hatte recht. Er suchte die umgreifende Einheit des alten Erfahrungsbegriffs zu retten, weil die rezeptive Erfahrung der Wirklichkeit und die produktive Erkundung und Überprüfung dieser erlebten Wirklichkeit einander bedingen, untrennbar zusammengehören. Er bäumte sich auf gegen die analytische Trennung des sinnlichen Wahrnehmens, des Sehens und Hörens von der bewußten Leistung des Erkundens und Erforschens, die Herodot noch als »Historia« auf einen Begriff gebracht hatte und wofür im Deutschen sich die »Erfahrung«, aktiv und passiv zugleich, angeboten hatte.

Um so erstaunlicher ist es, daß Jacob Grimm die Definitionen Kants als technische Ausdrücke abtut, die gleichbedeutend mit »Empirie« seien. Denn semantisch hat Kant die einmal erfolgte Ausdifferenzierung von Wahrnehmung, Erfahrung und Urteilsbildung so aufeinander zugeordnet, daß Erfahrung ohne sinnliche Wahrnehmung und Urteilsbildung gar nicht möglich sei. Wie Grimm ihn zitiert: »Es geht ein urtheil voraus, ehe aus wahrnehmung erfahrung werden kann, die gegebene anschauung musz unter einen begriff subsumiert werden.«[6]

Unbeschadet der philosophiehistorischen, auf die Naturerkenntnis bezogenen Ausgangslage seiner Definitionen hat Kant rein semantisch dem Erfahrungsbegriff seine alte Fülle wiedergegeben, nämlich sowohl rezeptiv wie aktiv zu sein, in Grimms Worten zugleich Kunde wie Forschung zu umgreifen. Jede Erkenntnis fange zwar mit Erfahrung an, wie Kant sagte, aber die Erfahrung ist wiederum auf Urteilsbildung, auf Begriffe angewiesen, um überhaupt gemacht werden zu können.[7]

Die wissenschaftstheoretische Doppelseitigkeit des kantischen Erfahrungsbegriffs, sowohl auf Wirklichkeit wie auf deren Erkenntnis zu verweisen, findet nun ihre überraschende Analogie in dem neuen Begriff »Geschichte«, wie er sich zur gleichen Zeit

6 Ebd., Sp. 793.

7 »In empirisch-praktischer Rücksicht« geht Kant so weit, Erfahrungen als Urteile zu definieren, »die durch Versuch und Erfolg kontinuierlich bewähret werden«. Immanuel Kant, *Werke*, hg. v. Wilhelm Weischedel, Bd. 6, Darmstadt 1964, S. 424; Anthropologie, Teil 1, § 6. Für die Semantik des Erfahrungsbegriffs bei Kant unverändert nützlich Rudolf Eisler, *Kant-Lexikon*, Berlin 1930, Neudruck Hildesheim 1964, S. 123-131. Zur Verhältnisbestimmung von Historie und Erfahrung in der frühen Neuzeit: Arno Seifert, *Cognitio Historica. Die Geschichte als Namengeberin der frühneuzeitlichen Empirie*, Berlin 1976.

herausgebildet hat. Seit rund 1780 nämlich saugt der bislang nur auf das Geschehen verweisende Geschichtsbegriff den korrespondierenden Begriff der Historie in sich auf. Seitdem gibt es alltagssprachlich nurmehr einen gemeinsamen Begriff für die erfahrene Wirklichkeit wie für deren Kunde und ihre wissenschaftliche Erkenntnis: die »Geschichte«. Gemessen an der Grimmschen Deutung des alten Erfahrungsbegriffs darf also gesagt werden, daß der moderne Geschichtsbegriff jene Einheit der »Erfahrung« in sich aufgenommen hat, sowohl die sinnlich vermittelte Kunde der Wirklichkeit wie auch deren Erforschung zu meinen. In diesem Sinne hat der moderne Begriff »Geschichte« die alte »Erfahrung« in sich aufgehoben – und damit auch die griechische »Historie« als Erkunden und Erforschen.

Ein Ergebnis dieser sprachgeschichtlichen Hinweise wäre in der erstaunlichen Kontinuität zu sehen, die sich hinter allen begrifflichen Wandlungen und Umbesetzungen vollzieht. »Geschichte« ist und bleibt eine »Erfahrungswissenschaft«, ob sie sich mit der herodotischen Historie als Kunde und Forschen begreift oder, modern gesprochen, die vorgegebene Wirklichkeit mit subtilen Methoden in geschichtliche Aussagen überführt: Beidemal handelt es sich um »Geschichte«, die Erfahrung und Erkenntnis aufeinander verweist. Das eine ist ohne das andere nicht zu haben oder zu machen.

Was lebensweltlich bis zur Ununterscheidbarkeit zusammenhängt, bedarf gleichwohl der analytischen Trennung, und sei es nur, um die gegenseitige Verschränkung von Erfahrung und Forschung ins Licht zu rücken. Die von Grimm beobachtete Trennung beider Bereiche fällt nicht zufällig in jene Zeit, als sich die Geschichte im deutschen Sprachbereich als eigenständige Wissenschaft zu begreifen anfing. Spätestens seitdem mußte die Wirklichkeitserfahrung von ihrer wissenschaftlich kontrollierten Aufbereitung methodisch getrennt werden. Aber der semantische Befund weist uns ebenso zurück hinter jene Schwellenzeit, in der unser moderner Geschichtsbegriff entstanden ist. Gerade seine analytische Lässigkeit, sowohl Wirklichkeit wie deren Erkenntnis zu meinen, erlaubt es, ihn – mit dem erforderlichen methodischen Vorbehalt – auch auf alle früheren Geschichten und deren Erkenntnisweisen anzuwenden, also auf die getrennt zu denkenden *res gestae* und *historiae*.

Die folgenden Überlegungen gehen deshalb von der Hypothese aus, daß es allem Erfahrungswandel und Methodenwechsel zuvor minimale anthropologische Gemeinsamkeiten gibt, die es ermöglichen, beides aufeinander zu beziehen, ohne die Einheit der sogenannten Geschichte aufzugeben.

2. *Methodische Vorbemerkung*

Nimmt man einmal die semantische Trennung zwischen den *pragmata*, den *res gestae*, den Geschehnissen auf der einen und den Historien oder der Geschichtskunde auf der anderen Seite hin, so ließe sich – rein theoretisch – die Wechselwirkung von der einen oder von der anderen Seite her entwerfen. Dann böten sich zwei Möglichkeiten an, auch in temporaler Perspektive den Wandel der Erfahrungen oder der Methoden jeweils autonom zu analysieren, um ihn als primären Faktor der Veränderungen einzusetzen. Gemeinhin wird ein Historiker geneigt sein, dem Erfahrungswandel den Vorrang einzuräumen, und sich selber nur als den registrierenden Erzähler oder Analytiker definieren. Aber es kann kein Zweifel daran bestehen, daß eine methodisch eingefaßte Geschichtserfahrung selber zu einem unabhängigen Wirkungsfaktor mit großen Folgewirkungen aufrückt. Ohne die heilsgeschichtliche, theologisch-klerikale Weltdeutung der christlichen Kirche wäre weder der Investiturstreit samt seinen politischen Folgen, noch wären die Kreuzzüge möglich gewesen, ebensowenig die Landnahme in Übersee durch die christliche Seefahrt oder – selbstredend – die Geschichte der religiösen Bürgerkriege in der frühen Neuzeit. Machiavellis direkte Wirkungsgeschichte mag geringer eingeschätzt werden, auch wenn sie vermittelt allgegenwärtig ist, aber daß die methodisch, wie stringent auch immer, abgeleitete Geschichtssicht von Marx welthistorische Folgen gezeitigt hat, die ohne Marx nicht in gleicher Weise vorstellbar sind, ist kaum zu bestreiten.

Dementsprechend ließe sich erstens eine immanente Methodengeschichte entwerfen, die vorzüglich von ihren Innovationen zehrt, welche trotz aller Voraussetzungen, die in jede Neuerung eingehen, nicht vollständig auseinander ableitbar sind. Eine solche

Geschichte lebte letztlich von ihren großen Entdeckern: von Herodot als dem Vater der Geschichtsschreibung, von Thukydides als dem Entdecker der politischen Welt, von Augustin als dem Stifter einer von Gott gesteuerten Heilsgeschichte, vielleicht von Niebuhr als dem Meister philologischer Methoden, um eine fremd gewordene Vergangenheit zu vergegenwärtigen, von den Schotten über Marx zu Max Weber, um die Geschichte aus ihren gesellschaftlichen Bedingungen heraus zu erklären. Diese fast zufällige Reihe ließe sich ziemlich fugendicht ausfüllen, um jenen methodenimmanenten, irreversiblen Fortschritt zu kennzeichnen, den es zweifellos gibt.

Die zweite Möglichkeit bestünde darin, den Methodenwechsel wissenssoziologisch aus dem vorauszusetzenden Erfahrungswandel abzuleiten. Die Hypothese ist leicht zu verifizieren, daß nachweisbare Veränderungen in der sozialen oder politischen Umwelt mit methodischen Innovationen korrelieren. Konkrete Erfahrungen geben neue Fragen auf, neue Fragen provozieren neue Forschungswege. Eine derartige Beweisführung wird immer Plausibilität für sich beanspruchen können. Aber ebenso lassen sich aus neuen Methoden neue Erfahrungen deduzieren, weshalb es sich letztlich um einen wissenssoziologischen Kurzschluß handelt, der niemals widerlegt werden kann.

Beide Forschungsansätze können eine ihnen innewohnende Evidenz erzeugen. Auf der einen Seite würde der methodisch abgesicherte Erkenntnisfortschritt thematisiert, der sich selbst vorantreibt oder von großen Innovatoren vorangetrieben wird. Auf der anderen Seite würde primär der geschichtliche Erfahrungswandel erfragt, den es ebenso unbestreitbar gibt und der zur Herausbildung neuer Methoden geführt hat. Beide Verfahren arbeiten mit hypothetischen Letztbegründungen, die als solche nicht hinterfragbar sind. Aber sie bleiben so einseitig und willkürlich wie etwa die alternative Reduktion eines Methodenwandels auf interne *oder* externe Faktoren.

Der folgende Versuch zielt nicht darauf, derartige Letztbegründungen herbeizuführen. Vielmehr soll versucht werden, durch anthropologische Differenzierungen im Erfahrungsbegriff und im Methodenbegriff gegenseitige Verweise zu ermöglichen, Korrelationen herzustellen, die in der Prämisse gründen, daß Geschichte und Historie, Wirklichkeit und ihre bewußte Aufbereitung immer schon aufeinander verweisen, letztlich sich gegenseitig begründen, ohne vollständig auseinander ableitbar zu sein.

Die folgenden Überlegungen bedienen sich also historisch-anthropologischer Hypothesen[8], die den Zusammenhang zwischen geschichtlichen Erfahrungsweisen und historischem Erkenntnisgewinn aufzuhellen suchen. Wenn dabei historische Anfänge oder »Ursprünge« bestimmter Methoden auftauchen, so bleibt dieser genetische Aspekt sekundär. Die Absicht zielt mehr in eine systematische Richtung. Es sollen die anthropologischen Bedingungen möglicher Erfahrungen und deren methodischer Erschließung aufgespürt werden. Da sich aber die anthropologischen Voraussetzungen in bestimmbarem Umfang selber geschichtlich ändern, wird jede systematisch angelegte Fragestellung gleichsam von selbst in die Diachronie hineingezwungen.

Deshalb wäre es eigentlich erforderlich, den sogenannten Wirklichkeitswandel und den wie auch immer korrespondierenden Erkenntniswechsel auf die jeweilige Theorie der Geschichte zu beziehen, die stillschweigend oder offen immer schon beides einander zuordnet. Aber derartige Theorien ändern sich ebenfalls im Lauf der Zeit, seien sie in einer rationalen Mythenkritik enthalten, in philosophischen Grundannahmen, in diversen Theologien, in Geschichtsphilosophien oder eben in expliziten Geschichtstheorien. Dieser Theoriewandel, der Erfahrungssprünge und methodische Innovationen gleicherweise umgreift, wird im folgenden nicht eigens thematisiert. Vielmehr zielt der Versuch auf formale Gemeinsamkeiten, die allen Erfahrungen und ihren Anreicherungen sowie allen Methoden und ihren Ausdifferenzierungen zugrunde liegen mögen. Die Trennung zwischen Erfahrungswandel und Methodenwechsel dient also der argumentativen Klarheit, um Licht auf ihre geschichtlich-anthropologischen Voraussetzungen zu werfen. Diese verbürgen – vielleicht – die Einheit aller Geschichte, die je einzelne Geschichten aus sich hervortreibt.

8 Dazu die Arbeiten Thomas Luckmanns; zuletzt: Thomas Luckmann, *Lebensweltliche Zeitkategorien, Zeitstrukturen des Alltags und der Ort des »historischen Bewußtseins«*, Heidelberg 1986 (Grundriß der Romanischen Literaturen des Mittelalters, Bd. 11,1), S. 117-126.

3. Drei Arten des Erfahrungsgewinns

Daß Geschichten primär aus eigenen Erfahrungen der Beteiligten und der Betroffenen entstehen, ist die Voraussetzung ihrer Erzählbarkeit und damit auch die Voraussetzung für die Erzählbarkeit von Fremderfahrungen, deren Analyse in der modernen Historiographie vorherrscht. Direkt oder indirekt handelt deshalb jede Historie von Erfahrungen, von eigenen oder von anderen. Deshalb läßt sich vermuten, daß die Arten, Geschichten zu erzählen oder methodisch aufzubereiten, auf die Arten bezogen werden können, wie Erfahrungen gemacht oder gesammelt oder verändert werden. Will man den Schwellenwert, den jeder Erfahrungsgewinn und jeder Erfahrungswandel indiziert, in seiner zeitlichen Ausdehnung erfassen – so daß also eine Geschichte daraus hervorgeht –, dann bieten sich drei Weisen der Erfahrbarkeit an.

Eine erste Erfahrungsart ist immer so singulär wie unwiederholbar. Es ist die Erfahrung, die sich durch Überraschung einstellt: »Erstens kommt es anders, zweitens als man denkt.« Man könnte diese Form der Erfahrung die Urerfahrung nennen, denn ohne sie kommt keine Biographie und keine Geschichte zustande. Eine Erfahrung macht, wer sich überraschen lassen muß. Derartige Erfahrungen bleiben, wenn sie sich einstellen oder aufdrängen, einmalig. Und deshalb enthält jede Erfahrung in nuce ihre eigene Geschichte. Sie liegt in dem Erfahrungsgewinn enthalten, der, von einer Überraschung ausgelöst, in jener minimalen zeitlichen Differenz zwischen Vorher und Nachher gründet, oder in dem Zufrüh oder Zuspät, welche im Rückblick eine Erfahrungsgeschichte konstituieren. Es handelt sich dabei um eine Art des Erfahrens, die immer wieder aufs neue von jedem einzelnen Menschen erlebt oder erlitten, bewußt oder unbewußt herbeigeführt wird. Nicht, daß diese Erfahrungsweise auf einzelne Personen zurückgeführt werden müßte, denn üblicherweise sind mehrere oder viele Personen an Überraschungseffekten beteiligt, aber sicher prägt diese Art des Erfahrung-Machens jede Person einzeln. Deshalb hat es auch seinen Sinn, die methodischen Zugriffe der Historiker auf ihre ganz persönlichen Erfahrungen zurückzuführen, die sie einmal betroffen haben und ohne die ihre Innovationen, wenn es denn welche sind, nicht zu verstehen wären.

Aber Erfahrungen entstehen nicht nur, indem sie gemacht werden, sondern ebenso, indem sie sich wiederholen. Das wäre die zweite Möglichkeit des Erfahrungsgewinns. Erfahrungen werden auch gesammelt, sind Ergebnis eines Akkumulationsprozesses, indem sie sich bestätigen oder einander korrigierend befestigen. Wie ein Sprichwort lautet: »Erfahren wir's nicht neu, so erfahren wir's doch alt.«[9] Ein erfahrener Mensch läßt sich nicht mehr so leicht überraschen, denn er wußte schon vorher, aus Erfahrung, was ihn erwartet, zumindest erwarten konnte. Die minimale Zeitspanne des primären Erfahrungsgewinns dehnt sich dann zu Fristen, die ein Leben gliedern, umordnen oder stabilisieren und deren maximale Spanne der Weg von der Geburt bis zum Tode ist: denn keine Erfahrung läßt sich unmittelbar übertragen. Lenkt man den Blick auf den Personenkreis, der von solchen mittelfristigen Erfahrungsstabilisierungen betroffen ist, so sind es selbstverständlich immer die einzelnen Menschen, die derartige Erfahrungen in sich speichern. Aber es läßt sich vermuten, daß Erfahrungsfristen in erhöhtem Maße generationsspezifisch sind.

Generationsspezifische Erfahrungsfristen ergeben sich aus der biologischen Vorgabe, die jedes individuelle Leben durch die zeitliche Differenz zwischen Eltern und Kindern prägt. Zwischen Erziehung und Emanzipation, zwischen Erfahrungsangebot und Eigenerfahrung herrscht eine Spannung, die zumindest jede individuelle Geschichte profiliert. Im Rahmen ihrer sozialen Einheiten gewinnen die biologisch bedingten, zeitlich – je nach Geburtsjahren – verschieden gestaffelten Erfahrungen ihre gemeinsame Signatur. Diese dauert an und ändert sich mit den absterbenden und nachwachsenden Generationseinheiten. Darüber hinaus brechen oder steigern sich die angesammelten Erfahrungen durch gemeinsam erlebte oder getätigte politische Ereignisse. Je nach Alter oder sozialer Zuordnung werden politische Erfahrungsschübe natürlich verschieden wahrgenommen und verarbeitet. Aber politische Erfahrungsschübe evozieren gleichwohl minimale, alle Altersstufen übergreifende Gemeinsamkeiten, so daß über die biologische und über die soziale Generation hinaus auch von poli-

9 *Die Deutschen Sprichwörter*, gesammelt von Karl Simrock, Frankfurt am Main 1846, Neudruck Dortmund 1978, mit einem Nachwort von Hermann Bausinger, S. 97, Nr. 2105.

tischen Generationseinheiten gesprochen werden kann. Deren gemeinsame Prägung hält so lange an, bis die Generation zeitlich gestaffelt ausgestorben ist. Im Unterschied zu einmaligen Überraschungen, die natürlich auch viele zugleich betreffen können, sind Bestätigungen und Bekräftigungen von Erfahrungen also an die ähnlichen Erfahrungen der Mitmenschen zurückgebunden – sonst könnten sie nur schwer gesammelt werden.

Deshalb gibt es über die persönliche Betroffenheit hinaus generationsspezifische Erfahrungsfristen und Erfahrungsschwellen, die einmal institutionalisiert oder überschritten, gemeinsame Geschichte stiften. Sie erfassen alle Menschen, die zusammenleben, seien es Familien, Berufsgruppen, Bürger einer Stadt oder Soldaten einer Armee, Angehörige von Staaten oder sozialen Schichten, Gläubige oder Ungläubige innerhalb von Kirchen oder außerhalb dieser, Mitglieder von politischen Handlungsgemeinschaften jedweder Art, seien es Parteien, Sekten, Fraktionen, Kamarillas, Stäbe, Zirkel, Gremien, Gemeinden. Kurzum, jede durch Lebensweg, Zufall oder Organisation zusammengeführte Handlungsgemeinschaft hilft einmal gemachte Erfahrungen zu stabilisieren. Zeitlich gesehen läßt sich deshalb von politischen und sozialen Generationseinheiten sprechen, deren Gemeinsamkeit darin besteht, einmalige oder wiederholte Erfahrungen zu machen und zu sammeln, zu regeln oder eben gemeinsame Erfahrungsschübe zu erleiden.

Aus dem politischen Leben lassen sich am ehesten Beispiele nennen. Man denke an Verfassungswandlungen, die durch Bürgerkriege und Kriege hervorgerufen oder vollzogen wurden, an den Peloponnesischen Krieg oder den Übergang von der Römischen Republik in die augusteische Monarchie, an die Transposition des Römischen Reiches in seine Erbfolgeländer, an die Reformation oder an die gleichsam klassisch zu nennenden modernen Revolutionen der Niederländer, der Briten, der Amerikaner, der Franzosen oder der Russen und der zahlreichen Völker ihres kontinentalen Imperiums.

Die Verschränkung der jeweiligen Generationserfahrungen umfaßt Sieger und Besiegte zugleich, auch wenn sie auf verschiedene Weise wahrgemacht und verarbeitet werden, soweit sie noch verarbeitet werden können. Selbst biologisch verschieden gestaffelte

Generationen können durch relativ gemeinsame Erfahrungen stabilisiert werden, die von den Nachgeborenen nie mehr einholbar sind, es sei denn auf analoge Weise. Deshalb bleibt es seit Beginn aller Historie methodisch zwingend, auf Primärquellen zurückzugreifen, um die Unverwechselbarkeit nicht nur einmalig gemachter, sondern auch generationsspezifisch gesammelter Erfahrungen aufzuspüren. Seit Herodot wird diese Regel befolgt oder von den sekundär arbeitenden Historikern implizit vorausgesetzt. Darauf kommen wir zurück.

Erfahrungen sind also einmalig – indem sie gemacht werden, und ebenso wiederholbar – indem sie gesammelt werden. Infolgedessen hat jede Geschichte, die durch Erfahrung konstituiert und aus ihr abgeleitet werden kann, einen doppelten Aspekt. Sowohl singuläre, eben überraschende Ereignisse evozieren Erfahrungen und rufen Geschichten hervor, als auch akkumulierte Erfahrungen helfen, die Geschichten mittelfristig zu strukturieren. Es gibt generationsspezifische Bedingungen und Verläufe, die sich personengeschichtlich überlappen, aber doch auf größere Fristen verweisen, die einen jeweils gemeinsamen Erfahrungsraum stiften. Was immer der Zeitgeist sei, hier ist er zu finden. Weshalb Clarendon über die Personengeschichte hinaus jenen Aspekt der Geschichte betonte, der »nützlicher« sei: »more useful to posterity to leave a character of the times, than of persons, or the narrative of the matter of fact, which cannot be so well understood, as by knowing the genius that prevailed when they were transacted.«[10]

Unsere doppelte zeitliche Perspektive auf mögliche Erfahrungen erlaubt es, ein erstes Zwischenergebnis festzuhalten. Erfahrungswandel, der in situ immer einmalig ist, vollzieht sich gleichwohl auf verschiedenen Zeitebenen, nämlich im Wechselspiel der Begebenheiten, die situativ und spontan neue Erfahrungen hervortreiben, oder langsamer, indem sich Erfahrungen summieren, bestätigen oder auf Änderungen im relativ konstanten Bedingungsnetz reagieren, innerhalb dessen überhaupt Ereignisse möglich werden. Soweit also Erfahrungen und ihr Wandel Geschichten generieren, bleiben diese Geschichten immer zurückgebunden an die beiden Vorgaben: daß Menschen Erfahrungen einmalig machen

10 Edward Clarendon, *Selections of the History of the Rebellion and Civil Wars*, hg. v. G. Huehns, Oxford 1955, S. 7.

und ebenso, daß sich ihre Erfahrungen generationsbedingt zusammenfügen. Deshalb bleibt es legitim, Geschichten, die über die Annalistik hinausführen, auch nach Herrscherjahren oder nach politischen Ereignissen zu gliedern, die generationsspezifische Schwellen markieren. Und deshalb wird jede moderne Sozialgeschichte auf konkrete Gemeinsamkeiten rekurrieren, die generationsbedingte Erfahrungseinheiten zeitlich umgrenzen.

Aber Erfahrungswandel kann sich drittens auch langfristig, schleichend oder schubweise, vollziehen, über alle spontanen Betroffenheiten und Unvorhersehbarkeiten hinweg, dabei die generationsbedingten, verstetigten oder eingeschliffenen Erfahrungen insgesamt verschiebend: Dann wird der bisherige, kurz- oder mittelfristig eingespielte Erfahrungshaushalt überhaupt verändert.

Immer wieder diskutierte Beispiele sind die Auflösung des Römischen Reiches durch die landnehmenden germanischen Völker sowie die gleichzeitige Ablösung und Umwandlung der heidnischen Kulte durch die Christianisierung. Trotz aller personalen und generationsspezifischen Primärerfahrungen wandelte sich das ganze gesellschaftliche System, was nur metaphorisch als Niedergang oder heilsgeschichtlich als Erwartung kommender Erlösung erfahren werden konnte. Ein anderes Beispiel ist die Entstehung des Weltwirtschaftssystems, das von Europa ausgehend das gesamte staatliche und gesellschaftliche Gefüge auf dem Globus innen- wie außenpolitisch verschoben hat. Solche langfristigen Vorgänge, die in jeden aktuellen Konflikt einwirken oder ihn hervorrufen helfen, bleiben als Hintergrunderfahrung präsent, auch wenn sie oft erst durch historisch-methodische Fragen ins Bewußtsein gehoben werden.

Immer handelt es sich dann, grob gesagt, um einen Personen und Generationen übergreifenden Systemwandel, der nur rückblickend durch die geschichtliche Reflexion eingefangen werden kann oder der, worauf besonders Karl Ferdinand Werner immer wieder hingewiesen hat, seit Orosius als siegesgewisser Ausgriff in die Zukunft festgeschrieben wurde. Der mündliche, gleichsam von den Großeltern an die Enkel vermittelte Befund reicht nicht mehr hin, um langfristigen Wandel als solchen wahrnehmen zu können. Der bisher dargestellte Erfahrungsgewinn und Erfahrungswandel waren insoweit synchron, als sie an die zusammenlebenden Generationen zurückgebunden blieben. Der dritte Fall des langfristigen Systemwandels ist strikt diachron, in generationsübergreifenden Sequenzen angelegt, die sich der unmittelbaren Erfahrung entziehen.

Diese Art der Fremderfahrung, die in die eigene Erfahrung hinein vermittelt wird, mag heute in einem eingeengten oder spezifischen Sinne »historisch« genannt werden. Die Vorvergangenheit wird aufgeboten, entweder um die Eigenart der Gegenwart zu erklären oder um die spezifische Andersartigkeit der früheren Geschichte herauszuschälen. Anthropologisch handelt es sich in beiden Fällen um die Einverleibung generationsübergreifender Fremderfahrungen in den eigenen Erfahrungshaushalt. Ein solcher Systemwandel, ehedem in mythischen Bildern aufgehoben, kann nur durch bestimmte historische Fragetechniken erfaßt werden. Unsere dritte Form des Erfahrungswandels, nämlich der langfristige, ist ohne historische Methoden gar nicht wahrnehmbar. Dabei greifen wir auf den nächsten Abschnitt voraus. Ein generationsübergreifender Erfahrungswandel, der sich auf Faktoren bezieht, die sich der Eigenerfahrung entziehen, kann nur durch Methoden erfahrungsanalog aufbereitet werden. Insofern läßt sich fast sagen, daß es sich hier um eine historische Erfahrungsstiftung handelt, die alle Primärerfahrung unterfängt.

Ob nun alte heidnische Historien in christliche Perspektiven getaucht werden, ob die christlichen Geschichten nach dem Maßstab aufgeklärter Rationalität umgedeutet werden, ob die vergangenen Fremderfahrungen in das eigene Verstehen eingeholt werden oder ob die gesamte Geschichte als ökonomisch bedingt erfahrungsanalog gedeutet wird – der Anteil historischer Wissenschaft bleibt konstitutiv für die Einbindung langfristigen Erfahrungswandels in die Eigenerfahrung.

Nun wäre es irrig zu glauben, daß langfristige Systemwandlungen erst seit der Neuzeit, also erst seit der Entdeckung des Mittelalters oder erst seit dem beschleunigten Erfahrungswandel durch die Industrialisierung methodisch thematisiert worden wären. Gewiß hat die Hypothese viel für sich, daß die rückwirkende Entdeckung einer ganz andersartigen Vergangenheit die eigentümliche Erfahrung unserer eigenen hermeneutisch oder sozialwissenschaftlich aufbereiteten Geschichte ist. Gewiß wird durch die Gliederung der ganzen Geschichte in Altertum, Mittelalter und Neuzeit seit dem Humanismus oder durch die moderne Einteilung nach Produktionskriterien, die die Geschichte von den jagenden und sammelnden Horden über Ackerbau und Hochkulturen in das technisch-industrielle Zeitalter hinführt, ein jeweils generationsübergreifender Erfahrungsraum hypostasiert, der sich über Jahrtausende und Jahrhunderte hinweg langfristig stabilisiert und nur schubweise verändert hatte.

Blickt man aber auf die anthropologischen Voraussetzungen derartig langfristiger Perspektiven, so läßt sich behaupten, daß sie nicht erst seit der Neuzeit, sondern von Anbeginn die Historie geprägt haben. Selbst wenn Herodot die einmaligen und generationsspezifischen Erfahrungen des Kampfes zwischen Persern und Griechen als das gerade noch zeitgeschichtlich große Thema seiner Historien angesprochen hatte – seine Forschungen erstreckten sich eben deshalb über zwei bis drei Generationen hinweg in eine Vorvergangenheit, die er nur durch ermittelte Fremderfahrung kritisch aufbereiten konnte. Schon die Herausforderung, Mythen und Sagen, soweit rational möglich, zu historisieren, nötigte ihn, vorausgegangene Erfahrungen erzählend oder deutend einzubeziehen.

In seiner Einleitung konstruierte Thukydides ausdrücklich einen tiefgreifenden, viele Jahrhunderte umgreifenden Strukturwandel der hellenischen Geschichte, der schließlich durch die Machtakkumulation der Athener den großen und einzigartigen Krieg ermöglicht hatte.

Tacitus' genuine Methode, die Schrecken der Kaiserzeit darzustellen, beruht auf der ausdrücklichen Reflexion ihrer Andersartigkeit, gemessen an den vorausgegangenen Jahrhunderten der Römischen Republik.

Joachim von Fiore entwickelte die Lehre von drei einander sich überlappenden Zeitaltern, die denknotwendig langfristige Erfahrungseinheiten und ebenso langfristige Erfahrungswandlungen implizieren. Genug der Beispiele aus der vormodernen Zeit.

Akzeptiert man einmal die hier entwickelten drei formalisierten Modalitäten von Erfahrungen, so läßt sich folgern, daß die kurz- und mittelfristigen sowie die langfristigen Erfahrungsspannen gleichursprünglich Geschichten ermöglichen.

Der Erfahrungsdruck, unter dem die Menschen stehen und handeln, bleibt zeitlich verschieden tief gestaffelt. Das hat nun, so steht zu vermuten, Rückwirkungen auf die historischen Methoden, die mit den drei angeführten Erfahrungsweisen korrespondieren müßten. Denn die Methoden, die ein Historiker verwendet, um geschichtliche Erfahrungen in Erzählung und Wissenschaft zu transponieren, sind immer gegenwärtig, auf die gegenwärtige Erfahrung bezogen, in ihr müssen sie sich bewähren, auch wenn der zu ermittelnde Sachverhalt zurückliegt. Darum sei versucht, einige Methoden auf ihre temporale Erfahrungsstruktur hin zu befragen.

4. Das Aufschreiben, das Fortschreiben und das Umschreiben der Geschichte: Methodische Minimalbedingungen

Blendet man die temporalen Strukturen geschichtlicher Erfahrung auf die Arten ihrer Erzählung, ihrer schriftlichen Darstellung und ihrer methodischen Verarbeitung, so lassen sich – unbeschadet aller Gattungslehren – drei Typen aufstellen: das Auf-, das Fort- und das Umschreiben der Geschichte. Das Aufschreiben ist ein erstmaliger Akt, das Fortschreiben akkumuliert Zeitfristen, das Umschreiben korrigiert beides, das Auf- und Fortgeschriebene, um rückwirkend eine neue Geschichte daraus hervorgehen zu lassen. Insoweit ließen sich die im folgenden zu behandelnden drei Arten der Historiographie idealtypisch den drei Weisen des Erfahrungsgewinns zuordnen. Dennoch sei gleich vorausgeschickt, daß eine derartig schlichte Korrelation den tatsächlichen Verschränkungen aller drei zeitlichen Erstreckungen nicht gerecht würde. Es kennzeichnet vielmehr die Einheit aller Geschichte, daß alle drei Erfahrungsweisen kurzer, mittlerer und langfristiger Dauer, unbeschadet einseitiger Gewichtung, in alle Arten der Historiographie eingehen. Es sind gerade die minimalen methodischen Gemeinsamkeiten, die auf das singuläre Aufschreiben, auf das akkumulierende Fortschreiben und auf das immer wieder evozierte Umschreiben nicht verzichten können. Freilich ändern sich im Verlauf der Zeit die Relationen und damit auch deren methodische Zuordnung. Aber unser Blick richtet sich auf jene anthropologisch dauerhaften Bedingungen, die historische Methoden überhaupt ermöglichen und deren formale Übereinstimmung kennzeichnen.

Das Aufschreiben der Geschichte

Zunächst bietet sich an, das Aufschreiben selbst als den Primärvorgang zu bezeichnen. Durch die Erzählung oder Niederschrift wird eine Geschichte konstituiert, in die allemal die unmittelbaren Erfahrungen der Historiker eingehen. Daher rührt auch die Dominanz der sogenannten Zeitgeschichtsschreibung oder, um mit Fritz Ernst zu reden, der Gegenwartschronistik, die bis in das 18. Jahrhundert hinein eine erkenntnistheoretische Priorität bewahren konnte.[11] Die Novität, die jede neu sich ereignende Geschichte beanspruchen darf, bedarf keiner zusätzlichen Begründung, um das bisher Unvorhergesehene und das Überraschende historiographisch aufzuarbeiten. Und daher verwundert es nicht, wenn seit Herodot oder Thukydides die Einzigartigkeit der berichteten Ereignisse besonders herausgestrichen wird und dieser Topos immer wieder mit Überzeugung abgerufen werden konnte. Insofern gehört das Einmaligkeitsaxiom des Historismus zu den Urerfahrungen, die alle Geschichten, wenn sie denn für erinnerungswürdig gehalten werden, konstituieren.

Die Uneinholbarkeit des als einmalig Erfahrenen ruft unmittelbar die Geschichtsschreibung hervor. Ruhm oder Schande der in ihre Geschichten verstrickten Menschen, ihre Leistungen und ihre Leiden werden festgehalten. Grundthema bleibt der Erfahrungsgewinn, der in Erinnerung gehalten werden soll. Hier liegt der geschichtliche Ort der historischen Methoden im allgemeinen Sinne des Begriffs. Erfahrungen können auch unbefragt in Erzählungen umgesetzt werden; im alltäglichen Leben ist dies sogar der Normalfall. Von Methoden kann erst gesprochen werden, wenn durch gezielte Fragen Untersuchungsverfahren in Gang gesetzt werden, um Erkenntnisse zu gewinnen, die ohne diese Verfahren

11 Fritz Ernst, *Zeitgeschehen und Geschichtsschreibung*, in: Welt als Geschichte 17 (1957), S. 137-189, und Reinhart Koselleck, *Das achtzehnte Jahrhundert als Beginn der Neuzeit*, in: Reinhart Herzog, Reinhart Koselleck (Hg.), *Epochenschwelle und Epochenbewußtsein*, München 1987, S. 269-282.

nicht gewonnen werden könnten. Zwei Fragen werden seit der antiken Historie – implizit oder explizit – gestellt: Was war der Fall? Und wie ist es dazu gekommen?[12] Nur so kann die je einmalige Erfahrung in Erkenntnis umgesetzt werden, die ihren Anlaß überdauert. Dazu bedarf es minimaler Wege der Erforschung, die über die bloße Kunde oder Kenntnisnahme hinausführen.

Von Herodot und Thukydides sind nun Forschungswege erschlossen worden, die unbeschadet der neuen Erfahrungen, die seitdem laufend in die Historiographie eingebracht werden, bis heute ihre Kraft und Geltung bewahrt haben. Vor allem ist zu nennen die heute als »oral history« apostrophierte Methode, ohne die kein Erfahrungsgehalt und kein Sachverhalt zu ermitteln sind. Ob die Zeugenaussagen nebeneinandergestellt bleiben, wie gerne von Herodot, oder auf ihre größere Glaubwürdigkeit hin gegeneinander abgewogen werden, ob schriftliche Zeugnisse – oder Inschriften wie bereits von Herodot und Thukydides – zur Gegenkontrolle herangezogen werden, ob Robertson im 18. Jahrhundert Fragebögen verschickte[13] oder ob heute die mündlichen Befragungstechniken generationsspezifische Kohorten zusammenführen, deren rückerinnernde Aussagen mit vorliegenden Tagebüchern oder Briefen konfrontiert werden, prinzipiell bleiben sich die Methoden gleich, um Erfahrungen in Erkenntnis zu überführen. Die Tatbestandserhebung – was war der Fall? –, die auf die konkrete Einmaligkeit zielt, bedient sich also genereller Methoden, die geeignet sind, die Einmaligkeit zu ermitteln, ob nun Thukydides nur schildern wollte, wie es war[14], oder ob Ranke danach fragte, wie es eigentlich gewesen.[15]

Die methodische Abschichtung, die von der Befragung direkter

12 Cicero, *De oratore* II 15,63.

13 Siehe Manfred Schlenke, *William Robertson als Geschichtsschreiber des Europäischen Staatensystems*, Diss. (Masch.) Marburg 1953, dank dem freundlichen Hinweis von Georg G. Iggers.

14 Thukydides, II 48; vgl. Lukian, Hist. conscrib. 39 und 41.

15 Leopold von Ranke, *Geschichten der romanischen und germanischen Völker von 1494 bis 1514*, Leipzig ²1872, S. VII. Dort auch die klassische Differenzierung des »Was« vom »Wie«: »Strenge Darstellung der Tatsache, wie bedingt und unschön sie auch sei, ist ohne Zweifel das oberste Gesetz. Ein zweites war mir die Entwicklung der Einheit und des Fortgangs der Begebenheiten.« Daß Rankes Diktum eine Übersetzung der thukydideischen Wendung »ego de hoion te egigneto lexo« ist, hat Konrad Repgen, *Über Rankes Diktum von 1824; »Bloss sagen, wie es eigentlich gewesen«*, in: Historisches Jahrbuch 102 (1982), S. 439-449, gezeigt.

Augenzeugen und dem Verhör vermittelnder Ohrenzeugen bis zur Kontrolle durch schriftliche Zeugnisse führt, diese zeitliche Tiefenskala wurde von Herodot so gut ausgefächert wie von Beda oder von heutigen Historikern. Es gibt anthropologische Vorgaben möglicher Erkenntnisgewinnung von Sachverhalten, die sich aus personalen Erfahrungen zusammensetzen, die einmal entdeckt nicht wieder aufgegeben werden können. Das zeichnet die Methodik aus.

Um Fälle in ihrer Einmaligkeit zu erkennen, bedarf es freilich eines weiteren Schritts, nämlich der Gegenfrage, warum es gerade so und nicht anders gekommen ist. Das führt, modern gesprochen, zur Hypothesenbildung, die nicht nur danach fragt, wie es eigentlich gewesen, sondern wie es überhaupt möglich war. Hinter jeder Frage »Wie ist es dazu gekommen?« steckt die Frage, wie es dazu kommen konnte.

So brachte Herodot das Argument ins Spiel, wie wohl der Perserkrieg ausgegangen wäre, wenn sich die Athener nicht beteiligt hätten, um zu folgern, daß ihr Einsatz kriegsentscheidend war. Es ist methodisch gesehen dasselbe Argument, das Montesquieu benutzte, als er danach fragte, warum eine einzige Schlacht einen Krieg entschieden hat. Er führte sie auf Bedingungen zurück, die es ermöglichten, daß überhaupt eine einzige Schlacht die Wende herbeiführen konnte.[16] Die Frage nach der Ermöglichung einer als einmalig erfahrenen Wirklichkeit führt konsequenterweise zur Unterscheidung zwischen langfristigen Gründen und situativen Anlässen, die ein Geschehen erklärbar macht. Thukydides' ganzes Werk ist von diesem doppelten Zugriff geprägt. Nicht nur, daß er Ursachen und Folgen auf der Ebene der Ereignisketten beschreibt, die beide ihrer Singularität verhaftet bleiben; mehr noch konfrontiert er die einmaligen und jeweils überraschenden Ereignisse mit ihren langfristigen, dauerhaften Voraussetzungen, die er in der Pathologie menschlicher Macht sieht und die erklären sollen, warum es so und nicht anders kam.

Dieser doppelte Zugriff wird mit anderen Begründungen auch von Herodot verwendet. Bei ihm findet sich z. B. ein analoges Er-

16 Herodot, Hist. VII 139; Montesquieu, *Considérations sur les causes de la grandeur des Romains et de leur décadence*, hg. v. Henri Faguet, Paris 1951, Kap. XVIII, S. 475.

klärungsmodell, als er aus Ägypten berichtete, daß Helena gar nicht nach Troja, sondern an die Gestade des Nils entführt worden sei.[17] »Wenn Helena in Ilion gewesen wäre, wäre sie den Griechen zurückgegeben worden«: dafür sprächen alle rationalen Gründe. Die Trojaner konnten Helena also gar nicht zurückgeben, um den Krieg zu vermeiden, aber die Griechen glaubten ihnen nicht, um ihre Rache vollstrecken zu können. So wurde der Krieg um ein Phantom geführt. Der wahre Grund lag allem Anlaß zuvor in der Verblendung der Menschen, die die Götter zu bestrafen pflegen.

Wie auch immer ein Historiker den Schrecken oder das Glück der überraschenden Erfahrungen in Erkenntnis überführt, er sieht sich genötigt, mittel-, längerfristige oder dauerhafte Gründe für die Erklärung einmaliger Erfahrungen herbeizuschaffen. Die Fallanalyse zwingt zur Hypothesenbildung, die Hypothesenbildung zwingt zu Erklärungen, die die Wirklichkeit mit ihrer Ermöglichung konfrontieren. Damit kommt die zeitliche Unterscheidung zwischen situativer Singularität und längerfristigen Gründen ins Spiel der Argumente, ohne die keine Geschichte erkannt werden kann. Sie überdauert jeden Paradigmawechsel.

Die zeitliche Vielschichtigkeit der Erfahrungsmodalitäten, die zuvor entwickelt worden ist, findet also ihre Entsprechung in der methodischen Aufbereitung. Die Unvorhersehbarkeit der je einmaligen Ereignisse kann nur dargestellt werden, wenn auch die akkumulierten Erfahrungen mittel-, längerfristiger oder quasi dauerhafter Art in sie eingehen. Nur so können die Fragen, was der Fall war und wie es dazu kommen konnte, methodisch beantwortet werden. Die an Herodot und Thukydides aufgewiesene Trennung zwischen den dargestellten Einzelereignissen und ihren längerwährenden Begründungen bleibt eine anthropologische Konstante jeder Methode.

Ob kausale Ableitungen entlang der Ereigniskette, längerfristige Bedingungen oder dauerhafte Sinnvorgaben eingeführt werden, um die Singularität der Primärerfahrung zu verarbeiten, bleibt sich in unserer Sicht einer formalen historischen Anthropologie gleich. Die zeitliche Mehrschichtigkeit, daß Erfahrungen einmalig gemacht werden und sich gleichwohl akkumulieren, geht

17 Herodot, Hist. II 113-121.

allemal in die Methode ein, die den Fall rekonstruiert und danach fragt, wie er überhaupt möglich wurde. Es handelt sich um die methodische Minimalbedingung, ohne die das jeweils neu Anfallende und Überraschende aller Geschichten nicht in historische Erkenntnis überführt werden kann. Deshalb konnte Herodot allen seinen Geschichten eine ihnen innewohnende Gerechtigkeit abgewinnen; deshalb konnte Thukydides die Einzigartigkeit des von ihm beschriebenen Peloponnesischen Krieges, der die menschliche Natur enthüllt habe, als *ktema es aiei* deuten; deshalb können seitdem die einmaligen Geschichten als exempla für den nächsten Fall abgerufen werden.

Es zeichnet also die Methode aus, daß sie den Anlaß, um dessentwillen sie entwickelt wurde, überdauert. Sie kann sich gleichsam verselbständigen, sie ist ablösbar von ihren Ausgangsbedingungen, formalisierbar und übertragbar. Die je einmaligen Fallanalysen, die sich der Zeugenbefragung und der Quellenexegese bedienen, berufen sich stets auf wiederholbare Erfahrungssätze, um den Einzelfall zu begründen, zu verstehen oder gar ihm Sinn abzugewinnen.

Diese historisch-anthropologische Vorgabe wird nun entlang dem tatsächlich sich vollziehenden Erfahrungswandel im Verlauf der Geschichte verschieden eingelöst. Am deutlichsten wird dies, wenn nach den Letztbegründungen gefragt wird, die das je Einmalige und immer wieder aufs neue Überraschende verkraften sollen. Dann tauchen, einander überlappend oder ablösend, Instanzen auf, die die Wiederholbarkeit von Erfahrungen absichern helfen. Seien es die Götter oder ein über ihnen waltendes fatum (Herodot, Polybios), sei es ein den Menschen eingeborenes Machtstreben (Thukydides, Machiavelli, Lord Acton), sei es Fortuna (Polybios, Tacitus, Otto von Freising, Machiavelli, Voltaire) oder sei es der Gott der Christen, auf den alle vorgenannten Dauerbegründungen zurückgeführt werden, um die ständig sich reproduzierende Endlichkeit der Menschen auf die Ewigkeit zu verweisen[18] (Augustin, Beda, Otto von Freising); seien es längerfristig wirkende Kräfte,

18 Dazu jetzt die textimmanente Strukturanalyse mittelalterlicher Historiographie von Gert Melville, *Der Zugriff auf Geschichte in der Gelehrtenkultur des Mittelalters. Vorgaben und Leistungen* (Grundriß der Romanischen Literaturen, wie Anm. 8), S. 157-228.

Ideen oder Prinzipien (Herder, Humboldt, Ranke), beständige Potenzen (Jacob Burckhardt), seien es Produktionsbedingungen, rechtliche Konstanten, ökonomische oder institutionelle Determinanten oder über die Menschen hinwegrollende konjunkturelle Bewegungen (Ferguson, Smith, Marx) oder seien es moderne Kombinationen und theoretische Aufbereitungen langfristig angesammelter Erfahrungsdaten: Immer geht es methodisch darum, die Primärerfahrungen einmaliger Überraschungen und Neuerungen auf ihre längerfristige Ermöglichung hin zu deuten.

Unbeschadet dessen, daß sich die skizzierten Letztbegründungen fundamental gewandelt haben, je nachdem ob es sich um Hellenen, Römer, Christen oder um neuzeitlich sich als Wissenschaftler begreifende Forscher handelt, die formale Struktur der methodischen Erfahrungsverarbeitung hält sich durch. Sie gründet in der zeitlichen Brechung jeder Primärerfahrung, die methodisch – mehr oder weniger bewußt gesteuert – ausdifferenziert wird, um Einmaligkeit und Dauer aufeinander zu verweisen. Hierin gründet die minimale Gemeinsamkeit aller historischen Forschungswege, die es uns erlaubt, auch von der Einheit der Geschichte zu sprechen, wie auch immer sich inhaltlich die konkreten Erfahrungen eingestellt, gesammelt, gebrochen oder gewandelt haben.

Das Fortschreiben der Geschichte

Mit dem diachronen Ablauf der Geschichte summieren sich, rein der Menge nach betrachtet, die notwendig sich einstellenden Erfahrungsgewinne. Daraus folgt aber keineswegs, daß es sich auch um einen Erfahrungszuwachs handeln müßte. Die Menschen sind vergeßlich und leicht geneigt, die eigenen Erlebnisse als einzige Quelle ihrer Erfahrung gelten zu lassen. Um von Erfahrungszuwachs sprechen zu können, bedarf es der historischen Methode, die den diachronen Ablauf systematisch ordnet. Minimale Voraussetzung ist eine Streckung der Zeitfristen, die rückblickend überschaubar und somit reflektierbar werden.

Der einfachste Fall ist natürlich das Ab- und Ausschreiben vorausliegender Historien, um dann das jeweils neu Anfallende hinzuzufügen. Die Annalistik und teilweise auch die Chronistik sind von diesem Verfahren geleitet, auch wenn es immer wieder, und seit dem Humanismus mit zunehmend systematischen Argumenten, in Frage gestellt wird. Jedenfalls darf man dem mehr oder minder naiven Ab- und Ausschreiben entnehmen, daß sich das Erfahrungswissen im Hinblick auf die wiederkehrende Ermöglichung der Einzelfälle nicht grundsätzlich geändert hat. Deshalb auch war es einsichtig, die Historie über anderthalb Jahrtausende hinweg als Fall der Rhetorik, nach den konstanten Regeln einer wahrheitsgemäßen Darstellung und Erzählung zu behandeln.[19] Die Unterordnung der Historie unter die Rhetorik darf geradezu als Stabilisator der historiographisch einmal aufbereiteten Erfahrungen gelten. Die darzustellenden Sachverhalte sind als solche – einmal in rechter Weise dargestellt – gleichsam unproblematisch. Obwohl die Regeln der Darstellung sicher gleichrangig zu den Methoden historischer Erfahrungsverarbeitung gerechnet werden müssen, soll hier der Blick auf jene Erkenntnisleistungen gelenkt werden, die sich aus dem Fortschreiben ergeben haben oder gleichsam aufgenötigt wurden.

Was man auch von dem belehrenden Ton des Polybios halten mag, eine Schwelle hat er dank der römischen Expansion überschritten, nämlich die Einheit geographisch verschieden gelagerter Geschichten zu thematisieren.[20] Er apostrophiert diesen Erkenntniszuwachs ausdrücklich als den Erfahrungsgewinn seiner Generation, versteht ihn aber methodisch umzusetzen. Er rückt nämlich disparate Handlungsräume in einen Gesamtzusammenhang, der sich der je individuellen Erfahrung grundsätzlich entzieht. Die Historie wird gleichsam höher aggregiert. Die Geographie, so kann man folgern, ist seitdem nicht nur eine Voraussetzung jeder Historie, sondern wird zu ihrem integralen Element. Wissenschaftsgeschichtlich kann dieser methodisch einmal entwickelte Erkenntniszuwachs immer wieder wahrgenommen werden. Ich erinnere an die Transposition der additiven europäischen Staatengeschichten Spittlers in die übergreifende Geschichte des europäischen Staatensystems und seiner Kolonialreiche durch Heeren.

19 Dazu jetzt provokativ, ohne die methodische Wahrheitsfrage zu stellen oder zu beantworten: Hayden White, *Auch Klio dichtet oder die Fiktion des Faktischen. Studien zur Typologie des historischen Diskurses*, Stuttgart 1986 (Topics of discours. Essays in cultural criticism, Baltimore und London [2]1982).
20 Polybios, Hist. I 3-4; V 31; VIII 4.

Der von Polybios einmal entfaltete Erkenntnisgewinn, disparat erscheinende Geschichten mit ihren je eigenen und unmittelbaren Primärerfahrungen zusammenzuführen, ist also seitdem methodisch abrufbar. Heute gehört diese Erkenntnismöglichkeit zur impliziten Voraussetzung zahlreicher Einzelgeschichten, die seit dem 18. Jahrhundert zunehmend nur noch in globale Zusammenhänge eingerückt hinreichend verstanden werden können. Viele Primärerfahrungen kurz- oder mittelfristiger Art bleiben – methodisch oft unreflektiert – in geographisch fernliegende Bedingungen eingebettet, etwa der Ökonomie, ohne die zahlreiche unserer Primärerfahrungen nicht denkbar wären. Das methodische Prinzip, Geschichte nur als »Weltgeschichte« treiben zu können, ist, von Polybios und Poseidonios[21] einmal praktiziert, seitdem einlösbar und entsprechend dem anwachsenden weltgeschichtlichen Erfahrungsdruck einlösungspflichtig geworden.

Mit diesem geographischen Aspekt der Stiftung von Zusammenhängen eng verknüpft ist der daraus sich ergebende Zwang zur Synchronisierung. Was Herodot schon implizit auf subtile Weise geleistet hatte[22], die diversen Datenreihen der Dynastien aufeinander abzustimmen, gehörte für Polybios zur bewußten Methode. Mit der angesammelten Erfahrung verschieden tief gestaffelter und gedeuteter Geschichtsräume wuchs der Druck, methodisch einheitliche Datierungen zu entwickeln – man denke an die späteren Dionysius Exiguus und Beda –, bis schließlich mit Scaliger eine astronomisch abgesicherte absolute naturale Chronologie für alle heterogenen Kulturen auf dem Globus gemeinsam erstellt wurde. Auch hier darf gesagt werden, daß der einmal entdeckte Befund chronologisch verschieden einzustufender Kulturen erst in geschichtliche Erkenntnis überführt wurde, nachdem sich die Chronologie etabliert und schließlich als Hilfswissenschaft methodisch ausdifferenziert hatte.

Aber noch weitere methodisch eingefaßte Erkenntnisse sind zu nennen, die ein Minimum bereits abgelaufener Geschichten voraussetzen, die sich dann nebeneinander oder sukzessiv unterschei-

21 Christian Meier, Artikel »Geschichte, Historie«, in: Otto Brunner, Werner Conze, Reinhart Koselleck (Hg.), *Geschichtliche Grundbegriffe. Historisches Lexikon zur politisch-sozialen Sprache*, Bd. 2, Stuttgart 1975, S. 605.

22 Hermann Strasburger, *Herodot als Geschichtsforscher*, Zürich und München 1980, bes. S. 39ff.

den lassen. Erst so wird es möglich, Vergleiche anzustellen, die Eigen- und Fremderfahrung aneinander messen.

Am geläufigsten und in einer erstaunlichen Kontinuität bis heute immer wieder angestrengt ist der Verfassungsvergleich. Als sophistischer Disput von Herodot vorgeführt[23], tauchen hier bereits Argumente auf, die sich über Platon und Aristoteles bis zu Polybios verfolgen lassen, um seitdem in allen Historien – etwa von Roscher[24] – abrufbar zu bleiben, die sich auf Vergleiche einlassen. Man darf geradezu behaupten, daß hier der klassische Fall vorliegt für die Wiederholbarkeit einmal gemachter Erfahrungen menschlicher Selbstorganisation und gewisser regelhafter Abläufe mit verschieden gewichteten Folgelasten.

Unsere anthropologische Differenzbestimmung, daß die je überraschende Novität aller konkreten Geschichten methodisch nur in Erkenntnis überführt werden kann, wenn sie mit mittel- oder längerfristigen Erfahrungssätzen zusammengeführt wird, findet hier ihre universalhistorisch bis heute gültige Anwendung. Minimale Verläufe, die sich durch das Fortschreiben der Geschichten überblicken lassen, setzen Vergleichbarkeiten frei, die sonst nicht zu haben wären. Einmal gewonnen – und hier handelt es sich um wirklichen Erkenntniszuwachs – sind die Ergebnisse übertragbar. Es steht zu vermuten, daß auch alle modernen Typologien – etwa die heuristisch so ergiebige Lehre Max Webers von den Idealtypen – sich auf die gleiche Grundfigur zurückführen ließen.

Aber nicht nur die Vergleichbarkeit und damit die strukturelle Wiederholbarkeit ähnlicher oder analoger Geschichten ist mit der Fortschreibung freigesetzt worden: Auch rein diachrone Sukzessionsregeln, also mit akkumulierter Erfahrung korrespondierend, gehören hierhin. Der aristotelische Satz, daß kleine Ursachen große Wirkungen zeitigen könnten – von Polybios und Tacitus mehr argumentativ in die Historie eingeführt[25] –, wurde

23 Herodot, Hist. III 80-82.

24 Nur als Beispiel für die hier entwickelte strukturelle Analogie, die einmalige konkrete Verfassungen auf mittel- und langfristige Erfahrungssätze bezieht: Wilhelm Roscher, *Umrisse zur Naturlehre des Cäsarismus*, Leipzig 1888, und ders., *Umrisse zur Naturlehre der Demokratie*, Leipzig 1890. Marx verspottete ihn deshalb als »Wilhelm Thukydides Roscher« (Karl Marx, *Das Kapital*, Bd. 1, Berlin 1955, S. 225; Bd. 3, Kap. 7, Anm. 30 – dank frdl. Hinweis von H. D. Kittsteiner).

25 Aristoteles, Pol. V 1303 a; Polybios, Hist. III 7; Tacitus, Ann. 4, 32.

im 18. Jahrhundert, etwa von Bayle, Voltaire oder Friedrich dem Großen[26], mit Emphase aufgegriffen, um mittelfristige Ereigniskatarakte zu erklären. Die Ironie wurde so zur Methode.

Ich zögere etwas, auch die figurale Geschichtsdeutung des Mittelalters hier anzuführen, aber die Behauptung hat einiges für sich, daß der mehrfache Schriftsinn es methodisch ermöglicht hat, Texte sowohl auf ihre Einmaligkeit hin zu lesen als auch auf zeitübergreifende Zusammenhänge. Zunächst belegte er die Dauerhaftigkeit der göttlichen Providenz, die den Einzelfällen Sinn verlieh. Danach konnte Condorcet ein analoges Verfahren entwickeln, um die Vielzahl konkreter einzelner, aber heterogener Fortschritte zu einem Tableau der gesamten Geschichte zusammenzufügen. An die Stelle des von Gott auserwählten Volkes tritt ein hypothetisches Volk als Erkenntniskonstrukt: »Ici le tableau commence à s'appuyer en grande partie sur la suite des faits que l'histoire nous a transmis: mais il est nécessaire de les choisir dans celle de différents peuples, de les rapprocher, de les combiner, pour en tirer l'histoire hypothetique d'un peuple unique, et former le tableau de ses progrès.«[27] Beide Male wird ein Verfahren genutzt, das den mehrfachen Schriftsinn einer Quelle ausdeutet, um den Einzelfall in größere Zusammenhänge zu rücken. Ob es sich um die Wiedererkenntnis der göttlichen Vorsehung oder um die progressive Ausdeutung einmaliger Leistungen handelt oder heute um einen sozialhistorisch aufbereiteten Strukturwandel: Die Erfahrung wird durch analoge Methoden aufbereitet, die den Einzelfall auf die Folie längerfristiger Zusammenhänge aufblenden, ohne darüber den Einzelfall zum Verschwinden zu bringen. Im Gegenteil, durch dessen doppelte Lesbarkeit konstituiert sich erst die Geschichte.

In allen angeführten Fällen ging es darum, daß mit der empirischen Zunahme der Zeiten Methoden entwickelt wurden, um der wachsenden räumlichen Verflechtung – über die Universalgeschichte bis zur Weltgeschichte – und ihrer zeitlichen Konkordanz

26 Pierre Bayle, *Dictionnaire historique et politique*, Bd. 4, Amsterdam [4]1730, S. 789: »Révolutions d'Etat, les plus grandes n'ont la plupart du temps pour principe qu'une bagatelle«, Bd. 2, S. 321 b. Vgl. ferner Reinhart Koselleck, *Vergangene Zukunft*, Frankfurt am Main 1979, S. 161 ff.

27 Condorcet, *Esquisse d'un tableau historique des progrès de l'esprit humain* (1793), hg. v. Wilhelm Alff, Frankfurt am Main 1963, S. 38.

gerecht zu werden. Dabei wurden – quasi synchron – Vergleiche, Analogien, Parallelen im Hinblick auf mögliche Wiederholbarkeiten ebenso zum Instrumentarium der Forschung wie Versuche, diachrone Regelhaftigkeiten einzelner Abfolgen oder des gesamten Geschichtsverlaufs zu entdecken. Gewiß ist einzuräumen, daß derartige Zugriffe besonders eng zurückgebunden bleiben an philosophische, theologische oder eben geschichtstheoretische Vorentscheidungen. Aber den Test der Übertragbarkeit, der Wiederholbarkeit und damit der Überprüfbarkeit haben zahlreiche der angeführten methodischen Zugriffe bestanden. Ihnen entspricht ein wirklicher Erfahrungszuwachs, der sich verflüchtigen würde, wenn er nicht mit einem Minimum an Methode in Erkenntnis überführt und damit auf potentielle Dauer eingestellt würde. Zwar ist niemals hinreichend zu begründen, warum sich eine historische Erkenntnis zu einer bestimmten Zeit eingestellt hat, aber wenn sie sich überhaupt erst einmal artikuliert hat, bleibt sie abrufbar. Die Einsichten des Thukydides lassen sich nicht mehr überbieten, wohl aber ergänzen. Der herodotische Verfassungsvergleich wurde nach und nach ausdifferenziert und angereichert, aber nicht mehr grundsätzlich verlassen. Insoweit mag es erlaubt sein, von einem Erkenntnisfortschritt zu sprechen, der ohne wiederholte Applikation ehedem gewonnener Einsichten nicht zu registrieren wäre. Der Fortschritt in der methodischen Verarbeitung geschichtlicher Erfahrungen besteht also nicht in dem sogenannten Paradigmawechsel, sondern darin, daß gerade ein Paradigmawechsel, der neu anfallende Erfahrungen aufzubereiten sucht, auf die wiederholte Anwendung bisher gewonnener Verfahren angewiesen bleibt.

Nun wird aber Geschichte nicht nur je einmalig geschrieben, ab- und fortgeschrieben samt allem Erkenntniszuwachs durch Verfeinerung der Methoden; Geschichte wird ebensooft umgeschrieben, im kritischen Rückblick geradezu neu konstituiert. Damit wächst die methodische Beweislast enorm, denn ohne sie läßt sich nicht begründen, warum die bislang berichtete oder abgeschriebene Geschichte in Wirklichkeit ganz anders gewesen sei als berichtet oder abgeschrieben.

Das Umschreiben der Geschichte

Das Umschreiben der Geschichte ist so einmalig wie das erstmalige Schreiben einer Geschichte überhaupt. Es ist jedenfalls innovativ, denn es rückt in eine bewußte Opposition zur bisher berichteten oder geschriebenen Geschichte. Daraus läßt sich vorläufig folgern, daß ihm ein Erfahrungswandel korrespondiert, der einer Neuerfahrung gleichkommt. Und gemäß unseren drei temporalen Erstreckungen kurz-, mittel- und langfristiger Erfahrungsgewinne (und ihnen entsprechender Erfahrungsverluste) steht zu erwarten, daß sich auch hier die methodischen Verarbeitungsweisen auf die drei Arten der Erfahrungen beziehen lassen. Die Tatbestandserhebung sowie ihre Begründungen müssen sich neu, zumindest andersartig artikulieren; sonst handelte es sich um weiteres Ab- oder Fortschreiben der bisherigen Überlieferung.

Nun ist freilich kein Umschreiben der Geschichte denkbar oder möglich, ohne auch ab- und fortzuschreiben, ohne auf bisher einmal festgehaltene Erfahrungsbestände zurückzugreifen. Das gilt nicht nur für die mittelalterliche Annalistik und Chronistik, deren ausgeschriebene Quellen im Kleindruck ediert werden, das gilt ebenso bis heute für die gesamte Historiographie. Nicht alles kann »revidiert« werden. Aber dort, wo überhaupt revidiert wird, müssen zwangsläufig neue Methoden aufgeboten werden, wie stringent sie auch immer reflektiert werden. Oft verstecken sie sich in neuen Aussagen, aus denen die innovativen methodischen Implikationen ableitbar sind – wie etwa bei der symbolischen Geschichtsschreibung des hohen Mittelalters. Oder das Abschreiben wird verweigert, weil der vorgegebene Bericht aus Büchern stammt und nicht auf der Primärquelle einer Mittäterschaft, Augenzeugenschaft oder zumindest auf entsprechender Erfahrungsdichte beruht, die allein den Historiker befähigt, die richtigen Fragen zu stellen.[28] So gehört der Rückgriff auf wahre oder vermeintliche Primärerfahrungen seit der Antike zum minimalen Geschäft der Historie, um Wahrheit und Irrtum zu sondern. Aber rein erkenntnistheoretisch handelt es sich hier noch nicht um ein Umschreiben, denn die Suche nach den authentisch überlieferten Primärerfahrungen hält sich noch an die letzte Instanz gleichsam

28 Polybios, Hist. XII: Kritik an Timaios.

unmittelbarer Zeugenberichte, die – gehörig befragt – abschreibwürdig bleiben. In diesem bis heute unverändert gültigen methodischen Zugriff liegt, wie gesagt, das Minimum an Kontinuität enthalten, aus der seit Herodot kein Historiker ausscheren kann, ohne seine Glaubwürdigkeit zu verlieren.

Das Umschreiben der Geschichte verweist dagegen auf einen Erfahrungswandel, der ohne seine methodische Reflexion für unsere heutige Einsicht verloren wäre. Daß alle drei zeitlich verschieden gestaffelten Erfahrungsweisen davon betroffen werden, zumindest betroffen werden können, das bezeugt schon Thukydides. Während die Fülle der Einzelgeschichten, die Herodot aus der Vorvergangenheit zu berichten weiß, noch in einer immanenten religiösen Sinnvorgabe eingebunden bleibt, vollzieht Thukydides einen rigorosen Perspektivenwechsel. In seiner langfristigen Archäologie stellt er – scheinbar wie Herodot – eine Vielzahl von Fragen wirtschaftlicher, technischer, demographischer, politischer, archäologischer, semantischer und kulturvergleichender Art, aber nur, um die gesamte hellenische Vorgeschichte bis zum Perserkrieg, fast kann man sagen prozessual, zu strukturieren. Thukydides konzipierte die Vorvergangenheit nicht mehr additiv wie Herodot, sondern als diachrone Einheit, in der die verschiedensten Faktoren ineinandergreifen. Die griechische »Aufklärung« hat bei ihm die religiösen, auch durch den Mythos vermittelten Sinnvorgaben auf einen nur durch den Glauben der Beteiligten wirksamen, also auf einen von mehreren historischen Faktoren u.a. reduziert. Damit wurde die ganze bei Herodot noch religiös fundierte Vorvergangenheit gleichsam freigegeben für eine hypothetisch-argumentative Rekonstruktion nach Maßgabe der neuen Eigenerfahrung des Thukydides. In seiner Archäologie liegen die neu entdeckten, langfristigen Voraussetzungen der nur so möglich gewordenen Gegenwartsgeschichte enthalten.

Aber auch die mittelfristige Erfahrungsakkumulation, durch die sich Thukydides von Herodot generationsspezifisch unterscheiden sollte, bezeugt seinen Methodenwechsel. Die Pentekontaëtie zwischen dem Perser- und dem Peloponnesischen Krieg wird durch die innere Verfassungsgegensätzlichkeit der Poleis und durch die differierenden Wahrnehmungsweisen der Bürgerschaften gedeutet, durch das Wechselspiel von Innen- und Außenpolitik der Stadtstaaten, um kraft einer immanenten Teleologie den wahren Kriegsgrund hervorzutreiben: die imperiale Machtakkumulation der Athener, der eine sich steigernde Furcht der Spartaner entsprach.[29]

Schließlich muß der einmalige Erfahrungswechsel des Thukydides selbst beachtet werden. Auf sein Scheitern als General kommen wir zurück. Strasburger veranschlagt den spezifisch persönlichen Zugriff des Thukydides, der aus der traditionsdurchwirkten Neuerungsphase der damaligen Generation das Politische und nur das Politische herausgeschält hatte, besonders hoch.[30] Es ist der konsequente Ernüchterungseffekt, den Thukydides gegen alle überkommenen Sitten- und Rechtsbegriffe zumindest argumentativ ins Feld führt, um eine für alle geschichtlichen Ereignisse gültige historische Wahrheit – das Menschenmögliche – aufzudecken.

Hier handelt es sich um jenen Realismus, der bis heute an seinen Namen gebunden bleibt, bekräftigt durch die Übersetzungen von Valla und von Hobbes sowie durch die realpolitische Rezeption seit der frühen Neuzeit. Um ein Beispiel zu nennen: Die Umdeutung des Tyrannenmordes – die Mörder waren Heroen eines demokratisch legitimierten Denkmalskultes geworden – bezeugt den Entlarvungsvorgang, den Thukydides als seine ganz eigene Leistung methodisch absichert. Herodot hatte die Tyrannenvertreibung noch vielschichtig aufgerollt, dabei Träume, Orakel, Kultformen, Erpressungen, Bestechungen, vor allem über die Rolle der führenden Adelsgeschlechter und der Nachbarstädte berichtend, ohne den Anteil der beiden Mörder des Hipparch besonders herauszustreichen. Aber Thukydides geht den entscheidenden Schritt weiter, indem er den Mord seiner öffentlich tradierten heroischen Funktion entkleidet, die Herodot nicht berührt hatte. Thukydides entpolitisiert den Mord, indem er ihn auf homosexuelle Eifersuchtsmotive zurückführt. Die Politik vollzieht sich, modern gesprochen, zwischen den Extremen natürlicher Vorbedingungen und ideologischer Verblendungen. Wer sich auf Politik einläßt,

29 Dazu Christian Meier, *Die Entstehung des Politischen bei den Griechen*, Frankfurt am Main 1980, bes. Teil C: »Das Politische und die Zeit«. Zuletzt ders., *Die Entdeckung der Ereignisgeschichte bei Herodot*, in: Storia della Storiografia. Rivista Internationale 10 (1986), S. 5-23.

30 Hermann Strasburger, *Die Entdeckung der politischen Geschichte durch Thukydides*, in: Hans Herter (Hg.), *Thukydides*, Darmstadt 1968, S. 412-476.

muß entlarven können. So weit war Herodot nie gegangen, um die »Aufklärung« gegen die alten Erfahrungen auszuspielen.[31] Nicht jedes Zeugnis, repliziert Thukydides, ist gleichrangig berichtenswert. Er hierarchisiert seine Quellen, um der Geschichte ihre immanent aufweisbare, von Natur her gleichartige, streckenweise tragische, stets aufs neue sich verschürzende Konfliktträchtigkeit abzugewinnen. Wie auch immer unsere heutigen Lesarten des Thukydides lauten[32]: Er bleibt der klassische Fall für das methodisch reflektierte Umschreiben bislang vorgegebener historischer Nachrichten, die seinen eigenen Erfahrungen nicht mehr standhielten. Auch wenn seine Rezeption wellenförmig und schubweise vor sich ging und obendrein nur selektiv – die von ihm einmal entwickelte Methode der systematisch begründeten Entlarvung und der Ernüchterung wurde zu einem Wegweiser des Umschreibens.

Sowohl rückblickend, in der diachronen Strukturanalyse seiner Archäologie, wie generationsspezifisch in der Aufbereitung der neuen multisubjektiven machtpolitischen Erfahrungen und ihrer sprachlichen Ausprägungen, die die Pentekontaëtie prägt, wie schließlich in der Verarbeitung ganz persönlicher Erfahrungen des Peloponnesischen Krieges selber, hat Thukydides die bisherige Geschichte umgeschrieben, und soweit er sie neu geschrieben hat, auf neue Weise wie nie zuvor.

Man darf geradezu so weit gehen, zu sagen, daß selbst die Tatbestandserhebungen, die er durch mündliche Zeugenbefragungen und schriftliche Quellenkontrolle durchführte, bereits ein Umschreiben alles zuvor Gesagten und Geschriebenen intendierten, und daß er dies mit methodischem Bewußtsein vollzog. Deshalb bleibt sein Werk – nicht nur wegen seiner Umsetzung einmal gewonnener Erfahrung in historisch dauerhafte Erkenntnis – auch methodisch ein *ktema es aiei*. Das führt uns auf eine weitere anthropologische Vorgabe, die den kurz- und mittelfristigen Erfahrungswandel sowie den langfristigen Perspektivenwechsel methodisch zu verarbeiten erlaubt.

31 Herodot, Hist. v 55-56; vi 109, 123 f.; Thukydides, i 20, vi 54, 59.

32 Die zeitgebundenen parteilichen Sympathie- und Antipathielinien der thukydideischen Tyrannenmord-Deutung zeichnet kritisch nach Hans Jürgen Diesner, *Peisistratidenexkurs und Peisistratidenbild*, in: Hans Herter (Hg.), *Thukydides* (Anm. 30), S. 531-545.

Thukydides nämlich hat uns gelehrt, warum Geschichte überhaupt umgeschrieben werden kann. Er führte vor, daß die Erhebung eines Tatbestandes nicht identisch ist mit dem, was darüber gesagt und überliefert wird. Darüber hinaus zeigte er, daß die Frage, warum es so und nicht anders gekommen ist, nur dialogisch gebrochen beantwortet werden kann, eingerückt in die Perspektiven der Beteiligten. Anders gewendet: Thukydides hat als erster den Widerspruch erkannt, der zwischen der tatsächlichen Geschichte und ihrer sprachlichen Deutung und Erfassung immer wieder aufbricht, ja daß dieser Unterschied geradezu konstitutiv ist für die Erfahrung von Geschichte überhaupt. Dies zu vermitteln war seine methodische Leistung, indem er die Tatsächlichkeit der Ereignisse nur in den Reden der Beteiligten auf ihre Ermöglichung hin zur Sprache brachte. Gewiß liegt diesem – bis heute unüberholbaren – Zugriff eine spezifische Erfahrungsverarbeitung der griechischen Politik zugrunde, die im fünften Jahrhundert Religion und sophistische Aufklärung, persische Großmacht und Stadtstaaten, Bürgerfreiheiten und Verfassungsvielfalt, koloniale Gründungen und Bündnisse, wirtschaftliche und moralische Macht, Recht und Nutzen aufeinander einwirken und gegeneinander ausspielen lehrte.[33] Der methodische Ertrag, den Thukydides daraus ableitete, lag in der dauerhaften Differenzbestimmung zwischen Tun und Sagen, zwischen *logoi* und *erga*.[34]

Die gerne betonte anthropologische Dauerhaftigkeit aller geschichtlichen Prämissen, die Thukydides aufzuweisen suchte, liegt methodisch gesehen in der reflektierten Spannung, die zwischen Reden und Handeln, zwischen Sprechen und Meinen, zwischen Sprache und Wirklichkeit obwaltet und nur so und nicht anders Geschichte konstituiert. Indem Thukydides seine Geschichte des Peloponnesischen Krieges niederschrieb, hat er diesen schon »umgeschrieben«; seine langfristigen Bedingungen, die mittelfristigen Strukturen und die kurzfristigen, einmaligen Ereignisse. Er hat die anthropologische »Urerfahrung« artikuliert, daß zwischen allen Ereignissen, die eine Geschichte ausmachen, und dem, was dar-

33 Meier, *Entstehung des Politischen* (Anm. 29).

34 Dazu die aufschließende Studie von James Boyd White, *When words lose their meaning. Constitutions and reconstitutions of language, character and community.* Chicago und London 1984, bes. Kap. 2: »The dissolution of meaning. Thucydides' History of his world«.

über gesagt wird, indem diese Geschichte konstituiert wird, ein Hiatus herrscht. Diesen Hiatus hat Thukydides gleichsam zum methodischen Thema seines Peloponnesischen Krieges gemacht, indem er die Reden, monologisch oder dialogisch, und das annalistische Geschehen miteinander konfrontierte, ohne beides zur Gänze auseinander abzuleiten. Dank dieser Methode hat er für uns eine dauerhafte anthropologische Vorgabe freigelegt, warum Geschichte überhaupt umgeschrieben werden kann. Nicht nur, daß er da und dort Partei ergriffen hätte, etwa für das Athen unter Perikles, gibt seinen eigenen Text für andere Deutungen frei. Seine innovative Leistung bestand vielmehr darin, daß er die Differenz zwischen Ereignissequenzen und Reden zuvor, dabei und danach als die Voraussetzung aller Geschichte selber sprachlich komponiert hat. Damit hat er implizit eine unüberholbare Bedingung möglichen Umschreibens aller Geschichte als die Voraussetzung jeder geschichtlichen Erfahrungsverarbeitung aufgezeigt.

Verfolgt man die Geschichte der angewendeten Methoden im Laufe der Zeit, so lassen sie sich auch als Ausfächerung der an Thukydides aufgewiesenen anthropologischen Prämisse deuten, bis hin zur philologisch-historischen Methode. Sie führte – endgültig seit dem 18. Jahrhundert – zum Verzicht auf die sogenannten erfundenen Reden, ohne der Prämisse entraten zu können, daß auch die am besten edierte und kommentierte schriftliche Quelle niemals identisch ist mit der Geschichte, um deren Erkenntnis es dem Historiker geht. Die von Thukydides einmal dargelegte Differenz zwischen Sprache und Geschichte, die er kraft seiner Reden expressis verbis thematisiert hatte, läßt sich durch keine philologische Methode überbrücken. Denn diese zielt auf Textkritik, Textrekonstitution, auf Ausdeutung und Interpretation, ohne damit Kriterien zu gewinnen – was Niebuhr ausdrücklich betonte –[35], wie die daraus abzuleitende Geschichte selber konstituiert wird.

35 Barthold Georg Niebuhr, *Römische Geschichte*, Bd. 1, Berlin 1811, Vorrede: »Die Geschichte der ersten vier Jahrhunderte Roms ist anerkannt ungewiß und verfälscht. Es wäre sehr thöricht, deswegen Livius zu tadeln [...] die Vortrefflichkeit seiner Erzählung macht seine Rechtfertigung [...] Wir aber haben eine andere Ansicht der Historie [...] wir müssen [...] eine ganz andre Arbeit unternehmen als eine, nothwendig mißlingende, Nacherzählung dessen, was der römische Historiker zum Glauben der Geschichte erhob. Wir müssen uns bemühen Gedicht und Verfälschung zu scheiden, und den Blick anstrengen, um die Züge der Wahrheit, befreyt von jenen Übertünchungen, zu erkennen. Jenes, die Trennung der Fabel, die Zerstö-

Das Minimum an Kontinuität, das ein Historiker wahren muß, indem er auf unmittelbare Sprachzeugnisse der Handlungen und Ereignisse (oder auf deren Darstellungen) rekurriert, reicht nie aus, um die Wahrheit der damit bezeugten Geschichte zu verbürgen. Sie ist dank der sprachlichen Multivalenz immer noch anders lesbar, geeignet umgeschrieben zu werden. Thukydides hat uns gezeigt, wo Worte nicht mehr greifen, wie sie in Bürgerkriegen ihren Sinn verkehren, wie Argumente die Lage verändern und zugleich verfehlen können.[36] Polybios hat reflektiert, wieso die wahren Gründe eines Geschehens nicht identisch sind mit den Motiven oder mit den Vorwänden, die die Menschen zur Herbeiführung der Geschehnisse aufbieten.[37] Tacitus hat es methodisch darauf angelegt, uns zu zeigen, wie sehr die Wirklichkeit durch die Wahrnehmung der Betroffenen konstituiert wird, daß die Realität so sehr in den Gerüchten und Ängsten, in den situativen Dispositionen der Handelnden und Erleidenden enthalten ist wie in den so vermittelten Ereignissen. Die christliche Aufklärung konnte in ihrer Gottesgewißheit die heidnischen Texte – Mythen, Fabeln und Historien gleicherweise – auf Betrug und Selbstbetrug hin lesen, sarkastischer noch, als es die heidnischen Kritiker selber schon taten. Die Differenz zwischen Sprache und Wirklichkeit bleibt unausschöpfbar, um jeweils neue Erfahrungen methodisch zu verarbeiten. Deshalb konnte Bodin den Leser historischer Schriften anleiten, die Texte auf die neu entdeckten Interessen und auf soziale Lagen hin zu lesen, die sich hinter den Aussagen der Autoren verbergen.[38] Deshalb konnte Niebuhr alle Quellen daraufhin befragen, was sie gegen die erzählende Intention der Verfasser

rung des Betrugs, mag dem Kritiker genügen: er will nur eine täuschende Geschichte enthüllen, und er ist zufrieden einzelne Vermutungen aufzustellen, während der größere Theil des Ganzen in Trümmern bleibt.

Der Historiker aber bedarf Positives: er muß wenigstens mit Wahrscheinlichkeit Zusammenhang und eine glaublichere Erzählung an der Stelle derjenigen entdecken welche er seiner Überzeugung aufopfert.«

36 Thukydides, III 82.

37 Polybios, Hist. III 6.

38 Julian H. Franklin, *Jean Bodin and the 16th Century Revolution in the Methodology of Law and History*, New York und London ²1966, bes. S. 137ff.: Erich Hassinger, *Empirisch-rationaler Historismus. Seine Ausbildung in der Literatur Westeuropas von Guiccardini bis Saint-Evremond*, Bern und München 1978; Fritz Wagner, *Die Anfänge der modernen Geschichtswissenschaft im 17. Jahrhundert* (Bayerische Akademie der Wissenschaften, Phil.-hist. Kl. [1979], 2).

sprachgeschichtlich oder verfassungsgeschichtlich zu erkennen geben.

Kurzum, alles, was an neuzeitlicher Ideologiekritik bemüht wird, um auch unsere Geschichte umzuschreiben, ist in der anthropologischen Vorgabe enthalten, daß Sprache und Geschichte, Reden und Tun nicht nahtlos zur Deckung zu bringen sind. Jeder Text sagt zugleich mehr aus und weniger, jedenfalls auch anderes, als tatsächlich der Fall gewesen sein mag. In dieser Differenz liegt die Vielfalt möglicher Begründungen. Deshalb konnte Thukydides – gegen Herodot – zeigen, daß Geschichte schreiben Umschreiben ist.

Nun wäre es absurd, alle methodischen Folgeschritte der Quellenkritik auf die einmalige Leistung des Thukydides zurückführen zu wollen, zumal die dialogische Struktur seiner Erfahrungsverarbeitung seit der Tabuisierung künstlicher Reden zugunsten des modernen Objektivitätsanspruches in den Hintergrund gedrängt worden ist – was nicht als Erkenntnisfortschritt mißverstanden werden darf.[39] Und es mag erwähnt werden, daß Thukydides selbst kein sprachskeptischer Relativist war, sondern in den sprachlichen Brechungen eine gemeinsame Signatur des Menschen als eines handelnden Wesens aufspüren wollte, das sich in unlösbare Aporien verstrickt. Aber für unsere Fragestellung geht es nicht um den einmaligen Fall dieses einmaligen Historikers, sondern um die anthropologische Ermöglichung des Umdeutens aller Geschichten. Eine metahistorische Voraussetzung hat uns Thukydides aufgezeigt, indem er die Differenz zwischen Reden und Taten als methodische Achse seines Werkes durchhielt.

Im Hinblick auf die quellenkundlichen Verfahren selbst bieten sich nun drei Möglichkeiten an, die ein Umschreiben hervorrufen

39 Ranke, gelehrter Schüler des Thukydides, hat es noch verstanden, durch Einführung originaler Reden und Briefe die Spannung zu erzeugen, die zwischen der sprachlichen Deutung in actu und der Aktion selbst immer wieder entsteht und erst auf diese Weise eine Geschichte generiert. Vgl. etwa das 4. Kapitel im 11. Buch seiner *Preußischen Geschichte* (Leopold von Ranke, *Werke*. Gesamtausgabe der Deutschen Akademie: *Zwölf Bücher Preußischer Geschichte*, Bd. 3, hg. v. Paul Joachimsen und Georg Küntzel, München 1930, S. 165-185), in dem alle von uns aufgeführten Erfahrungsdimensionen langfristiger, mittelfristiger und situativer Art von Ranke meisterhaft ineinanderkomponiert werden, indem zugleich das Wechselspiel von sprachlicher Selbstdeutung der Beteiligten und den darin nicht aufgehenden Ereignissen thematisiert wird.

können. Erstens können neue Zeugnisse auftauchen, die auf die bisherige Überlieferung neues Licht werfen. Damit gerät selbst ein nacherzählender Historiker in Zugzwang, auszuwählen, was nolens volens zum Umschreiben zwingt. Es ist gleichsam die schon fachinterne Eigenerfahrung des Historikers, die zur Quellenkritik zwingt und die seit dem Humanismus zunehmend verfeinert und systematisiert worden ist.

Zweitens können neue Fragen neue Zeugnisse aufspüren und finden helfen. Dann rückt die bisher einseitig fest- oder fortgeschriebene Überlieferung insgesamt in ein neues Licht. Die Abwendung von den rein erzählenden Quellen und die Hinwendung zu den Urkunden, Akten und Inschriften, die von den Altertumswissenschaften und von der Rechtshistorie[40] seit dem Humanismus zunehmend aufbereitet worden waren, führten zu einer methodischen Erkenntnisbereicherung, auf die nicht mehr verzichtet werden kann. Sie verschärft die immer schon beschworenen Authentizitätskriterien. Hier liegen jene Fortschritte, die auch die liberalen und nationalpolitischen Motive der deutschen historischen Schule überdauern, die die neuen wissenschaftlichen Wege zu erschließen geholfen hatten.

Drittens können alle vorhandenen Zeugnisse neu gelesen und interpretiert werden, sei es um den vermeintlich ursprünglichen Sinn wiederzuentdecken, sei es, um ihnen Aussagen abzugewinnen, die von den Urhebern gar nicht intendiert sein konnten. Es sei nur erinnert an die Aufdeckungen der sogenannten Fälschungen, seit Valla ein ständiges Geschäft der Historiker, um versteckte Absichten aufzuspüren[41], oder an die Widersprüche in der Heiligen Schrift, die Richard Simon aufzeigte, um die Unausweichlichkeit kirchlicher Tradition und Autorität daraus abzuleiten – was ihn weder vor dem Häresieverdikt der katholischen Kirche noch vor dem der Calvinisten schützte, bei denen er vergeblich

40 Notker Hammerstein, *Jus und Historie*, Göttingen 1972.

41 Vgl. die politisch-theologischen, methodisch noch nicht abgesicherten, Vorbehalte gegen die konstantinische Schenkung bei Otto von Freising, *Chronica sive Historia de duabus civitatibus*, hg. v. Walter Lammers, Bd. 4,3, Darmstadt 1960, S. 306, und Horst Fuhrmann, *Konstantinische Schenkung und Sylvesterlegende in neuer Sicht*, in: Deutsches Archiv für Erforschung des Mittelalters 15 (1959), S. 523-540, als brillantes Zeugnis für eine philologisch, textkritisch abgesicherte Beweisführung, um die Fälschung aufzuklären.

Zuflucht suchte. Die Widersprüchlichkeit des Textes selbst, etwa die doppelte Schöpfungsgeschichte der ersten Menschen, blieb ein Skandalon, das nur durch außertextuelle Erklärungen oder durch späteren Erfahrungsgewinn aufzulösen war. Alle neuzeitlichen Primärerfahrungen ökonomischer Bedingtheit sozialen und politischen Wandels können in der Vorvergangenheit nur verifiziert werden, indem etwa politische oder religiöse Quellen gegen den Strich gelesen werden.

In der heutigen Praxis werden alle drei Verfahren der schriftlichen Zeugnisverwendung zugleich genutzt und kombiniert. Aber diachron läßt sich die Vermutung äußern, daß es sich um einen kumulativen Erkenntnisfortschritt handelt. Die von Ranke einmal vollzogene Ausweitung der Quellenerfassung und die Intensivierung ihrer Exegese führten zu Einsichten, die von Marxens neuer Deutung anderer, statistischer und ökonomischer, Quellen nicht widerlegt, sondern erweitert worden sind. Er hat eben andere Erfahrungen als Ranke methodisch umgesetzt. So wissen wir heute mehr und in methodischer Weise auch besser Bescheid über unsere Vergangenheit, als frühere Generationen zu wissen fähig waren.

Andererseits läßt sich nicht leugnen, daß einmal gemachte Erkenntnisfortschritte auch Verluste nach sich ziehen. Ein gravierendes Beispiel ist der schon angeführte Verzicht auf die sprachlich bewußt reflektierte, perspektivisch gebrochene Erfahrungsgeschichte, die uns Thukydides überliefert hat. Diese findet heute ihre Entsprechung am ehesten in Romanen, etwa von William Faulkner oder Christa Wolf, oder in der *Schlachtbeschreibung* von Alexander Kluge, die allemal als geschichtliche Texte lesbar sind. Die sogenannte Mentalitätsgeschichte mag in eine Richtung vordringen, um einen Erfahrungsgewinn einzuholen, der rein methodisch schon von Thukydides oder Tacitus erreicht worden war. Denn Mentalitäten, auch wenn sie Verhaltensweisen einschließen, lassen sich nur durch die spezifisch sprachlich gebrochene und sprachlich ermöglichte Erfahrung von Welt und Umwelt aufspüren.

Ihren inhaltlichen Erkenntnissen nach steht zu vermuten, daß die drei genannten Verwendungsarten schriftlicher Zeugnisse mit je spezifischen Erfahrungswechseln korrespondieren, die die Entdeckung neuer Quellen oder neue Lesarten alter Quellen hervorgelockt haben. Das sei hier entlang jenen epochenübergreifenden Erklärungen skizziert, die einen Systemwandel, Epochenschwellen im gesamten Erfahrungshaushalt, indizieren. Wird dieser einmal auf seinen neuen Begriff gebracht, so folgt daraus, daß auch die gesamte Vorvergangenheit umgeschrieben wird, zumindest umgeschrieben werden kann, um die Entstehungsbedingungen der neuen Eigenerfahrungen zu klären. Deshalb seien dem rückwirkenden Perspektivenwechsel des Thukydides analog verarbeitete Erfahrungsschübe im Ablauf der Geschichte hinzugefügt.

Aufgrund des dogmatisierten Bibeltextes wurde es möglich, auch alle anderen, heidnischen Geschichten zu synchronisieren (wie »falsch« auch immer) und als eine Einheit zu begreifen, deren theologischer Homogenisierungszwang weiter reichte, als die heidnischen Autoren sich zumuten konnten. So wurde es möglich, den heterogenen und sukzessiven Zerfall des Römischen Imperiums neu zu deuten, ohne darüber die Kontinuität der Generationsabfolge aufgeben zu müssen. Denn diese reichte zurück bis zur einmaligen Schöpfungsgeschichte und zum Sündenfall, aus dem die Einheit des Menschengeschlechts ihren Sinn bezog. Darin lag eine überpolitische, christliche Erfahrung, dank der Offenbarungstexte, die auch in die Theorien nachfolgender Weltgeschichten eingehen sollten, etwa in die von Voltaire und seinen Erben.

Ein anderer Erfahrungsschub führte im System der italienischen Stadtstaaten und der darauf einwirkenden europäischen Großmächte zur Wiederentdeckung einer genuin politischen Welt, die Machiavelli zu seinen großen und kleinen Parallelen inspirierte, die die antike und die neue Geschichte auf ihre gemeinsamen sozialen Voraussetzungen und politischen Verhaltensmöglichkeiten hin lesbar machten.

Im Zerfall der universalen Kirche lag ein weiterer Erfahrungsschub, der bereits auf verschiedene Lesarten der Bibel zurückführbar ist. Er führte weiterhin zur gegenseitig sich widerlegenden Bibelkritik und machte schließlich alle menschlichen Sprachtexte als einmalige Quellen geschichtlicher Offenbarung lesbar, und sei es nur, um die kirchlich dogmatisierten Texte zu relativieren. Es ist die Geburt der modernen Hermeneutik aus dem Erbe der Theologie und aus dem Erbe der immer konfligierenden Rechtshistorie, die endlich die philologischen Methoden institutionalisieren half. Seitdem stehen jeder rückwirkenden Neudeutung der Weltgeschichte methodisch alle Wege offen. Selbst die spezifische Leistung unserer hermeneutischen Verfahren, sich verstehend auf die Fremd- und Andersartigkeit der Vergangenheit einzulassen, um sie überhaupt wahrnehmen zu können, bleibt darauf angewiesen, diese Vergangenheit in die eigene Sprache zu übersetzen. Insoweit gilt auch hier die anthropologische Vorgabe, daß alles Umschreiben der bisherigen Überlieferung diese in die eigene, wenn auch hermeneutisch reflektierte, Erfahrung einzupassen genötigt ist.

Ein neuer Erfahrungsschub verweist auf die Ausfaltung der Interessenbedingtheit aller Handlungseinheiten. Zunächst begründete sie die Autonomie der Staaten gegen religiöse Vorgebote, sodann die Autonomie der Bürger gegen ständische Einbindungen, um schließlich der kolonialen, der industriellen und der imperialen Expansion eine anhaltende Legitimation zu liefern. Alle funktionalen Erklärungen, die den neuzeitlichen Erfahrungswandel auf Interessenwahrung oder ökonomische Bedürfnissteigerung zurückführen, erlauben es seitdem, die gesamte Geschichte rückwirkend neu zu deuten, um – analog zur Archäologie des Thukydides – die Bedingungen der neuzeitlichen Eigenerfahrung aufzuklären.

Was auch immer aufgeboten wird, speziell an statistischen Methoden: Es geht weiterhin darum, langfristige Veränderungen oder dauerhafte Voraussetzungen zu finden, um die Einmaligkeit der eigenen Überraschungen begreifen zu können. Die statistischen Reihen des 18. Jahrhunderts waren zugleich Beweis einer fortwährenden göttlichen Vorsehung wie situatives Planungsinstrument staatlicher Herrschaft.[42] Beide Aspekte, die der spontanen Eigenerfahrung sich entziehenden diachronen Bedingungen möglicher Ereignisse und der Versuch, aufgrund von deren Diagnose die Ereignisse handelnd zu beeinflussen, prägen auch heute noch die statistischen Methoden.

Einmal verselbständigt, können sie nunmehr auch rückwirkend auf die gesamte Vergangenheit angewendet werden, woran

42 Horst Dreitzel, *J. P. Süßmilchs Beitrag zur politischen Diskussion der deutschen Aufklärung*, in: Herwig Birg (Hg.), *Ursprünge der Demographie in Deutschland*, Frankfurt am Main und New York 1986, S. 29-141.

kein Historiker – ausgenommen vielleicht Thukydides – vor dem 17. Jahrhundert gedacht hat. Wo keine statistischen Quellen vorliegen, werden eben die vorhandenen Quellen statistisch aufbereitet, um die bisherige Vergangenheit erfahrungsanalog umzuschreiben. Und das nicht ohne empirisch überprüfbaren Erfolg. Man denke an die prosopographischen oder an die vielseitigen demographischen Analysen, die schichtenspezifisch, regional, konfessionell, medizinhistorisch oder in welcher Richtung auch immer neue Erkenntnisse gewinnen lassen, oder an die Familienrekonstitutionen nicht nur mehr des Adels, sondern jetzt auch der Unterschichten, an Worthäufungsanalysen, die langfristigen Sprachwandel über die hermeneutisch erschlossenen Einzeltexte hinaus sichtbar machen und dergleichen mehr.

Versucht man ein Ergebnis aus den diachron rückwirkenden Umschreibungen abzuleiten, so bieten sich, wie eingangs erwähnt[43], zwei einseitige Antworten an: Die gesamte Geschichte der Gegenwart wie der Vergangenheit ließe sich auf die Primärerfahrungen der jeweils lebenden Generationseinheit reduzieren. Dann wäre alle Geschichte nichts anderes als die rückwirkend jeweils umgeschriebene Geschichte, soweit sie sich aus den Eigenerfahrungen bestätigen ließe. Diese Antwort wäre nicht falsch, aber unzureichend. Das Ergebnis wäre ein konsequenter Relativismus, der zwar der je eigenen Deutung einen Totalanspruch vindizierte, der aber – aus Erfahrung – zwangsläufig überholt werden wird.

Die andere Antwort legte die Beweislast auf die immanente Methodengeschichte. Ohne Zweifel sind einmal gewonnene Methoden rational überprüfbar, immer wieder abrufbar und korrigierbar, so daß sich dank der methodischen Neuerungen und Ausdifferenzierungen ein akkumulierter Erkenntnisfortschritt nachvollziehen läßt. Die Alternativen von falsch und richtig sind schärfer zu formulieren, exakter zu beantworten. Auch diese Antwort wäre nicht falsch, aber ebenso unzureichend.

Der vorliegende Versuch zielt auf eine anthropologische Zuordnung, ohne daß die Methodengeschichte und die Erfahrungsgeschichte konsequent zur Deckung zu bringen wären. Die menschlichen Erfahrungsweisen liegen in ihren drei zeitlichen Abschichtungen formal allen inhaltlichen Erfahrungsgewinnen vor-

43 S. oben S. 31 f.

aus: Nur deshalb können konkrete Erfahrungen gemacht und gesammelt und geändert werden. Sobald dieser Vorgang bewußt reflektiert wird, kann er auch zu Methoden führen, die diese Vorgänge rational nachvollziehbar machen. Der formalisierbare Anspruch aller Methoden entspricht vermutlich den formalisierbaren Weisen des Erfahrungsgewinns.

Der Fortgang der Geschichte beruht darauf, daß einmal gemachte Erfahrungen potentiell wiederholbar bleiben, nicht nur kraft methodischer Wiederaufbereitung, sondern weil sich die Erfahrungsweisen selber strukturell wiederholen – sonst wäre die Geschichte nicht begreifbar. Was sich tatsächlich wandelt, ist weit weniger, als die subjektiv einmaligen Überraschungen der Betroffenen vermuten lassen. Es sind die Methoden, die die einmal gemachten und wiederholbaren Erfahrungen nachvollziehen lassen, und es ist der Methodenwechsel, der die neu hinzukommenden Erfahrungen verarbeitet und wiederum übertragbar macht.

Es gibt also, anthropologisch gesehen, dauerhafte und langfristige Strukturen, in denen die Bedingungen möglicher Einzelgeschichten angelegt und enthalten sind. Diese Bedingungen – die Gründe dafür, warum etwas so und nicht anders kommen konnte – sind zwar zunächst theoretisch, metahistorisch zu definieren und dann methodisch zu handhaben, aber sie gehören ebenso zur wirklichen Geschichte wie die einmaligen Überraschungen, die die jeweils konkreten Geschichten aus sich hervortreiben. Die Geschichte verläuft immer in verschiedenen Zeitrhythmen, sowohl sich wiederholend wie langsam oder situativ sich ändernd; weshalb sich auch die Erfahrungen der Menschen entsprechend zeitlich gestaffelt erhalten, ändern oder brechen. Der Blick auf die diachrone Einmaligkeit aller Ereignisse, der die Historie überwiegend geleitet hat, ist verständlich, denn jeder Mensch macht seine eigenen Erfahrungen selber – so einmalig, wie er als Person ist oder zu sein scheint. Warum sollte dann nicht auch alles Geschehen, individuell erfahrungsanalog, einmalig sein? Hier aber liegt ein ebenso einsichtiger Irrtum vor. Jede unbestreitbar einmalige Geschichte birgt in sich Strukturen ihrer Ermöglichung, Ablaufzwänge innerhalb endlich begrenzter Spielräume, die sich mit einer anderen Geschwindigkeit ändern, als die Ereignisse selber ablaufen. Richtet man den Blick auf diese temporale Vielschichtigkeit, dann erweist sich alle Geschichte auch als Raum möglicher Wiederholbarkeit; sie ist niemals nur diachron, sondern, je nach ihrer zeitlichen Wahrnehmung und Erfahrbarkeit, ebenso synchron. Das ist eine Lehre des Thukydides, die es mit unseren ausdifferenzierten Methoden erneut einzulösen gilt. Deshalb sei zum Schluß ein Versuch in dieser Richtung angeboten. Zahlreiche der bisher diskutierten epochalen Erfahrungsschübe, die die vorausgegangene Geschichte umzuschreiben nötigten, wurden zuerst von Besiegten wahrgenommen und methodisch verarbeitet. Das führt zu der Vermutung, daß hier eine historisch-anthropologische Konstante obwaltet, deren formales Kriterium in ihrer – gleichsam synchronen – Wiederholbarkeit liegt.

5. Die Geschichte der Sieger – eine Historie der Besiegten

Daß die Geschichte kurzfristig von den Siegern gemacht, mittelfristig vielleicht durchgehalten, langfristig niemals beherrscht wird, das ist ein Erfahrungssatz, der sich allemal einlösen läßt. Unsere letzte Beispielreihe, die sich auf die langfristigen Umdeutungen der Vergangenheit bezog, kann dies zeigen. Der Strukturwandel der thukydideischen Archäologie, die göttliche Providenz, die machiavellischen Verhaltensweisen, die sozio-ökonomisch bedingten Interessen, Konstanten oder Trends: Auf alle diese langfristigen Vorgaben kann der handelnde Mensch allenthalben reagieren, aber sie entziehen sich mehr oder minder seiner Verfügung. Sie zu thematisieren kann nicht das primäre Interesse der Sieger sein. Ihre Historie ist kurzfristig angelegt, konzentriert auf jene Ereignisfolgen, die ihnen, kraft eigener Leistung, den Sieg eingebracht haben. Und wenn sie sich auf langfristige Trends, auf die göttliche Providenz, auf einen zwangsläufigen Weg, etwa zum Nationalstaat oder zum realen Sozialismus oder zur Freiheit berufen, um den Sieg geschichtlich zu legitimieren, dann führt das leicht zu Deformationen der Vergangenheitssicht – man denke an Guizots Geschichte der Zivilisation[44] oder an Droysens Preußische Ge-

44 François Guizot, *Histoire générale de la Civilisation en Europe* (1827), Paris ^{5}1842.

schichte[45] –, die selbst einer textimmanenten Ideologiekritik nur schwer standhalten. Der Historiker auf seiten der Sieger ist leicht geneigt, kurzfristig erzielte Erfolge durch eine langfristige Ex-post-Teleologie auf Dauer auszulegen.

Anders die Besiegten. Deren Primärerfahrung ist zunächst, daß alles anders gekommen ist als geplant oder erhofft. Sie geraten, wenn sie überhaupt methodisch reflektieren, in eine größere Beweisnot, um zu erklären, warum etwas anders und nicht so gekommen ist wie gedacht. Dadurch mag eine Suche nach mittel- oder längerfristigen Gründen in Gang gesetzt werden, die den Zufall der einmaligen Überraschung einfaßt und vielleicht erklärt. Die Hypothese hat also manches für sich, daß gerade aus ihren einmaligen, ihnen aufgenötigten Erfahrungsgewinnen Einsichten entspringen, die von längerwährender Dauer und damit größerer Erklärungskraft zeugen. Mag die Geschichte – kurzfristig – von Siegern gemacht werden, die historischen Erkenntnisgewinne stammen – langfristig – von den Besiegten.[46]

Die Hypothese, daß von den Besiegten die weiterreichenden Einsichten in die Geschichte stammen, erlaubt natürlich nicht den Umkehrschluß, daß jede von Besiegten geschriebene Geschichte deshalb ertragreicher sei. Die Deutschen starrten nach 1918 auf den sie empörenden Schuldparagraphen 231 des Versailler Vertrages, um daraufhin eine moralisierende Unschuldsdiskussion zu entfesseln, die jede Einsicht in die tieferliegenden und längerwährenden Gründe ihrer Niederlage versperrten. Daran gemessen war die selbstkritische Analyse der französischen Vorbedingungen der Niederlage 1871 von Hippolyte Taine sehr viel reflektierter, gerade wegen ihrer langfristig und psychologisch-anthropologisch angelegten Thematik, nämlich ›Les origines de la France contemporaine‹ in der Aufklärung und Revolution zu suchen: »J'ai écrit comme si j'avais eu pour sujet les révolutions de Florence ou

45 Gustav Droysen, *Geschichte der Preußischen Politik*, 5 Teile in 14 Bänden, Leipzig 1855-1886.

46 Soweit ich sehe, waren es nur die Juden und die Griechen, denen es gelang, im Gegensatz zu allen offiziellen Darstellungen erzielter Erfolge, sich auch die Niederlagen einzuverleiben, um daraus Erkenntnis zu gewinnen. Dies mag vielleicht den Vorlauf erklären helfen, mit dem die europäische Historie ihre Geschichte methodisch reflektiert aufbereiten lernte, wobei auch auf die islamische Historie, etwa des Ibn Chaldun, zu verweisen wäre, die aus dem gleichen Erbe ableitbar ist.

d'Athènes.«[47] Die antihistoristische Pointe seines potentiellen Vergleichs mit anderen Revolutionen verweist auf unsere Hypothese. Die Erfahrung des Besiegtwerdens enthält Erkenntnischancen, die ihren Anlaß überdauern, gerade wenn der Besiegte genötigt ist, wegen seiner eigenen auch die übergreifende Geschichte umzuschreiben. Zahlreiche Innovationen methodisch neu erschlossener Geschichtsdeutungen, hinter denen ganz persönliche Niederlagen und generationsspezifische Erfahrungsschübe stehen, lassen sich so erklären.

Herodots wohl erste politische Erfahrung lag in der Verbannung seiner Familie durch den Tyrannen Lygdamis aus Halikarnassos. Und auch die Ausbreitung des attischen Seereiches war für ihn zunächst eine aufgenötigte Erfahrung, die ihn, vielleicht um sie zu verarbeiten, nach Athen trieb, von wo aus er in die attische Kolonie Thurioi überwechselte. Gewiß zählt er nicht zu den völlig Besiegten, aber Christian Meier hat gezeigt[48], daß er jedenfalls im beschleunigten Erfahrungswandel des klassischen fünften Jahrhunderts auf die Seite derer geriet, die sich in Frage gestellt sahen. Daß ehedem große Städte jetzt klein, früher kleine nunmehr groß geworden seien, daß überhaupt das Glück keinen Bestand habe, diese seinen Historien vorangeschickte Erfahrungsmaxime mag ebenso als Dauerantwort gelesen werden, die er allen Einzelgeschichten abgewonnen hatte.[49]

Thukydides kam wenige Stunden zu spät, um als Feldherr das mit Athen verbündete Amphipolis zu entsetzen, und wurde dafür zwanzig Jahre lang verbannt, »war also auf beiden Seiten«, wie er lakonisch hinzufügte.[50] Nach der einmaligen Überraschung, daß es anders gekommen war als gewollt, wurde ihm obendrein eine Sichtweise aufgenötigt, die ihn den ganzen Krieg aus der Ferne, aus beider Parteien Standpunkt zu rekonstruieren erlaubte. Jenes Minimum an Objektivierungszwang, der eine Geschichte allein aus der Erfahrung aller Beteiligten zu begreifen lehrt – Thukydides hat es methodisch maximal genutzt. Daß in jeder Geschichte mehr enthalten ist, als ihr die einzelnen Beteiligten abgewinnen mögen, daß

47 Hippolyte Taine, *Les origines de la France contemporaine. La Révolution*, Bd. I: *L'anarchie*, Paris [17]1893, S. III.

48 Meier, *Entstehung des Politischen* (Anm. 29), S. 434.

49 Herodot, Hist. I 5.

50 Thukydides, V 26; IV 102-108.

sie von längerwirkenden Kräften unterfangen ist, das hat Thukydides aus dem erzwungenen Abstand zu erkennen und darzustellen vermocht. Es war die reflektierte Distanz des Besiegten und Verbannten. Endlich gehörte er als Athener selbst zu den Verlierern. Deshalb, wegen seines einmalig verarbeiteten Erfahrungsgewinnes, ist er heute noch zu lesen wie ein Zeitgenosse. Es gibt eben Geschichten, die gegen jede Ideologiekritik resistent sind, methodisch abgeschirmt, weil sie Primärerfahrungen unverwechselbar, unaustauschbar gemacht haben.

Polybios, als Geisel nach Rom verfrachtet, mußte erst durch die absolute Entfremdung als Besiegter hindurch, bevor er sich so weit mit dem Sieger zu identifizieren lernte, daß er dessen Aufstieg zur Weltmacht beschreiben konnte, aber das notgedrungen in einer Sichtweise von Innen und von Außen zugleich, wie es die siegreichen Römer selbst nie hätten tun können.[51]

Gewiß führen empirisch gesehen zahlreiche Stränge dahin, daß ein Historiker, wie Lukian forderte, *apolis* seine Geschichte betreibe[52], seien sie psychologischer, sozialer, religiöser Art oder von den obligaten Reisen abhängig, die ihn kundig machen, um Nähe und Ferne sowohl räumlich wie zeitlich zu vermitteln. Aber das Besiegtwerden ist eine spezifische, nicht erlernbare und nicht austauschbare, genuin geschichtliche Erfahrung, die, wie in den genannten Fällen, eine Methode ermöglichte, die den Erfahrungsgewinn auf Dauer stellte.

Das gilt nun auch für römische Historiker. Sallust, der geistige Schüler des Thukydides, zog sich zurück, sobald er in den unlösbaren Konflikten des Bürgerkriegsjahrhunderts als Politiker nicht mehr handeln konnte, um als Historiker den Gründen des Verfalls nachzuforschen. Bei Tacitus findet sich die Urerfahrung einer offenen und verkappten Bürgerkriegslage in potenzierter Form wieder. Als Jugendlicher Zeuge des Vierkaiserjahres 68/69, als Senator in das Terrorsystem des Domitian verstrickt, verweist Tacitus auf Grenzen des Menschenmöglichen, die dennoch immer weiter gedehnt und überschritten werden können. Wie sich Lüge

51 Plutarch lobt später Philistos, weil Clio das Werk des Autors mit Hilfe seiner Verbannung vollendet habe. Siehe Renate Zöpffel, *Untersuchungen zum Geschichtswerk des Philistos von Syrakus*, Diss. Freiburg 1965, S. 65.

52 Lukian (Anm. 14), 41.

zur Verlogenheit, Angst und Mut zum Verbrechen kehren, bei dem Täter, Zuschauer und Unbeteiligte zusammenwirken, um den Terror zu steigern und zu perpetuieren, derartige Erfahrungen hat Tacitus kraft seiner subtilen Methode, sie darzustellen, in generationstiefe Erkenntnis überführt. »Reperies qui ob similitudinem morum aliena malefacta sibi objectari putent.«[53] Es war die Erkenntnis eines durch die Umstände unentrinnbar Verfangenen, eines existentiell Besiegten.[54] Deshalb war sein Erfahrungsgewinn abrufbar in analogen Lagen, ohne an Aktualisierbarkeit – oder Wahrheit – zu verlieren. Deshalb gründete Lipsius sein politisches System auf die Annalen und Historien des Tacitus (die er so gliederte), um, ohne noch die umstrittene Bibel zu zitieren, Auswege aus den Wirren der religiösen Bürgerkriege zu zeigen. Die vermittelte taciteische Erfahrung hatte gleichsam die Überraschungsschwellen vorhersehbar gemacht, an denen sich die fanatischen Konfessionen immer aufs neue zerstritten. Nicht nur neue Einsichten wurden gewonnen, sondern sie wurden möglich, weil langfristig abrufbare Einsichten wiedergewonnen wurden. Rationale, politische Antworten wurden historisch begründbar.

Schließlich gehörte der römische Bürger Augustin zu den Besiegten. Als sich 410 der Flüchtlingsstrom aus dem von Alarich eroberten Rom nach Nordafrika ergoß, wurde ihm klar, daß die siegreiche Christianisierung des Römischen Imperiums nicht mehr fortgeschrieben werden konnte. Die Antwort, die Augustin fand, erwies sich situativ als einmalig und wirkungsgeschichtlich als dauerhaft. Er suchte kraft seiner Zwei-Welten-Lehre Rettung aus aller Geschichte, indem er die irdischen Selbstorganisationsversuche eschatologisch relativierte, daher um so nüchterner zu deuten lehrte. Gewiß hat er die politische Erfahrung der Katastrophe und ihrer sozialen Folgen primär theologisch verarbeitet und historisch nur indirekt Entlastung geboten. Aber seine Deutung enthielt sowohl für die Zukunft die Chance institutioneller Lösungen – in der dualen Ausformung von *sacerdotium* und *imperium* –, wie sie

53 Tacitus (Anm. 25), Ann. 4, 33. Dazu jüngst Albrecht Dihle, *Die Entstehung der historischen Biographie*, Heidelberg 1987 (Sitzungsberichte der Heidelberger Akademie. Phil.-hist. Klasse [1986], 3), S. 46.

54 Siehe dazu die Einleitung zu den Historien von Viktor Pöschl, Stuttgart 1959, und Reinhart Koselleck, Artikel »Revolution«, in: *Geschichtliche Grundbegriffe* (Anm. 21), Bd. 5, S. 69.

ebenso die gesamte Vergangenheit, modern gesprochen, auf die strukturbedingten Endlichkeiten menschlicher Herrschaft und Vergesellschaftung hin lesen lehrte. Wer seine Methode der Schriftexegese nicht mehr teilt, kann die damit aufbereiteten geschichtlichen Erfahrungssätze dennoch übernehmen.

Auch an der Schwelle zu unserer Neuzeit stehen drei Besiegte, die die eigene Zeit neu und die Vergangenheit umzuschreiben lehrten, mit Einsichten, die für die ganze Folgezeit exemplarisch blieben. Von Commynes sind bis zum Ende des 19. Jahrhunderts 123 Ausgaben nachgewiesen. Er schuf die neue Gattung der Memoiren, in denen sich die unheimlichen Erfahrungen einer politisch sich selbst generierenden Welt abzeichnen, die durch situationsbezogene Reflexionen über Machterwerb, dessen Ausdehnung und dessen – noch von Gott gesetzte – Grenzen in dauerhafte Erkenntnisse überführt wurden. Commynes lernte nach dem Frontwechsel von Burgund zu Ludwig XI. von Frankreich »stereoskopisch«[55] urteilen – aber niedergeschrieben hat er seine Memoiren erst in der Verbannung vom französischen Hof. Das gleiche Schicksal erlitten Machiavelli, 1512 von den Medici aus Florenz vertrieben, und Guiccardini 1530, als Exilierter und Geächteter der interimistischen Florentiner Republik. Beide verloren ihre führenden Positionen in Diplomatie, Heer und Verwaltung, nachdem beide vergeblich einen gemäßigt republikanischen Ausweg aus der Dauerkrise ihres Stadtstaates gesucht hatten. Beide schrieben ihre großen Werke in der Verbannung und fanden Gründe, die sich der direkten Steuerung entziehen. Sie thematisieren die Wechselwirkung von sozialen Verhaltensweisen, Mentalitäten und Verfassungsformen, zugleich eingelassen in die zunehmenden Verwicklungen zwischen Innen- und Außenpolitik. Ihre einmal ihnen abgenötigte Skepsis wurde zur Methode, beide wurden Lehrer der modernen Politik und der daraus hervorgehenden politischen Geschichtsschreibung.[56]

55 Fritz Ernst, *Philippe de Commynes*, in: Fritz Ernst, *Gesammelte Schriften*, hg. v. Gunther G. Wolf, Heidelberg 1985, S. 263-288, hier S. 279.

56 Rudolf von Albertini, *Das florentinische Staatsbewußtsein im Übergang von der Republik zum Prinzipat*, Bern 1955; ein Titel, der zu Recht auf die grundsätzliche Parallele zur Römischen Geschichte verweist, die von beiden Exilierten in ihre Methode eingebunden wurde. Zuletzt Gisela Bock, *Machiavelli als Geschichtsschreiber*, in: Quellen und Forschungen aus italienischen Archiven und Bibliotheken

Unsere spezifisch moderne Erfahrung, daß nicht nur die Ereignisse einander überholen, sondern daß sich auch die Voraussetzungen dieser Ereignisse, die Strukturen selber ändern – und dies offenbar nicht nur rückblickend, sondern schon in unmittelbarer Wahrnehmung –, führte zu einer, jetzt methodisch bewußt reflektierten, temporal vielschichtigen Perspektivierung der ganzen Geschichte. Nicht nur die rekurrente Wandelbarkeit aller Dinge, die *mutatio rerum*, sondern der Wandel schlechthin wurde zum großen Thema der Geschichte. Seitdem gibt es einen neuen Typus von Besiegten: Den, der sich von der Geschichte oder vom Fortschritt überholt sieht oder der es sich zur Aufgabe gesetzt hat, die Entwicklung einzuholen oder zu überholen. Seitdem geht nicht nur die politische Standortbindung in die Sichtweise der Geschichte ein – wie mehr oder minder immer schon –, sondern die soziale und ökonomische Lagebestimmung befindet über das Zurückbleiben oder Vorauseilen. Es ist die »bürgerliche« Geschichte im Horizont des primär erfahrenen Fortschritts samt seinen Folgelasten. Eben dies begriffen und methodisch erstmals die Konsequenzen gezogen zu haben, ist ein Verdienst der Schotten.

Die Hypothese hat viel für sich, daß der großartige Methodenwechsel, den die schottischen Sozialhistoriker vollzogen, nur im Windschatten Englands möglich wurde. Sie nämlich suchten den strukturbedingten, langfristigen Wandel zu erklären, der im Übergang der englischen Handelsnation zum Industrialismus zu beobachten war. Die Schotten selbst lebten daran gemessen noch in einer archaischen Clanverfassung, deren Repräsentanten 1707 dem englischen Parlament einverleibt worden waren, vor und nach dem blutig niedergeschlagenen Aufstand der Stuarts 1745/46 in einem Klima jacobitischer Verdächte, und versorgt mit theologisch und philosophisch hochentwickelten Institutionen, besonders der Universitäten, von wo aus alle diese Vorgänge aus der Distanz der nicht unmittelbar Beteiligten zu beobachten waren.

In der Sicht der Zurückbleibenden war der Vorlauf Englands die Primärerfahrung der Kames, Hume, Robertson, Ferguson, Smith,

66 (1986), S. 153-191, S. 187 der Hinweis, »daß die Technik der fiktiven Rede ihn der historischen Wahrheit vielleicht näher brachte als manche spätere Historiker die moderne Technik des Zitierens«.

Millar, Stewart, um die zeitliche Differenzbestimmung zum methodischen Ausgangspunkt ihrer neuen Geschichte zu erheben. In konsequenter Ausnutzung aller historischen Innovatoren der Vergangenheit, alte und neue Reiseberichte ausschöpfend, suchten die Schotten rechtliche, ökonomische, religiöse, sittliche, bildungshistorische, kurzum »gesellschaftliche« Voraussetzungen, um mit deren Analyse aus einem Minimum naturaler Konstanten ein Maximum an offensichtlichem Wandel abzuleiten. Da für derartige Fragen, die die politische Geschichte und ihre Ereignisse zu einem Epiphänomen strukturellen Wandels machten, schwer unmittelbare Quellen zu finden waren, bezogen die Schotten bewußt Hypothesen und Konjekturen in ihre Beweisführung ein. Die Theoriebildung wurde zum Postulat der Methode. Denn wie anders sollten sich »Erfahrungen«, die sich der unmittelbaren Primärerfahrung entziehen, in der Vergangenheit wie in der Gegenwart, verifizieren lassen als durch eine theoretisch vorauszusetzende »Naturgeschichte der bürgerlichen Gesellschaft«? Der Rekurs auf die »Natur« gesellschaftlicher und institutioneller Veränderungen erlaubte es dann auch, systematisch und vergleichend zu verfahren, um empirische, quellenkontrollierte Bestätigungen der weiteren wissenschaftlichen Forschung zu überlassen. Seitdem ist es möglich geworden, die ganze Geschichte mit Hilfe ökonomischer, soziologischer, aber auch politischer und eben anthropologischer Theorien und Faktorenanalysen stufenweise und in eine offene Zukunft hinein zu entwerfen.[57]

Die Frage sei hier nur gestellt, inwieweit die spezifisch methodische Leistung der deutschen Historischen Schule analog zum Beitrag der Schotten begriffen werden mag. Daß Niebuhr und Wilhelm von Humboldt, die theoretischen und empirischen Initiatoren der philologisch reflektierten Methodik, ohne die Beispiele des britischen Vorlaufs und der Französischen Revolution nicht ver-

57 Vgl. Hans Medick, *Naturzustand und Naturgeschichte der bürgerlichen Gesellschaft. Die Ursprünge der bürgerlichen Sozialtheorie als Geschichtsphilosophie und Sozialwissenschaft bei Samuel Pufendorf, John Locke und Adam Smith*, Göttingen 1973, und ders., zusammen mit Zwi Batscha, Einleitung zu Adam Ferguson, *Versuch über die Geschichte der bürgerlichen Gesellschaft*, übers. v. Hans Medick, Frankfurt am Main 1986. Zuletzt Michel Foure, *Le Scottish Enlightenment. Naissance d'une anthropologie sociale*, in: Revue de Synthese 4 (1986), S. 411-425.

standen werden können, darf behauptet werden. Die aus dem Westen nach Osten ausgreifende Politik und Ökonomie setzten die gesamte deutsche Intelligenz unter einen erhöhten Reflexionsdruck. Ob der eigentümliche Rekurs auf nur sprachgeschichtlich abzusichernde Quellenbefragungen mit ihrem rational überprüfbaren Erkenntnisgewinn damit hinreichend verständlich wird, mag füglich bezweifelt werden. Niebuhr jedenfalls hat sich als Besiegter begriffen, es erging ihm »wie Tacitus«.[58] Und beide, Humboldt wie Niebuhr, scheiterten – all ihren großen administrativen und politischen Leistungen zum Trotz – als Staatsmänner. So mögen denn ihre bahnbrechenden Werke, zur Historik und zur Geschichte der Sprachen, der Verfassungen, des Rechts und der Wirtschaft auch als methodisch abgesicherte Kompensationen des ihnen aufgenötigten Verzichts gedeutet werden.

Die Primärerfahrung der französischen Historiographie bleibt dagegen die Große Revolution selber, samt ihren erneuten Anläufen. Die gesamte französische Historie nach 1789 läßt sich, langsam abnehmend, danach gliedern, wer sich jeweils welcher Revolutionsphase zuordnete und so zu den Besiegten gehörte oder zu den phasenverschobenen Zwischensiegern. Die herausragende Figur ist freilich – an diesen temporalen Brechungen gemessen –

58 »Die unglückliche Zeit der Demüthigung Preußens hat Antheil an der Produktion meiner Geschichte [...] Ich ging zurück zu einer großen, aber längst dahin geschwundenen Nation, um meinen Geist und den meiner Zuhörer zu stärken. Es ging uns wie Tacitus«; Franz Lieber, *Erinnerungen aus meinem Zusammenleben mit B. G. Niebuhr*. Aus dem Engl. von Dr. K. Thibaut, Heidelberg 1837, S. 199, zit. nach Franz X. von Wegele, *Geschichte der deutschen Historiographie*, München und Leipzig 1885, S. 998. Alfred Heuß' Analyse kommt unter anderem zu dem Schluß: »Das, was Mittel zur Bewältigung einer politischen Situation gewesen war und sich hierbei in nichts aufgelöst hatte, verblieb in seinen Händen als fruchtbares Medium historischer Erkenntnis. Es hatte eine Verwandlung stattgefunden. Was zur Förderung der Aktualität nichts taugte, gewann in sich einen Eigenwert, und der gewissermaßen als ›Politiker‹ im Stich gelassene Niebuhr hielt als Historiker eine neue Waffe in der Hand: Er hatte ein neues, hinfort unentbehrliches hermeneutisches Prinzip für den Umgang mit der Geschichte entdeckt.« So in: Alfred Heuss, *Barthold Georg Niebuhrs wissenschaftliche Anfänge. Untersuchungen und Mitteilungen über die Kopenhagener Manuscripte und zur europäischen Tradition der lex agraria (loi agraire)*, Göttingen 1981, S. 455; ein aufregendes Beispiel dafür, wie politische Betroffenheit, die nach geschichtlichen Begründungen und Analogien Ausschau hält, zu Erkenntnisverfahren geführt hat, die sich verselbständigen, indem sie die Ausgangsfragen nolens volens überholen. Zu Humboldts »Niederlage« als Staatsmann siehe Siegfried H. Kaehler, *Wilhelm von Humboldt und der Staat*, Göttingen [2]1963, Kap. 6.

Tocqueville[59], der als Aristokrat den Untergang seines Herrschaftsstandes grundsätzlich akzeptiert hatte. Er blieb ein Besiegter. Von ihm stammt die erste langfristige Deutung der Revolution, deren Gründe durch die revolutionären Ereignisse nur verstärkt wurden, im Zuge wachsender administrativer Erfassung einer proportional dazu gleicher werdenden Gesellschaft. Die Revolution wurde zum Beschleuniger anhaltender Trends, was die Zwischensieger als ihren Erfolg, die Besiegten als »Geschichte« erfuhren.

Gleichsam seitenverkehrt läßt sich Marx lesen. Er deutete den Entwicklungsgang der Geschichte als einen Weg zum Sieg der bislang unterlegenen Klasse, während die Zwischensieger grundsätzlich überholt werden, von eben der Klasse der Proletarier. Aber unbeschadet aller geschichtsphilosophischen Prämissen, die seine Deutungen leiteten: Seine spezifisch historischen Schriften, zur Revolution von 1848/49 und zum Kommuneaufstand, schrieb er *als* Besiegter, wenn auch nicht *wie* ein Besiegter. Er suchte aus der situativ einmaligen Niederlage, die er als intellektueller Sprecher des Proletariats hinzunehmen hatte, langfristige Erklärungen zu gewinnen, die einen künftigen Erfolg geschichtlich sicherstellen sollten. Deshalb gelang es ihm, ideologiekritische Methoden zu entwickeln, die längerfristige ökonomische Prozesse mit der aktuellen Politik zu vermitteln suchten. Die einmal gewonnene Methode hat ihn überdauert, auch wenn die Abfolge der tatsächlichen Geschichte nicht so eintrat wie von ihm erwartet.

Es bleibe hier offen, ob Max Weber nicht auch zu den politisch und existentiell Besiegten gehört. Für die Vermutung spricht viel, daß er ein Besiegter war, der die wirklich erfahrene Geschichte nicht einzuholen vermochte, dafür – fast fatalistisch – Theorien entwickelte, die jedenfalls eine methodisch überprüfbare Analyse der langfristigen, alle Einzelerfahrungen übergreifenden strukturellen Veränderungen möglich machen.

Genug der Beispiele. Jeder Historiker wird sich anheischig machen können, die großen Neuerer in der Geschichte der methodisch reflektierten Erfassung aller geschichtlichen Erfahrung als

59 Dazu Carl Schmitt, *Historiographie in nuce. Alexis de Tocqueville*, in: *Ex captivitate salus*, Köln 1950, S. 25-33. Dort auch der verächtlich gemeinte Satz von Guizot: »C'est un vaincu qui accepte sa défaite.«

einmalige Fälle zu behandeln. Dann werden die methodischen Innovationen entweder textimmanent nachvollzogen oder auf persönliche Fähigkeiten bzw. auf soziale, psychische oder sonstige Dispositionen zurückgeführt. Auch der vorliegende Versuch kam nicht umhin, solche Argumente ins Spiel zu bringen. Aber die Frage nach den Besiegten versuchte eine anthropologische Dauerbestimmung zu geben. Im Besiegtsein liegt offenbar ein unausschöpfbares Potential des Erkenntnisgewinns.

Der geschichtliche Wandel zehrt von den Besiegten. Sofern sie überleben, haben sie jene nicht austauschbare Urerfahrung aller Geschichten gemacht, daß sie anders zu verlaufen pflegen als von den Betroffenen intendiert. Diese je einmalige Erfahrung ist nicht wählbar und bleibt unwiederholbar. Aber sie läßt sich verarbeiten, durch die Suche nach Gründen, die mittel- oder längerfristig währen, also wiederholbar sind. Das aber zeichnet die Methoden aus. Sie sind ablösbar vom einmaligen Anlaß, wieder applikabel. Die einmal von den Besiegten – und welche Sieger gehörten auf die Dauer nicht dazu? – methodisch in Erkenntnis überführte Erfahrung bleibt abrufbar über allen Erfahrungswandel hinweg. Darin mag ein Trost enthalten sein, vielleicht ein Gewinn. Er bestünde in der Praxis darin, uns Siege zu ersparen. Aber dagegen spricht jede Erfahrung.

Raum und Geschichte

Über Raum und Geschichte zu sprechen und diese beiden Begriffe in Beziehung zu setzen, heißt sich zweier Begriffe bedienen, die umgangssprachlich wohlbekannt und geläufig sind. Wissenschaftstheoretisch freilich sind sie alles andere als klar oder gar konsensfähig. Ob ich über Raum als einen vierdimensionalen rede oder ihn als Kraftfeld definiere oder als Form reiner Anschauung oder ob ich vom Lebensraum rede oder vom Raum des Herzens, wo die Mücke nach innen hüpft; und ob ich – andererseits – Geschichte als Erzählung definiere oder als Identitätsstiftungs- oder als Identitätsvergewisserungsreservoir verwende oder ob ich sie als Forschungsbereich für sozialwissenschaftliche Fragestellungen encadriere, alle solche Vorentscheidungen führen in sehr unterschiedliche Relationsbestimmungen von Raum und Geschichte. Daß Geschichte, was immer dies sei, mit Raum zu tun hat, oder besser Geschichten mit Räumen zu tun haben, das wird niemand leugnen wollen. Aber der Allgemeinheitsanspruch beider Kategorien ist so hoch, daß sie entweder verblassen oder emotional überfordert werden.

Ein Blick in die einschlägige Literatur erhöht die Verwirrung. Zunächst fällt auf, daß die alte Historie sowohl die Menschenwelt, ihre Werke und ihre Handlungen wie auch die Natur thematisiert hatte, ohne beide streng zu scheiden.[1] Deshalb fällt die Analogie auf, wenn in Japan derselbe Ausdruck für Geschichte und Raum verwendet wird. Seit dem 18. Jahrhundert spätestens treten in Europa Natur und Geschichte auseinander. Zur gleichen Zeit wird freilich die bis dahin statisch begriffene Natur selber historisiert und diachronen Entwicklungsgesetzen unterworfen. Die ›historia naturalis‹, ehedem als ›Naturkunde‹ ein Unterfall der alten umgreifenden ›historia‹, verselbständigt sich zur Geschichte der Natur, sie wird verzeitlicht und seitdem als abgesonderte Natur mit eigenen, nur ihr innewohnenden Zeitabfolgen und mit naturwissenschaftlichen Methoden erforscht, die sich von den kulturwis-

1 Arno Seifert, *Cognitio Historica, Die Geschichte als Namensgeberin der frühneuzeitlichen Empirie*, Berlin 1976.

senschaftlichen oder geisteswissenschaftlichen Methoden unterscheiden.[2] So entsteht eine fragwürdige Opposition zwischen Natur und Geschichte, die uns heute noch umtreibt, unter der Herausforderung ökologischer Fragen heute vielleicht mehr als früher. Was ich bei dieser Skizze ausgespart habe, ist das Fehlen des Begriffes ›Raum‹. Das liegt schlichtweg daran, daß es zwar sehr gute naturwissenschaftliche Darstellungen des Raumbegriffs gibt[3], aber eine gründliche historische Begriffsgeschichte des Begriffes ›Raum‹ fehlt. Insofern bewege ich mich bei den wissenschaftstheoretischen Überlegungen, die ich jetzt zu Raum und Geschichte vortrage, auf unsicherem Boden, und so auch im Schlußteil, wenn ich versuchen werde, Zeit und Raum aufeinander zu beziehen.

1.

Ich komme zum ersten Teil. Raum und Zeit werden seit dem 18. Jahrhundert im allgemeinen aufeinander bezogen, nicht aber Raum und Geschichte. Die Naturwissenschaften entwickeln ihre eigenen Theorien und Meßmethoden, um Raum und Zeit zu analysieren, so wie die Geschichtswissenschaften ihre eigenen Theorien und Meßmethoden haben, um Raum und Zeit als geschichtliche Begriffe zu verwenden. Diese Entgegensetzung naturwissenschaftlicher und historischer Raum- und Zeitkategorien ist modern. Zur alten ›historia‹ als allgemeiner Erfahrungswissen-

2 Wolf Lepenies, *Das Ende der Naturgeschichte und der Beginn der Moderne. Verzeitlichung und Enthistorisierung in der Wissenschaftsgeschichte des 18. und 19. Jahrhunderts*, in: *Studien zum Beginn der modernen Welt*, hg. v. R. Koselleck, Stuttgart 1977, S. 317-351, sowie Reinhart Koselleck, Art. »Geschichte, Historie«, in: *Geschichtliche Grundbegriffe*, hg. v. Otto Brunner u. a., Stuttgart 1975, Bd. 2, hier S. 678-682, »Von der ›historia naturalis‹ zur ›Naturgeschichte‹«.

3 C. F. v. Weizsäcker, *Die Geschichte der Natur*, Göttingen 1948, [6]1964; Max Jammer, *Das Problem des Raumes. Die Entwicklung der Raumtheorien*, Darmstadt 1960 (dt. Übersetzung der amerik. Ausgabe, New York 1954); Elisabeth Ströker, *Philosophische Untersuchungen zum Raum*, Frankfurt am Main 1965 – mit Thematisierung der anthropologischen Dimension des Raumbegriffs. Unter dem Stichwort »Lebensraum« bereits eine knappe und klare psychologische und politische Begriffsgeschichte von A. Lang und J. Debus in: *Historisches Wörterbuch der Philosophie*, Basel 1980, Bd. 5, Sp. 143-147. Inzwischen liegen auch vor: die philosophisch-naturwissenschaftliche Begriffsgeschichte von »Raum« im gleichen Lexikon, Basel 1992, Bd. 8, Sp. 67-111, eine psychologische Begriffsgeschichte, Sp. 111-121, und eine Begriffsgeschichte des politischen Raumes von W. Köster, Sp. 122-131.

schaft gehörte sowohl die Kunde der Natur, die Geographie im engeren Sinne wie auch die Chronologie. Spätestens seit Kant und Herder gehört es zu den Grundsatzerklärungen der Historiker, daß sie es mit Raum und Zeit zu tun haben, und sie meinen damit einen geschichtlichen Raum und eine geschichtliche Zeit im Horizont der eigenen Historisierung.

Die Geographie ist seitdem in eine prekäre Zwischenlage geraten, sowohl Teil der reinen Naturwissenschaften sein zu müssen wie auch – als Anthropogeographie, als Kulturgeographie usw.[4] – Teil der Geistes- und Sozialwissenschaften zu sein. So kann sie sich wohlverstanden nur als interdisziplinäre Wissenschaft begreifen, während sie von der ehedem selbstbewußten Historie gemeinhin nur als Hilfswissenschaft eingestuft wurde.

Betrachten wir zunächst einige Grundsatzerklärungen von Historikern zu Raum und Zeit als den Prämissen ihrer eigenen Wissenschaft. Droysen stellt sich hier dank eigener Definition in die kantische Tradition, wenn er Raum und Zeit als »Register unserer Auffassung« und ihrer Zeichensysteme definiert, die »als solche« nicht in der Außenwelt liegen. Er hat den transzendentalen Vorgriff von Kant übernommen. Raum und Zeit, sagt er, »erweisen sich in der Art korrelativ, daß uns in ihr Entweder-Oder alles fällt, wovon wir wahrnehmend Kunde empfangen [...]. Aber diese allgemeinsten Anschauungen Raum und Zeit sind leer.«[5] Sie müssen empirisch gefüllt werden. Daß geschichtliche Handlungssubjekte und ihre Wechselwirkungen auf je eigene Räume und Zeiten verweisen, diesen Gedanken, den schon Herder gegen Kant kritisch entfaltete, hat Droysen nicht aufgegriffen. Es bleibt das Verdienst der Gebrüder Humboldt, von Ritter, Kapp und Ratzel, die raumzeitliche Konstitution empirischer Geschichten thematisiert zu haben. Sie fanden in Lamprecht ihren Erben bzw. Kollegen, der das Konzept in der Regionalgeschichte einlöste – als

4 Hermann Overbeck, *Kulturlandschaftsforschung und Landeskunde*, Heidelberg 1965 (Heidelberger Geographische Arbeiten, hg. v. G. Pfeifer und H. Graul, H. 14); ders., *Die Entwicklung der Anthropogeographie (insbesondere in Deutschland) seit der Jahrhundertwende und ihre Bedeutung für die geschichtliche Landesforschung*, in: Blätter für deutsche Landesgeschichte 91 (1954), S. 182-244; ND in: *Probleme und Methoden der Landesgeschichte*, hg. v. Pankraz Fried, Darmstadt 1978, S. 190-271.

5 Johann Gustav Droysen, *Historik*, hg. v. Rudolf Hübner, München und Berlin ²1943, S. 8 f., und darin, S. 406-415, auch »Natur und Geschichte«.

Entwurf einer empirisch begründbaren Gesellschaftsgeschichte, die alle Bedingungen und Faktoren einer umgrenzten Totalität zu bündeln suchte.[6]

Vor die formale Alternative Raum oder Zeit gestellt, optierte die überwältigende Mehrzahl aller Historiker für eine theoretisch nur schwach begründete Dominanz der Zeit. So meinte Bernheim, daß der geschichtliche Stoff keine systematische Einteilung ermögliche. Deshalb schrieb er nur über die historische Methode mit ›Geschichtsphilosophie‹ im Untertitel. Denn die Geschichte gründe, wie er sagt, in der zeitlichen Folge. Die Ereignisse als Veränderungen in der Zeit entzögen sich jeder Systematik. Das historische Einmaligkeitsaxiom obsiegt, was begreiflich erscheinen mag. Wirklich verblüffend aber ist seine Folgerung, daß eine räumliche Systematik noch viel weniger möglich sei: »Die Erscheinungsform im Räumlichen hat, trotz ihrer eminenten Wichtigkeit, für die historische Betrachtung so viel weniger gleichmäßige Bedeutung, daß man keine allgemeine Einteilung darauf zu begründen pflegt, sondern sie dem Zeitlichen unterordnet.«[7] Selbst Helmolts geographisch konzipierte Weltgeschichte gliedere den Stoff nicht räumlich, sondern ethnisch kulturell, schließlich schlicht chronologisch und eben nicht nach Räumen.

Rieß schließt sich in seiner positivistisch gesättigten Historik 1912 diesem Verdikt an. Auf einer von 400 Seiten erwähnt er unverrückbare geographische Bedingungen geschichtlicher Konstellationen und folgert daraus: »Aber solche selbstverständlichen Voraussetzungen des historischen Denkens brauchen uns in einer ernsthaften Methodologie der Geschichtswissenschaft nicht weiter aufzuhalten.« Er überläßt diese Selbstverständlichkeiten den Geographen und dem Statistiker.[8] Die Präferenz der Zeit vor dem Raum in den genannten Historiken ist zunächst plausibel. Einmal aus einem allgemeinen Grund: Der Historiker interessiert sich nun

6 Dazu Karl-Georg Faber, *Was ist eine Geschichtslandschaft?*, in: *Festschrift Ludwig Petry*, Wiesbaden 1968, S. 1-28, und ders., *Geschichtslandschaft – Région historique – Section in History. Ein Beitrag zur vergleichenden Wissenschaftsgeschichte*, in: Saeculum 30/1 (1979), S. 4-21.

7 Ernst Bernheim, *Lehrbuch der Historischen Methode und der Geschichtsphilosophie*, Leipzig [1]1889, hier [4]1903, S. 46.

8 Ludwig Rieß, *Historik. Ein Organon geschichtlichen Denkens und Forschens*, Berlin und Leipzig 1912, S. 69.

einmal seit jeher für Neuigkeiten, für Wandel und für Veränderung, indem er fragt, wieso es dahin gekommen ist, wo man sich heute im Gegensatz zu früher befindet. Hinzu kommt ein spezieller Grund: die Einmaligkeitserfahrung, die sich vor dem Horizont des technisch-industriellen Fortschritts und seines vehementen Wandlungsdrucks seit rund 1770 in Europa durchgesetzt hat. Weil seitdem nicht nur die Ereignisse einander überholen, was sie schon immer getan haben, sondern die Gesellschaftsformationen, d. h. die strukturellen Voraussetzungen der Ereignisse, sich selber ändern, kann die ganze Geschichte als eine einmalige Sequenz unter dem Vorrang der Chronologie behandelt werden. Diesem Erfahrungssatz korrespondiert nun wissenschaftstheoretisch keineswegs zwingend das Privileg der Ereignisgeschichte, und deshalb konnte 1986 der jetzige Historikertag unter dem Motto Raum und Geschichte veranstaltet werden.

Meine These ist zunächst: Raum so gut wie Zeit gehören, kategorial gesprochen, zu den Bedingungen möglicher Geschichte. Aber ›Raum‹ hat selber auch eine Geschichte. Raum ist sowohl jeder nur denkbaren Geschichte metahistorisch vorauszusetzen wie selber historisierbar, weil er sich sozial, ökonomisch und politisch verändert. Dieser doppelte Gebrauch der Raumkategorie hat nun Anlaß zu zahlreichen Zweideutigkeiten gegeben, die ich im folgenden etwas zu klären versuche.

Zunächst: Die Geschichte der einander ablösenden Raum-Vorstellungen ist gut untersucht und hier nicht zu wiederholen. Der Weg von mythischen Kosmogonien zu Kosmologien, die empirisch zunehmend überprüft und verifizierbar werden, die Entdeckung der Globalität der ehedem als Scheibe empfundenen Erde ermöglichte einen Durchbruch zum sogenannten absoluten unendlichen Raum von Newton bis hin zu dessen Relativierung, die bereits bei Leibniz anfing und bis zu Einstein führte, sei es, daß dieser relativierte vierdimensionale Raum als stetige oder als dynamische Größe definiert wurde. Im ganzen können wir als Historiker diese Geschichte der Raumvorstellungen auf dem Konto der philosophischen und der Naturwissenschaftsgeschichte verbuchen, die gewiß nicht ohne Einfluß auf Wirtschaft und Politik geblieben sind, die aber nicht jene Raumgeschichte erfassen, die das Thema der Historiker der politischen oder der historischen Geographie ist.

Der zweite Gesichtspunkt: Die historische Geographie hat sich aus der statistischen Querschnittdarstellung jeweils territorialstaatlich erfaßter Einheiten der Frühen Neuzeit herausgearbeitet. Sie rekonstruiert die vergangenen Lebens- und Handlungsräume politischer, rechtlicher, ökonomischer, kirchlicher oder sozialer Aktionseinheiten im Rahmen ihrer jeweils veränderlichen oder veränderten geographischen Vorgaben und Folgen. Sie zielt im Unterschied zur Rekonstruktion vergangener Raumvorstellungen auf die Rekonstruktion vergangener sogenannter Wirklichkeiten. – Die heutige Kartographie der antiken Welt blendet z. B. ihre Daten und Einträge nicht in die damaligen Raumvorstellungen ein, sondern zeichnet sie auf Karten, die mit gegenwärtigen Meßverfahren erstellt wurden, und berücksichtigt somit die inzwischen erfolgten, wissenschaftlich eruierten, geologisch oder klimatisch bedingten Veränderungen, die der Antike natürlich unbekannt waren. Im Zuge ihrer Selbstbegründung haben die historischen Geographen einen ständigen Streit auszutragen mit ihren naturwissenschaftlichen Fachkollegen, die ihre Geographie gleichsam ohne den Menschen als handelndes Subjekt betreiben. Wissenschaftstheoretisch ist dieser Streit eher obsolet.[9] Denn die Eigenberechtigung sowohl der naturwissenschaftlichen Geologie wie der Anthropogeographie bedarf keiner Begründung.

Unsere eigene Fragestellung nach der Relation von Raum und Geschichte möchte ich deshalb bipolar verstehen. An dem einen Ende der Skala steht die Naturvorgegebenheit jeder menschlichen Geschichte. Sie bleibt auf Vorgaben naturaler Bedingungen angewiesen oder im engeren Sinne, mit Ratzel zu sprechen, auf die geographischen Lagen. Am anderen Ende der Skala entstehen jene Räume, die sich der Mensch selber schafft oder die er zu schaffen genötigt wird, um leben zu können. Zwischen diesen beiden Polen entsteht die produktive Spannung unter Geologen und Morphologen auf der einen und Anthropogeographen oder Raumplanern auf der andern Seite.

Lassen Sie mich das im Hinblick auf die Geschichte erläutern: Die naturalen Vorgaben der menschlichen Geschichte gründen in dem, was Astrophysik, Geologie, Geographie, Biologie und Zoologie als

9 Jetzt neu entfacht von Hermann Hambloch, *Der Mensch als Störfaktor im Geosystem*, Opladen 1986 (Rheinisch-Westfälische Akademie der Wissenschaften, G 280).

Wissenschaften betreiben. All diese naturalen Vorgaben haben ihre je eigene Geschichte mit Entwicklungslinien, die nach Milliarden und Millionen Jahren berechnet werden. Immer handelt es sich dabei um Geschichten, deren Vollzug ohne menschliches Bewußtsein vorausgesetzt, aber nur von unserem historischen Bewußtsein nachvollzogen werden kann. Alle Daten, die uns diese Naturgeschichten bieten, sind in bezug auf die menschliche Geschichte als metahistorisch zu definieren. Metahistorisch sind also die Bedingungen möglicher Geschichten, die sich unserm Zugriff entziehen, die gleichwohl als Bedingungen unseres Handelns zur Herausforderung menschlicher Aktion werden. Da sind zu nennen, jedem bekannt, Land und Meer, die Küsten und die Flüsse, die Gebirge und Ebenen, alle geologisch entstandenen Formationen samt ihren Bodenschätzen. Auch diese gehören zu den metahistorischen Vorgaben, denn sie sind auszubeuten, aber nicht wiederherzustellen. Dazu gehören Klima und Klimawechsel, ohne die der Wandel in der Pflanzen- und Tierwelt, aber ohne die auch die Genese höheraggregierter Kulturen der Menschen nicht erklärbar sind. Immer handelt es sich um Vorgaben möglicher Geschichten, die sich menschlicher Verfügung entziehen, nicht aber menschlicher Nutzung.

Das Klima rückt in unserm Jahrhundert nolens volens bereits in den Bereich möglicher Verfügbarkeit ein, so wie seit Jahrtausenden die Pflanzen- und Tierwelt zunehmend menschlicher Verfügung unterworfen wurde. Bald verwandelt sich unser Globus vielleicht in einen einzigen Zoo, bei dem man sich nur fragt, wer von uns hinter wessen Gitter hockt, die Tiere oder die Menschen. Die Grenzen der Verfügbarkeit und der Nutzbarkeit verschieben sich im Laufe der menschlichen Geschichte enorm, und es wäre eine spannende Geschichte, diesen Vorgang sowohl naturwissenschaftsgeschichtlich wie politisch und sozialgeschichtlich als ein gemeinsames Vorhaben zu thematisieren – auch ein Beitrag zur Ökologie der Gegenwart. Wissenschaftstheoretisch hieße dies, zu erfragen, wo die metahistorischen Vorgaben des menschlichen Lebensraumes in historische Vorgaben umschlagen oder transformiert werden, die der Mensch beeinflußt, beherrscht oder ausbeutet. Freilich kann auch heute noch das Wetter Hungerkatastrophen auslösen oder Schlachten entscheiden helfen. Je nachdem, ob die räumlichen Vorgaben metahistorisch oder historisch betrachtet werden müssen, verschiebt sich also die Relationsskala von Raum und Geschichte.

Das führt mich zu dem entgegengesetzten Pol der nur menschlich-historischen Räume. Hier ist der jeweilige Raum zu umreißen, den sich der Mensch schafft, auf den er sich, Tiere jagend, einläßt, den er sich aneignet, besiedelt, bearbeitet, gestaltet oder den er dank feindlicher Nachhilfe räumen muß. Immer handelt es sich dann um verschiedene Räume, die sich aus- und eingrenzen lassen – in der Neuzeit zunehmend einander überlappend, je nach den menschlichen Handlungseinheiten, die thematisiert werden, und je nach deren Aktionsradien. Ich erinnere nur an die raumerschließenden Handels- und Verkehrswege oder an die Pilgerzüge des Mittelalters und der Frühen Neuzeit, die durch politisch und rechtlich unterschiedlich oder auf hoher See überhaupt nicht organisierte Räume hindurchführten. Oder ich erinnere an die Gewinnung der dritten Dimension: seit alters in den Bergwerken, neuerdings in der Tiefsee oder im universalen Luftraum, um auf die ökonomische und militärische Verschränkung menschlicher Handlungsräume hinzuweisen, deren zunehmende Verflechtung Herausforderung und Thema unserer Weltgeschichte ist.

Es gibt zahlreiche wissenschaftliche Entwürfe, welche die Abhängigkeiten der jeweiligen Räume von menschlicher Handlung oder des Menschen von seinen geographisch bedingten Vorgaben verschieden dosieren. Faber hat uns darauf hingewiesen, daß in der Landesgeschichte Geographen und Historiker konvergierende Fragestellungen verfolgen, mehr noch, daß der Entwurf einer sogenannten totalen Gesellschaftsgeschichte seit Ratzel, Turner, Vidal de la Blache und Henry Berr sein Experimentierfeld in der historischen Landeskunde gefunden habe.[10] Es geht hier, wie schon erwähnt, um forschungspragmatische Einheiten, noch klein genug, daß vom Klima und der Geologie über die Wirtschaft bis zur Politik alle Faktoren gebündelt berücksichtigt werden können. Wissenschaftstheoretisch aber ist eine solch regionale Eingrenzung nur zulässig, wenn die Isolierung einzelner Räume überhaupt noch begründbar ist. Für die Neuzeit gilt dies sicherlich nicht mehr: Hier ist jeder Raum relativ zur Globalität der empirisch vermittelten Menschheit geworden.

10 Vgl. Anm. 6.

Das führt mich drittens zu einer Bemerkung zur sogenannten Geopolitik, die ja anhaltend diskutiert und umstritten wird. Sie ist wissenschaftsgeschichtlich nicht zufällig entstanden, vielmehr im Horizont einer empirisch einlösbar gewordenen globalen Interdependenz aller ökonomischen und politischen Aktionseinheiten. Ersparen Sie mir die ideologiekritische Reduktion, die sich die deutschen Geopolitiker der 20er und 30er Jahre so gut gefallen lassen müssen wie die deutsche Germanistik und Historie der gleichen Zeit oder, um den Blick in den Westen zu lenken, wie die naturalistisch oder sozialdarwinistisch imprägnierten Autoren Homer Lea, Mahan, Mackinder oder Goblet. Schöller hat die gängige Ideologiekritik bereits auf den Boden wissenschaftlicher Argumente zurückgeführt.[11] So bleiben mir nur Argumente zu erwähnen, die von der Geopolitik implizierte Sachfragen in den Rahmen einer Historik einrücken.

Unsere Unterscheidung zwischen metahistorischen Raumvorgaben und historischen Räumen menschlicher Organisation mag hier hilfreich sein. Es gibt von Natur aus räumliche Vorgaben, die je nach ihrer technischen, ökonomischen oder politischen Verfügbarkeit als Bedingungen möglichen Handelns bei jeder historischen und politischen Analyse zu berücksichtigen sind. Daß Südafrika keine europäische Gegenküste hat wie Algerien, verändert den Status des im Süden Afrikas drohenden Bürgerkrieges fundamental. Die politische Lösung, die de Gaulle erzwungen und hingenommen hat, ist in Südafrika nicht so einfach zu haben. Die ausweglose geographische Lage gehört somit zu den Bedingungen der verzweifelten Herrschaft der weißen Minorität in anderer Weise als die der Franzosen in Algerien.

Ein anderes Beispiel: Die geographische Vorgabe des Ärmelkanals gehört zu den konstanten Schutzbedingungen der britischen Weltreichsentwicklung; sie waren erstmals wirksam bei der Niederlage der spanischen Armada 1588 und wurden nur einmal durchbrochen bei der erfolgreichen Invasion Wilhelms von Oranien 1688. Sie gelten heute nicht mehr, bei veränderten ökonomischen Machtpotentialen und ihren ballistischen und atomaren

11 Peter Schöller, *Wege und Irrwege der Politischen Geographie und Geopolitik* (1957), in: *Politische Geographie*, hg. v. Josef Matznetter, Darmstadt 1977, mit repräsentativen Quellen und Aufsätzen zur Wissenschaftsgeschichte und ihren wechselnden Lagen.

Waffensystemen. Heute ist der Kanal politisch zu einem Fluß geworden. Aber die Unmöglichkeit, noch 1940 einen 30 km breiten Landungsstreifen jenseits des Ärmelkanals freizukämpfen, war die erste militärische Niederlage, die Hitler, und damit uns Deutsche, militärtechnisch gesprochen in die Katastrophe geführt hat. Die metahistorische Bedingung des Kanals wurde zu einem historischen Faktor, weil und sofern er sich der Verfügung einer politischen Handlungseinheit entzog, nämlich in diesem Fall der deutschen Luftwaffe und Marine.

Drittes Beispiel: Die bewegliche Eiskappe über dem Nordpol ist eine geographische Vorgabe, die im Aktionsraum der Raketenstrategie, und nun darf man das Wort riskieren, geopolitischen Rang erhalten hat. Die Atomraketen tragenden U-Boote der Russen und der Amerikaner operieren hier unter dem Eis, um im Ernstfall hochtauchen und aus schwer erreichbarer Position ihre Vernichtungsschläge durchführen zu können.

Viertes Beispiel: Thukydides erklärt die Länge des Trojanischen Krieges aus der zu geringen Zahl der auf der griechischen Halbinsel gleichzeitig herbeizuschaffenden und zu bemannenden Schiffe, welche die Ägäis durchkreuzen konnten, um Troja zu erobern.

Die metahistorischen geographischen Bedingungen menschlicher Aktionsräume ändern also ihre räumliche Qualität je nachdem, wie sie ökonomisch, politisch oder militärisch beherrschbar werden. Oder theoretisch formuliert: Der Umschlag metahistorischer Lagen, um mich Ratzels Ausdruck zu bedienen, in geschichtliche Räume, gehört zur Fragestellung einer Historik. Ihre implizite oder explizite Verwendung ist in jeder Historiographie sichtbar. Dabei geht es nicht um das Wort Geopolitik, das ihre Verwender diskreditiert haben, sondern um geschichtliche Sachverhalte, die auf ihren theoretischen Begriff gebracht werden müssen. So sagte z. B. Ranke zu Recht, daß der Gegensatz Asien – Europa, den Herodot zuerst und, wie sich herausstellen sollte, bis heute dauerhaft formuliert hat, ein historischer und kein geographischer Gegensatz sei.[12]

12 Die offene, strittige und ungeklärte Frage, wo die östlichen Grenzen der Europäischen Union verlaufen sollten – etwa am Südhang des Kaukasus oder auf der Krim? –, zeigt, wie unmittelbar geographische Vorgaben in politische Berechnungen eingehen müssen, ›Geopolitik‹ also ihren unbestreitbaren Rang behält (Zusatz 1999).

Und ein letzter Hinweis: Mackinder interpretierte in seiner melodramatischen Terminologie den Gegensatz zwischen Land und Meer 1919 unter den damals vorgegebenen militärischen und ökonomischen Bedingungen so, daß in Europa die potentielle Grenze von Lübeck nach Triest führte. Dies sei die Grenzzone zwischen der angelsächsischen Seeherrschaft und der russischen Landherrschaft.[13] Darf man sagen, daß diese Prognose auf reinem Zufall beruhte, oder wurde hier unter historisch einmaligen Bedingungen nicht doch der Umschlag einer geographisch metahistorischen Vorgabe in eine geschichtlich politische Raumbestimmung diagnostiziert? Mackinder forderte damals zugleich die Aussiedlung aller von den preußischen Junkern beherrschten Ostpreußen. Er hoffte, auf Kosten Deutschlands eine politisch stärkere, polnische Barriere gegen Asien, sprich das kommunistische Rußland, zu errichten, womit er sich in Gedankenbahnen bewegte, die effektiv zu beschreiten den Deutschen vorbehalten blieb – mit dem von Mackinder prognostizierten Ergebnis.

Lassen Sie mich zwei Folgerungen ziehen:

1. In den Rahmen einer allgemeinen Historik gerückt, behandelt die sogenannte Geopolitik Fragen der Determinanten menschlicher Freiheit. Es gibt zahlreiche Determinanten sozialer, ökonomischer oder politischer Art, die den Handlungsspielraum jeweils so sehr freisetzen wie begrenzen. Zu solchen Determinanten gehören nun auch außergeschichtliche, geographisch bedingte, Vorgaben, die in den Kanon geschichtlicher Fragestellungen einzubeziehen nötig ist, heute in Anbetracht der ökologischen Krise vielleicht mehr als je zuvor. Der wissenschaftstheoretische Fehler, um nicht zu sagen Unsinn, der sogenannten Geopolitiker lag darin, aus diesen Determinanten als Bedingungen möglichen Handelns naturalistische oder ontologisch festgeschriebene Gesetze zu machen, welche die Geschichte angeblich leiten oder beherrschen. Die hier vorgetragene Kritik richtet sich freilich nicht nur gegen die Geopolitik oder gegen zahlreiche, zweideutig formulierte, Passagen in dem gewichtigen Werk von Ratzel, sondern wissenschaftstheoretisch ebenso gegen zahlreiche analoge Denkfehler in unserer eigenen historischen Zunft, soweit sie nämlich Zwanghaftigkeiten, etwa ökonomischer Art, unterstellen, die auch nicht

13 Halford J. Mackinder, *Democratic Ideals and Reality*, New York 1919.

beweisbar sind. Kein Ereignis ist deshalb mehr eingetreten, weil es als notwendig definiert wird.

Die zweite Folgerung ist ebenfalls allgemeiner Art. Die Geopolitik verstand sich als praktische Wissenschaft, als Politikberatung. Hier kann man nur hinzufügen: die deutsche Politik war eben schlecht beraten, wenn sie sich denn unter Hitler überhaupt beraten ließ. Unter rationalen Kriterien einer geographischen und historischen Raumanalyse samt ihrer militärischen Potentiale hätte Hitler den Krieg gar nicht erst beginnen dürfen. Wenn überhaupt die damalige Geopolitik ein Entscheidungsfaktor war, dann hing diese Entscheidung von falschen theoretischen Prämissen ab, indem die Geopolitik sich anheischig machte, geographische Vorgaben in handelnde Subjekte umzustilisieren, die gesetzartige Zwänge entweder bereits ausübten oder noch ausüben würden. Einen solchen Irrtum aufdecken heißt, Ideologiekritik wissenschaftlich begründbar machen. Aber daraus folgt natürlich nicht, daß Politikberatung durch Wissenschaft schlechthin falsch wäre. Der Rückzug der heutigen Geographen auf Kulturlandschaftsgeographie und Anthropogeographie, um von hier aus raumplanerisch tätig zu werden, sei es, um uns neue administrative Grenzen zu bescheren oder höher aggregierte Verwaltungseinheiten zu ermöglichen, bestätigt nur im kleinen, was im großen Maßstab, etwa auf der Ebene der europäischen Wirtschaftsgemeinschaft, unsere ständige Herausforderung bleibt.

In einem Satz: Die von der Geopolitik schief formulierten Fragen und ihre quasi ontologischen Prämissen zielen der Sache nach auf naturhafte Vorgaben menschlicher Handlungsmöglichkeiten, die in jede geschichtliche oder politische Bedingungsanalyse einzubeziehen weiterhin notwendig ist.

2.

Lassen Sie mich in einem zweiten Durchgang unsere Frage nach den räumlichen, den metahistorischen und den historischen Bedingungen zeitlich korrelieren. Für jeden menschlichen Handlungsraum, ob privat oder öffentlich, ob im Bereich zwischenmenschlicher Anschauung und Berührung oder im Bereich der globalen Interdependenzen, ist es selbstverständlich, daß er immer auch eine zeitliche Dimension hat, um als Raum erfahrbar oder beherrschbar zu sein. Die diachronen Vorgaben, die den Erfahrungsraum konstituieren, gehören dazu so sehr wie die Erwartungen, die sich füglich oder mißlich daran knüpfen lassen. Nähe und Distanz, die einen Raum verschieden gestaffelt umgrenzen, sind nur erfahrbar durch die Zeit, kraft derer unmittelbare Nähe oder vermittelte Distanz jeweils erschlossen oder überbrückt werden können. Ich verweise auf diese anthropologischen Befunde, um die wechselnde Relation von Raum und Zeit als Begründungszusammenhang für jede menschliche Deutung und Selbstdeutung zu erwähnen. Die Arbeiten von Simmel, seine Soziologie des Raumes, die Arbeiten von Plessner, Gehlen, Heidegger oder Viktor von Weizsäcker geben dem Historiker zahlreiche Fragen auf, die noch zu beantworten sind. Das schöne deutsche Wort des Zeitraumes wäre dann nicht nur eine Metapher der Chronologie oder der Epochengliederung, sondern böte die Möglichkeit, die gegenseitige Verwiesenheit von Zeit und Raum in ihren jeweiligen geschichtlichen Artikulationen zu untersuchen. Hier möchte ich nur eine diachrone Skizze entwerfen, die mehr Fragen in dieser Richtung stellt als Antworten liefert. Es ist eine Binsenweisheit, daß sich die zeiträumlichen Relationen im Laufe unserer Menschheitsgeschichte mit offenbar zunehmender Beschleunigung verändert haben. Das erweist sich an drei exponentiellen Zeitkurven, denen jeweils völlig andere Räume entsprechen.

Erstens vollzieht sich die Ausdifferenzierung des Menschenwesens in sich verkürzenden Zeitabständen.[14] Gemessen an den fünf Milliarden Jahren unserer festgewordenen Erdrinde und gemessen an der einen Milliarde Jahre organischen Lebens auf dieser Erdkruste, bedeuten die rund zehn Millionen Jahre des affenähnlichen Menschen nur eine kurze Zeitspanne, und die zwei Millionen Jahre, in denen selbstgeschaffene Werkzeuge nachweisbar sind, erscheinen daran gemessen noch sehr viel kürzer. Ohne Zweifel wirken die geologischen und geographischen, die biologischen und zoologischen, insgesamt metahistorischen Vorgaben menschlicher Raumbestimmungen in dieser Zeit weit prägender

14 Karl J. Narr, *Vom Wesen des Frühmenschen: Halbtier oder Mensch?*, in: Saeculum 25/4 (1974), S. 293-324.

als in späteren Phasen unserer Geschichte. Der Mensch weiß die ihm zugehörige Umwelt zu nutzen, ohne über sie verfügen zu können. Dem entspricht, daß die minimalen Aktionsräume für eine ausreichende Ernährung der Jägerfamilien oder Jägergruppen weit größer waren und sein mußten als das, was den einzelnen Menschengruppen heute an Raum zur Verfügung steht. Prähistoriker berechnen mehrere Quadratkilometer Nahrungsraum pro Kopf für die ältere und mittlere Steinzeit.[15] Die metahistorischen Determinanten, nämlich der Pflanzenwuchs für die Sammler oder die Zugwege und Fährten des zu jagenden Wildes setzten ebenfalls minimale Grenzen, die viel weiter ausgreifen und größere Aktionsräume zum Leben bieten mußten, als es die folgende Phase zuließ. Bis in unser Jahrhundert hinein hält jener Vorgang an, bei dem die Jäger- und Sammlerkulturen verdrängt werden zugunsten einer Verdichtung unserer menschlichen Aktionsräume, die landwirtschaftlich oder gewerblich umgrenzt sind.

Das führt uns zur zweiten Phase, die man (gegen Bernheim) idealtypisch als strukturierte Periode unserer Geschichte unterstellen mag. Gemessen an den zwei Millionen Jahren nachweisbarer Menschheitsgeschichte sind die Hervorbringungen einer ausdifferenzierten, reflexiv verwendeten, Kunst, wie auch die Erfindung menschentötender Waffen vor rund 30000 Jahren in einer vergleichbar kurzen Zeitspanne erfolgt. Die Einführung von Akkerbau und Viehzucht vor rund 12000 Jahren, schließlich die darauf gründende Entfaltung von Hochkulturen vor rund 6000 Jahren verweisen, wiederum gemessen an der Vorgeschichte, auf noch schneller sich verkürzende Zeitabstände, innerhalb derer sich Neues einstellte – Neues, das für uns schon zu den dauerhaften Voraussetzungen des eigenen Lebens geworden ist. Dieser Zeitspanne entspricht nun die menschliche Fähigkeit zu räumlicher Organisation und zu räumlicher Gliederung, die quasi statisch, also sich wiederholend, die Bedingungen aller unserer Geschichten bis in die sogenannte Frühe Neuzeit hinein ermöglicht hat. Hier bildete sich ein Strukturmodell aus, das die zeiträumliche Einheit unserer Hochkulturen bis spätestens in das 18. Jahrhundert mit einander überlappenden Wirkungen hypostasiert. Die Verfügbarkeit der geographischen und sonstigen,

15 *Handbuch der Urgeschichte*, hg. v. Karl J. Narr, Bern 1966, Bd. 1, S. 236.

jedenfalls der metahistorischen Vorgaben hat sich seitdem enorm erhöht. Man kann sagen, daß die metahistorischen Vorgaben historisch zunehmend integriert wurden – freilich mit Grenzen, die bis in die Frühe Neuzeit hinein nicht überschritten werden konnten. Flüsse wurden reguliert, Kanäle gebaut, Dämme errichtet, Entwässerung und Bewässerung geplant und durchgeführt, Verkehrswege wurden über Tausende von Kilometern erschlossen, die Binnenmeere und Küstengewässer wurden befahrbar und beherrschbar. Die Organisationsdichte des Nachrichten-, Post- und Transportwesens erreichte seine größte Effektivität prinzipiell schon in den orientalischen Großreichen; sie wurde auch von den Römern oder den Mongolen unter Dschingis Chan nicht mehr überboten. Dabei sei nicht ausgeschlossen, daß es Varianten der Perfektion gegeben hat, aber dies innerhalb eines endlich begrenzten Möglichkeitsraums. Die Geschwindigkeiten, mit denen die geographisch vorgegebenen, gelegentlich ausgebauten und verbesserten Strecken zurückgelegt wurden, blieben natural zurückgebunden. Selbst die Erfindung des Wagens konnte die Leistung der Pferde oder Ochsen nicht über das ihnen eingeborene Maximum hinaus beschleunigen. Wenn Reiterstafetten 200 km am Tage zurücklegten, dann war eine Spitze erreicht, die bis in den vorindustriellen Zeitraum hinein Bestand hatte. Und wenn Cicero drei Wochen kalkulieren mußte, bis sein Brief den Empfänger in Athen erreichte, so war es dieselbe Zeitspanne, die ein Hansekaufmann für seine Nachricht von Danzig bis Brügge einplanen mußte oder ein florentiner Kaufherr für seine Depesche nach Paris. Die Waren selbst, auch auf dem schnelleren und billigeren, aber risikoreicheren Seeweg, brauchten das Doppelte, Dreifache und Vierfache der Nachrichtenzeit. Aber, so dürfen wir hinzufügen, die Menschen dieses Zeitraums hatten auch die entsprechende Zeit für sich selbst, um den organisatorisch und rechtlich erfaßten Raum durchmessen zu können. Die Zeit-Raum-Relationen waren prinzipiell stabilisiert auf einem Niveau, das durch Kriege gestört werden mochte – Umwege wurden dann nötig oder Verkehrswege ganz abgeschnitten, um den kriegführenden Truppen ihren analog strukturierten Zeitraum offenzuhalten – aber das Niveau selber war für rund 5000 Jahre nicht mehr anzuheben. Es ist die Zeit der Großreiche, die sich allesamt, regional geschieden, für das Zentrum der Erde gehalten haben. Weder der Kompaß noch der Buchdruck, noch das Pulver, das in China bekannt war, haben die Chinesen motiviert, sich den Pazifik zu erschließen.

Das führt uns in die dritte Phase. Wiederum erkennen wir eine exponentielle Zeitkurve, wenn wir den Blick einengen auf die rund 6000 Jahre unserer eigenen Hochkulturen. In deren Rahmen findet erst seit rund 200 Jahren jene Beschleunigung statt, welche die Eigentümlichkeit unserer Lebenswelt bestimmt.[16] Die wissenschaftlich-technisch-industriell überformte Welt kennt seitdem Beschleunigungsvorgänge, die alle Zeit-Raum-Relationen grundlegend oder besser gesagt fließend verändern. Ich nenne nur den Anstieg der Weltbevölkerung von rund einer halben Milliarde Menschen im 17. Jahrhundert auf rund sechs Milliarden im Jahre 2000; damit verkoppelt vollzieht sich die, von Europa ausgehende, Verdichtung durch Leistungssteigerung in Wissenschaft und Technik, die unseren Globus zum geschlossenen Raumschiff haben werden lassen; der Globus als Raumschiff – Metapher oder Realität? Das ist die Frage, die zu beantworten uns abgefordert wird.

Lassen Sie mich zum Schluß einige Gesichtspunkte nennen, welche die Veränderung der Raum-Zeit-Relationen in unserer dritten Phase kennzeichnen. Es waren die europäischen Staaten, die, um unser Beispiel fortzuführen, das Kommunikationsnetz bereits vor der industriellen Revolution gewaltig ausgebaut und beschleunigt hatten. Die Reisegeschwindigkeit konnte schon auf den Chausseen verdoppelt werden, bevor dank den Eisenbahnen der Tag zur Stunde wurde und die Nacht zum Tage. Die Klipper verdoppelten das Segeltempo, lange bevor die Dampfschiffe nachzogen. Das Kommunikationsnetz wurde verdichtet, immer mehr Orte konnten postalisch erreicht werden.[17] Es wurde reguliert mit Fahrplänen, die schon auf die Stunde genau waren, bevor

16 Wolfgang Zorn, *Verdichtung und Beschleunigung des Verkehrs als Beitrag zur Entwicklung der ›modernen Welt‹*, in: *Studien zum Beginn der modernen Welt*, hg. v. R. Koselleck, Stuttgart 1977, S. 115-134.

17 Immer noch unerläßlich H. Stephan, *Geschichte der preußischen Post von ihren Ursprüngen bis auf die Gegenwart*, Berlin 1859 (ND Glashütten/Taunus 1976). Ferner v. Schweiger-Lerchenfeld, *Das neue Buch von der Weltpost. Geschichte, Organisation und Technik des Postwesens von den ältesten Zeiten bis auf die Gegenwart*, Leipzig o.D. (um 1900).

der Minutenfahrplan der Eisenbahn eingeführt wurde. Die Zeitmaße wurden vereinheitlicht, die Rechtslagen normiert für Taxen, für Zölle und für Gehälter der Postbeamten und Transportleistenden. In Paris gab es im 16. Jahrhundert nur drei Kutschen, eine für den König, eine für die Königin und eine für einen adligen Herrn, der zu dick war, um reiten zu können. Nun aber wurde das Verkehrsnetz allen geöffnet, zumindest jenen, die Geld hatten, es zu bezahlen. Und schließlich ermöglichten es all diese Faktoren zusammengenommen, Herrschaft auszudehnen, Kontrolle zu steigern und jedermann besser zu überwachen. Dieser Komplex, der auch seine ökonomischen Voraussetzungen und Bedingungen hat, darf als paradigmatisch angesprochen werden für das, was man eine Denaturalisierung des geographisch vorgegebenen Raumes nennen mag; es ist dies ein Vorgang, der seitdem alle staatlich verfaßten Handlungseinheiten auf unserm Globus erfaßt.

Aber dabei ist es infolge der industriellen Revolution keineswegs geblieben. Die Größenordnungen jeweils optimaler Handlungseinheiten haben sich absolut verändert. Optimale Handlungseinheiten können je nach der inneren Organisationsdichte größer oder kleiner sein. Bekannt ist, daß Portugal im 16. Jahrhundert, Holland im 17. Jahrhundert, England im 18. und 19. und noch in der ersten Hälfte des 20. Jahrhunderts Weltmächte sein konnten mit phasenverschoben größeren Ausdehnungen bei zunehmender Intensivierung ihrer binnenräumlichen Herrschaft.

Heute stehen sich anstelle der Einzelstaaten kontinentale Blöcke gegenüber, die sich militärisch die letzte überhaupt noch mögliche Entscheidung zumuten können: Großräume, von deren Ökonomie der größte Teil der übrigen Erdbewohner abhängt. Cuius regio, eius oeconomia. Oder besser: cuius oeconomia, eius regio.

Damit stellt sich eine Frage, die unseren Globus als ganzen betrifft. Mag der normale Alltag unserer Erdbewohner noch völlig von der staatlichen Organisations- und Herrschaftsform der Bürger oder der Betroffenen abhängen – ich erinnere an die Demokraten in Chile oder an die solidarischen Polen oder an die Palästinenser in Israel oder die Schwarzen in Südafrika –, in vieler Hinsicht sind alle staatlichen Organisationsräume permeabel geworden, und zwar weit mehr als früher. Anders gewendet: Staat und Souveränität fallen heute nicht mehr zusammen wie in der Anlaufphase unserer neuzeitlichen Beschleunigung.

Für die meisten Staaten wäre eine ökonomische Autarkie – ehedem das Ideal des Merkantilismus – ihr Untergang. Ein Rückfall in die zweite Phase der von uns beschriebenen Weltgeschichte wäre mit unendlichen Katastrophen zu bezahlen. Das heißt die ökonomische Interdependenz ist auf den Globus hin angelegt, auch wenn er politisch verschiedenartig organisiert ist. Dasselbe gilt für weitere Aspekte: Militärtechnisch hat sich durch die Erschließung des Luftraumes, dank Flugzeugen, Raketen und Satelliten die Einheit der Welt bereits hergestellt. Die Luft ist wie das Wasser nach Justinian das Eigentum aller: Dies führt nun zu Handlungszwängen, die füglich als global definiert werden müssen. Auch wenn die Abschußrampen an den Boden gebunden bleiben oder im Wasser an die Boote, die erreichbaren Ziele sind ubiquitär.

So haben die Elemente gleichsam ihre geschichtliche Qualität verändert. Der Wasserraum wird völkerrechtlich heute zunehmend territorialisiert, sei es, um die Unterwasser-Bodenschätze auszubeuten durch Herausschiebung der beanspruchten Kontrollzonen, sei es, um die Wasserflora zu nutzen, oder sei es, um in Zukunft die ozeanischen Fischschwärme wie Haustiere zu hegen und zu züchten und so die Ernährung sicherzustellen. Aber mag das Wasser im 21. Jahrhundert noch zur Gänze gleichsam territorialisiert werden, im Sinne der rechtlichen Zuordnung zu Landmächten, die Luft wird es allen Hoheitsrechten zum Trotz niemals werden. Sie verweist mehr als alle andern Elemente auf die Einheit unseres Lebensraumes, wie auch immer die Grenzen politisch verlaufen oder gezogen werden mögen. Schließlich ein letzter Hinweis: Die Luft ist auch der Träger unseres heutigen Nachrichtensystems mit Funk, Fernsehen und Satelliten. Damit ist eine zeiträumliche Verkürzung eingetreten, die nicht nur unsern Alltag in Pantoffeln vor der Glotze prägt, sondern ebenso und mehr noch die Politik. Ereignisse und die Nachrichten über eben diese Ereignisse, koinzidieren zunehmend und bis zur Gänze. In Venedig wollte man es um 1500 jahrelang nicht wahrhaben, daß die Portugiesen den direkten Seeweg nach Indien bereits erschlossen hatten[18]: eine ökonomische Drohung ersten Ranges, die als Katastrophe befürchtet und verdrängt werden konnte. Heute sind derartige Verdrängungen und Verzögerungen in der Wahrnehmung nicht mehr möglich. Wir leben unter erhöhtem Wahrnehmungsdruck und Wahrnehmungszwang, der die Politiker nötigt, in dem Maße in die Zukunft auszuweichen, wie der Raum geschrumpft ist.

Diese Nötigung zur Vorausplanung besteht um so mehr, als Entscheidungen fällig sein werden, die mit dem Eintreten voraussehbarer Ereignisse in der gleichen Sekunde, da die Nachricht darüber eintrifft, schon die Gegenaktion auslösen müssen. Tschernobyl, das uns durch die Luft auf den Leib gerückt ist, ist nur ein kleiner Modellfall für die Interdependenz unseres globalen Raumes, in dem zu leben wir nun einmal verurteilt sind.

Damit hätte ich drei exponentielle Zeitkurven skizziert, denen völlig verschiedene Lebens- und Aktionsräume zuzuordnen sind. Der erste war großflächig, die naturalen Vorgaben waren dominant. In der zweiten Phase wurden die metahistorischen Bedingungen zunehmend verfügbar und nutzbar, die naturalen Determinanten menschlicher Freiheit und politischer Aktionsräume wurden geschichtlich eingeholt und überformt. Es entstanden Städte, Reiche und schließlich Staaten mit optimal zu organisierenden Handlungsräumen, deren naturale Bedingungen freilich nicht überschritten werden konnten. So gab es auch Reiche, die an ihrer Ausdehnung zugrunde gegangen sind.

Schließlich haben wir eine dritte Phase skizziert: die Beschleunigung unseres eigenen Zeitraumes, die den Globus zu einer Erfahrungseinheit hat gerinnen lassen. Wie er als Handlungseinheit gestaltet wird, das ist eine Frage der Politik, nicht der Geographie. Aber daß die naturalen Vorgaben unseres Lebens länger oder kürzer währen mögen, das zu erinnern verweist uns auf die Kunde der ehrwürdigen Historie, die ehedem Natur und Menschenwelt als Einheit begriffen hat.

18 Alberto Tenenti, *The sense of space and time in the Venetian world of the fifteenth and sixteenth centuries*, in: *Renaissance Venice*, hg. v. J. R. Hale, London 1973, S. 17-46, 29 ff.

Historik und Hermeneutik

Ein Leben kann lang oder kurz sein. Wenn es kurz ist, wie das von Schiller, Kleist oder Büchner, legt sich Trauer über die Biographie, weil sie nicht vom Leben fortgeschrieben werden konnte. Wenn es lang ist, wie bei Kant oder Heidegger, gewinnt man das Empfinden, daß auch die geschichtliche Zukunft im Spätwerk voll enthalten ist und ausgefächert wurde. Was hätte Schiller 1813, Kleist 1830, Büchner 1848 sagen können – das werden wir nie mehr erfahren. Aber was Kant zu diesen Jahren gesagt hätte, das können wir hochrechnen, – und was Heidegger zu unserer Zukunft sagen wollte, hat er formuliert.

Die Dauer des Lebens eines Menschen verändert mit ihren biologisch zunehmend sich verkürzenden Zeitspannen offenbar die Lebensqualität. Die Zeitknappheit gewinnt mit wachsendem Alter Erfahrungsdichte, die bei früh abgebrochenen Lebensläufen zu gewinnen nicht möglich war. Sie wurde höchstens herbeigezwungen wie von Schiller oder bewußt blockiert wie von Kleist; oder die Möglichkeiten einer sich steigernden Intensität entglitten schlichtweg aus physiologischen Gründen, die nichts anderes mehr zuließen als den Tod von Büchner.

Der Fall unseres Jubilars Gadamer ist daran gemessen ein sehr besonderer Fall. Er wurde immer jünger, lebendiger, je älter er wurde, je älter er ist. Erst mit rund sechzig hat er sein Hauptwerk *Wahrheit und Methode* abgeschlossen und auf diesem aufbauend weit mehr Aspekte in die Vergangenheit und in die Zukunft gerichtet als in den vorangegangenen Jahren zuvor. Damit hätten wir schon einen biographischen Einstieg in das zentrale Problem seiner wissenschaftlichen Fragestellung: wie nämlich die Hermeneutik sich zur Zeit verhält. Alles Verstehen ohne zeitlichen Index bleibt stumm. Das Verstehen, sei es eines Textes oder sei es ontologisch begriffen als Entwurf menschlicher Existenz, der es um Sinn geht, alles Verstehen ist grundsätzlich zeitgebunden, nicht nur an die Zeitlage oder an den Zeitgeist, die synchron den Menschen einstimmen, nicht nur an die Zeitabfolge, an den Wandel in der Zeit, das Verstehen ist für Gadamer zurückgebunden an die Wirkungsgeschichte, deren Ursprünge nicht diachron zu berechnen sind, deren Pointe darin besteht, nur in der je eigenen Zeit erfahren werden zu können. Gadamers Leben erläutert seine hermeneutische Erfahrung. Die Zeit ist nicht nur lineare Sukzession ontischer Daten – sie vollzieht sich in der Zeitigung dessen, der seiner Zeit verstehend innewird, alle Zeitdimensionen in sich bündelnd und somit Erfahrung voll ausschöpfend. Die von Gadamer entwickelte philosophische Hermeneutik und die Frage nach den geschichtlichen Bedingungen, warum wir auf Verstehen angewiesen bleiben, wenn wir leben sollen, sind ineinander verschränkt. Deshalb hat Gadamers Hermeneutik mit dem zu tun, was die historische Wissenschaft für sich selbst als Historik beansprucht: nämlich die Bedingungen möglicher Geschichten zu thematisieren, d.h. die Aporien der Endlichkeit des Menschen in seiner Zeitlichkeit zu bedenken.

Die Frage, die hier gestellt wird und die ich entlang einigen Überlegungen, soweit sie reichen, zu beantworten suche, ist also das Verhältnis der Historik zur Hermeneutik.

Gadamers Hermeneutik enthält implizit, teils explizit, den Anspruch, die Historik zu umgreifen. Wie Theologie, Jurisprudenz, Dichtung und deren Auslegung wird auch die Geschichte zum Unterfall des existentiellen Begreifens. Der Mensch, auf Verstehen hin angelegt, kann demnach gar nicht umhin, die Erfahrung von Geschichte in Sinn zu verwandeln, gleichsam hermeneutisch zu verkraften, um leben zu können.

Nun sei von vornherein zugegeben, daß die Historie als Wissenschaft von der Geschichte und als Kunst von deren Darstellung oder Erzählung Teil des hermeneutischen Kosmos ist, den Gadamer entworfen hat. Durch Hören und Sprechen und durch Texte vermittelt, bewegt sich auch der Historiker auf derselben Plattform, auf der sich die anderen paradigmatischen Figuren der Gadamerschen Hermeneutik bewegen, der Theologe, der Jurist und der Exeget von Dichtung. Zugegeben also, daß die Historie von der existentiellen Hermeneutik Gadamers elastisch umfangen wird und sich ihr füglich kaum entziehen kann. Wer auf Sprache und Texte angewiesen ist, kann sich dem Anspruch dieser Hermeneutik nicht versagen. Das gilt auch für die Historie. Gilt es aber auch für die Historik, für eine Theorie der Geschichte, die nicht den empirisch zu ermittelnden Befund vergangener Geschichten untersucht, sondern danach fragt, was die Bedingungen möglicher Geschichte sind? Erschöpfen sich die Bedingungen möglicher Geschichte in Sprache und Texten? Oder gibt es Bedingungen, die außersprachlich, vorsprachlich sind, selbst wenn sie sprachlich gesucht werden? Wenn es solche Voraussetzungen der Geschichte gibt, die sich weder in Sprache erschöpfen noch auf Texte verwiesen sind, dann müßte die Historik wissenschaftstheoretisch einen Status haben, der nicht als Unterfall der Hermeneutik behandelt werden kann. Dies ist meine These, die ich zu begründen suche. Dabei werde ich in zwei Schritten vorgehen.

Erstens werde ich die Skizze einer solchen Historik entwerfen, die die Aufmerksamkeit auf ihre vorsprachlichen Merkmale lenkt. Das versuche ich entlang einer Lektüre von *Sein und Zeit*, denn ohne dieses Werk ist auch die existentielle Hermeneutik von Gadamer nicht zu denken. – Zweitens konfrontiere ich die einmal skizzierten Ergebnisse einer auf Vorsprachlichkeit zielenden Historik mit Positionen aus Gadamers großem Buch *Wahrheit und Methode*.

1. Historik

Es seien einige Hinweise versucht, die auf eine vorsprachliche Historik zielen. Die Historik befaßt sich als theoretische Wissenschaft im Unterschied zur empirischen Historie nicht mit den Geschichten selber, deren vergangene, gegenwärtige und vielleicht künftige Wirklichkeiten von den Geschichtswissenschaften thematisiert und untersucht werden. Die Historik ist vielmehr die Lehre von den Bedingungen möglicher Geschichten. Sie fragt nach den theoretisch zu erbringenden Vorgaben, die es begreiflich machen sollen, warum sich Geschichten ereignen, wie sie sich vollziehen können und ebenso, warum und wie sie untersucht, dargestellt oder erzählt werden müssen. Die Historik zielt also auf die Doppelseitigkeit jeder Geschichte – sowohl Ereigniszusammenhänge wie deren Darstellung zu meinen.

Heidegger bot nun in *Sein und Zeit* einen fundamental-ontologischen Aufriß, der u.a. darauf zielte, die Bedingung möglicher

Historie sowie die Bedingung möglicher Geschichte aus der Existentialanalyse des endlichen Daseins, gleichsam zwingend, abzuleiten. Eingespannt zwischen Geburt und Tod, ist die Grundstruktur des menschlichen Daseins dessen Zeitigung. Sie entspringt der unüberbietbaren Erfahrung jener Endlichkeit, die nur im Vorlauf zum Tode erfahren werden kann – wie Innozenz III. sagte: Wir sterben, solange wir leben, und erst wenn wir aufhören zu sterben, hören wir auf zu leben.[1]

Die systematische Absicht von Heidegger war zwar, im Vorlauf zum Tode die Möglichkeit des Nichtseins so zu thematisieren, daß in der Zeitigung des Daseins der Sinnhorizont jeder Seinserfahrung aufscheinen mußte. Aber in der Analyse seiner Endlichkeitsbestimmung drängten sich gleichwohl zahlreiche anthropologisch lesbare Kategorien und Interpretationen auf, die fortschreibbar und ausweitbar waren, so sehr sich Heidegger gegen eine derartige Anthropologisierung zu wehren suchte. So sind Begriffe in seine Analysen eingegangen wie Sorge und Angst, oder wie die Übernahme des Schicksals und die Geschichte als Geschick, Begriffe wie Eigentlichkeit und Uneigentlichkeit, Volk, Treue, Erbe, Freisein zum Tode, schließlich Tod, Schuld, Gewissen und Freiheit – kurz die politische Semantik dieser Terminologie ließ sich durch keine methodischen Schutzmaßnahmen mehr aus der Welt schaffen. Wer vor 1933 von zum Tode vorlaufender Entschlossenheit redete, konnte sich spätestens nach 1945 der Ideologisierung nicht mehr entziehen. Heute sind zahlreiche Bestimmungen verblaßt, klingen schal oder überholt und bedürfen bereits einer historischen Übersetzung, um als fundamental-ontologische Kategorien lesbar zu bleiben und Dauer zu beanspruchen. Aber es geht hier nicht darum, das Pathos der 20er Jahre ideologiekritisch zu durchleuchten. Vielmehr stellt sich für uns die Frage, ob die überhaupt angeführten Bestimmungen Heideggers ausreichen, eine Historik zu entwickeln, die aus der Grundbestimmung der Endlichkeit und der Geschichtlichkeit auch die Bedingungen möglicher Geschichten ableiten läßt. Genau dies scheint mir nur unzureichend der Fall zu sein.

Der Mensch als ›Dasein‹ ist noch nicht offen für seinen Mit-

1 Innozenz III., *De contemptu mundi*, Lib. I cap. XXIV (Migne, PL 217 Sp. 714 A).

menschen – eine Thematik von Löwith – und nicht frei in seiner Konfliktträchtigkeit mit seinesgleichen. Die Zeiten der Geschichte sind nicht identisch und auch nicht zur Gänze ableitbar aus den existentiellen Modalitäten, die an dem Menschen als ›Dasein‹ entwickelt worden sind. Die Zeiten der Geschichte sind von vornherein zwischenmenschlich konstituiert, es handelt sich immer um Gleichzeitigkeiten des Ungleichzeitigen, um Differenzbestimmungen, die ihre eigene Endlichkeit enthalten, die nicht auf eine ›Existenz‹ zurückführbar ist.

Deshalb möchte ich zunächst das kategoriale Angebot erweitern. Dabei scheint es mir sinnvoll zu sein, speziell die Endlichkeitsbestimmungen der Daseinsanalytik von Heidegger zu ergänzen, um die Ermöglichung tatsächlicher Geschichten in den Blick zu rücken. Das zentrale Oppositionspaar von Heidegger: die Geworfenheit (empirisch gesehen die Geburt) und das Vorlaufen zum Tode (empirisch gesehen das Sterbenmüssen) läßt sich durch weitere Oppositionsbestimmungen ergänzen, die den zeitlichen Horizont unserer Endlichkeitserfahrungen schärfer, jedenfalls auch anders bestimmen. Daß es sich dabei um Kategorien handelt, die eine Ausweitung in die historische Anthropologie nahelegen, kann uns dabei um so weniger stören, als es gerade die Kategorien Heideggers selber waren, deren anthropologische Les- und Ausdeutbarkeit eine Historik zwar provozierten, aber nur unzureichend begründen ließen. Denn aus Herkunft, Erbe, Treue, Geschick, Volk, Schicksal, Sorge und Angst, um nur einige wichtige Bestimmungen zu wiederholen, lassen sich die Bedingungen möglicher Geschichten nicht hinreichend begründen.

Ich möchte fünf Kategorien nutzen, die wohlbekannt sind, die aber als Oppositionspaare geeignet erscheinen, so etwas wie die zeitliche Grundstruktur möglicher Geschichten zu thematisieren.

1. Heideggers zentrale Bestimmung des Vorlaufens zum Tode muß, um Geschichten zu ermöglichen, ergänzt werden durch die Kategorie des Totschlagenkönnens. Es zeichnet die Geschichten der Menschen aus, daß sie nicht nur im Horizont ihres Sterbenmüssens das Überleben immer und immer wieder zur Aufgabe ihrer Anstrengung gemacht haben. Angefangen von den sammelnden und jagenden Horden bis zu atomar hochgerüsteten Supermächten steht der Kampf ums Überleben immer zugleich unter der

Drohung des Todes der andern oder mehr noch durch den andern. Diese Drohung kann die tatsächliche Gewaltanwendung bekanntlich begrenzen. Das eigentliche Risiko des Überlebens enthält die Chance, daß sich die jeweils organisierten Menschen gegenseitig umbringen können und aus Gründen des Überlebens streckenweise auch glauben, sich gegenseitig umbringen zu müssen. »In einer Beziehung gleicht eine Kavallerieattacke durchaus dem gewöhnlichen Leben. Wenn du wohlauf bist, fest im Sattel sitzt, dein Pferd sicher an der Hand hast und deine Waffen gebrauchen kannst, dann werden dir deine Gegner zumeist hübsch aus dem Weg gehen. In dem Augenblick aber, wo du einen Bügel verloren hast, dir ein Zügel gerissen ist, du eine Waffe hast fallen lassen, du selbst verwundet bist oder dein Pferd, dann werden deine Feinde von allen Seiten über dich herfallen.« So beschreibt Churchill eine der letzten Reiterschlachten, die er im Sudan selbst ausgefochten hat. »Mitten in der Masse des Feindes zum Stillstand gekommen, gepackt von allen Seiten, von Lanze und Säbel zerstochen und zerhackt, wurden (meine Kameraden) von ihren Pferden gezerrt und von dem rasenden Feind in Stücke gehauen.«[2]

In Heideggers Diktion läßt sich füglich sagen, das gegenseitige Sichumbringenkönnen ist gleichursprünglich mit dem Vorlauf zum Tode, soweit es sich um das Dasein als ein geschichtliches Dasein handelt. Deshalb auch ist es eine geschichtliche Leistung, wenn Frieden gehalten, gewahrt oder nach einem Krieg überhaupt Frieden gestiftet wird.

Welche historischen Erscheinungsformen im Laufe der Zeit auch thematisiert werden, um die Ausprägungen möglichen Krieges und möglichen Friedens und deren Künste und deren Gemeinheiten zu untersuchen: Ohne die Fähigkeit, seinesgleichen umbringen zu können, ohne die Fähigkeit, die Zeitspanne der Lebensmöglichkeit der jeweils anderen gewaltsam abkürzen zu können, gäbe es nicht die Geschichten, die wir alle kennen.

2. Hinter dem Oppositionspaar des Sterbenmüssens und des Tötenkönnens steht eine weitere Opposition, die von Freund und Feind. Wir alle wissen zur Genüge, daß dieses Begriffspaar demselben politischen Kontext entstammt, in dem auch *Sein und Zeit*

2 Winston S. Churchill, *My Early Life*, dt. *Weltabenteuer im Dienst*, Hamburg 1954, S. 122.

seine zeitspezifischen Valeurs erhalten hat, die den Text heute schon als einen historischen Text lesbar machen. Aber unbeschadet der politisch-ideologischen Spitze dieser Termini und ihrer weltanschaulichen Verwendbarkeit müssen wir uns darüber klar sein, daß das Oppositionspaar von Freund und Feind ganz formal Endlichkeiten thematisiert, die hinter allen Geschichten menschlicher Selbstorganisationen auftauchen. Ob sich in der tatsächlichen Geschichte Griechen und Barbaren bekämpfen oder Griechen und Griechen, ob sich Christen und Heiden bekämpft haben oder die Christen untereinander, ob sich die modernen Handlungseinheiten im Namen der Menschheit konstituieren und den Gegner als Unmenschen bekämpfen, oder ob sich die Handlungseinheiten als Klassensubjekte begreifen, um die Klassen überhaupt zu beseitigen – die empirische Ausweitung in ihrer diachronen Sukzession setzt allemal das Oppositionspaar Freund und Feind voraus. Hier handelt es sich kategorial gesprochen um eine formale Opposition, die allen inhaltlichen Auffüllungen zugänglich bleibt, also um eine Art transzendentaler Kategorie möglicher Geschichten. Und wer aus Klugheit oder humanitärer Sympathie auf dem christlichen Gebot der Feindesliebe besteht und insistiert – es zu befolgen ist heute vielleicht aus rein machiavellischen Gründen ein Gebot der Selbsterhaltung auf unserem Globus –, also auch wer sich der christlichen Feindesliebe zu bedienen gedenkt, der setzt das kategoriale Oppositionspaar von Freund und Feind denknotwendig voraus. Die Kategorien sind als existentiale Bestimmungen härter, als daß sie sich nur einer Ideologisierung aussetzen lassen könnten. Freund oder Feind enthalten zeitliche Zukunftsbestimmungen, in denen das Sein zum Tode durch das Sein zum Totschlagen jederzeit überholt werden kann. Wer die bewegliche Grenze zwischen Israel und Libanon kennt oder wer die Rüstungsthemen am grünen Tisch zu Genf durchspielt, der weiß, daß keine Ideologiekritik hinreicht, um zu verhindern, daß die existentialen Kategorien jederzeit existentiell aufgefüllt und ausgefüllt werden können. Schon in der Anerkennung des andern als Feind und nicht als auszutilgender Inkarnation des Bösen liegt eine Hoffnung auf Frieden beschlossen. Auch jemand, der die wachsende Zuspitzung, möglicherweise zwischen Freund und Feind unterscheiden zu müssen, als Zumutung empfindet und wer sich dieser Zumutung entziehen will, dem bleibt zumindest die Einsicht, daß es sich um einen Extremfall handelt, der in seiner potentiellen Wiederkehr auch kommende Geschichten möglich machen wird.

3. Hinter der akuten Zuspitzung steht freilich ein allgemeineres Oppositionspaar, nämlich der Gegensatz von Innen und Außen, der die geschichtliche Räumlichkeit konstituiert. Wenn Heidegger die Räumlichkeit des Daseins als gleichursprünglich mit seinem In-der-Welt-Sein aufgewiesen hat, so muß eine Historik diese Bestimmung dahingehend ergänzen, daß jedes geschichtliche Dasein nach einem Innen- und einem Außenraum aufgespalten ist. Es gibt keine soziale oder politische Handlungseinheit, die sich nicht durch Ausgrenzung anderer Handlungseinheiten konstituiert. Wenn alle Menschen Mitmenschen sind, was unbestreitbar bleibt, so sind sie es geschichtlich gesehen auf je verschiedene Weise. Es gibt keine Liebesgeschichte, die sich nicht ihre Innen- und Außenbeziehungen schafft, von deren Spannung sie sich zugleich tragen läßt. Und dieselbe Innen- und Außenopposition taucht in allen Geschichten auf, auch wenn die Handlungseinheiten höher aggregiert sind als nur durch zwei Personen. Zu jeder Innen- und Außenrelation gehören mit ihrer räumlichen Tiefenstaffelung zugleich Grenzbestimmungen, kraft derer über das jeweilige Innen und Außen befunden wird. Diachron wechseln natürlich die Räume, deren Dichte und deren Größe sowie ihre Grenzverläufe. Und ebenso ändern sich die Konflikte, die durch jeweilige Grenzziehungen hervorgerufen und wieder geregelt oder die durch Grenzverschiebungen gelöst werden.

Die Epochen der Weltgeschichte ließen sich inhaltlich gesehen je nach den Zuordnungen von Innen und Außen definieren, von den wandernden und jagenden Gruppen angefangen über die komplexen Organisationsformen der Hochkulturen bis zur heutigen Weltgesellschaft in ihrer umstrittenen Pluralität. In der gegenwärtigen Lage scheinen die Grenzen osmotisch geworden zu sein, weil der wachsende Druck ökonomischer und technischer Abhängigkeiten die gegenseitige Angewiesenheit aller Handlungseinheiten auf dem Globus gesteigert hat. Aber auch die osmotischen Grenzen bleiben Grenzen, deren Durchlässigkeit politisch heute strenger überwacht wird, als dies jemals zuvor der Fall war. Gerade die Vielschichtigkeit sich überlappender Räume setzt die kategoriale Grundopposition von Innen und Außen nicht außer Kraft, sondern immer noch voraus. Am augenfälligsten ist dies an den militärischen Handlungseinheiten der Großraumorganisationen in Ost und West zu zeigen. Die globale Interdependenz, die biologisch oder ökonomisch komplexe und vielschichtige Räume schafft, die inzwischen auch ökologisch bedingt bis in die Heizungsrechnungen durchschlägt und die Katalysatoren provoziert, sie reicht nicht aus, um nicht politische Raumfestlegungen desto mehr zu stabilisieren.

Eine Ausprägung unserer Oppositionsbestimmung von Innen und Außen ist der notwendig ineinander verschränkte Gegensatz von Öffentlichkeit und Geheimnis. Auch diese Opposition strukturiert die Bedingungen aller möglichen Geschichten, ob ich nun die Initiationsriten von Kultgemeinschaften nenne oder von Berufsverbänden und wirtschaftlichen Interessengruppen oder ob ich von politischen Wahlverfahren (und auch ihren Bezahlungsmodalitäten) oder von Entscheidungsgremien der Innen- oder Außenpolitik handeln will. Jedes Geheimnis grenzt per definitionem einen öffentlichen Außenbezirk aus, jeder einmal institutionalisierte Öffentlichkeitsraum reproduziert neue Geheimräume, um weiterhin Politik treiben zu können. Das reicht von der UNO-Politik bis herunter in unsere neuen Fakultäten. Deren ständisch hergestellte plurale Öffentlichkeit führt zwangsläufig zu geheimen Ausspracheforen der organisierten Gruppen, die den Fakultätssitzungen vorgeschaltet werden müssen, um sie arbeitsfähig zu erhalten. So haben alle Innen- und Außenrelationen, sofern sie auf eine Ausgrenzung von Geheimnis oder Öffentlichkeit hinzielen, immer einen zeitlichen Handlungskoeffizienten, dessen Effektivität größer oder kleiner sein mag. Anders läßt sich die Handlungsfähigkeit der Agenten nicht am Laufen halten. Freilich kann die Wechselwirkung verschieden dosiert werden. Die Grenzbestimmung zwischen Geheimnis und Öffentlichkeit ist in den westlichen Demokratien weit durchlässiger und ermöglicht eine gegenseitig sich korrigierende Elastizität, begünstigt aber auch eine dementsprechende Langsamkeit des Handelns. Im Bereich kommunistischer Herrschaft dient die Grenzbewachung vorzüglich dazu, die Öffentlichkeit funktional zur undurchschaubaren Binnenplanung der ZK-Gremien zu steuern. Hier mag schnelleres Handeln möglich sein, aber es bleibt entsprechend starr und unelastisch.

Selbst der moralische Öffentlichkeitstest, den Kant für vernunftgemäße Rechtsregelungen fordert, kann nicht verhindern, daß die Durchführbarkeit von Veränderungen an ihre geheimen Planungsphasen zurückgebunden bleibt. Sonst würde jede Reform schon an den Prinzipien scheitern, um derentwillen sie betrieben wird. Die Geschichte der preußischen Reformen ist ein gutes Beispiel dafür, daß die öffentlichkeitsfähigen und öffentlichkeitsheischenden Prinzipien der Liberalisierung nur durchgesetzt werden konnten, indem die politisch herrschende Öffentlichkeit, die von den adligen Ständen dominiert war, von den Entscheidungsprozessen so weit und so lange ferngehalten wurde, bis die Reformen im Namen einer zukünftigen Öffentlichkeit überhaupt in Gang gesetzt werden konnten. Wenn die alten Stände schon in der Planungsphase der Wirtschaftsreformen beteiligt worden wären, dann wäre gar keine Reform erfolgt.

Und wer das Postulat einer herrschaftsfreien Diskussion aufstellt, der bedient sich jener Zeitenthobenheit, die es in Anbetracht der handlungsrelevanten Grenzbestimmungen zwischen Geheimnis und Öffentlichkeit nicht geben kann. So gehört die Opposition von Geheimnis und Öffentlichkeit als eine spezielle Ausprägung von Innen und Außen zu den Strukturbedingungen möglicher Geschichten. Allesamt stehen sie unter Zeitdruck, zu dessen Entlastung oder Entzerrung die Grenze zwischen geheim und öffentlich immer wieder aufs neue gezogen und wahrgenommen werden muß. ›Watergate‹ war eine kriminelle Durchbrechung dieser Schranke.

4. Die Endlichkeitsanalyse, kraft derer Heidegger den Zeitlichkeits- und Geschichtlichkeitshorizont erschlossen hat, um Geschichte überhaupt als möglich zu erweisen, bedarf noch einer weiteren Differenzierung. Die sogenannte Geworfenheit, die unbeschadet ihrer tierischen Assoziationen den Hinnahmezwang des eigenen Daseins und empirisch gesprochen die Geburt meint, mit der das Leben und damit auch schon das Sterben anfängt, diese Endlichkeitsbestimmung, aus deren faktischer Vorgegebenheit die Zeitigung abgeleitet werden kann, muß selber differenziert werden, um die Bedingungen möglicher Geschichten zu begrün-

den. Ich schlage die Kategorie der Generativität vor, wenn dieses Kunstwort einmal hingenommen werden darf. Hannah Arendt spricht im gleichen Sinne von Gebürtlichkeit oder Natalität. Biologisch gesehen ist es die natürliche Geschlechtlichkeit, aus der die Zeugung von Kindern entspringt. Hierin gründet die anthropologische Umformung, die aus einer zoologischen Vorgabe eine allgemein menschliche Wirklichkeit macht. Hier soll nur gezeigt werden, daß die Relation von Mann und Frau über die Generativität zur Verhältnisbestimmung von Eltern und Kindern, von Generationen führt. Der Generativität als einer gleichsam transzendentalen Bestimmung entspricht empirisch gesehen die menschliche Geschlechtlichkeit wie auch die Wirklichkeit und Wirksamkeit von Generationen in ihrer diachronen Sukzession. In der Generativität liegt jene Endlichkeit beschlossen, die zu den zeitlichen Voraussetzungen gehört, immer neue mögliche Geschichten aus sich hervorzutreiben. Die zwangsläufige Abfolge von Generationen in ihrer sich fortzeugenden faktischen und zeitlichen Überlappung führt zu immer neuen Ausschließungen, zu diachronen Innen- und Außenbestimmungen, zum Früher oder Später der jeweils generationsspezifischen Erfahrungseinheiten. Ohne diese Ausschließungen ist keine Geschichte denkbar. Generationenwechsel und Generationenschübe sind schlechthin konstitutiv für den zeitlich endlichen Horizont, durch dessen jeweilige Verschiebung und generative Überlappung sich Geschichten ereignen. Erfahrungen sind generationsspezifisch, und deshalb sind Erfahrungen nicht unmittelbar übertragbar.

Die Studentenrevolte der späten 60er Jahre wurde von der ersten Generation getragen, die den Zweiten Weltkrieg nicht mehr erlebt hatte. Wohl aber wurde diese Generation mit den Erfahrungen derer konfrontiert, die als ihre Eltern in der NS-Zeit und durch diese geprägt worden waren. Der Generationsbruch war als Vorwurf gleichsam vorprogrammiert, die Konfliktlagen waren im Generationenbruch angelegt, und so lassen sie sich auch historisch inhaltlich begründen. Nur die Vorwurfsstruktur, die diesem Generationenkonflikt innewohnte, ließ sich nicht direkt auflösen.

So lassen sich alle tatsächlichen Geschichten nach zwei Möglichkeiten hin aufschlüsseln: Entweder gelingt es, den generativ immer vorgegebenen Bruch zu überspannen, oder es gelingt dies nicht. Man denke an die Ritualisierungen der Generationsabfolge, die den jeweiligen Eintritt in die Welt der sogenannten Erwachsenen durch Einweihung oder Prüfung, d. h. durch Eintritt in neue Innen- und Außenbeziehungen, zu regeln suchen. Oder man denke an Institutionalisierungen, die aus den zunächst jeweils persönlichen Eidleistungen abgeleitet wurden, um mit jeder nachwachsenden Generation die Identität der Handlungsgemeinschaft zu erneuern. Oder man denke an die rekurrenten Wahlakte, um den Erfahrungswandel der nachrückenden Generationen politisch in ein demokratisches System integrieren zu können. Oder man denke an das Institut der Emanzipation, dessen iterative Struktur allein Dauer und Wandel ermöglicht. Es wäre ein Irrtum zu glauben, daß die Emanzipation, die immer generationsbedingt ist, jemals eine endgültige und allgemeine sein könne. Die Mündigkeit läßt sich nicht als solche ontologisch verewigen oder inhaltlich verdinglichen. Der rührende Spruch »Trau keinem über Dreißig«, auf den die Studenten so stolz waren, kann nur wahr gewesen sein, wenn er ebendiese Studenten zehn Jahre später ins Unrecht setzt.

Im Hinblick auf die Zeitigung der Generationen ist jede Emanzipation mit rechtlicher oder politischer oder sozialer Bestimmung nur zu verwirklichen, indem sie als formaler Akt wiederholbar sein muß, indem sie nie inhaltlich festgeschrieben und verewigt werden darf, etwa als ein vermeintliches Ziel der Geschichte.

Freilich kann die mit der Generativität vorgegebene Brucherfahrung auch zu gewaltsamen Änderungen führen, wie sie in Bürgerkriegen oder Revolutionen üblich sind. Die Generationsverwerfung gehört zu den elementaren Voraussetzungen jeder sich zeitigenden Geschichte, ob sie nun institutionell aufgefangen oder revolutionär verändert wird, – aber dies ist eine Frage der faktischen Geschichte, deren Möglichkeitsbestimmung in der Generativität enthalten ist.

5. In unseren Zusammenhang gehört ein Oppositionspaar, das seiner alteuropäischen Zopfigkeit zum Trotz von gleicher Formalität und Erklärungskraft bleibt wie alle bisher genannten Kategorien. Ich meine ›Herr und Knecht‹. Plato zählt sechs verschiedene Relationen auf, kraft derer von Natur aus Abhängigkeiten entstehen, die Herrschaftsverhältnisse im Bereich des Politischen, aber ebenso politische Konflikte stiften helfen. Nur eine Relation,

nämlich nach Gesetzen zu leben, definiert er als Abhängigkeit, die von Natur her keine heteronomen Ansprüche oder Konflikte hervorrufen würde. Formal gesprochen handelt es sich also um Oben-Unten-Relationen. Auch diese gehören zu den Endlichkeitsbestimmungen, ohne die, trotz aller Kunstleistungen politischer Selbstorganisation, Geschichten nicht möglich sind. Eine dieser Ausprägungen ist das blanke Machtverhältnis der Starken gegenüber den Schwachen. Der Melier-Dialog des Thukydides ist zweifellos in Moskau, als Dubček die Freiheit von Prag zu retten suchte, wiederholt worden. Wer im Dialog zwischen Athenern und Meliern und wer im Dialog zwischen Moskau und Prag oben oder unten war, das läßt sich empirisch zeigen. An dem Befund selber, daß sich immer neue Abhängigkeiten einspielen, und sei es nur, um über die endlichen Bedingungen möglicher Geschichten Herr zu werden, daran ändert sich nichts. Despotie oder Tyrannis als offene Unrechtsformen sind nur Extremfälle, die auf Gefahren verweisen, die möglich, aber nicht notwendig sind, solange Abhängigkeitsverhältnisse durch Autorität, Brauchtum oder Tradition oder durch Vereinbarung und Recht zugleich Wandel und Umkehr ermöglichen. Jede Revolution, die auf gewaltsame Weise Gewaltverhältnisse geändert hat, führt zur Etablierung neuer Gewaltverhältnisse. Die Legitimation mag neu sein, die Rechtsverhältnisse mögen andere, vielleicht sogar bessere geworden sein, an der Wiederkehr von neu organisierten und rechtlich geregelten Abhängigkeitsformen, an der Oben-Unten-Relation selber ist deshalb noch nie etwas geändert worden. Selbst eine Vereinbarung unter Gleichen setzt politische Gewalt ein, um die Relationen zu stabilisieren.

Worin liegt nun die Gemeinsamkeit der aufgeführten fünf Oppositionspaare, die eine Historik bereitstellen mag? Es handelt sich, im Gefolge Heideggers, um existentiale Bestimmungen, d. h. in gewisser Weise um transzendentale Kategorien, die die Möglichkeit von Geschichten benennen, ohne deshalb schon konkrete Geschichten hinreichend beschreibbar zu machen. Der Kategorienkatalog ist auf empirische Einlösung hin angelegt, ohne die Mannigfaltigkeit der tatsächlich sich ereignenden Geschichten deshalb erfassen zu können. Immer müssen Zusatzbedingungen hinzukommen, um einer Geschichte ihren, wie auch immer konstruierten, Realitätscharakter verleihen zu können. Es seien nur die zahlreichen Lebensbereiche genannt, die aus der religiösen, kulturellen, ökonomischen, politischen, gesellschaftlichen oder sonstwie definierten Sphäre hinzukommen müssen, um eine Geschichte darstellbar zu machen.

Weshalb also die transzendentalen Minimalbedingungen überhaupt aufführen? Sie sind geeignet, als Oppositionspaare, Strukturen der Endlichkeit aufzuzeigen, die durch gegenseitige Ausschließung Zeitspannungen evozieren, die sich zwischen den und innerhalb der Handlungseinheiten notwendigerweise einstellen müssen. Geschichten ereignen sich nur deshalb, weil die in ihnen angelegten Möglichkeiten weiter reichen, als sie hinterher eingelöst werden können. Dieser Überschuß von Möglichkeiten muß abgearbeitet werden, um etwas »in der Zeit« verwirklichen zu können. Deshalb bedarf es der Oppositionsbestimmungen, die jene zeitliche Endlichkeit hervortreiben, in deren Horizont sich Spannungen, Konflikte, Brüche, Inkonsistenzen auftun, die situativ immer unlösbar bleiben, aber an deren diachroner Lösung sich alle Handlungseinheiten beteiligen und betätigen müssen, sei es, um weiterzuleben, sei es, um darüber unterzugehen. Freund und Feind, Eltern – Kinder, Generationsabfolgen, Früher oder Später, die Spannungen zwischen Oben und Unten wie die Spannungen zwischen Innen und Außen bzw. Geheimnis und Öffentlichkeit – sie bleiben konstitutiv für Entstehung, Verlauf und Wirksamkeit von Geschichten.

Es handelt sich bisher um eine theoretische Skizze, plakativ gewiß, die die Existentialanalyse von Heidegger in eine Richtung weitertreiben soll, die Heidegger selbst nicht ins Auge gefaßt hat, nämlich die Ermöglichung von Geschichten zu begreifen, während Heidegger selbst sich mit der Kategorie der Geschichtlichkeit begnügt hat. Diese Kategorie hatte gleichsam die Relativitätserfahrung des Historismus auf eine positiv lesbare Dauer gestellt, ohne dadurch die Vielfalt wirklicher Geschichten transzendental begründen zu helfen.

2. *Historik und Hermeneutik*

Eine Kategorie habe ich bei der Skizze einer möglichen Historik bisher mit Bedacht ausgespart, eine Kategorie, die jeder Zuhörer unserer Thematik gerade hier und heute füglich erwartet haben muß: die der Sprachlichkeit. Gadamer hat, von Heidegger ausgehend, ihn aber auch überbietend – nicht zuletzt dank seiner humanistischen und wissenschaftlichen Grandezza –, diese Vorgabe in das Zentrum seiner philosophischen Hermeneutik gerückt. Der traditionelle hermeneutische Zirkel im Verstehensvorgang aller Texte und Reden, indem sich Teil und Ganzes jeweils voraussetzen, um begriffen werden zu können, dieser hermeneutische Zirkel war schon von Dilthey und Heidegger eine Etage tiefer angesiedelt worden. Die menschliche Existenz ist deshalb ein geschichtliches Dasein, weil es immer schon auf Verstehen einer Welt hin angelegt ist, die sprachlich im selben Akt zugleich erfaßt und konstituiert wird. Die Rückbindung jeder Welterfahrung an ihre Weltdeutung ist also gleichursprünglich mit ihrer sprachlichen Ermöglichung und damit wie jede Sprache auch geschichtlich. Hermeneutik ist also allen wissenschaftlichen Ausdifferenzierungen und methodischen Handhabungen zuvor die Lehre existentieller Einbindung in das, was man sprachlich ermöglichte und sprachlich vermittelte Geschichte nennen mag. Es geht Gadamer um geschichtliche Wahrheit und nur subsidiär um Methode. Der Titel *Wahrheit und Methode* hat etwas von produktiver Irreführung an sich. Die Kopula ›und‹ bindet Wahrheit und Methode nicht wie Frau und Mann zusammen. Aber die Methode ist auch nicht Ausmünzung der Wahrheit in Form von Heller und Pfennig. Eher sei der Vergleich erlaubt, daß es sich um eine allgemeine Klimalehre handelt, in der auch ein begrenzter Platzregen seinen Niederschlag findet.

Hermeneutik als Lehre vom Verstehen hat also einen geschichtsontologischen Rang, und Sprachlichkeit ist die ihr innewohnende Vollzugsweise, die sich methodisch nicht vergegenständlichen läßt. Ohne diese Art von vorgegebener Welterfahrungsmöglichkeit ist menschliches Dasein, allen Wissenschaften zuvor, gar nicht denkbar. Damit rückt die Verhältnisbestimmung von Hermeneutik und Historik zweifellos in ein neues Licht.

Was zeichnete den kategorialen Entwurf aus, mit dem die Historik, wie geschildert, die transzendentalen Bedingungen möglicher Geschichten umreißt? Immer handelte es sich um Bestimmungen, die auf vor- und außersprachliche Strukturen zielten. Denn immer handelte es sich bei den allgemeinen Formalbestimmungen von Innen und Außen, Oben und Unten, Früher oder Später und auch bei den konkreteren Formalbestimmungen von Freund und Feind, von Generativität, von Herr und Knecht und von Öffentlichkeit und Geheimnis um kategoriale Bestimmungen, die auf Seinsweisen zielen, die zwar sprachlich vermittelt werden müssen, aber der Sache nach nicht in sprachlicher Vermittlung aufgehen, sondern auch etwas Eigenständiges sind. Es handelt sich also um Kategorien, die auf eine Seinsweise möglicher Geschichten zielen, die so etwas wie Verstehen und Begreifen erst provozieren. Hermeneutik wäre dann gleichsam dazu verurteilt, auf ein Geschehen zu reagieren, was von der Historik theoretisch vorausbestimmt worden ist. Historik verweist dann, vereinfacht gesagt, auf Handlungszusammenhänge, auf Endlichkeitsformationen in einem auch außersprachlichen Bereich – Hermeneutik verweist auf deren Verständnis. Diese Antwort hat zweifellos etwas für sich, aber sie ist zu einfach, um nur wahr zu sein.

Deshalb fragen wir zum Schluß noch einmal nach dem sprachlichen Status der Kategorien, die unsere Beschreibung der transzendentalen Bedingungen möglicher Geschichten verwendet hat. Ein möglicher Einwand der Hermeneutik könnte lauten: Die genannten Oppositionspaare seien doch nur sprachlich faßbar. Dieser Typ von Historik, der hier skizziert wurde, ist nur ein sprachlicher Ausschnitt, ein Aspekt, selbst nur eine mögliche von anderen denkbaren Historiken. Oder es ist eine Historik, die auf jene metahistorischen Bedingungen zielt, die der Mensch auch mit den Tieren teilt. So ist es keine Historik, die sich etwa aus den Kategorien der Arbeit und Arbeitsteilung ableiten läßt, wie bei Marx. Wie es zu dieser oder zu einer andern Historik gekommen ist, läßt sich aber nur im Horizont ihrer sprachlichen Genese hermeneutisch verstehen. Da treiben im Strom des Überlieferungsgeschehens einige Texttrümmer herum, theoretische Versatzstücke, die vor allem aus der Wirkungsgeschichte der politischen Theorie stammen, von Plato bis zu Carl Schmitt, und da steht ein armer Historiker am Ufer dieses Stromes, oder glaubt dort zu stehen, und sammelt sich von den Trümmern heraus, was ihm paßt, um theoretisch neu gerüstet auf dem Strom des Geschehens weiterschwimmen zu können.

Nun gut, aller schiefen Metaphorik zum Trotz ist diese Beschreibung nicht ganz falsch. Im Hinblick auf sprachliche Herkunft, auf die Übernahme von Erbe, im Hinblick auf die Auseinandersetzung mit der vorangegangenen Tradition geschriebener Historiken und wie die Anschlußdefinitionen im Horizont der Kontinuität auch heißen mögen, trifft diese Beschreibung zu. Aber damit ist die hier nur beispielhaft entwickelte Historik noch nicht ihrem Inhalt nach zu einem Unterfall von Hermeneutik geworden: bloß weil die Herkunft der historischen Theorie sprachlich aufweisbar oder etwa weil diese Theorie als eine sprachliche Antwort auf eine vorgegebene Frage begriffen werden kann.

Für die wissenschaftliche Aufgabe einer Historik kommt es darauf an, zu wissen, was sie analytisch leistet, um dem Chaos geschichtlicher Befunde oder historischen Vorwissens eine rationale Ordnung abzugewinnen. Geschichte selber, wenn diese ideologieträchtige Vokabel einmal hingenommen wird, ist unvernünftig – vernünftig ist höchstens deren Analyse. Worauf es also ankommt, scheint wiederum dies zu sein: Thematisiert eine Historik Möglichkeitsstrukturen von Geschichten, auf die eine Verstehenslehre erst reagieren kann? Selbst wenn gezeigt werden mag, auf welchem Wege der Historiker zu seiner Historik gekommen ist, ist noch nichts darüber ausgemacht, ob das Ergebnis auf den vorgedachten Befund hin anwendbar ist oder nicht, oder anders gewendet, ob er Wahrheit sichtbar macht und zugleich methodisch kontrollierbar. Das Medium der sprachlichen Genese entscheidet nicht über den durch die Sprache eruierten Befund. In der Differenz zwischen Sprache und Sachverhalt liegt die Primärerfahrung.

Die Verhältnisbestimmung wird nun zweifellos noch komplizierter, wenn davon ausgegangen wird, daß Hermeneutik und Historik beide auf Sprachlichkeit verwiesen bleiben, um ihren gegenseitigen Status reflektieren zu können.

Gehen wir von zwei starken Thesen aus, die Gadamer immer wieder vertritt und die einleuchten. Erstens sagt Gadamer, daß unsere Welterfahrung zwar sprachlich ermöglicht und vermittelt wird, aber niemals selbst nur ein Sprachvorgang ist oder sich in Sprache erschöpft. Im Gegenteil, es geht bei jeder Versprachlichung um die Sache, die zur Sprache gebracht wird. Insofern verbleibt auch die Sache der Historik im Umkreis der allgemeinen Hermeneutik. Aber Gadamer geht so weit in seiner Auseinandersetzung mit Habermas und Apel, die Uneinholbarkeit, die unerreichbare Sinnvorgabe zu betonen, die Geschichte allem Verstehen aufnötigt und sie aller hermeneutischen Anstrengung überlegen macht. »Das ist nichts anderes als die Freilegung der wahren hermeneutischen Thematik. Ihre eigentliche Legitimation findet sie vollends in der Erfahrung der Geschichte.«[3] Die Überlegenheit dessen, was verstanden werden soll, ist durch keine Auslegung jemals ganz einholbar. Dann wäre die Thematik der Historik gleichsam ein ganz besonderer Fall, an dem sich alle Sprache vergeblich abarbeitet.

Zweitens betont Gadamer, daß auch im methodisch engeren Rahmen der textgebundenen Wissenschaften und ihrer Auslegungen die historische Einstellung zu den Quellen sich stark unterscheidet von den benachbarten Geisteswissenschaften, die ebenfalls textgebunden arbeiten. Innerhalb der textinterpretierenden Wissenschaften hat die historische Wissenschaft einen Rang, der fast die Überbietung aller hermeneutischen Verfahren darstellt. Das sei kurz erläutert.

Juristische, theologische und philologische Verfahrensweisen haben dies gemeinsam, daß dem Text eine genuine, in gewisser Weise nicht hinterfragbare Stellung zukommt.

Die Gesetzesexegese ordnet die jeweilige Fallgeschichte so an, daß ihre Fakten der Gesetzesaussage subsumierbar werden, um einen gerechten Richtspruch daraus hervorgehen zu lassen. Ein juristischer Fall, der dem Gesetz subsumiert wird, wird sprachlich anders gestaltet, als wenn der Fall psychologisch oder sozialhistorisch aufgerollt würde. Die Rückbindung an den Wortlaut des Gesetzes präformiert die Fallgeschichte in entscheidungsträchtiger, applikationserleichternder Weise. Der Gesetzestext hat also eine regulative Funktion in der Ausdeutung der Geschichte, die

3 Hans-Georg Gadamer, Replik, in: *Hermeneutik und Ideologiekritik*, Theorie-Diskussion, Frankfurt am Main 1971, S. 302.

ihm untergeordnet wird. Unter andern Aspekten mag derselbe Fall, der etwa zu einem Schuldspruch führt, psychologisch, moralisch oder ideologiekritisch eine Unschuld aufweisen, die konträr zur Gesetzesauslegung Bestand hat.

Wenn sich die Gesetzesdeutung verschiebt, im Zuge sich ändernder politisch-sozialer Bedingungen, dann eilt also die Textexegese der Geschichte nach. Es muß Faktoren geben, die dem Wandel der Verstehensanalyse und der Applikation vorausliegen. Und wenn durch schöpferische, ändernde Rechtsprechung ein Fall in neues Licht gerückt wird, der bisherigen Gesetzesexegese zuwider, dann ist der produktive, auf die Geschichte reagierende Anteil stärker, als der deutend rezeptive Anteil in der juristischen Hermeneutik bisher sein konnte. Aber die Entscheidung, ob ein Text neu gedeutet oder gar das Gesetz geändert werden muß, weil neue Sachverhalte auftauchen: Dieser produktive Akt gehört primär zur Historik als theoretischem Fundament und nur sekundär zur Hermeneutik. – Es ist nun eine These Gadamers, daß sich die Geschichte über die Köpfe der Menschen hinweg vollzieht. Dem sprachlichen Verstehen, das auf einen vorgegebenen Gesetzestext rekurriert, muß also ein – in anderer Weise auch sprachliches – Begreifen der Geschichte, genauer des historischen Wandels vorausgehen, das sich dann in neuen Gesetzen oder in radikalen Neuauslegungen alter Texte niederschlägt.

Gemessen an juristischen Texten sind die Theologen und die Philologen noch enger zurückgebunden an den Status ihrer Quellen. Der Theologe bleibt auf das Wort Gottes verwiesen, wie es sich im Bibeltext offenbart hat. Und selbst wenn, wie Nietzsche sagte, Gott sein Griechisch nur schlecht gelernt hatte, als er das Neue Testament diktierte, selbst dann bleibt der Text der Offenbarung von potentiell dogmatischer Aussagekraft. Die im Bibeltext behandelte Sache kann zwar historisch relativiert und auf neue Herausforderungen umgestimmt werden, als Offenbarungstext behält die Bibel ihren einmaligen Anspruch, auf den der Gläubige unmittelbar reagieren muß.

Auch der Philologe wird geneigt sein, dem von ihm edierten und kommentierten Text ein Eigengewicht zukommen zu lassen, das um so größer wird, wenn die sprachliche Gestalt die Unverwechselbarkeit und Unüberholbarkeit einer Dichtung gewonnen hat.

Die im Text zur Sprache gebrachte Sache bleibt ihrer sprachlichen Gestalt unterworfen.

Anders der Historiker: Er bedient sich grundsätzlich der Texte nur als Zeugnisse, um aus ihnen eine Wirklichkeit zu eruieren, die hinter den Texten liegt. Er thematisiert also mehr als alle andern Textexegeten einen Sachverhalt, der jedenfalls außertextlich ist, auch wenn er dessen Wirklichkeit nur mit sprachlichen Mitteln konstituiert. Es klingt fast wie eine Ironie. Der Historiker ist im Verbund der Geisteswissenschaften grundsätzlich, nicht in der Forschungspraxis, weniger auf Texte angewiesen als der Jurist, der Theologe oder der Philologe. Seine Texte haben, indem sie durch Fragen in Quellen verwandelt werden, immer nur Hinweischarakter auf jene Geschichte, um deren Erkenntnis es ihm geht.

Die Geschichte einer Periode schreiben, heißt Aussagen treffen, die in dieser Periode nie gemacht werden konnten. Die Geschichte auf ökonomische Bedingungen hin zu entwerfen, heißt Faktorenanalysen versuchen, die aus keiner Quelle unmittelbar ableitbar sind.

Wenn Historik die Bedingungen möglicher Geschichte erfaßt, so verweist sie auf langfristige Verläufe, die in keinem Text als solchem enthalten sind, sondern erst Texte provozieren. Sie verweist auf unlösbare Konflikte, Brüche, Diskontinuitäten, auf elementare Verhaltensweisen, die sich blockieren mögen, die sprachlich zu benennen schon eine Form der Rationalisierung darstellt, gerade wenn die ausgesagten oder angesprochenen Sachverhalte oder auch die sprachlich evozierten Sachverhalte durch und durch unrational sind. Sprachlicher Unsinn läßt sich sprachlich aufdecken. Aber Unsinn, der mit Hilfe von Sprache aus Motiven und Zwängen herrührt, die sich der Sprache entziehen, der kann nur durch einen zusätzlichen Übersetzungsvorgang in den Umkreis rationaler Betrachtung eingeschleust werden. Damit werden die Grenzen der Sinnlosigkeit erreicht, aber nicht überschreitbar.

Lassen Sie mich das an einem Beispiel erläutern. Es gibt einen berüchtigten, mehr oder weniger bekannten Text, Hitlers *Mein Kampf*. Von seiner sprachlichen Aussage her läßt sich diesem Text entnehmen, daß die Vernichtung der Juden eine mögliche Handlungsmaxime kommender Politik war. Worte, beim wortgetreuen Sinn genommen, lassen darüber keinen Zweifel aufkommen, auch wenn der Text eher als ein antisemitisches Pamphlet nicht wirklich ernstgenommen wurde. Zunächst.

Nun, die folgende Geschichte, die nach Auschwitz führte, läßt sich nicht zwangsläufig aus *Mein Kampf* ableiten. Es hätte immer noch anders kommen können. Aber daß es so gekommen ist, wie es gekommen ist, ist keine Frage mehr des Textes und der Textexegese. Die Wirklichkeit, die sich eingestellt hat, indem die Menschen sie produziert haben, im wörtlichen Sinne produziert haben, den fabrikförmigen Massentod, diese Geschichte ist stärker als alle textuelle Ableitung oder textuelle Dokumentation ex post.

Nach Auschwitz ändert sich damit auch der Status von *Mein Kampf*. Was Hitler geschrieben hat, ist durch die Taten unermeßlich überboten worden, und damit gewinnt seine Rede einen neuen Sinn, einen Sinn, der so zuvor noch gar nicht wahrgenommen werden konnte.

Wir müssen also zumindest methodisch unterscheiden, ob ich mein Verstehen auf Texte richte, um deren Sachaussage zu begreifen, oder ob ich etwas erfrage, was ungewollt durch die Texte hindurchspricht und was sich erst hinterher als geschichtliche Wahrheit herausstellt. Kein Quellentext enthält jene Geschichte, die erst mit Hilfe textlicher Quellen konstituiert und zur Sprache gebracht wird.

Wir müssen unterscheiden zwischen der Wirkungsgeschichte, die sich in der Kontinuität textgebundener Tradition und ihrer Exegese zeitigt – und der Wirkungsgeschichte, die zwar sprachlich ermöglicht und sprachlich vermittelt, gleichwohl mehr ist, als Sprache jemals einholen kann. Es gibt geschichtliche Vorgänge, die sich jeder sprachlichen Kompensation oder Ausdeutung entziehen. Dies ist der Bereich, dem sich zumindest theoretisch die Historik zuwendet und der sie auszeichnet, auch wenn sie von der philosophischen Hermeneutik umfangen zu werden scheint.

Geschichte ist also von ihrer Theorie wie von ihrer Methode her mehr als eine philologisch-textgebundene Wissenschaft. Insofern läßt sich Historik von einer textgebundenen Hermeneutik leicht unterscheiden. Aber läßt sie sich auch von einer Hermeneutik abgrenzen, in die jede Historik als eine sprachliche Leistung einrückt? Sicherlich in dem Sinne, daß ihr vorgegebenes Thema, die Geschichte, jedem Verstehen vorausliegt. Wie sagte doch Fichte?

»... und diese ganze Realität als solche ... ist überhaupt nichts mehr, als die Grabstätte des Begriffs, der am Licht sich versuchen wollte«.[4] Es könnte sein, daß auch der Begriff der Geschichte ein solcher ist, der sich an der Wirklichkeit verzehrt. Deshalb bin ich dankbar, daß Herr Gadamer das Schlußwort hat.

4 Johann Gottlieb Fichtes *Nachgelassene Werke*, hg. v. I.H. Fichte, Bonn 1834, Bd. 2, S. 151.

Historik und Sprache
Eine Antwort von Hans-Georg Gadamer

Wenn ich auf die Rede von Reinhart Koselleck antworten soll, so befinde ich mich in einigen Schwierigkeiten. Einmal kann ich die Konzentration kaum aufbringen, in einem Augenblick, in dem ich durch das Viele bewegt bin, das mich die Redner des heutigen Tages glauben machen wollen, und ebenso all die freundlichen Menschen, die auf andere Weise an mich herangetreten sind. Da hat mich jemand einen großen Gelehrten genannt. Mir wurde ganz schwach in den Knien. Was das 19. Jahrhundert mit diesem Begriff so würdig charakterisieren konnte, das steht in unerreichbarer Ferne von uns allen. Selbst bei noch so hohem Selbstgefühl, das den einen oder anderen Forscher auf unserem Gebiete der Humanwissenschaften mit Grund erfüllen mag, ist doch für niemanden von uns eine Chance, sich mit diesem Begriff des großen Gelehrten auch nur zu vergleichen.

Im besonderen bin ich dem Redner gegenüber in die verzweifelt schwierige Situation versetzt, über eine Weiterentwicklung von gemeinsamen Anfängen her nachdenken zu müssen. Nicht umsonst hat Reinhart Koselleck mit Heideggers *Sein und Zeit* eingesetzt, um zu zeigen, wie sich von den Fragestellungen des Historikers aus die Grundstrukturen der Heideggerschen Daseinsanalyse erweitern und modifizieren müssen. Das entspricht in gewissem Sinne meinen eigenen philologisch-ästhetischen Antrieben, aus denen heraus ich Heideggers Anfänge und den von ihm empfangenen Anstoß ins Eigene weiterzuentwickeln versucht habe. Es ist für mich jedoch nicht leicht, ein paar vernünftige Worte zu dem Gedankengang eines Historikers zu sagen. Es geht mir da so, daß ich mich eines berühmten Hegel-Wortes erinnern muß. Er hat von der Zeitung gesagt, sie sei für den Denker der realistische Morgensegen. So etwas wie ein realistischer Morgensegen klang mir auch die mir heute zu meinen Ehren gewidmete Vorlesung von Reinhart Koselleck. Ich weiß mich wahrlich geehrt. Nicht nur, daß es einer meiner Freunde und Schüler ist, der sich in so konsequenter und sicherer Weise über das, was er tut, und über das, wohin es ihn gewiesen hat, Rechenschaft gegeben hat. Mehr noch bedeutet mir, daß er uns diese Rechenschaftsgabe in dieser Form und bei diesem Anlaß vorgelegt hat. Das gilt mir in Wahrheit als eine Bestätigung meines eigenen Bemühens. Wer Hermeneutik wichtig findet, der muß vor allem wissen, daß man zuhören muß und daß man nur einem, der zuhören kann, etwas zu verstehen geben kann. Wir wurden heute zu einem Gespräch eingeladen, und ich wünschte mir, wir könnten dieses Gespräch öfters fortsetzen. Mein eigener hermeneutischer Entwurf ist seiner philosophischen Grundabsicht nach nicht viel anders als der Ausdruck der Überzeugung, daß wir nur im Gespräch an die Sachen herankommen. Nur dann, wenn wir uns der möglichen Gegensicht aussetzen, haben wir Chancen, über die Enge unserer eigenen Voreingenommenheiten hinauszugelangen. Nun kann ich gewiß nicht hoffen, daß mir im Augenblick und in einer solchen Situation die Gegenantwort wirklich gelingt, die Antwort, die kein Gegen ist, sondern wie jedes Wort Antwort ist, das heißt, auf etwas antwortet, von dem man begriffen hat, daß es fragt und daß es Antwort heischend an einen gerichtet ist. Ich kann nicht hoffen, im Augenblick ein solches Gegenwort, das wirkliche Antwort wäre, zu finden. Doch, jeder Versuch einer Antwort, auch wenn er nicht das Gegenwort ist, bringt in das Offene des Fragehorizontes etwas ein, eine Sinnbestimmtheit, die Gemeinsamkeit schafft.

Erlauben Sie mir daher, in der Fortsetzung des unendlichen Dialoges, den man Denken nennt, aus Rede und Gegenrede, Rückblick und Ausblick, Vorwärts und Rückwärts etwas von dem Gemeinsamen zur Sprache zu bringen, das sich uns in solchem Augenblicke darstellt. Als ich mich bereit erklärte, am Schluß dieser mir gewidmeten Feier ein Wort des Dankes zu sagen, erfüllte mich das Bewußtsein, daß wir in einer besonderen Weltstunde leben, in einer gefährdeten Welt und mit einem gefährdeten Zukunftsbewußtsein, wie es alle Menschen heute, und sicherlich am stärksten die jungen Menschen, empfinden müssen. So kommt es, daß man von dem, der das Fach der Philosophie im akademischen Unterricht vertritt und vertreten hat, noch etwas anderes erwartet als nur einen dankerfüllten Rückblick auf den eigenen Erfahrungs- und Denkweg, den Ältere, Gleichaltrige und immer wieder Jüngere begleitet und bereichert haben. Im Grunde wissen wir alle, daß vielleicht die größte Möglichkeit, die das Leben immer wieder an uns heranträgt, die der Theorie ist, des theoretischen Abstandes und der freien Sicht, die von da aus zu gewinnen ist – und daß diese immer an Bedingungen zurückgebunden bleibt, wie sie Herr Koselleck heute so kraftvoll entwickelt hat. Ich meine die mächtigen Realitäten, in denen sich menschliches Zusammenleben abspielt. Richten wir auf diese den Blick, dann kann die ›Freude am Sinn‹, diese allumfassende ›Philologie‹, wie das Ausweichen in eine Traumwelt scheinen. Man braucht nur daran zu denken, daß die geistige Welt, in der ein Mensch sich seiner eigensten Bestimmung nach zu bewegen sucht, mit einer so ungeheuren Tatsache zusammengeht, wie der, daß die menschliche Species den Krieg erfunden hat, etwas, was in der Natur unter Angehörigen derselben Art bei Lebewesen höherer Organisationsstufe sonst nicht vorkommt. Schon dieser allererste Einsatz in der Rede von Herrn Koselleck hat mich in Gedanken verstrickt, die auch ich oft darüber gesponnen habe. Ich bin mir dessen voll bewußt, daß der Blick des Verstehenden jeder Sinnspur nachschaut und immer nach Sinn Ausschau hält, der ihm in der Unvernunft des Geschehens und der Geschichte so etwas wie Horizonte des Erwartens, des Hoffens, des Wagens und des Nichtverzagens immer wieder sich öffnen läßt. Vielleicht muß man sagen, daß dies die größte menschliche Kraft ist, angesichts aller Herausforderungen, die die Wirklichkeit durch Unsinn, Wahnsinn und bestürzende Sinnlosigkeit uns zumutet, standzuhalten und im Suchen nach Verstehbarem und nach Sinn unermüdlich zu bleiben.

Ich kann kaum hoffen, mich heute über die Grundlagen dieser Wahrheit in Kürze deutlich ausdrücken zu können. Wenn ich die Eigentümlichkeit des Menschseins mit aristotelischen Mitteln zu formulieren suche – und er ist schließlich der Meister derer, welche wissen –, so heißt das, darüber nachdenken, was es bedeutet, daß der Mensch die Sprache hat. Gewiß ist es wahr, daß die Sprache in gewissem Sinne gegenüber den eigentlich bestimmenden Faktoren des menschlichen Sich-Befindens und Verhaltens fast mehr eine Art von umfassender Nachholung ist. Und doch hat Aristoteles recht, wenn er den Menschen gegenüber den Tieren dadurch auszeichnet, daß der Mensch die Sprache hat, das heißt, nicht nur sich den instinktgegebenen Zielen oder den drohenden Gefahren gegenüber durch Zeichen kommunikativ austauscht, wie es etwa die Vögel durch ihren Warnruf oder Lockruf tun oder wie all die anderen Austauschformen sind, in denen Tiere durch Zeichengabe miteinander umgehen. Der Mensch dagegen ist aus dem Gefüge der natürlichen Anlagen und Fähigkeiten so herausgedreht, daß in dieser Freiheit zugleich die Verantwortung für sich und die Seinen, für sich und uns alle, eingelagert ist. Das ist es, was in unsere eigentümliche Sonderstellung innerhalb des Gesamten der lebendigen Natur eingeboren ist: Wir folgen zwar wie die anderen Naturwesen Zwängen, Drängen, Dispositionen wie getrieben – und dennoch ist da ein Spielraum von Möglichkeiten, der uns bleibt, ein Spielraum anderer Art, der für uns geöffnet ist. Es ist der Raum der dahingestellten Möglichkeiten, der Plausibilitäten, die nicht nur im Spielraum des Offengelassenen stehen, mit dem der Gedanke spielt, sondern in dem auch die Entscheidungen stehen, in denen sich der beständige Kampf um Herrschaft und Unterliegen abspielt, der Spielraum menschlicher Geschichte. So steht denn auch die berühmte Definition des Menschen, die man auf lateinisch kennt, ein ›animal rationale‹ zu sein, in der Schrift des Aristoteles über die Politik. Was der griechische Text uns in Wahrheit lehrt, ist, daß es sich hier nicht so sehr um die Vernunft handelt als um die Sprache. Sie ist nicht nur Zeichenaustausch wie der Lockruf und Warnruf der Tiere. Ihre Auszeichnung ist vielmehr, Sachverhalte vorzustellen – sich selbst und dem anderen. Schon das Wort ›Sachverhalt‹ hat etwas sehr Eigentümliches. Es ist etwas Selbstloses darin, wenn wir der Sache ihr eigenes Verhalten zubilligen und uns diesem Verhalten in unserem Verhalten beugen. Das ist etwas von dem, was wir mit Recht Vernunft nennen und was sich in unserem rationellen Handeln auslebt. Es stellt sich in dem Wunder von Distanz dar, das wir in Sprache vermögen: etwas dahingestellt sein zu lassen. Die Hermeneutik, wenn ich in den bescheidenen Grenzen, in denen ich mich mitverantwortlich fühlen muß, dies erwähnen darf, ist die Ausarbeitung dieses ebenso wunderbaren wie gefährlichen Könnens. Daß man etwas dahingestellt sein lassen kann, es in seinen Gewichten wägen und in seinen Möglichkeiten immer wieder aufs neue in den Blick nehmen kann, ist mehr als nur eine der zweckvoll natürlichen Ausstattungen eines Lebewesens. Aristoteles fährt, wenn er seinen Satz gesagt hat, fort: denn der

Mensch hat eben durch diese Fähigkeit des ›Logos‹ Sinn für das, was zuträglich und was abträglich ist. Das heißt, er hat Sinn für etwas, was im Augenblick vielleicht nicht verlockend ist, aber für später etwas verspricht. Er hat also die eigentümliche Freiheit, sich auf Ziele in der Ferne hin zu entwerfen und die rechten beiträglichen Mittel zur Erreichung des Zieles zu suchen. Das ist eine wunderbare, gegenüber der Weisheit und festen Bestimmtheit der Naturzwänge gefährliche Fähigkeit, sich in die Zukunft voraus zu entwerfen. Der Mensch hat den Sinn für Zeit. Dazu gehört nun (wie mit innerer Folgerichtigkeit Aristoteles zu verstehen gibt) der Sinn für das Rechte und für das Unrechte. Etwas von dieser Folgerung erfahren wir immer wieder an der bedenklichen Freiheit des Verstehenkönnens und Verstehenwollens. Immer stößt man an Realitäten und am meisten an die Realität des anderen Menschen. ›Recht‹ ist im Grunde die große von den Menschen geschaffene Ordnung, die uns Grenzen setzt, uns aber auch erlaubt, Nichtübereinstimmung zu überwinden, und, wenn wir einander nicht verstehen, einander mißverstehen oder gar mißhandeln, immer wieder alles neu zu ordnen und in ein Gemeinsames einzufügen. All das ›machen‹ wir nicht – all das geschieht mit uns. So wird es wohl so sein, wie der gerade und nüchterne Blick des Historikers es uns denkend vor Augen gestellt hat, daß wir der Geschichte nie Herr sind. Wir kennen nur Geschichten, und um Geschichten möglich zu machen, sind wir schon immer in all die unerbittlich scharfen Grundgegensätze eingelassen, die der Historiker aufgezeigt hat, diese Gegensätze von Freund und Feind, von Geheim und Öffentlich und all die anderen Grundkategorien, deren Polarität zu jeder ›Geschichte‹ gehört. So hängt beides aneinander und macht die Auszeichnung des Menschen aus, Sprache zu haben und Geschichte zu haben. Es ist daher ganz legitim, wenn ein Historiker *Sein und Zeit* auf seinen anthropologischen Aussagegehalt hin liest und wenn er die Kategorien der Geschichtlichkeit in solcher Weise entfaltet, wie Koselleck es hier tut. Aber es bleiben dann Kategorien, Grundbegriffe einer Gegenstandswelt und ihrer Erkenntnis. Sie unterscheiden sich, scheint mir, grundsätzlich von den Heideggerschen Begriffen, die die Geschichtlichkeit des Daseins und nicht die Grundstrukturen der Geschichte und ihrer Erkenntnis herauszuarbeiten suchen. Gewiß kann auch die von Heidegger vorgelegte Analytik des Daseins wieder ihrerseits vom Historiker in geschichtlichem Abstand als eine geschichtliche oder mindestens als eine zeitgeschichtliche Erscheinung verstanden werden. Geschichte ist ein ›Universale‹. Kosellecks ›Historik‹ bietet eine Kategorienlehre dieses Universums, die ein riesiges Gegenstandsfeld menschlicher Erkenntnis artikuliert – eine Legitimierung des Interesses an dieser Gegenstandswelt der Geschichte und der Geschichten will diese Kategorienlehre nicht geben. Und doch liegt in aller historischen Erkenntnis ›Verstehen‹.

Droysens *Historik* spricht das entschlossen aus und ist insofern eine ›Hermeneutik‹. Das heißt nicht, daß Droysen nur an die Sprache und die sprachlichen Zeugnisse denkt, wenn er als die Aufgabe des Historikers definiert: ›forschend verstehen‹. So hatte Schleiermacher, als Theologe und Exeget, die Aufgabe der Hermeneutik gesehen und Dilthey ausdrücklich ›schriftlich erhaltene Lebensäußerungen‹ als ihren Gegenstand bezeichnet. In solchem Sinne von Hermeneutik umfaßt gewiß auch die Historik ihrerseits all unser sprachliches Tun, sofern sie Zeit- und Umwelt-Bezüge in sprachlich gefaßten Aussagen ihrerseits auszumachen weiß, etwa am Wandel des Sprachgebrauchs und vor allem der Begrifflichkeit einer Zeit. Die philosophische Hermeneutik schließt sich aber nicht an die Tradition der Hermeneutik an, sondern geht auf ihren lebensweltlichen Grund. Sie hat die Aufgabe des Verstehens, die der historische Forscher, gewiß mit manchem anderen, als die seinige verfolgt, nicht einfach in größere Weite und Allgemeinheit gerückt, wenn sie mit Heidegger einer ›Hermeneutik der Faktizität‹, der Selbstauslegung des Daseins, folgt und deshalb die Sprachlichkeit in die Mitte stellt. Sie umfaßt nicht nur alle Arten von Texten, auch juristische und religiöse zum Beispiel und insofern auch den Text einer Historik, als diese sich sprachlich formuliert. Die Sprachlichkeit, die die Hermeneutik in die Mitte stellt, ist nicht nur die der Texte. Sie meint gerade auch die fundamentale Seinsbedingung allen menschlichen Handelns und Schaffens, wie Aristoteles sie in seiner Abhebung des ζῷον λόγον ἔχον von allen anderen Lebewesen machtvoll geltend gemacht hat. Die historischen Kategorien, Freund und Feind, Eltern und Kinder, Generationsabfolgen, Früher oder Später, die Spannungen zwischen Oben und Unten wie die Spannungen zwischen Innen und Außen bzw. Geheimnis und Öffentlichkeit, sind in gewissem Umfange auch bei Tiergesellschaften anzutreffen. Die Verhaltensforschung kann uns insofern auch über den Menschen viel lehren, weil die Tiergesellschaften so ähnlich sind und – so anders. Aber auf dies Anders-Sein des Gleichen kommt es an. Der Kampf von Oben und Unten, von Herrschaft und Unterwerfung, zeigt unter Menschen nun andere, eigene Strukturen. Es ist keine zusätzliche Gabe, die auch wegfallen kann, was sich dergestalt in der Sprachlichkeit des Menschen kundtut und diese Formen zu menschlichen macht. Vielmehr bedeutet es ein grundsätzlich anderes Verhältnis zu Zeit und Zukunft – und zum Tode. So scheint Krieg eine spezifisch menschliche Erfindung, und Selbstmord auch, und die Formen des Unterscheidens von Öffentlichkeit und geheim. Vor allem aber sind es Geschichten, welcher Art immer – erzählte, erzählbare. Das prägt alle unsere Geschichten und läßt sie zu Geschichten werden, daß wir sie erzählen, diese zahllosen Geschichten, und immer wieder erzählen. – Gewiß gibt es den Unterschied zwischen Geschichten, die man als Erzähler erzählt und die wahr sind, ohne wahr zu sein, und den durch historiographische Darstellung überlieferten und in kritischer Forschung rekonstruierten Geschichten, aus denen sich ›die Geschichte‹ immer neu zusammenlegt und umschreibt. Der Text der Geschichte ist nie fertig abgeschlossen und nie auch nur festgeschrieben. Daß wir im heutigen Sprachmodus vom Festschreiben sprechen, klingt wie ein ohnmächtiger Protest des Sprachgeistes gegen den wechselvollen Strom des Erzählens. Ich sehe schon, warum im Zeitalter der neuzeitlichen Wissenschaft die Historie sich für philosophischer – das heißt bei Aristoteles nichts anderes als erkenntnishaltiger, mehr wissenschaftlich – hält als die Poesie. Sie liefert sich dem Rätsel der Kontingenz ganz aus und vergeht an ihm. Die Faktizität des Faktums, das der Historiker feststellt, würde es an Gewicht nie mit der Faktizität aufnehmen können, die jeder von uns, der solche Feststellung trifft oder zur Kenntnis nimmt, als die seine weiß und die wir alle zusammen als die unsere wissen.

Gewiß, der Historiker erzählt nicht nur Geschichten. Sie sollen so gewesen sein. Aber da gilt es zu fragen: Was gehen uns all diese seine Geschichten an? Warum all die Mühe des Bewahrens und Erforschens? Gewiß nicht, um sich zur Beherrschung menschlicher

Geschicke aufzuschwingen, so wie die Naturforschung eine Beherrschung von Naturvorgängen ermöglicht oder zu ihrer Nutzung für menschliche Zwecke unterwegs ist. Auch nicht, um aus der Geschichte zu lernen, so daß wir klüger werden. Jacob Burckhardt hatte recht, nicht um klüger zu werden, kann uns die Geschichte und die geschichtliche Erkenntnis helfen, sondern um weise zu werden für immer. Warum fesseln uns die Geschichten? Darauf gibt es nur die ›hermeneutische‹ Antwort: Weil wir uns im Andern, im Andern der Menschen, im Andern des Geschehens wiedererkennen. Das gilt auch für die Kategorienpaare, die Koselleck überzeugend gezeigt hat.

Wiedererkennung setzt Distanz voraus. Wiedererkennung hebt aber zugleich Distanz auf. Die Wiedererkennung, die auch mit all diesen geschichtlichen Kategorien durchsetzt und beschrieben werden kann, erschöpft sich aber nicht in der befriedigten Klassifikation von Begebenheiten anderer Zeiten und fremder Welten. Sie ist Wiedererkennung unserer selbst und geht damit beständig in die Fragebewegung ein, die uns als Menschen aufgenötigt ist. Es ist die alte sokratische Frage nach dem Guten. Das sollte die Erinnerung an die aristotelische Auszeichnung der Sprache leisten. Nicht, weil alles Sprache ist. Sprache spricht nicht von *sich*, sondern von dem, was ist oder vermeintlich ist. Aber weil Sprache ins Offene, Ganze und Weite von Zeit und Zukunft, von offener Wahl und offener Frage weist, zeichnet sich der weite Horizont des ›Da‹ von Menschenwelten ab. Deshalb hören wir dem zu, der Geschichten erzählt. Selbst wenn wir nicht einfach Geschichten anhören, sondern nach ihrer geschichtlichen Wahrheit fragen, bleibt es das Interesse an der Wiedererkennung dessen, was menschenmöglich ist, und dem, was wirklich geschah. Die antike Welt hat schon etwas Richtiges gesehen, wenn sie die Historiographie, auch angesichts ihres Meisters an Kritik, des Thukydides, nicht mit den Mathemata der ›Mathematiker‹ zusammensah, sondern mit der Poesie der Poeten, wenngleich sie diese an Wiedererkennungsmacht nicht erreicht. Auch mit unseren Geschichten bauen wir mit, wie mit jeder unserer Entscheidungen des praktischen Lebens, an der Gemeinsamkeit dessen, was uns Sinn bedeutet, was uns das Gute, das Bessere, das Rechte scheint. Mit diesen großen, schönen Worten fühle ich mich fast als Erben seiner kaum noch erhaltenen

Erbschaft und meine doch, daß wir alle in voller Bewußtheit angesichts der sich immer mehr verschärfenden Spannungen und der steigenden Unordnung, des Mißhandelns und des Fehlhandelns, unseren verstehenden Blick auf das uns allen Gemeinsame richten sollten, das wir im anderen besser erkennen als in uns selbst, und daß wir nicht aufgeben sollten, die harten Realitäten der Geschichte immer wieder in unsere humanen Möglichkeiten einzugestalten.

II.
Verschränkung und Wandel der drei Zeitdimensionen

Die Verzeitlichung der Utopie

Der Streit um die Frage, was eine Utopie sei, ist im letzten Jahrzehnt erneut entfacht worden. Gattungsgeschichtliche Definitionen und begriffshistorische Erklärungsversuche kommen dabei kaum zur Deckung. Hinzu treten philosophische Deutungen, die der Utopie eine anthropologische Funktion zuweisen, und sozialgeschichtliche Exegesen, die diese Funktionen historisieren und ideologisieren. All diese Fragen werden im folgenden nur am Rande gestreift.

Das Wortfeld ›Utopie‹ ist jedenfalls vieldeutig. Trotz seiner positiven Aufwertung durch Ernst Bloch fällt auf, daß ein Verfasser von Utopien sich ungern ›Utopist‹ nennt und daß der Ausdruck, trotz der Genealogie seit Thomas Morus, selten im Titel literarischer Utopien erscheint. Ein guter Autor von guten Utopien will offenbar so wenig ein Utopist sein, wie Machiavelli kein Machiavellist war oder Marx kein Marxist sein wollte. Das gilt auch für die beiden Autoren, an denen ich meine Fragestellung entwickeln möchte. Keiner schrieb eine sogenannte Utopie, und doch handelt es sich gattungsgeschichtlich um solche. Der eine ist Louis-Sébastien Mercier. Er verfaßte 1770 einen Traum, wie er sein Produkt nannte, unter dem Obertitel: *Das Jahr 2440*.[1] Er schrieb einen Zukunftsroman, wie wir heute sagen, und zwar wohl den ersten der Weltliteratur.

Unser zweiter Zeuge ist Carl Schmitt, der Staatsrechtler. Er schrieb 1918 *Die Buribunken* und nannte den Aufsatz einen *geschichtsphilosophischen Versuch*.[2] Gattungsgeschichtlich handelt es sich um eine Satire, sie war im parodistischen Gewand so witzig wie ernst gemeint, während Mercier seinen Zukunftsentwurf im naiven Sinne bitter ernst genommen hatte.

Mein Thema ist der Einbruch der Zukunft in die Utopie, oder an-

1 L.-S. Mercier, *L'An Deux Mille Quatre Cent Quarante. Rêve s'il en fut jamais*, hg. v. R. Trousson, Bordeaux 1971.

2 C. Schmitt, *Die Buribunken, ein geschichtsphilosophischer Versuch*, in: SUMMA 1 (1917/18), H. 4 (1918), S. 89-106. In der Bibliothek der Columbia University NY befindet sich ein Exemplar aus dem ehemaligen Besitz von Ernst Bloch.

ders gewendet: die Einverwandlung der Utopie in die Geschichtsphilosophie, die es im strengen Wortsinn erst seit der zweiten Hälfte des 18. Jahrhunderts gibt – kurz: die Verzeitlichung der Utopie.

1770, als Merciers Roman erstmals erschien, ist ein symbolisches Jahr. Mit ihm begann das Jahrzehnt, in dem sich die Weltlage tiefgreifend zu ändern anfing. Im Osten begannen die Großmächte, Polen aufzuteilen; jenseits des Atlantik erhoben sich die amerikanischen Kolonien; und in Frankreich veränderte sich der Aggregatzustand der Aufklärung. Es ist die Zeit, in der die Stimme der Philosophen ihre Macht verloren hatte, wie Mercier provokativ im Widmungsschreiben seines Buches feststellte: Genug der Projekte, genug der Kritik – redet nicht mehr, handelt!, so lautete die versteckte Nachricht.[3]

Mercier selber war Schriftsteller, Vielschreiber, »le premier livrier de la France«, wie er sich nannte[4], einfallsreich, agil und nicht ohne Erfolg. Sein *Jahr 2440* wurde zum Bestseller, dessen Umfang er in den folgenden Auflagen vervierfacht hatte, angereichert um rückdatierte Prognosen, etwa über die Luftfahrt, um als Ex-Post-Prophet aktuell zu bleiben. Seine Wirkungsgeschichte, vervielfältigt durch Übersetzungen und Nachahmungen, bis hin zur Etablierung einer neuen Gattung ist gar nicht zu unterschätzen. Und doch bleibt er ein Intellektueller im zweiten Glied. Als Affe Rousseaus oder Karikatur Diderots diffamiert[5], versuchte er lange vergeblich an den Pensionstopf eines aristokratischen Mäzens zu gelangen. Die Stillage seiner moralischen Entrüstung über das verrottete Ancien régime war entsprechend hochgestochen, und er hat sicherlich die schärfste und blutigste Revolutionsprognose, in einer Anmerkung zu *L'An 2440*, gestellt, die jemals vor 1789 formuliert wurde.[6] – Aber 1788, als er endlich im Besitz einer Rente war, die ihm Marie Antoinette gewährte[7], dämpfte er seine Voraussage. Unruhen könnten nicht mehr in einen Aufstand ausarten, das sei moralisch unmöglich geworden. Die Polizei sei sehr sorgsam, zu-

3 L.-S. Mercier, *L'An 2440* (Anm. 1), S. 78.

4 Zit. nach R. Trousson, Introduction (Anm. 1), S. 8.

5 Ebd.

6 L.-S. Mercier, *L'An 2440*, S. 330.

7 Vgl. I. Nagel, *Der Intellektuelle als Lump und Märtyrer. Ein Lebenslauf zwischen Ancien régime und Revolution*, in: Akzente, 1981, H. 1, S. 3-22, S. 9.

dem günstig kaserniert, die Zuneigung zum Hof weit verbreitet. Eine ironische Lesart verbietet sich durch das vorangegangene Bekenntnis zur monarchischen Verfassung, da die große Masse des unaufgeklärten Volkes demokratische Regelungen ausschließe.[8]

Zweifellos lebte auch Mercier mit dem ambivalenten Gewissen all der Aufklärer, die, zwischen Krone und Volk lavierend und argumentierend, ihre moralischen Kompensationsleistungen verschieden dosieren mußten. Ivan Nagel fand für Mercier den bitteren Titel des »Intellektuelle[n] als Lump und Märtyrer«. Aber schauen wir auf sein Werk, das für sich selbst spricht.

Der gattungsgeschichtliche Wendepunkt, den getroffen zu haben die eigentliche intellektuelle Leistung Merciers darstellt, läßt sich präzise beschreiben. Mercier zeigt uns Paris, wie er es im Jahr 2440 traumhaft erlebt hatte. Es ist eine präzise Zukunftsutopie.

Nun lassen sich freilich auch die Nirgendwos, die räumlichen Gegenwelten der überkommenen Utopien als potentielle Zukunftsvisionen lesen. Sie enthalten ja immer irgendwelche Irrealitäten, deren kritische Kontrastprogramme die eigene Welt zu verändern, zu reformieren oder zu revolutionieren aufrufen mögen. Aber der Erfahrungsraum der bis dahin überkommenen Utopien war primär räumlich, und so ihre Darstellungsart. Irgendein Reisender wurde an fremde, transeuropäische Ufer verschlagen und entdeckte dort irgendwelche Idealstaaten oder vorstaatliche Gesellschaften verschiedenster Größenordnungen. Der Entdecker kommt nach Hause und berichtet, wie schön geordnet und wohlgefällig die Gegenwelt sei. Daraus mag dann eine irreale oder gar potentielle Zukunft der eigenen Welt abgeleitet werden. Aber was fehlt, ist grundsätzlich die zeitliche Zukunftsdimension als Medium der Utopie, während es vergangenheitsbezogene Utopien schon in größerer Zahl gab.

Das änderte sich seit Mercier, und man darf hinzufügen, nicht zufällig. Im Erscheinungsjahr seiner Utopie, 1770, umschiffte Cook gerade noch die Ostküste Australiens, die Entdeckungsreisen der Europäer hatten im 18. Jahrhundert nicht mehr viel zu erkunden übriggelassen. Die Endlichkeit der Kugeloberfläche unseres Globus ließ kaum noch einen Küstenstreifen zwischen Land und Meer unerforscht. Der Mensch hatte sich, wie Rousseau da-

8 L.-S. Mercier, *Tableau de Paris* VI 15; zit. nach R. Trousson (Anm. 1), S. 51.

mals sagte, polypengleich mit allen Fasern seines Körpers über den Globus ausgedehnt.[9] Deshalb waren die Autoren des Nirgendwo schon seit geraumer Zeit auf den Mond und auf die Sterne ausgewichen oder unter die Erdoberfläche gekrochen. Die räumlichen Angebote, die Utopie auf der einmal erkannten Endlichkeit unserer Erdoberfläche anzusiedeln, waren erschöpft. Die utopischen Räume waren von der Erfahrung eingeholt worden. Die beste Lösung, diesem angewachsenen Erfahrungsdruck zu entrinnen, war einfach, aber sie mußte gefunden werden. Wenn die Utopie nicht mehr auf unserer gegenwärtigen Erde und auch nicht im Jenseits zu finden oder zu errichten ist, so mußte in die Zukunft ausgewichen werden. Nun endlich hatte man den Entlastungsraum, in den die Phantasie, wie die Zeit unendlich reproduzierbar, einströmen konnte. Mit Mercier hatte sich der Zukunftsroman etabliert. Damit freilich veränderte sich der Status der Utopie. Zwei grundlegende Veränderungen seien genannt, auch wenn gattungshistorisch gesehen die Utopie von Mercier noch zahlreiche Traditionselemente enthielt.

Die erste Veränderung betrifft die Funktion des Autors. Die Rolle des Autors einer utopischen Fiktion ändert sich, scheinbar unterschwellig, aber doch entscheidend. Er entdeckt nicht mehr, was er antrifft und vorfindet bzw. vorzufinden vorgibt. Sondern der Autor einer Zukunftsvision wird in einem authentischen Sinne selber zum Produzenten seiner Utopie. Was an Erfahrungsgehalt in einer räumlichen Gegenwelt enthalten war, das konnte bisher, wenn auch im Medium der Fiktion, beobachtet, registriert werden – von jemandem, der weit gereist war, der seine fingierten Entdeckungen zu Hause als Realität vorführen durfte. Seine Glaubwürdigkeit wuchs gleichsam mit der räumlichen Distanz, die nicht leicht überbrückbar war. Aber die Fiktion selber lebte von der Fiktion ihrer potentiellen Überprüfbarkeit des im Raume Vorgefundenen und Beobachtbaren.

Anders die Zukunftsutopie: Die Zukunft läßt sich nicht beobachten, nicht überprüfen, sie läßt sich, als Zukunft, nicht durch Erfahrung einholen. Die Zukunftsutopie ist deshalb im Repertoire der Fiktionsbildung eine genuine, eine reine Bewußtseinsleistung des Autors. Selbst der fingierte Rückhalt der räumlichen Kontrolle

9 Vgl. R. Koselleck, *Kritik und Krise*, Frankfurt am Main [2]1976, S. 231.

entfällt. Dadurch unterscheidet sich der fiktionale Status einer zeitlichen von einer räumlichen Utopie. Die Realitätssignale seiner Fiktion liegen nicht mehr im heute vorfindlichen Raum, sondern allein im Bewußtsein des Autors. Er selbst und sonst niemand ist der Urheber der Utopie, die zur Uchronie wird. Die Wirklichkeit der Zukunft existiert nur als Produkt des Schriftstellers, der kontrollierbare Boden der Gegenwart wird verlassen.

Das Paris des Jahres 2440 kommt dieser solipsistischen Zwangsstilisierung des Autors Mercier entgegen. Dann nämlich ist jeder Bürger ein Schriftsteller und umgekehrt. Hierin liegt das sozialgeschichtliche Futter, aus dem sich die Vision speist. 1787 schrieb Mercier in der erweiterten Edition, in einer Anmerkung zur gegenwärtigen Lage, daß Krone und Bürgerfreiheiten sich die Waage hielten. Die fehlenden Generalstände und ihre Aufgaben seien längst abgelöst oder übernommen worden von jener großen Menge der Bürger, die reden und schreiben, und die redend und schreibend jeden Despotismus verhindern.[10] Im Jahre 2440 ist dies zur Regel geworden. Jeder Bürger ist Autor. Da die Religion durch die Moral ersetzt sein wird, gibt es auch nicht mehr die beiden überholten Testamente. An ihre Stelle treten jene Testamente, die die schreibenden Bürger gegen Ende ihres Lebens der lesenden Nachwelt hinterlassen, um die Akkumulation der vollbrachten moralischen Leistungen als Vermächtnis sicherzustellen. Dieses Buch ist die Seele des Verstorbenen.[11] So wird das Paris des Jahres 2440 zum Paradies der Schriftsteller. Jeder Autor ist schon kraft seiner Autorenschaft Urheber von Autorität. Fürwahr, eine kompensatorische Utopie jener aufgeklärten Literaten, die sich vor 1789 nur im Vorhof einer Macht wußten, die es längst nicht mehr gab.

Der Bürger als Schriftsteller und der Schriftsteller als Bürger: Dies ist auch die anthropologische Grundfigur der kommenden Menschheit, die Mercier aus einer soziologisch eindeutig festzulegenden Perspektive in die Zukunft hochgerechnet hat. Damit komme ich zum zweiten Merkmal, das die räumlichen Gegenwelten von der Zukunftsutopie unterscheidet.

Jede Zukunftsutopie muß zeitliche Kontinuitäten unterstellen,

10 Zit. bei R. Trousson, Introduction (Anm. 1), S. 51.
11 L.-S. Mercier, *L'An 2440*, Kap. XI.

gleich ob sie offen thematisiert werden oder nicht. Die schlichte Antithese einer räumlichen Gegenwelt, bisher mit dem Schiff zu erreichen, muß also zeitlich vermittelt werden. Der Schluß von heute auf morgen, aus der Gegenwart in die Zukunft, verlangt andere Glaubwürdigkeitskriterien als der große Sprung über das Wasser. So unterstellt Mercier die Sukzession der Generationen, es ist das alte Paris, das er mit dem neuen konfrontiert. Es sind die alten Straßen, nur sind sie breiter und schöner und sauberer. Darauf fahren die alten Kutschen, nur sind ihre Insassen andere Leute: keine Aristokraten mehr, sondern Alte und Gebrechliche, Arme oder verdienstvolle Bürger fahren jetzt, und sie fahren vorsichtig, um ihre Mitbürger nicht zu beschmutzen, zu belästigen oder gar aristokratisch zu überfahren.[12] Die gesamte Utopie der Zukunft zehrt also von Anschlußstellen in der nicht nur fiktiv, sondern empirisch einlösbaren Gegenwart.

Was die Zukunft bietet, ist in einem Satz die Kompensation des gegenwärtigen Elends, sozial, politisch, moralisch, literarisch, was immer das empfindsame Herz oder die aufgeklärte Vernunft begehren mögen. Anders gewendet: Die fingierte Perfektion der ehedem räumlichen Gegenwelt wird verzeitlicht. Damit rückt die Utopie unmittelbar ein in die Programmatik der aufgeklärten Philosophen.

Literarisch gesehen ist es nur eine Nuance, die die Utopie Merciers von den üblichen Projekten, Hoffnungen und Absichten der Societés de Pensée unterscheidet. Mercier zeigt nicht, wie das kommende Paris sein soll, sondern wie es sein wird. Die Wünschbarkeiten werden als Ist-Aussagen präsentiert.

Es herrscht die konstitutionelle Monarchie, die Stände sind durch eine Leistungselite abgelöst worden. Die Klöster sind aufgehoben, aber die nunmehr verheirateten Mönche unterziehen sich in asketischer Tradition besonders gefährlichen Aufgaben zugunsten der Menschheit. Die Bastille ist zerstört, der Monarch hat Versailles verlassen und ist Mensch geworden wie seinesgleichen. Mercier zieht also 1770 einen rational denkbaren, aber praktisch noch nicht erreichbaren Planungshorizont aus. Der Schluß vom schlechten Heute auf das bessere Morgen ist das Muster, nach dem diese Utopie gestrickt ist. Planung und Optimierung verbinden die

12 Ebd., Kap. v.

Gegenwart mit der Zukunft. Insoweit ist Merciers *L'An 2440* weit eher den Fortschrittsphilosophemen zuzuordnen als den räumlichen Gegenwelten. Sein Roman war eben moderner als die zahlreichen Utopien herkömmlicher Art, die besonders nach 1750 aus den Federn flossen.

Das sei kurz erläutert.[13] Bis in das 18. Jahrhundert hinein bot die Perfectio-Lehre ein hierarchisches Zuordnungsmodell, das grundsätzlich statisch und räumlich gedacht wurde. Eine irdische, relative Vollkommenheit anzustreben war gleichsam zeitloses Gebot. Ob Utopie oder politische Theorie oder Moralphilosophie oder Theologie: in dieser Hinsicht erfüllten sie vergleichbare Aufgaben. Das Perfectio-Ideal wurde nun, unbeschadet der Utopiegeschichte, im Laufe der frühen Neuzeit verzeitlicht. St. Pierre und Turgot sprechen deshalb vom ›Perfectionnement‹, vom geschichtlichen Weg zur irdischen Perfektion. Das Ziel wird gleichsam in den Weg hineingenommen, der zurückgelegt werden muß, um die Perfectio zu erreichen. Rousseau überbietet sie mit der Neuprägung ›Perfectibilité‹. Mit der Perfektibilität, mit der Vervollkommnungsfähigkeit, wird das Ziel vollends verzeitlicht, ohne Endpunkt in den handelnden Menschen selbst hineingeholt. Die Zielsetzung wird iterativ. Die Perfektibilität ist ein Schlüsselwort der neuen Zeit. Die statischen, quasi räumlichen Vorgaben der Perfectio-Idealc werden verzeitlicht. Dabei bleibt es für Rousseau bekanntlich offen, ob das Voranschreiten zum Besseren führen müsse. Vielmehr birgt der Prozeß der Zivilisation und der Eigentumsbildung, der Herrschaftsformationen, zunehmender Arbeitsteilung und gesteigerter Produktion alle Gefahren in sich, daß der Mensch darüber korrumpiert wird, moralisch degeneriert. Die Perfektibilität ist deshalb für Rousseau ein dialektischer Begriff, die Chancen steigender Gefahren und wachsender Gewinne zugleich in sich bergend. Insofern ist er fortschrittsneutral, thematisiert aber die Verzeitlichung aller gesellschaftlichen Zielsetzungen schlechthin.

Mercier, ein Jünger Rousseaus, hat diesen optimistisch umgedeutet. Nach 1789 edierte er Rousseau und stilisierte ihn, der Verfassungsgeschichte sich anpassend, konstitutionell. Ihn jakobi-

13 Zum folgenden siehe den Art. »Fortschritt«, in: *Geschichtliche Grundbegriffe*, hg. v. O. Brunner u.a., Bd. 2, Stuttgart 1975, S. 375-378.

nisch ernstzunehmen hatte Mercier keine Gelegenheit mehr, weil er dann als Konventmitglied bereits im Gefängnis saß, knapp der Guillotine entronnen. Mercier feierte also Rousseau als einen der ›ersten Autoren der Revolution‹, wie der Titel lautet.[14] Dabei mag es offenbleiben, ob er den Schriftsteller oder den Urheber der Revolution gemeint hat. Der Sinn ist in beidem enthalten, weil die Konvergenz von Schreiber und Autoritätsstifter die anthropologische Grundfigur ist, von der aus Mercier seine Utopie in die politische Praxis umzusetzen suchte.

Damit hätten wir ein erstes Ergebnis: Die Zukunftsutopie von Mercier ist eine Variante der Fortschrittsphilosophie, ihr theoretisches Fundament ist die Verzeitlichung der Perfectio-Ideale. Der Vorgriff in die Zukunft war aber nur einlösbar als Bewußtseinsleistung des Autors, des Schriftstellers. Die utopisch erzählte Zukunft ist nur eine literarisch besonders effektvolle Ausformung dessen, was die damalige Geschichtsphilosophie als Bewußtseinsphilosophie zu leisten hatte. Der Autor ist in erster Linie kein Historiker oder Berichterstatter, sondern zunächst Produzent der kommenden Zeit, Vollstrecker seiner Anlage zur Perfektibilität. Er ist gleichsam die Inkarnation der utopischen Dimension, die jeder Geschichtsphilosophie innewohnt. Das dichterische Mittel ist die Traumerzählung, die Träumerei, in der Mercier das Paris von 2440 erlebt, wo er im Wachtraum als ein um Jahrhunderte gealterter, weiser Mann von einem ebenso weisen und vernünftigen Menschen durch eine Stadt geführt wird, die er kaum wiedererkennt. Er befindet sich, wie er sagt, auf einer Sprosse der progressiven Zeitleiter, die sein Paris in noch größere Höhen führen wird.[15]

Die im Bewußtsein des Autors hervorgebrachte Zeit ist der neue, der wahre Souverän. Keinem Herrscher, sondern dem erlauchten und erhabenen Jahr 2440 selber widmet deshalb Mercier sein Buch. Und er beeilt sich hinzuzufügen, daß es die Feder des Schriftstellers sei, die allein den Zeitenabstand überbrückt und die die Herren dieser Welt bestraft oder freispricht. Deutlicher konnte er nicht werden, um die Konvergenz der geschichtlichen Zukunft

14 L.-S. Mercier, *De J.-J. Rousseau considéré comme l'un des premiers auteurs de la Révolution*, 2 Bde., Paris 1791; zit. bei R. Trousson (Anm. 1), S. 11.
15 Vgl. R. Trousson, Introduction (Anm. 1), S. 47.

mit seiner schriftstellerischen Produktion zu kennzeichnen. Die Zukunft dient nicht mehr – wie bisher – dazu, den Nachruhm zu sichern oder zu steigern oder die Strafen literarisch zu dosieren, sondern die Zukunft wird gleichsam geschichtlich herbeiargumentiert. Darin unterscheidet sich topologisch gesehen die Rolle des nach vorn gerichteten geschichtlichen Propheten von der des herkömmlich rückwärts blickenden, richtenden Historikers.

Zu den Strukturelementen dieser Zukunftsutopie seien einige Anmerkungen erlaubt. Es handelt sich um eine Antiapokalypse. Eschatologische Elemente werden progressiv umgedeutet. Zwar wird anfangs die Alternative gesetzt, ob die Zukunft nicht auch in Asche, Trümmern und Ruinen ende. Aber trotz dieser prophetischen Drohung wird zum Ende gezeigt, daß es nur Versailles ist, das in Trümmern liegt. Der Unterdrücker des geknechteten Volkes, Ludwig XIV., ist bestraft zum ewigen Beweinen seiner Schandtaten. Mercier besucht ihn, im Bewußtsein des Immer-schon-recht-gehabt-Habens – als ihn eine Schlange beißt. Mit dieser ätiologisch-theologischen Pointe wird der Rückfall in das verlorene Paradies apostrophiert, in die Gegenwart der Geschichte.[16]

Was ist nun die Geschichte selbst, die aus dem Zeitenabstand ablesbar ist? Es handelt sich um die Erfüllung moralischer Postulate. Die Gewalt des Geistes, der Vernunft, die alle Gewalt beseitigt, ist die Schubkraft, die in die Zukunft führt. Es handelt sich also um eine widerstandslose, widerstandsfreie Hochrechnung, um ein lineares Modell. Der gute Wille ist schon die Garantie seiner Erfüllung. So mag man von den Inhalten seiner Utopie her gesehen Mercier als einen Reformer ansprechen, von seiner Geschichtsphilosophie her gesehen ist er der Hypokrisie der Spätaufklärung erlegen. Davon zeugen die einzelnen Beispiele, die sich zwanglos verlängern ließen.

So wird zwar die Zensur nicht beseitigt, aber für Mercier handelt es sich nicht mehr um Zensur, da sie die Moral vollstreckt. Bücher schlüpfrigen Inhalts, von Aristophanes oder Petronius angefangen, werden schlichtweg verbrannt. Fragwürdige Werke, etwa von Voltaire oder Montesquieu, werden gekürzt und gereinigt auf den Markt gebracht, nur moralisch erhebende Autoren wie Rousseau erscheinen in ungekürzten Ausgaben, und gleich im

16 L.-S. Mercier, *L'An 2440*, Kap. XLIV.

Taschenbuchformat, um allgemein zugänglich zu werden. Das gesamte Sachschulwissen basiert auf der *Enzyklopädie*, dem Startbrett in die Zukunft.[17]

Die Zensur funktioniert aber noch sehr viel subtiler. Für die Autoren ist ihr Modus die Selbstbezichtigung. Zwei Jahre lang muß ein Fehltritt gesühnt werden, der Autor erscheint, von tugendhaften Bürgern begleitet, als ›l'homme au masque‹, bis er sich der öffentlichen Moral wieder angepaßt hat.[18] Das alte Symbol des Widerstands und der Geheimhaltung gegen jegliche Zensur wird seitenverkehrt zum Zeugnis moralischen Nachhilfeunterrichts und ihrer freiwilligen Zwangsvollstreckung.

Die Todesstrafe ist kaum noch erforderlich, und wenn schon, dann wird sie vom Delinquenten freiwillig auf sich genommen. Da soziale Gründe entfallen, wird es sich eher um Morde aus Leidenschaft, aus Eifersucht handeln, die wegen mangelhafter Vernunftsteuerung gesühnt werden müssen. Die Vollstreckung ist ein moralisches Sühnefest und endet, beim Tode des Sühnebereiten, mit der Versicherung gegenseitigen Wohlgefallens.[19] Freilich wird auch der Tod entschärft, da die Wiedergeburtslehre an Glaubwürdigkeit gewonnen haben wird, womit Mercier einen der Ausweichwege öffnet, der die Aporie zwischen Tod und Fortschritt umgeht.[20]

Die Liebesehe, prognostisch vorweggenommen, wird staatlich dekretiert.[21] Jede Mitgift wird verboten, um keine Standesunterschiede in den Eheschluß einwirken zu lassen. Die ideale Frau schminkt sich nicht, raucht und trinkt nicht, ist keine Salondame und auch nicht kokett. Übrig bleibt eine Frau, die auf ihre Geschlechtsmerkmale reduziert wird, die scheinbar naturhaft nur ein naturalistisches Schwundwesen darstellt. De facto entwirft Mercier das Bild der bürgerlichen Intimfamilie, wobei der Vater patriarchalisch herrscht und die Mutter gefühlvoll ist und unterwerfungsbereit bleibt. Ihn selbst überkam, wie er schreibt, die Lust zu heiraten, so wie er in Wirklichkeit kurz vor seinem Tod seine freie Liebe legalisiert hatte.

17 Ebd., Kap. XXVIII.
18 Ebd., Kap. X.
19 Ebd., Kap. XVI.
20 Ebd., Kap. XIX, S. 186.
21 Ebd., Kap. XXXVIII.

Damit hätten wir ein zweites Ergebnis: Die zeitliche Utopie von Mercier ist eine naive Hochrechnung spätaufklärerischer Postulate, ohne einen geschichtlichen Veränderungsfaktor zuzulassen. Das Resultat ist der Terror der Tugend, die ahnungslos an die Macht gelangt, ohne es zu wollen, weil sie die Macht erübrigen will. Deshalb schleicht sich der tugendhafte Terror ungehindert ein. Vordergründig harmlos und reformerisch, auf der Ebene der Absichten und Wünsche vom Tau Rousseauscher Unschuld überzogen, liefert uns die Utopie semantische Hintergrundinformationen, die wir als Nachgeborene zu deuten wissen.

Aber schon Zeitgenossen erkannten die Brisanz von Merciers Werk schnell. Wieland, der später als erster die Diktatur Napoleons voraussagte, erkannte auch hier sofort, worum es sich eigentlich handle. Merciers Utopie, so sagte er, sei das Jüngste Gericht der gegenwärtigen Verfassung Frankreichs.[22]

Nach 1789 hat Mercier sich auch stolz dazu bekannt. Er sei der wahre Prophet der Französischen Revolution gewesen, er habe sie annonciert und präpariert. Gewiß hat er vieles angekündigt und vorausgesehen, überraschend vieles, aber mit der Selbstgewißheit der prophetischen Gebärde hat er sich zweifellos übernommen. Denn er hat nicht gesehen, was in seiner Vision versteckt war und was die Revolution zutage förderte, ohne daß Mercier es bemerkt hätte: die terroristischen Implikationen seiner tugendsamen Wünsche, deren Erfüllung er als Schriftsteller in die Zukunft projiziert hatte.

Dies nun ist das Thema unseres zweiten Autors.

Als das Wilhelminische Kaiserreich zugrunde ging, schrieb Carl Schmitt seinen Aufsatz über die Buribunken. Er erschien in der von Franz Blei und Jakob Hegner herausgegebenen Zeitschrift *Summa*.[23] Im Untertitel wird er als ein *geschichtsphilosophischer Versuch* eingeführt. Es handelt sich um eine von Einfallsreichtum und Anspielungen überschäumende Parodie auf den Historismus und die Fortschrittsgläubigkeit, wie sie in den Programmen damaliger wissenschaftlicher, gesellschaftlicher oder politischer Organisationen ihren Ausdruck fanden. Der Inhalt dieser Parodie oder,

22 Vgl. R. Trousson, Introduction (Anm. 1), S. 66.
23 C. Schmitt, *Die Buribunken*, s. Anm. 2.

besser gesagt, dieser Satire läßt sich als eine negative Utopie charakterisieren. Die implizite Kritik zielt auf jene utopischen Elemente, die in der historischen Tatsachengläubigkeit und in ihrer geschichtsphilosophischen Überhöhung enthalten sind. Das spezifisch Utopische besteht darin, daß der Mensch glaubt, mit seinem Bewußtsein die Geschichte nicht nur erfassen, sondern kraft desselben auch vollstrecken und beherrschen zu können. Diese Bewußtseinsphilosophie erstreckt sich auf alle drei zeitlichen Dimensionen, die gegeneinander relativiert und zugleich progressiv ausgelegt werden. Insofern zielt die Kritik von Carl Schmitt auf die gesamte geistige Fundierung der Neuzeit, sofern sie als geschichtlicher Fortschritt entworfen und vollzogen wird.

Die literarische Pointe besteht nun darin, daß die Verzeitlichung der sich bewegenden Geschichte als eine Vollzugsweise des Schreibens ironisiert wird. Jeder Mensch ist angehalten, Tagebuch zu führen. Damit wird das Innere nach außen gekehrt, was die Kontrolle ermöglicht, die Kontrolle wird perfektioniert und ist eine Vollzugsweise des vollendeten Terrors. Carl Schmitt bietet das Bild eines sich steigernden Terrors im Medium der Schriftstellerei, das als die enthüllte Wirklichkeit der Mercierschen Utopie lesbar ist.

Der Inhalt sei kurz referiert. Die Existenz der Buribunken wird daraus abgeleitet, daß es eine Buribunkologie gibt. Die Wissenschaft produziert sich ihren eigenen Gegenstand, so daß auf diese Weise die Konvergenz zwischen der Buribunkologie und dem wirklichen Buribunkentum erzeugt wird.

Die Autorität des Mercierschen Schriftstellers wird beim Wort genommen. Der philosophische Grundsatz dieses Weltentwurfes lautet: »Ich denke, also bin ich; ich rede, also bin ich; ich schreibe, also bin ich; ich publiziere, also bin ich.«[24] In einer gesteigerten Stufenfolge von Identitäten treibt sich jeder Schreibende in logischer Gesetzmäßigkeit über sich selbst hinaus.

»Ich schreibe, daß ich mich selbst schreibe [...] Was ist der große Motor, der mich aus diesem selbstgenügsamen Kreis der Ichheit hinaushebt? Die Geschichte! – Ich bin also ein Buchstabe auf der Schreibmaschine der Geschichte [...] Aber in mir erfaßt, schreibend, der Weltgeist sich selbst, so daß ich, mich selbst erfassend, gleichzeitig den Weltgeist erfasse [...] d. h.:

24 Ebd., S. 103.

Ich bin nicht nur der Leser der Weltgeschichte, sondern auch ihr Schreiber.

In jeder Sekunde der Weltgeschichte schnellen unter den schnellen Fingern des Welt-Ichs die Buchstaben von der Tastatur der Schreibmaschine auf das weiße Papier und setzen die historische Erzählung fort. Erst in der Sekunde, in welcher der einzelne Buchstabe aus der sinn- und bedeutungslosen Gleichgültigkeit der Tastatur auf die belebte Zusammenhangsfülle des weißen Blattes schlägt, ist eine historische Realität gegeben, erst diese Sekunde ist die Geburtsstunde des Lebens. Das heißt der Vergangenheit, denn die Gegenwart ist nur die Hebamme, die aus dem dunklen Leib der Zukunft die lebensvolle geschichtliche Vergangenheit entbindet. Solange sie nicht erreicht ist, liegt die Zukunft stumm und gleichgültig da, wie die Tastatur der Schreibmaschine, wie ein dunkles Rattenloch, aus dem eine Sekunde nach der andern wie eine Ratte nach der andern ins Licht der Vergangenheit tritt.«[25]

Im ironisierenden Licht dieser geschichtlichen Identitätsphilosophie werden nun die einzelnen Etappen der fortschrittlichen Entwicklung beleuchtet. Natürlich hat das Buribunkentum seine historischen Vorläufer. Es sind die autobiographischen und tagebuchschreibenden Größen wie Marc Aurel, Augustinus oder Plinius – der schrieb, wenn er nicht las, und las, wenn er nicht schrieb – bis hin zu Richard Wagner. Der Weltgeist findet zu sich selbst in den schriftlich reflektierenden Menschen, über die Carl Schmitt mit meist erfundenen, teils echten Anmerkungen den Zusammenhang herstellt zur Modernität der Buribunkenbewegung. Die Buribunken sind das tagebuchschreibende Kollektivgewissen der Geschichte.

Als naturaler Gegenpol zur geschichtlichen Reflexion, die in den Tagebüchern ihre Wirklichkeit findet, fungiert Don Juan, dessen Liebesabenteuer von Leporello in einem Register festgehalten wurden. Leporello, der Diener seines Herrn, ist durch die Registratur der Abenteuer aber noch nicht aus dem Reich der Natur in das der Geschichte übergewechselt. Er stellt kein biographisches Kontinuum der einzelnen Liebesabenteuer her, verweist nicht auf die sozialen und politischen Bedingungen dieser Abenteuer, er entdeckt noch keine Individualität in Don Juan, der in gleichmäßiger Wiederholung 1003 Frauen verführt, er kennt noch keine Details,

25 Ebd., S. 104.

die die Einmaligkeit des jeweiligen Falles erläutern. Schließlich kennt er auch keine Massenaktionen der Opfer Don Juans, die sich gegen den Verführer zusammenschließen, er gliedert die Opfer noch nicht nach statistischen Gesichtspunkten, verweist nicht auf eine soziale Fürsorgeorganisation der Opfer, sowenig wie er an das Frauenwahlrecht denkt, um der Knechtung durch Don Juan zu entgehen. Endlich kennt er keine seelischen oder mentalitätsgeschichtlichen Hintergründe – im Sinne Lamprechts –, in die sich eine Entwicklung Don Juans und seiner Opfer einbetten ließe. Deshalb werde heute noch *Don Juan* als solcher aufgeführt, nicht aber seien *Leporellos Erzählungen* bühnenfähig geworden.

Leporello bleibt der Diener, der noch nicht auf die Höhe geschichtlicher und wissenschaftlich-methodischer Bewußtheit aufgestiegen ist. Er war noch nicht in der Lage, sein Dienerdasein durch geschichtliche Reflexion in ein Herrendasein zu verwandeln, er hat sich noch nicht autobiographisch zum Helden gemacht, »der das imponierende Bild eines überlegenen Managers bietet, der die buntfarbige Marionette Don Juan an den Fäden seiner überlegenen Geschäftskenntnis und Intelligenz herumzieht«.[26] Leporello lebte vor Diderots ›Jacques le Fataliste‹, vor Hegels Kapitel aus der *Phänomenologie* über Herr und Knecht, vor den wissenschaftlichen Deutungsmustern des Positivismus, des Relativismus, des Historismus und sonstigen Reflexionsweisen, die in den gesellschaftlichen Organisationen enthalten sind. – Das Buribunkentum kommt erst zur Erscheinung, wenn all jene von Leporello noch nicht eingelösten Postulate verwirklicht worden sind.

Die Umsetzung der wissenschaftlichen Postulate in die geschichtliche Zeit vollzog sich nun durch den Stifter und Führer der buribunkologischen Bewegung bzw. des wahren Buribunkentums, durch einen Mann namens Ferker. Er ist ein Mann des Volkes im Sinne der Unterschichten, er stammt aus einfachen Verhältnissen und hat sich tatsachensüchtig hochgearbeitet, um in einer wechselvollen Laufbahn schließlich als Dozent für Reklamewesen und Arrivistik an der Handelshochschule in Alexandria zu sterben. Er hat sich mit zunehmender Erfahrung und Reflexion zu

26 Ebd., S. 94.

der Devise durchgerungen: »Sei dir selbst Geschichte!«[27] Unter diesem Motto entstand der Weltbund, der schon über 400 000 buribunkologische Dissertationen hat anfertigen lassen, dessen Kontrolle das internationale buribunkologische Institut für Ferker und verwandte Forschung (Ibuffuff) ausübt, dem seinerseits eine Art Zentralkomitee vorsteht, die Buribunken- und Ferker-Forschungsausschußkommission (Buffak). »Gerade diese gewaltige Realität ist von imponierender Beweiskraft.«[28]

Für seinen Todesfall hatte Ferker eine Feuerbestattung angeordnet, um die Asche auf alle Druckereien der Welt verteilen zu lassen, in deren Druckerschwärze sie eingeht, um in jedem Schriftbild auf diesem Globus irdische Unsterblichkeit zu erlangen.

Freilich ist dieser große Führer für die progressiv sich höher entwickelnden Edelburibunken nur ein Vorläufer gewesen. Denn er hatte zwei Fehler: Er heiratete seine Haushälterin kurz vor seinem Tode, ohne darüber irgendwelche Tagebuchnotizen festzuhalten. Diese mangelnde Offenheit und Öffentlichkeit muß auf neuropsychopathologische Erkrankung schließen lassen, wie auch die weitere Abnormität, die darin lag, daß er sich schließlich den »Giftträumen atavistischer Todesangst hingegeben hat«, ohne sie in produktive Schöpfung umzusetzen. Ferker verbleibt also trotz seiner Verdienste im Vorhof des wahren Buribunkentums. Er hatte ein Liebesgeheimnis und fürchtete den Tod. Erst wenn diese gleichsam von der Natur eingebrachten Vorgegebenheiten überwunden sind, ist der Weg zum wahren Fortschritt frei. Diesen Weg erschlossen zu haben ist das Werk von Schnekke. Denn ihm »fehlt jede partikuläre Besonderheit. [...] Sein in extremster Eigengesetzlichkeit schwingendes Ich ruht in einer unausgeprägten Allgemeinheit, in einer gleichmäßigen Farblosigkeit, die das Resultat des opferwilligsten Willens zur Macht ist«.[29] Schnekke wird für die edlen oder die Ur-Buribunken als Nachfolger Ferkers zum neuen Führer, der die Identität von Allgemeinheit und Ich zwanglos durchsetzt.

Wie ist nun dieses Weltreich organisiert, das von den aufeinanderfolgenden Führern errichtet wurde? Es handelt sich um ein

27 Ebd., S. 96.
28 Ebd., S. 90.
29 Ebd., S. 100.

Reich nur tagebuchschreibender Menschen, die in jeder Sekunde alles festhalten, um geschichtsfähig zu werden. Die Geschichte erfüllt sich nur, indem und soweit sie niedergeschrieben wird. Die Steigerung, die erst Schnekke durchsetzt, führt dahin, daß das Tagebuchschreiben selber zur einzigen geschichtsfähigen und geschichtsträchtigen Tat wird. Er hat ein wirksames Verfahren entwickelt, das in einer groß angelegten Hierarchie ein obligatorisches Kollektivtagebuch der Menschheit herstellt. Sämtliche Tagebücher werden für jede Instanz in Kopien zugänglich gemacht, und durch Sach- und Personalregister wird es möglich, vom Distrikt angefangen bis zur Zentrale eine allgemeine Kontrolle auszuüben. So kann z.B. jeder Psychopathologe alle Träume einer bestimmten Klasse von Buribunken zu einer bestimmten Zeit erfassen, während gleichzeitig die gleiche Arbeit noch einmal registriert wird, um den Historiker der Psychopathologie instand zu setzen, wenige Stunden später bereits den Motivationszusammenhang zu erkunden, in dem der Psychopathologe seine Untersuchungen abgefaßt hat. Die geschichtsphilosophische Reflexion, die sich nur an die Tatsachen hält, deren Existenz ihre Schriftlichkeit ist, wird unendlich aufgestuft, um eine zunehmend perfekte Kontrolle durch die Zentralinstanz sicherzustellen. Filme, Fotos, Lesungen, Konferenzen, Zeitschriften, Festspiele und vieles ähnliche werden in Gang gesetzt, um das permanente Interesse von der gemeinschaftlichen Aufgabe der kontrollierten Selbstreflexion nicht abgleiten zu lassen. Das oberste Gebot der Kontrolle ist »eine unbegrenzte [...], nie sich entrüstende Toleranz und der höchste Respekt vor der persönlichen Freiheit«.[30]

Das Toleranzangebot senkt alle Hemmschwellen, um die innersten seelischen Regungen freizulegen, und wird erst so zur Voraussetzung effektiver Kontrolle. Es enthüllt sich als Zwang zur freiwilligen Selbstoffenbarung in den Tagebüchern. Um antiburibunkische Rebellionen aufzufangen, wird jeder genötigt, sein Tagebuch auch dann fortzuführen und aufzudecken, wenn er gegen das Tagebuchschreiben opponieren will. Die buribunkische Organisation ist so perfektioniert worden, daß alle Veränderungen im Laufe der Zeit eingebettet und progressiv umgeleitet werden können. So gibt es »eine angesehene Vereinigung, die es

30 Ebd., S. 102.

sich zur Aufgabe macht, das Antiburibunkentum buribunkisch zu erfassen«.[31] Sollten sich dennoch neoburibunkische Bestrebungen abzeichnen, so werden diese durch verlockende Preisfragen zur schriftlichen Selbstoffenbarung genötigt, um den innovativen Wandel steuern und an die zentrale Leitungsinstanz zurückbinden zu können.

Um nun antiburibunkische Rebellionen aufzufangen, ist jeder angehalten, sein Tagebuch auch dann fortzuführen und aufzudekken, wenn er gegen dieses Kontrollsystem aufmüpfig wird. Sollte er es wagen, sein Tagebuch links liegenzulassen, so tritt schließlich eine naturgemäße Selektion der Besseren ein. Denn wer den geistigen Kampf der Tagebücher nicht besteht, bleibt in der Entwicklung zurück: Er wird gelöscht. »Das eherne Gesetz kennt keine Schonung gegen den Unwürdigen, der sich selbst ausgestoßen hat.«[32]

Während die wahren Buribunken sich durch ein rassisches Merkmal auszeichnen, nämlich breitmäuliger zu sein als die übrigen Menschen, tritt kraft dieser Selektion auch eine Klassenschichtung ein. Die Ausmerzung des nicht Tagebuchfähigen führt dazu, daß er in eine niedere Klasse verwiesen wird. Diese hat in Handarbeit Büttenpapier zu schöpfen, wodurch die führenden Tagebuchedelschreiber mit dem besten Material bedient werden, auf dem der Weltgeist schriftlich zu sich selbst kommt. Durch alle genannten Sicherungen verschwindet jede Opposition, die zu betreiben sich mancher Revolutionär einbildet. Die Gegner werden vereinnahmt, die Progressiven werden gesteuert, nur die Tagebuchunfähigen und damit Unkontrollierbaren werden ausgestoßen. Sie verwandeln sich in eine Nichtexistenz. Derartige Techniken der Negation führen dazu, daß die Buribunken die List der Weltgeschichte selber überlisten.

Es handelt sich offensichtlich um eine konsequent verzeitlichte Utopie, deren Antriebskraft die neuzeitliche Bewußtseinsphilosophie ist. Im Hinblick auf die Vergangenheit ist alles relativ. Aber den historischen Relativismus absolut ernst zu nehmen heißt den Buribunken zum überlegenen Allgeist erheben, der sich die Zukunft erschließt. Er arbeitet an der bisher unerhörten Veredelung

31 Ebd., S. 102.
32 Ebd., S. 103.

seiner selbst. Die unendliche Höherentwicklung führt zu Kommunikationsmitteln, die in Zukunft bereits die Foeten instand setzen wird, ihre intra-uteralen sexuellen Erfahrungen miteinander auszutauschen, um so »die notwendige tatsächliche Grundlage für eine verfeinerte Sexualethik«[33] zu liefern. Die Todesangst selbst verschwindet, da sich das wahre Leben – wie bei Mercier – nur in seiner schriftlichen Umsetzung erhält. »Wir geben daher den Köpfen die rechte Richtung aufs Reale wieder, indem wir die Unsterblichkeit da suchen, wo sie wirklich ist: hinter uns, nicht vor uns.«[34] So schreitet der Buribunke »triumphierend in die Morgenröte seiner Geschichtlichkeit«.[35]

Die klassischen Obstakel einer traditionellen Utopie, der individuelle Tod und die private Liebe, sind überwunden, um im reinen Bewußtsein allgemeiner Selbstbestimmung aufzugehen. Hinter dieser freilich verbirgt sich die absolute Knechtschaft im Namen der Wissenschaft und der Toleranz.

Zahlreich sind die stillen oder stummen, oft nur aus Andeutungen zu erschließenden Zeugen, die Carl Schmitt aufbietet, um seine negative Utopie mit dem Schein der Wissenschaftlichkeit zu begründen: Sicher gehören dazu Descartes, Adam Smith, Hegel und Marx, Richard Wagner und Nietzsche, Lamprecht, Haeckel oder Ostwald; vielleicht schon Lenin und die Kommunistische Partei, vielleicht schon Wilson und das amerikanische kapitalistische System, die insgesamt eine Symbiose eingehen in der Lehre des Buribunkentums, der modernen Menschheit. Selbstverblendung und Terror bieten den Innen- und Außenaspekt ihrer bewußtseinsgesteuerten Organisation.

Der Leser wird durch diese negative Utopie vor eine Alternative gestellt, die er in der Tradition der historischen und progressiven Weltsicht kaum wahrzunehmen vermag. Tod und Liebe bleiben die einzigen Gegeninstanzen, die es verhindern könnten, daß der Fortschritt in einem rassisch legitimierten Zweiklassenstaat endet, dessen herrschende Klasse aus schriftbewußten Ideologen besteht und dessen andere in das Nichts der geistigen Vergessenheit versenkt wird.

33 Ebd., S. 103.
34 Ebd., S. 105.
35 Ebd., S. 103.

Es liegt nahe, in Carl Schmitts Buribunkologie eine Replik auf Mercier zu sehen, die nach einem Jahrhundert erfahrenen Fortschritts 1918 fällig gewesen sei. Aber Carl Schmitt hat Mercier nicht gekannt. Zudem weist er ebenso auf 1984 voraus, wie er auf 1770 zurückverweist.

Aus der naiven Zukunftsutopie ist eine negative Zeitutopie geworden. Der soziologisch gemeinsame Nenner beider Utopien ist die Schriftstellerei, das soziale Medium auch der transzendentalen Geschichtsphilosophie. Nun wäre es unsinnig, die für den Verlauf der Geschichte konstituierende Rolle und Aufgabe des Bewußtseins leugnen zu wollen. Im Gegenteil. Nur sollten wir aus beiden Utopien lernen, daß die geschichtlichen Zeiten anders zu verlaufen pflegen, als wir sie retrospektiv und antizipierend zu deuten nun einmal genötigt sind. Die wirkliche Geschichte ist immer zugleich mehr und weniger, und ex post gesehen immer auch etwas anderes, als wir uns vorzustellen vermögen. Deshalb gibt es Utopien und eben deshalb sind sie zum Irrtum verdammt. Und ihr Gelingen mag eher zum Unglück neigen als zu dem Glück, das sie verheißen. Aber vergessen wir nicht den prognostischen Gehalt unserer beiden Utopien, der sich durch die spätere Geschichte bewahrheitet hat. Merciers Utopie hat sich erfüllt, nur umgekehrt als gedacht. Carl Schmitts Utopie hat sich – trotz ihrer warnenden Funktion – ebenfalls erfüllt, und zwar schlimmer als parodiert.

Gibt es eine Beschleunigung der Geschichte?

Schnell! Schnell, mein Schmied! Mit des Rosses Beschlag!
Dieweil Du zauderst, verstreicht der Tag. –
»Wie dampfet Dein ungeheures Pferd!
Wo eilst Du so hin, mein Ritter wert?«

Mit diesen etwas abgedroschen klingenden Versen einer halb traulichen, halb unheimlichen Szenerie spätromantischer Balladen beginnt das erste deutsche Eisenbahngedicht.[1] Seine Überschrift lautet: *Das Dampfroß*. Es stammt aus dem Jahre 1830 – also fünf Jahre bevor die erste deutsche Eisenbahn von Nürnberg nach Fürth rollte –, und sein Verfasser ist Adelbert von Chamisso.

Wie der Titel zeigt, wird der Wechsel vom Pferd zur Lokomotive thematisiert, zum ungeheuren Pferd, oder nicht-metaphorisch gewendet: die Beschleunigung. Zunächst einmal gewinnt unsere Lokomotive, von Ost nach West den Globus umfahrend, einen Tag. Das bewegt sich noch im Rahmen der Kalendererfahrung. Dann aber steigert sich ihre Geschwindigkeit: »Mein Dampfroß, Muster der Schnelligkeit, / läßt hinter sich die laufende Zeit / Und nimmt's zur Stunde nach Westen den Lauf, / Kommt's gestern von Osten schon wieder herauf.« Chamissos Lokomotive wirft gleichsam den Schatten ab, den die Zeit von der Zukunft her auf die Vergangenheit senkt. Sie hebt nicht nur die natürliche, sondern auch die historische Zeit auf; so schnell umkreist sie den Erdball, daß sie gegen die Erdumdrehung rasend sogar die Vergangenheit einholen kann. »Ich habe der Zeit ihr Geheimnis geraubt, / Von gestern zu gestern zurück sie geschraubt.« So wird der Ritter der Lokomotive Zeuge seiner eigenen Geburt, er stört den Großvater als Bräutigam beim Techtelmechtel mit seiner Braut auf und wird mürrisch davongewiesen; jetzt will er Napoleon auf St. Helena den Gruß der Nachwelt überbringen, dann ihn 1804 aufsuchen und vor der Kaiserkrönung warnen – »O hielt er die Warnung fest!«, wie der kritische Bonapartist, der Chamisso auch war, hinzufügt.

1 *Chamissos Werke in fünf Teilen*, 1. Teil: *Gedichte* I, hg. v. Max Sydow, Berlin, Leipzig, Wien und Stuttgart (1907), S. 66.

Der Schmied aber, der für seine Wartung 1900 Goldstücke zum Lohn erhält – das 19. Jahrhundert wird in Gold aufgewogen –, will anderes wissen: nämlich die Zukunft, ob die Aktien steigen oder fallen, und »ganz im Vertrauen«, ob es weise sei, auf Rothschild Häuser zu bauen? Da aber war der Reiter, eine Feder drückend, mit seinem Dampfroß schon entschwunden.

Chamissos Gedicht ist nicht nur das erste in Deutschland, sondern auch das erstaunlichste aus der Lyrik zur Eisenbahntechnik, die damals entstand. In der Poesie des Dampfes, wie sie bald Mode wurde, sind alle Varianten der Einstellung vertreten, die politisch oder sozial eingenommen werden konnten: vom Hymnus an den Fortschritt – »mit jeder Schiene, die wir legen, wird neues Leben in die Welt gebracht« (Louise Otto-Peters)[2] – bis zum Schauder vor den Energien, die, einmal entfesselt, Kultur und Geist zu zerstören drohen. Durchgängige Herausforderung bleibt dabei die Geschwindigkeitssteigerung, die einen wahren Schock ausgelöst hatte. Was bisher Roß, Wind oder Wasser leisteten, das leistete nun die Maschine. Der Überschritt von der naturgebundenen Zeit der Fortbewegung zur technisch verfügbar gemachten Zeit war allerdings schwer zu beschreiben. So boten sich Metaphern zunächst aus der Natur an: exotische Tiere oder mythische Gestalten, die zu sein der Lokomotive zugedacht wurde. Rhinozeros, Drache, Elefant, Koloß, Gigant werden bemüht, um zu zeigen, was die Lokomotive mehr schafft als eben ein Pferd: nämlich sechs Meilen oder vierundzwanzig Kilometer in der Stunde, einen ganzen Wagenzug von einem Ort zum anderen zu befördern samt Menschen, Gepäck, Frachtgut und sogar mit Pferden obendrauf.

Chamisso war nun der einzige, der die Metaphorik der technischen Krafterzeugung überbot und die Beschleunigung selbst thematisierte. Dies zeitigt etwas Unerwartetes. In einer märchenhaften Inversion sah er die Beschleunigung sich zunehmend steigern, daß wohl die Vergangenheit eingeholt wird, nicht aber die Zukunft. Je mehr sich die eine erschließt, desto mehr entzieht sich die andere. Man ist nach der Lektüre von Chamissos Gedicht fast ver-

2 Aus: *Lieder eines deutschen Mädchens*, zit. nach Manfred Riedel, *Vom Biedermeier zum Maschinenzeitalter*, in: Archiv für Kulturgeschichte 43/1 (1961), S. 100-123, hier S. 109. Riedel bringt aus verschiedenen literarischen Gattungen zahlreiche Belege für den rasanten Erfahrungswandel durch Dampfschiffe und Eisenbahn.

leitet zu sagen, der Historismus ist die wahre Gestalt des Fortschritts. Denn was die Vergangenheit war, wird zunehmend bekannt, was die Zukunft bringt, um so weniger.

Mit dieser märchenhaft verkleideten Deutung stand Chamisso nicht allein. Sie gehörte zur Beschleunigungserfahrung des Vormärz. »Es beginnt ein neuer Abschnitt in der Weltgeschichte«, wie Heine aus Paris bei der Eröffnung der Linien nach Rouen und Orléans berichtet, »und unsere Generation darf sich rühmen, daß sie dabei gewesen«. Sie erfährt mehr bzw. weniger als im Kanonendonner von Valmy: »Wir merken bloß, daß unsere ganze Existenz in neue Gleise fortgerissen, fortgeschleudert wird, daß neue Verhältnisse, Freuden und Drangsale uns erwarten, und das Unbekannte übt einen schauerlichen Reiz, verlockend und zugleich beängstigend.«[3]

Wegen dieser neuen Unvorhersehbarkeit der Zukunft bescheinigt ein anderer Zeitgenosse – Eduard Beurmann – den Regierungen, daß sie »mißtrauisch [sind] gegen diese Unternehmungen, da sie das Ende derselben nicht berechnen können, aber die Zeit läßt sich nicht hemmen«.[4] Und selbst ein Monarch, der den Eisenbahnbau förderte, Ludwig I. von Bayern, griff zur Feder und dichtete gegen die neue Zukunft an: Die Erde werde in Rauch aufgehen, so stehe es geschrieben. »Überall und nirgends daheim, streift über die Erde unstät, so wie der Dampf, unstät das Menschengeschlecht. / Seinen Lauf den umwälzenden, hat der Rennwagen begonnen / Jetzo erst, das Ziel lieget dem Blicke verhüllt.« (1847)[5]

Selbst unsere heute lebende Generation, Zeugin der Mondfahrt und der Sputniks, der Fernsehdirektübertragung, der Raketen und der Düsenflugzeuge, hat keinen solchen Erfahrungsschub erlitten wie die Generation des Vormärz. Es ist so, als sei das Abheben des Flugzeugs vom Boden das eigentliche Erlebnis – nicht der Flug selber und dessen Beschleunigung. Offenbar können auch sich

3 Heinrich Heine, *Lutetia* LVII, 5. Mai 1843, in: *Sämtliche Schriften*, hg. v. Klaus Briegleb, München und Wien 1976, Bd. 9, S. 448 f.

4 Zit. nach M. Riedel (vgl. Anm. 2), S. 102.

5 *Gedichte des Königs Ludwig von Bayern*, 4. Teil, 1847, S. 275: *Die Dampfwagen* – freundlicher Hinweis von Erich Maschke. Zur Kontextanalyse und Deutung Wolfgang Frühwald, *Der König als Dichter, Zu Absicht und Wirkung der Gedichte Ludwigs des Ersten, Königs von Bayern*, in: DVjs 50 (1976), S. 127-157, hier S. 146.

beschleunigende Abläufe zur Gewohnheit werden. Vorbeugend schreibt schon 1838 der Brockhaus, daß selbst die Luftfahrt, wenn sie je stattfinde, dem Durchbruch nicht gleichkommen würde, den die Eisenbahn zur technisch beherrschten Zeit erzielt habe. Um die Frage nach der Beschleunigung in der Geschichte oder gar der Geschichte zu beantworten, werde ich sie im folgenden in zwei Teilfragen zerlegen:

Erstens soll die Einzigartigkeit der Beschleunigungserfahrung im empirischen Zusammenhang der anhebenden industriellen Revolution behandelt werden. Meine These wird lauten, daß der Beschleunigung eine Denaturalisierung der bis dahin überkommenen Zeiterfahrung entspricht. Sie ist Indikator einer spezifisch neuzeitlichen Geschichte.

Zweitens sollen dann in einem geistesgeschichtlichen Rückgriff jene Theoreme oder auch Mythologeme untersucht werden, die sich schon vor der industriellen Revolution auf so etwas wie geschichtliche Beschleunigung eingelassen haben. Meine zweite These wird lauten, daß Beschleunigung als geschichtliche Erwartungskategorie alt ist, daß ihr seit dem 16. Jahrhundert neue Erwartungsgehalte zuwachsen, daß sie aber erst seit der industriellen Revolution zu einem gesättigten Erfahrungsbegriff werden konnte. Anders gewendet: Die von der Apokalyptik vorformulierte Zeitverkürzung wird zu einer Metapher der Beschleunigung, die seit dem 16. Jahrhundert andere und neue Inhalte zur Sprache bringt, als im Horizont christlicher Eschatologie gemeint waren.

1. Die Denaturalisierung der Zeiterfahrung durch die technischen Beschleunigungsfaktoren

Ich bin mir darüber im klaren, daß ich mit der Wendung einer Denaturalisierung der Zeit einen ungeschützten Ausdruck brauche. Denn Zeit hat es immer mit der Natur, mit den Gestirnen und mit den biologischen Abläufen der Menschen zu tun, gleich wieweit diese Abläufe durch die menschliche Gesellschaft genutzt, überformt oder verwandelt werden. Es sei nur an den bekannten Witz aus der Sowjetunion erinnert: Schlaf schneller, Genosse! – um eine Grenze zu zeigen, die durch keine Planung überschritten werden kann. Worauf es mir ankommt, ist zu zeigen, daß die Faktoren, die der Mensch als geschichtliches Wesen in seine Zeiterfahrung eingeführt hat, eine relativ größere Unabhängigkeit von jener Natur zur Folge hat, auf die der Mensch immer angewiesen bleibt. Die nur von den Menschen selbst herbeigeführte Akzeleration ist ein untrügliches Indiz für diesen Vorgang.

Bereits die Einführung der mechanischen Räderuhr im 14. Jahrhundert hat auf die Länge gesehen eine Denaturalisierung der Zeiterfahrung bewirkt. Sie führte zur Quantifizierung des Tageslaufes in 24 gleiche Stunden. Le Goff spricht von der kaufmännischen Zeit, der Zeit der Geschäftsleute, die zur kirchlich-liturgischen Zeit in Konkurrenz trat und die dann unter dem Einfluß der sich entfaltenden Wissenschaft der Physik eine enorme Abstraktionsleistung darstellte.[6] Die ganze Geschichte der Zeitmessung läßt sich auch im Hinblick auf ihre soziale Funktion als eine Geschichte zunehmender Abstraktion beschreiben.

Die Ethnologen berichten uns, wie tief die frühen Zeitmaße eingelassen blieben in den menschlichen Handlungszusammenhang.[7] Auf Madagaskar z.B. gibt es die Zeiteinheit ›für die Dauer eines Reiskochens‹ oder für den Augenblick, der erforderlich ist, ›eine Heuschrecke zu rösten‹. Zeitmaß und Handlungsverlauf konvergieren noch zur Gänze. Derartige Ausdrücke sind noch weit konkreter als etwa der ›Augenblick‹ in unserer Sprache, der selbst eine Zeiteinheit darstellt, oder als die ›Gegenwart‹, die zunächst ›Anwesenheit‹ meinte und die erst um 1800 zu einer Zeitbestimmung mutierte.

6 Jacques Le Goff, *Zeit der Kirche und Zeit des Händlers im Mittelalter* (1960), dt. in: C. Honegger (Hg.), *Schrift und Materie der Geschichte*, Frankfurt am Main 1977, S. 393-414, sowie inzwischen (die Opposition kirchlicher und kaufmännischer Zeit herunterstimmend, da die mechanischen Schlaguhren vor allem von Fürsten, und zwar in Zusammenarbeit mit der Kirche, wenn auch auf die Länge zugunsten der Kaufleute eingeführt worden seien) die gründliche Untersuchung von Gerhard Dohrn-van Rossum, *Die Geschichte der Stunde. Uhren und moderne Zeitordnungen*, München und Wien 1992. Grundlegend, seine zahlreichen Forschungen zusammenfassend, Arno Borst, *Computus, Zeit und Zahl in der Geschichte Europas*, Berlin 1990 (auch München: dtv 1999).

7 Dazu und für die folgenden Daten und Überlegungen E.P. Thompson, *Time, Work-discipline and Industrial Capitalism*, in: Past and Present 38 (1967), S. 56-97, dt.: *Zeit, Arbeitsdisziplin und Industriekapitalismus*, in: *Gesellschaft in der industriellen Revolution*, hg. v. Rudolf Braun u.a., Köln 1973, S. 81-112 (gekürzte Fassung).

Auch die elementaren Zeitmesser der Hochkulturen, die durch den Schwund ihrer Materie – Sand oder Wasser – den Verlauf der Zeit anzeigen, waren noch auf konkrete Handlungsvollzüge eingestellt: Sie maßen die Länge einer Predigt oder bestimmten die Stunde der Messe oder, wie Ciceros Wasseruhr, die Dauer eines Plädoyers vor Gericht. Zu diesen elementaren Zeitmessern kamen hinzu die Sonnenuhren, die je nach Jahreszeit oder geographischer Lage verschiedene Zeiten indizierten, weil sie vom naturalen Sonnenumlauf selbst her ermöglicht und demgemäß angezeigt wurden.

Auch mechanische Uhren konnten sich dem anpassen. Noch im 19. Jahrhundert benutzten die Japaner Uhren, deren besondere Kunst darin bestand, die Stundenweisungen durch Zeiger und Zifferblatt so variabel zu halten, daß die Tagesstunde im umgekehrten Verhältnis zur Nachtstunde, je nach der Jahreszeit, im Sommer länger oder im Winter kürzer dauerte. Der jahreszeitlich bedingte Unterschied zwischen Tages- und Nachtstunden ging über diese Uhren unmittelbar in den Arbeitsrhythmus ein, von dem her sie ihren Zweck empfingen. Solche Uhren entsprachen wie auch die elementaren Zeitmesser dem Alltag in der Landwirtschaft oder im Handwerk, nicht aber einer maschinisierten Arbeitswelt, deren Zeitrhythmen von der Maschine her, im ganzen einander gleich, dem Menschen vorgegeben werden.

Die mechanische Uhr, die, im 14. Jahrhundert eingeführt, vom Schloß- oder Kirchturm auf die Rathäuser, dann in die Wohnstuben herunterstieg und schließlich ihren Weg in die Westentasche fand, diese Uhr, die seit dem 16. Jahrhundert die Minuten, seit dem 17. auch die Sekunden anzeigen konnte – sie war sicher ein Indikator, aber ebenso ein Stimulator der Disziplinierung, der Rationalisierung der menschlichen Arbeitswelt und ihrer Handlungsspielräume. In der ersten Hälfte des 19. Jahrhunderts gab es schon zahlreiche Industriearbeiter in England, die ihre eigene Uhr mit sich führten, nicht zuletzt, um die Uhr des Aufsehers zu kontrollieren. Mit der Entstehung des Eisenbahnverkehrsnetzes und seines einheitlichen Fahrplans wurden schließlich Normalzeiten eingeführt – in Preußen vor der 48er Revolution –, die sich vollends von der jeweiligen Ortszeit und deren Sonnenstand unterschieden. Henry Ford begann seine Karriere als Unternehmer damit, daß er Uhren herstellen ließ, die die Normalzeit und die jeweilige Ortszeit auf zwei Zifferblättern zugleich anzeigen konnten: letztes Indiz für die Erschließung technisch bedingter Zeiteinheiten, die sich von den naturgebundenen überkommenen Zeitrhythmen ablösten. Tag und Nacht schienen sich anzugleichen, so wie es seit den Zeiten der Eisenbahn möglich ist, dank ihrer Gleise, auch Nachtfahrten zu absolvieren. Dies ist ein Vorgang, dem in den Großbetrieben des 19. Jahrhunderts die Nachtarbeit entsprach, die es im dunklen Bergwerk schon im 16. Jahrhundert gab und die jetzt immer öfter eingeführt wurde, um die Produktion zu steigern.

Alle diese Vorgänge sind oft beschrieben, wenn auch noch nicht hinreichend untersucht worden. Wir können also, grob gesprochen, drei Phasen zunehmender Abstraktionsleistung unterscheiden:

1. Die Zeitmessung war zunächst eingelassen in den Handlungszusammenhang der Menschen.

2. Durch die Sonnenuhr gelang es, die Naturzeit gleichsam zu objektivieren.

3. Mit der Räderuhr und später der Pendeluhr beginnt eine Überformung des Alltags durch quantifizierte Zeiteinheiten, die eine übergreifende Organisation der Gesellschaft absichern und fördern halfen, ein Vorgang, der vom 14. bis zum 18. Jahrhundert reicht. Der Sonnenkönig Ludwig XIV. wurde als Chronokrator, als Maître du temps gefeiert[8], weil er durch seine Weisheit die Gegenwart, durch seine Erinnerung die Vergangenheit und die Zukunft durch seine Voraussicht beherrsche: Symbol dessen waren die Uhren, die ihm gewidmet wurden und die er aufstellen ließ.

Für unsere Fragestellung ist es nun wichtig zu sehen, daß die Uhren mit ihrem regelmäßigen Gang, die in den Alltag eindrangen, Stifter und Indikator einer dauerhaften Ordnung sind, nicht aber der Beschleunigung[9] – sosehr sie im physikalischen Bereich diese zu messen erlaubten. Die auslaufende Sanduhr mit ihrer fließenden Zeit wurde zur Allegorie der Vergänglichkeit, der Vanitas;

8 Klaus Maurice, *Die Französische Pendule des 18. Jahrhunderts. Ein Beitrag zu ihrer Ikonologie*, Berlin 1967, S. 102.

9 Vgl. Comenius (1592-1671): »In omni Republica sit una suprema potestas, cui caeterae subordinentur: in uno judicio unus judex, quem admodum in una civitate unum commune Horologium esse expedit, ad quod omnia publica negotia disponantur« (*De rerum humanarum emendatione consultatio catholica* VI 12, ND Prag 1966, Bd. 2, S. 511).

die Räderuhr dagegen zur Allegorie der Stetigkeit, der Klugheit und der Nützlichkeit. Erst gegen Ende des 18. Jahrhunderts, als die Uhr vollends eingebürgert war, konnte auch sie die Vanitas ikonographisch darstellen.

Die Maschinenmetapher, speziell die des Uhrwerks, die seit dem 17. Jahrhundert Kosmos, Gesellschaft und Mensch erfaßte, war noch eine vorprogressive Metapher: Sie zielte auf Regelmäßigkeit, auf den einmal geordneten, dann gleichförmig ablaufenden Haushalt Gottes, der Natur oder der Menschen, nicht aber auf deren Beschleunigung.[10] Die Uhr konnte Beschleunigung messen, nicht aber symbolisieren. Das wurde erst möglich seit der Eisenbahn und ihrer Metaphorik: Marx sprach von den Revolutionen als den ›Lokomotiven der Geschichte‹, nicht aber von den Uhren der Geschichte. Damit wäre der Schwellenwert angezeigt, nach dem erst die Beschleunigung zum dominanten Erfahrungssatz einer neuen Generation hatte gerinnen können.[11]

Es gehört nun zu den Befunden unserer Epochenschwelle, daß schon vor Erfindung der Dampfmaschine, der mechanischen Webstühle, des Telegraphen, die den Verkehr, den textilen Leitsektor der Produktion und die Nachrichtenübermittlung beschleunigten, eine zunehmende Schnelligkeit des ganzen Lebens registriert wird. Es handelt sich dabei um eine Anlaufzeit, die erst nach dem Überschreiten der Schwelle in eine neue Dimension der Zeiterfahrung führte. »Man fing auch an, geschwinder und intensiver als früher zu leben«, meinte Niebuhr im Rückblick auf das 18. Jahrhundert, »das aber war zur Zeit der Revolution erst im Werden und hat sich hauptsächlich erst seitdem entwickelt.«[12]

Die vormaschinellen Geschwindigkeitssteigerungen sind seit dem 17. Jahrhundert vielfach zu registrieren. Der Ausbau der Straßennetze und der Kanäle erhöhte die Frachteinheiten, die in gleicher Zeit über größere Streckenlängen befördert wurden. Die

10 »Le monde est une horloge, qui était une fois montée continue aussi longtems [sic] que Dieu s'est proposé de la laisser aller« (J. H. S. Formey, Art. »Conservation«, in: *Encyclopédie ou dictionnaire raisonné des sciences, des arts et des metiers*, Paris 1754, Bd. 4, S. 38 ff.).

11 Karl Marx, *Die Klassenkämpfe in Frankreich 1848-1850* (1850), Berlin 1895, S. 90, hier zit. nach: Karl Griewank, *Der neuzeitliche Revolutionsbegriff*, 1. Aufl. Weimar 1955, 2., erw., Aufl. Frankfurt am Main 1969, S. 218.

12 B.G. Niebuhr, *Geschichte des Zeitalters der Revolution* (1829), Hamburg 1845, Bd. 1, S. 55.

Anlässe mochten merkantiler oder politischer Art sein. In England etwa, das immer den Vorzug der billigen und schnelleren Wasserstraßen um die Insel herum genoß, wurde das Straßennetz erst ausgebaut, nachdem Prinz Charlie von Schottland her so tief nach England vorgestoßen war, 1745, daß ihm auf die Schnelle keine Truppen entgegengeworfen werden konnten. Aber es geht in unserem Zusammenhang nicht um Begründungen, sondern zunächst um die Phänomene.

Die Durchschnittsgeschwindigkeit der privaten Kutschen auf der französischen Straße hat sich von 1814 bis 1848 mehr als verdoppelt: sie stieg von 4,5 km pro Stunde auf 9,5 km an. In Preußen verkürzte sich die Postkutschenzeit für die Strecke von Berlin nach Köln im gleichen Zeitraum von 130 auf 78 Stunden. Die staatlichen Investitionen im Chausseebau ließen denn auch die Regierung lange zögern, sich in der Eisenbahn eine kostensenkende Konkurrenz zu schaffen – bekanntlich einer der indirekten Anlässe der 48er Revolution.

Einen ähnlichen Vorlauf zunehmender Schnelligkeit finden wir auf den Meeresstraßen.[13] Die Nordamerikaner entwickelten im ersten Jahrzehnt des 19. Jahrhunderts den Klipper, ein schmales Segelschiff mit hohen Masten, das den Weg von New York um das Kap Hoorn nach San Francisco (19 000 km), statt bisher in 150 bis 190 Tagen, in 90 Tagen zurücklegte. Die Tageshöchstleistung lag über 750 km, d. h. bei rund 15 Seemeilen pro Stunde, womit eine Geschwindigkeit erreicht wurde, welche die Dampfer erst sehr viel später bewältigten.

Ähnliches läßt sich im Nachrichtenwesen beobachten. Bevor sich die elektrische Telegraphie durchsetzte – der 1810 von Sömmering erfundene Telegraph war noch unbrauchbar –, wurde das optische Telegraphennetz, dessen Tradition in die Antike zurückgreift, bis zur letzten Perfektion entwickelt.[14] Die Geschwindig-

13 Hierzu Wolfgang Zorn, *Verdichtung und Beschleunigung des Verkehrs als Beitrag zur Entwicklung der ›modernen Welt‹*, in: *Studien zum Beginn der modernen Welt*, hg. v. R. Koselleck, Stuttgart 1977, S. 115-134. Vgl. Philip S. Bagwell, *The Transport Revolution*, London [2]1988 und Brian Austin, *British Mail Coach-Service 1784-1850*, New York und London 1986.

14 Anschaulich und mit vielen Belegen *Die Telegraphenstation Köln-Flittard, Geschichte der Nachrichtentechnik* (von Hermann Kellenbenz und Hans Pieper), hg. v. Rhein.-Westf. Wirtschaftsarchiv, Köln 1973.

keit der Zeichengebung wurde enorm erhöht, sei es durch die gebotene Kürzung der barocken administrativen Texte, sei es durch die Konstruktion der Signale, die sich von Turm zu Turm fortpflanzten. In der Französischen Revolution wurde dieses Nachrichtensystem, das zugleich ein Kontrollsystem war, systematisch ausgebaut. 1794 wurde etwa die Eroberung von Condé-sur-L'Escaut durch den optischen Telegraphen aus Lille um viele Stunden früher nach Paris gemeldet als der reitende Kurier eintraf. Napoleons Erfolge sind auch durch die Beschleunigung der Nachrichtenübermittlung ermöglicht worden, wobei übrigens Andreas Hofer durch einen derartig übermittelten Befehl seinen Tod fand, obwohl die Mehrzahl der Richter dagegen gestimmt hatte. Wie oft beanspruchten hier politische und militärische Interessen den Vorrang, den erst später die merkantile Gesellschaft einholen sollte. Professor Büsch in Hamburg erklärte gegen Ende des 18. Jahrhunderts[15], »es wären Fälle denkbar, wo Nachrichten, nur um einige Stunden früher eintreffend als sonst, größere Summen wert sein könnten als die jährlichen Kosten der Telegraphenlinie, samt der ganzen Einrichtung derselben betragen« – ein Leitsatz der Börse und der Finanzwelt der kommenden Jahrhunderte. Zeitersparnis steigert die Kosten, aber mehr noch die Gewinne.

Was ist nun die gemeinsame Aussage dieser Daten? Der moderne Staat und die bürgerliche Gesellschaft haben sich bereits vor Erfindung der technischen Akzelerationsinstrumente eine erstaunliche Beschleunigung in ihrem Verkehrswesen erzwungen. Allerdings stießen sie auf eine absolute, von der Natur her gebotene Grenze. Die Straßen mochten verbessert, die Kutschen verfeinert werden, die Pferdekraft selbst blieb begrenzt. Die Segelschiffe mochten perfektioniert werden: ihre Geschwindigkeit hing letztlich von der Gunst des Windes ab. Die optische Telegraphie mochte rationalisiert werden: die Übermittlung versagte bei Einbruch der Nacht und am Tage bei Regen und Wolken, nicht selten für Tage oder Wochen. Manchmal blieb eine Nachricht tagelang verstümmelt liegen; so wurde ein Sieg aus Spanien gemeldet, ohne daß man in Paris erfuhr, ob der Sieger Wellington oder die Franzosen gewesen seien.

15 A.a.O., S. 43.

Die einmal ausgelöste Beschleunigung im zwischenmenschlichen Verkehr konnte erst weitergetrieben werden, nachdem die darauf zielenden technischen Erfindungen die natürlichen Schranken zu übersteigen erlaubten. Erst seit der Französischen und der industriellen Revolution beginnt der Satz von der Beschleunigung ein allgemeiner Erfahrungssatz zu werden.

Lassen Sie mich einige Kriterien dieses Erfahrungssatzes nennen, die damals formuliert wurden:

Der am geläufigsten auftauchende Maßstab für Beschleunigung ist der Raumschwund. Der Brockhaus der Gegenwart definiert in einem pointierten Artikel 1838 das Wesen der Eisenbahnen so: »Sie heben die räumlichen Trennungen durch Annäherungen in der Zeit auf [...] Denn alle Räume sind nur durch die Zeit, deren wir bedürfen, um sie zu durchlaufen, Entfernungen für uns; beschleunigen wir diese, so verkürzt sich für den Einfluß auf das Leben und den Verkehr der Raum selbst.« Das wird dann im einzelnen berechnet, nicht ohne rührende Naivität: Für die Arbeitswelt und für die Politik, wobei die kommende Bedeutung der Bahnen für das Militär geflissentlich übersehen wird. Der wandernde Handwerksbursche werde per Bahn 4½ Tage Arbeitszeit pro Woche gewinnen. Die auseinanderliegenden Städte wachsen zu einem »künstlich concentrierten Raum« zusammen. Die Trennung von Stadt und Land überhaupt werde in einem gemeinsamen Wirtschaftsraum aufgehoben. »Land und Meer wechseln ihre Rolle.« »Eisenbahnen reduzieren Europa ungefähr auf den Flächenraum Deutschlands.«[16]

Es erübrigt sich, weitere Beispiele anzuführen. Ohne jeden politischen oder sozialen Veränderungsfaktor werden die Daten der Beschleunigung linear in die Zukunft hochgerechnet. Und das nicht ohne politische Absicht. Daß die Eisenbahnen, die alle bisherigen Stände in vier Klassen mit gleicher Geschwindigkeit beför-

16 *Conversations-Lexikon der Gegenwart in vier Bänden*, Leipzig 1838, Bd. 1/2, S. 1115-1136, Sigle 41; vom selben Verfasser auch *Die Eisenbahnen, eine europäische Notwendigkeit*, in: Scherz und Ernst, Leipzig 1836. Die Aufhebung räumlicher Trennungen durch Annäherung in der Zeit (S. 1117) wird von Heine ironisiert; siehe oben Anm. 3: »Sogar die Elementarbegriffe von Raum und Zeit sind schwankend geworden. Durch die Eisenbahn wird der Raum getötet, und es bleibt uns nur noch die Zeit übrig. Hätten wir nur Geld genug, um auch letztere anständig zu töten!« (S. 449).

dern, eine demokratisierende Wirkung auslösten, das wird selbst von den Gegnern dieses Vehikels gesehen und befürchtet. Die Eisenbahnen als Inauguratoren des Zeitalters der Gleichheit gehören zur Topologie. Es ist fast überflüssig zu erwähnen, daß die damals vorangetriebene Vereinheitlichung der Rechtsräume auf Kosten regionaler Traditionstitel zum gleichen Erfahrungsbestand gehören.

Aber die Beschleunigung wird auch jenseits der sinnfälligen Eisenbahnexegese registriert. Die Analysen von Adam Smith finden 1793 Eingang in die deutsche Realenzyklopädie. Die Arbeitsteilung veranlasse »nicht nur einen verhältnismäßigen Anwachs der produzierenden Kräfte, sondern auch eine Ersparnis an Zeitaufwand, indem die Zeit, welche man sonst bei dem Übergang von einer Arbeit zur anderen verlor, gewonnen wird. Dieser Zeitgewinn vermehrt wieder die Quantität der Arbeit um ein merkliches«. Schließlich werde mit dem Zeitgewinn Arbeitslohn gespart, und alles zusammen verdanke man den Maschinen. Die dadurch freigesetzte Arbeitszeit werde wiederum zur Befriedigung neuer Bedürfnisse genutzt, die deshalb entstünden, weil durch die Maschinen die bisherigen Bedürfnisse bereits befriedigt seien.[17]

In diesen Zusammenhang gehören die Analysen der Bedürfnisstrukturen, die seit den 90er Jahren in eine temporale Perspektive gerückt werden. Luxus verliert sein Stigma, nur Vorrecht der oberen Klassen zu sein. Vielmehr werde durch den beschleunigten Modewechsel, den Garve bemerkt, aus dem Bedürfnis das Bedürfnis zur Bedürfnissteigerung. Statt die Mindestforderung naturgebotener Notdurft zu befriedigen, drücken jetzt die anwachsenden Bedürfnisse auf die Ständeordnung. Allenthalben werden gerichtete Verläufe deutlich, die, als Beschleunigung erfahren, nicht mehr umkehrbar sind. Deshalb wird auch von ökonomischer Seite

17 Unter dem Titel *Dampfüberschuss und Zeitüberschuss* fragt sich 1848 ›Der bayerische Gewerbefreund‹ (Beiblatt zum bayr. Kunst- und Gewerbeblatt, Nr. 13, S. 55), was mit den Millionen freiwerdenden Stunden, die durch Eisenbahn- und Dampfschiffbenützung eingespart würden, geschehen solle. Er fürchtet, daß »dieses ungeheure Vorrathekapital freigewordener Zeit« von dem anwachsenden Proletariat nicht für Bildung und Moralität verwendet werde. Zit. nach: *Aufbruch ins Industriezeitalter*, Bd. 3: *Quellen zur Wirtschafts- und Sozialgeschichte Bayerns*, hg. v. Konrad von Zwehl, München 1985, S. 140f. Die Herausforderung der nicht ökonomisch nutzbaren freien Zeit ist eine direkte Folge der gesteigerten und insofern auch beschleunigten Produktivität.

her die statische Metapher der Maschine gesprengt: Büsch analysiert die Zirkulation des Geldes im Jahres 1800 noch unter dem Aspekt, daß alle Klassen der Menschen je nach ihrer Beschäftigung verschiedene Triebräder seien. Dann aber fährt er fort: »Zu weit müssen wir diese Vergleichungen nicht treiben. Denn diese Triebräder wirken nicht nur einzeln und alle auf das Ganze, nämlich auf den Wohlstand des Staats, sondern auch aufeinander zurück, und befördern und beschleunigen eines des anderen Gang. Eine Zusammensetzung, wovon ich aus der Mechanik kein übereinstimmendes Exempel anzugeben mich getraue.«[18]

Es ist allenthalben die Beschleunigung, welche die damals gegenwärtige Zeiterfahrung von allen vorangegangenen unterscheidet. Aber die Metapher für ein sich selbst induzierendes und so beschleunigendes System wird noch vergeblich gesucht. Die Beschleunigung scheint ein Gebiet nach dem anderen zu erfassen, nicht nur die technisierte Industriewelt, den empirisch überprüfbaren Kern jeder Akzeleration, sondern ebenso das Alltagsleben, die Politik, die Ökonomie, die Bevölkerungsvermehrung.[19]

Die Welt des Bürgers entfaltete sich unter ihrem Vorzeichen. So wurden in immer kürzeren Zeiträumen immer mehr Klaviere produziert – Standeszeichen jedes bürgerlich situierten Salons. Ein Klavierbauer um 1750 stellte im Jahr etwa 20 Instrumente her. Dank der maschinellen Produktion der Metallrahmen fabrizierte Broadwood in London 1802 schon 400 und 1825 1500 Klaviere jährlich. »Die Preise sanken, die Tonhöhe stieg« und erreichte die glanzvolle 435er-Frequenz. Mozart und Beethoven ärgerten sich, daß ihre Stücke schneller gespielt wurden, als es von ihnen intendiert war. Auch die Lektüre im bürgerlichen Haushalt wurde gleichsam beschleunigt. Aus der Wiederholungslektüre der Bibel und der Klassiker wurde der Verzehr stets anfallender neuer Produkte, vor allem der Romane. Die Rotationspresse seit 1814 beförderte den Umsatz, und der Brockhaus, einer unserer Kronzeugen, paßte sich dem an. Während seine ersten Konversationslexika noch durch Supplementbände auf den Stand jeweiliger

18 J.G. Büsch, *Abhandlung von dem Geldumlauf*, Hamburg und Kiel ²1800, 2. Teil, S. 17.

19 Vgl. jetzt Rolf Peter Sieferle, *Bevölkerungswachstum und Naturhaushalt*, Frankfurt am Main 1990.

Aktualität gebracht wurden, ging der Verlag 1830 und 1840 dazu über, einen Brockhaus der Gegenwart als Querschnitt der Modernität zu bieten. Aus diesem Querschnitt wurde alsbald die aktuelle Zeitschrift ›Die Gegenwart‹, die nunmehr Monat für Monat die Ereignisse einer davoneilenden Zeit auf den Tisch des Hauses lieferte.

Halten wir inne mit der Wiedergabe empirischer Befunde und ihrer damaligen Deutung. Was leistete der Erfahrungssatz der Beschleunigung?

Seine zunehmende Verwendung seit der Wende vom 18. zum 19. Jahrhundert bezeugt zunächst eine Veränderung im Zeitgefühl und im Zeitbewußtsein, ohne daß freilich der Alltagssprachgebrauch von theoretischer oder systematischer Stringenz hätte sein können. Offenbar leistete der Ausdruck, eine Erfahrung zu registrieren, die es so zuvor nicht gegeben hat: denn darin liegt ja gerade die Pointe der Beschleunigung. Es ist in erster Linie das Überraschungsmoment, das hier zur Sprache gebracht wurde. Lassen Sie mich versuchen, das kurz zu erläutern.

Die Frage nach der Beschleunigung ist eingebettet in die allgemeinere Frage nach dem, was geschichtliche Zeit sei. Wenn man den Fortschritt als die erste genuin geschichtliche Zeitkategorie bezeichnen darf – und das ist sie trotz ihrer geschichtstheologischen Implikationen –, so ist Beschleunigung eine spezifische Variante dieses Fortschritts. Einen Fortschritt kann es, theoretisch gesehen, auch geben, wenn er gleichmäßig verläuft, so daß die bloße Geschwindigkeit einer Veränderung oder Verbesserung kein zusätzliches Kriterium dafür liefert, daß sich überhaupt etwas fortschreitend verändert. Der Anstieg einer Produktion kann z. B. in gleichen Zeitabständen immer der gleiche bleiben. Erst wenn die Produktivität gesteigert wird, kommt es zu einer Beschleunigung der Produktion. (Bekanntlich liegt hier ein Forschungsproblem der Wirtschaftsgeschichte, das noch nicht hinreichend gelöst ist. Der Übergang von der Hand- zur Maschinenspinnerei und -weberei ist eben nur ein Symptom von vielen, die verschieden gewichtet werden können.)

Erst wenn sich die Raten, die in gleichen Zeitabständen der natürlichen Chronologie gemessen werden, in geometrischer und nicht mehr in arithmetischer Reihe steigern, läßt sich demnach so etwas wie Beschleunigung registrieren. Henry Adams hat deshalb um 1900 die gesamte moderne Geschichte unter dem law of acceleration betrachtet.[20] Als heuristische Bestimmung für die technisch-industriellen Bedingungen der modernen Geschichte ist dieses Modell nützlich, freilich läßt es sich nicht unvermittelt auf die allgemeine Geschichte anwenden. Für uns ist jedenfalls so viel deutlich, daß Beschleunigung mehr ist als nur Veränderung und mehr ist als bloßer Fortschritt. Sie qualifiziert den ›Fortschritt der Geschichte‹, welcher Ausdruck erst nach 1800 sagbar wurde.

Veränderung, mutatio rerum, ist für alle Geschichten aussagbar. Modern dagegen ist jene Veränderung, die eine neue Zeiterfahrung hervorruft: daß sich nämlich alles schneller ändert, als man bisher erwarten konnte oder früher erfahren hatte. Es kommt durch die kürzeren Zeitspannen eine Unbekanntheitskomponente in den Alltag der Betroffenen, die aus keiner bisherigen Erfahrung ableitbar ist: das zeichnet die Erfahrung der Beschleunigung aus. Wie Goethe einmal Eduard in den *Wahlverwandtschaften* sagen läßt: »Es ist schlimm genug, daß man jetzt nichts mehr für sein ganzes Leben lernen kann. Unsere Vorfahren hielten sich an den Unterricht, den sie in ihrer Jugend empfangen; wir aber müssen jetzt alle fünf Jahre umlernen, wenn wir nicht ganz aus der Mode kommen wollen.«[21]

Anders gewendet: Es werden Zeitrhythmen und Zeitverläufe artikuliert, die aus keiner Naturzeit und aus keiner Generationsabfolge mehr abgeleitet werden können. Die ehemals stetige Wiederholbarkeit des Lernens und die dauerhafte Anwendung des Erlernten werden unterbrochen für das Erlernen des jeweils Neuen. Gemessen an der vorausgegangenen Lernerfahrung werden die Zeitrhythmen des Umlernens kürzer und kürzer, was die

20 *The Education of Henry Adams. An Autobiography*, Boston und New York 1918, Kap. 34: »The Law of acceleration« (1904). – Bis ein neues Gleichgewicht erreicht werde, herrsche das Gesetz der Beschleunigung: »A dynamic theory would begin by assuming that all history, terrestrial or cosmic, mechanical or intellectual, would be reducible to this formula if we knew the facts« (S. 489). Adams bringt Beispiele aus allen Lebensbereichen für seine Behauptung, der Geist könne nur noch reagieren, habe das aber inzwischen gelernt; in Zukunft müsse er springen lernen, um sich anzupassen.

21 Goethe, *Die Wahlverwandtschaften* I 4, in: *Sämtliche Werke. Briefe, Tagebücher und Gespräche*, Bd. 8, hg. v. Waltraud Wiethölter, Frankfurt am Main 1994, S. 300.

Erfahrung eines beschleunigten Wandels hervorruft. Diese Art der Beschleunigung verweist auf eine Geschichte, die gleichsam als stets sich überholende Zeit, eben als Neuzeit im emphatischen Sinne begriffen wurde.

Hier ist nun freilich eine zweite Erläuterung fällig, die uns davor warnen soll, diesen so gewonnenen Begriff der Neuzeit in seiner Einmaligkeit absolut zu setzen. Die Beschleunigung ist immer auch ein Perspektivbegriff, der seine Evidenz aus dem Vergleich zusammenlebender Generationen gewinnt, die einen gemeinsamen, wenn auch perspektivisch gebrochenen Erfahrungsraum teilen. Perthes hat dies in einem Brief an Jacobi einmal formuliert, als er die »unglaubliche Schnelligkeit« zu deuten suchte, mit der seine Zeit alles Denken und Wollen umgestaltete.[22] Früher habe es Erfahrungswandel nur über Jahrhunderte hinweg gegeben, heute werde das Aufeinanderfolgende zusammengedrängt und dementsprechend wachse der Streit. »Unsere Zeit [...] hat das völlig Unvereinbare in den drei jetzt gleichzeitig lebenden Generationen vereinigt. Die ungeheuren Gegensätze der Jahre 1750, 1789 und 1815 entbehren aller Übergänge und erscheinen nicht als ein Nacheinander, sondern als ein Nebeneinander in den jetzt lebenden Menschen, je nachdem dieselben Großväter, Väter oder Enkel sind.« Es ist also die chronologische Gleichzeitigkeit des politisch und sozial Ungleichzeitigen, die Konfliktlagen hervorruft, deren strittige Lösungsversuche gemessen an früheren Zeiten als Beschleunigung erfahren werden.

Bei unserer Kategorie der ›Beschleunigung‹ kann es sich also auch um ein Erkenntnisinstrument handeln, das auf eine politische Krisenlehre zielt, ohne daß wir daraus für die Zukunft weitere Be-

22 *Friedrich Perthes' Leben nach dessen schriftlichen und mündlichen Mittheilungen aufgezeichnet von Clemens Theodor Perthes* (1848), 3 Bde., Gotha [6]1872, Bd. 2, S. 146, Brief um 1815, undatiert. – Vgl. damit auch die analoge, aber dualistisch hochstilisierte Polemik aus dem ›Rat der Fünfhundert‹: »Dèshors la France présenta le spectacle de deux nations ennemis«; ihrer beider Sitten, Sprachen und Meinungen stünden in strikter Opposition. Die eine Nation folge dem Reich der Philosophie (»règne de la Philosophie«), die andere ihren Vorurteilen, die eine der Freiheit, die andere der Knechtschaft, die Republik stehe gegen die Monarchie: »en un mot, l'intervalle de deux siècles entre les habitants de la même patrie« (Corps législatif, conseil des cinq-cente, rapport fait par Bonnaire, sur le calandier républicain, scéance du 4 thermidore, an 6 [1798], Bibl. Nat. Le 43. 2170; dank frdl. Hinweis von Michael Meinzer).

schleunigungen ableiten müssen. In diesem Sinne wurden denn auch noch die Französische Revolution und ihr Verlauf herkömmlich begriffen. So hielt etwa Georg Friedrich Rebmann auf den 1805 widerrufenen Revolutionskalender eine Leichenpredigt. Er gibt einen typologischen Abriß der bisherigen Revolution, die sich ihren eigenen Kalender gestiftet hatte. Dann fährt er fort: »Kurz, er [der Kalender] sah alles, was nur in 20 Jahrhunderten vor ihm geschah, in einem Zeitraum von wenig Jahren und starb endlich, wie dann kluge Kinder selten alt werden, am Schlage, während die Ärzte ihm die Auszehrung prophezeiten. Ach hätte er doch auch erlebt, daß die Menschen klüger und besser geworden, daß ihre Erfahrungen für sie und ihre Nachkommen nützlich geworden wären! Requiescat in pace!«[23]

Der Topos von der beschleunigten, weil zusammengedrängten Zeit der revolutionären Ereignisse endet hier in halber Resignation, denn der Fortschritt sei nicht so eingetreten wie erhofft.

Ähnlich reagierte Görres, nachdem die Restauration im herkömmlichen Sinne wieder Einzug gehalten zu haben schien: Er meinte da, aus der bisherigen Geschichte könne man nur wenig lernen. »Wollt Ihr aber bei ihr zur Schule gehen, dann nehmt die Revolution zur Lehrerin; vieler trägen Jahrhunderte Gang hat in ihr zum Kreislauf von Jahren sich beschleunigt.«[24]

Wir lernen hier also einen Deutungsbegriff von Beschleunigung kennen, der aus der Überraschungsdimension einer unbekannten Zukunft zurückführt auf strukturale Möglichkeiten einer Geschichte, die sich analog wiederholen mögen. Eine Revolution ist sozusagen nur das beschleunigte Konzentrat aller möglichen Geschichte. Damit bleibt gleichsam auch die beschleunigte Geschichte immer noch Geschichte, die nicht nur Neuzeit ist.

Die beiden letzten Zeugnisse stammen freilich aus der Erfahrung der politischen Geschehnisse, nicht der Industrialisierung. Im Horizont der sich technifizierenden Gesellschaft des 19. Jahrhunderts wurde diese politische Variante der Beschleunigung zwar

23 Georg Friedrich Rebmann, *Der revolutionäre Kalender*, ND im *Insel-Almanach auf das Jahr 1966*, S. 80-85.

24 Joseph Görres, *Teutschland und die Revolution* (1819), in: *Gesammelte Schriften*, Bd. 13 (1929), S. 81. Vgl. dazu R. Koselleck, Art. »Geschichte, Historie«, in: *Geschichtliche Grundbegriffe*, hg. v. Otto Brunner u.a., Stuttgart 1975, Bd. 2, S. 677.

immer wieder abgerufen, wenn sich revolutionäre Schübe ereigneten, aber im ganzen bestimmte sie nicht die Deutung des Gesamtgeschehens. Wir müssen theoretisch deshalb auseinanderhalten:

1. Die Beschleunigung, die in Krisenzeiten des politischen Verfassungslebens registriert wird. Dafür gibt es seit Thukydides Belege, die auch noch heutige Erfahrungen abdecken, so wie ›Geschwindigkeit‹ in frühneuzeitlicher Sprache auch auf Unruhen und Bürgerkrieg verweist. Was die Deutungen der Französischen Revolution auszeichnet, ist die häufig vorgetragene These, daß sich der modellhafte, über neun Generationen sich erstreckende Verfassungskreislauf des Polybios nunmehr auf die Ereigniskatarakte während einer einzigen Generation und auf noch kürzere Zeit zusammendränge. Diese Beschleunigung zehrt von Altbekanntem, das sich lediglich in kürzerer Zeit ereignet.

2. Die Beschleunigung, die sich aus den technisch-industriellen Fortschritten ergeben hat und die sich – im Gegensatz zur Vergangenheit – als Erfahrung einer neuen Zeit registrieren läßt. Beide, zeittheoretisch streng unterscheidbaren Typen der Beschleunigung vermischen und verstärken sich natürlich in der Alltagssprache und können dazu beitragen, eine gesamtgeschichtliche Krisenlehre der Moderne mit Argumenten zu speisen, wie sie etwa Jacob Burckhardt meisterhaft zusammengefügt hat.[25]

Als erstes Zwischenergebnis läßt sich also festhalten, daß es wohl Beschleunigungen gibt, aber nicht *der* Geschichte, sondern nur *in* der Geschichte, je nach Erfahrungsschicht, sei sie primär politisch oder primär technisch und ökonomisch bestimmt. Die ›Geschichte selber‹ oder die ›Geschichte an und für sich‹ ist kaum geeignet, als Handlungssubjekt gedacht zu werden, das beschleunigt agieren könne. Denn diese Geschichte an und für sich enthält alle Vergleichsmaßstäbe in sich selber, an denen gemessen werden müßte, ob sie sich beschleunigt oder verzögert. Der theoretisch von den empirischen Geschichten abstrahierende Begriff einer Geschichte, die zugleich ihr eigenes Subjekt und Objekt bildet, einer Geschichte also, welche die Bedingung aller nur möglichen Geschichten in sich birgt, dieser erst im 18. Jahrhundert entwickelte

25 Dazu R. Koselleck, Art. »Krise«, in: *Geschichtliche Grundbegriffe*, hg. v. Otto Brunner u. a., Stuttgart 1972 ff., Bd. 3, S. 639 f.

Begriff läßt nicht zu, Maßstäbe außerhalb seiner selbst zu setzen, die eine Beschleunigung »der Geschichte« aufweisen oder gar nachrechnen könnten. Hegel, der die Etappen der Weltgeschichte aus der Arbeit des Weltgeistes ableitet, hat das klar erkannt. Zwar räumt er ein, daß sich die Geschichtsschreibung beschleunigt habe: »In neuern Zeiten haben sich alle Verhältnisse geändert. Unsere Bildung faßt sogleich auf und verwandelt unmittelbar alle Begebenheiten für die Vorstellung in Berichte.«[26] Aber der Weltgeist, der sich durch Nationen und Individuen hindurch auf deren Kosten voranschafft, der nur auf Umwegen und über Vermittlungen fortschreitet: »Er hat nicht nur Zeit genug«, es kommt ihm auf Zeit gar nicht an. Und »was die Langsamkeit des Weltgeistes betrifft, so ist zu bedenken: er hat nicht zu eilen; er hat Zeit genug – tausend Jahre sind vor dir wie ein Tag –; er hat Zeit genug, eben weil er selber außer der Zeit, weil er ewig ist.« Außerdem werde diese Langsamkeit »durch anscheinende Rückschritte, Zeiten der Barbarei noch vermehrt«.[27]

Hegel, der die Eine Geschichte schlechthin aus dem Geist des ehedem christlichen Gottes entwickelt und zu begreifen sucht, beruft sich nicht zufällig auf jenen Vers des 90. Psalms, der je nach Situation so gut für die Verzögerung wie für eine Beschleunigung abgerufen werden konnte: »Denn tausend Jahre sind vor dir wie der Tag, der gestern vergangen ist, und wie eine Nachtwache.« Dieses vieldeutige Gleichnis führt uns zurück in die apokalyptischen Voraussetzungen der modernen Beschleunigungsaxiome.

2. *Die Kategorie der Zeitverkürzung zwischen Apokalyptik und Fortschritt*

Bisher haben wir die Beschleunigung als Erfahrungsbegriff der Neuzeit kennengelernt und sind dabei zum Schluß auf zwei Varianten gestoßen, welche die Beschleunigung als Möglichkeit sich

26 G.W.F. Hegel, *Die Vernunft in der Geschichte*, hg. v. J. Hoffmeister, Hamburg [5]1955, S. 9.

27 G.W.F. Hegel, *Einleitung in die Geschichte der Philosophie*, hg. v. J. Hoffmeister, Hamburg [3]1959, S. 62 und 64.

wiederholender Geschichten oder als Ergebnis technisch-industrieller Innovation begreifen lehrten. Wir fragen jetzt nach den Beschleunigungskriterien, die vor unserer Epochenschwelle in Gebrauch waren, um damit gleichsam von rückwärts einen neuen Einblick zu gewinnen.

Die Zeitverkürzung spielt in den apokalyptischen Texten der jüdisch-christlichen Tradition eine immer wieder aktivierte Rolle. Man mag die Zeitverkürzung als einen Begriff religiöser Erfahrung definieren, seinen Sinn bezieht er aber aus der Erwartung. In christlicher Erwartung ist die Zeitverkürzung eine Gnade Gottes, der die Seinen vor dem Weltende nicht so lange leiden lassen will (Mark. 13,20, Matth. 24,22). Das Ende soll eher herbeikommen, als es sowieso eintreten muß. Der Maßstab dieser Verkürzung ist die für die Zukunft vorgegebene Aufhebung der Zeit selber. [28]

Eine andere Variante der Erwartung führte, je länger die Wiederkehr Christi ausblieb, zu der Frage: Wie lange noch? Grund solcher Erwartung war der handfeste Wunsch der Gläubigen, die Zeit abgekürzt zu sehen, um möglichst schnell am Heil teilhaben zu können. Mit Petrus 3,8 wurde die Antwort (aus Psalm 90) geboten, daß ein Tag vor dem Herrn ist wie tausend Jahre und tausend Jahre wie ein Tag. Auch diese Wendung sollte gegenüber allzu empirischen Hoffnungen Trost bieten – nämlich auf Gottes Gnade verweisen, der seine Botschaft erst noch an alle Bewohner der Erde gelangen lassen wolle, um die Zahl der Erwählten voll zu machen. Die Verzögerung des Endes war damit ebenso ein Indiz für Gottes Gnade wie die verkündigte Zeitverkürzung. Darin lag kein Widerspruch, sofern die Paulinische Transposition der Erwartung in die Gewißheit des Glaubens von beiden Varianten umschrieben werden konnte. Für unsere Frage entscheidend ist nur, daß Zeitverkürzung oder Verzögerung ihren Richtpunkt hatten außerhalb der Zeit überhaupt. Beide Wendungen gewannen Evidenz nur aus der Ewigkeit Gottes, dessen erneuter Eintritt in diese Welt eine neue Welt erstehen lassen würde. Wir sehen uns also zwei relationalen Zeitbestimmungen im Umkreis der Apokalyptik gegenüber, die geschichtliche Ereignisse wohl zu deuten erlaubten, deren Deutungsraster aber nicht primär aus den

28 Vgl. dazu den folgenden Aufsatz S. 177-202.

zeitlichen Strukturen dieser Ereignisse selbst abgelesen werden konnte. Es handelt sich somit nicht um eine geschichtliche Verkürzung der Zeitabläufe, sondern um eine Verkürzung der Zeit der Geschichte, ein vorweggezogenes Weltende.

Eine dritte Variante schließlich stellt die chiliastische Deutung des Zwischenzustandes zwischen Erwartung und Eintreffen des Endes dar. Auch diese konnte mit der Petrusbriefstelle und vor allem durch die Johannesapokalypse abgesichert werden. Mögen es tausend Jahre sein, die vor Gott nur ein Tag sind – sie werden eingeschoben als eine Zeit seliger Erwartung der letzten Wiederkunft Christi auf Erden. Auch diese Lehre vom Zwischenzustand, in dem sozusagen Verkürzung und Verzögerung der Ablaufsfristen stillgelegt sind, zehrt von einem außergeschichtlich vorgegebenen Telos. Wenn die apokalyptischen Bilder gleichwohl immer wieder auf empirische Geschehnisse angewendet wurden, traten sofort jene institutionellen Probleme damit auf, wer über die richtige Exegese zu entscheiden hat. Die Häresie lauerte hinter jeder empirischen Verifikation apokalyptischer Ausdeutung, sosehr diese auch die Geschichte des Christentums beeinflußt und vorangetrieben hat.

Während die Lehre vom Tausendjährigen Reich von den Kirchenvätern, besonders seit Augustin, tabuiert war, blieben die beiden Bestimmungen der Zeitverkürzung und der Verzögerung ein inhärentes Moment der christlichen Erwartung. Luther, der im Gegensatz zu seinen theologischen Schriften in den Tischgesprächen immer wieder apokalyptische Erwartungen handfest formulierte, ist dafür ein gutes Zeugnis: sowohl indem er noch um Aufschub bittet, als auch, indem er den Jüngsten Tag schon vor der Tür sieht und herbeisehnt. Dabei blenden sich gelegentlich beide Argumente der Verzögerung ineinander: daß vor Gott tausend Jahre nur ein Tag seien und daß die empirische Geschichte sich verkürze.

Ein Kriterium nun der außergeschichtlichen Zeitbestimmung apokalyptischer Voraussagen ist ihre Wiederholbarkeit. Eine nicht eingetroffene Prophezeiung oder apokalyptische Erwartung kann immerfort wiederholt werden, ja die Wahrscheinlichkeit, daß das Vorausgesagte und Erwartete doch noch eintritt, wächst mit jeder enttäuschten Erwartung. Gerade im Irrtum hinsichtlich des Zeitpunkts liegt nämlich ein Beleg für die zukünftig um so gewissere Erfüllung. Auf diese Weise ist der zeitliche Rahmen der Verkürzungsformel metahistorisch vorgegeben. Die empirischen Daten zur Erhärtung der Tatsache, daß die sich beschleunigenden Ereignisse auch Vorzeichen der Letztzeit seien, konnten jeweils ausgetauscht werden. Das gilt, sofern überhaupt auf diese Texte zurückgegriffen wurde, bis hin zu Luther und tief ins 17. Jahrhundert hinein, um sich im weiteren Verlauf der Neuzeit auf immer kleinere Zirkel zu reduzieren, die nicht mehr in den Bereich politischer Entscheidung hineinreichen.

Von dieser modellhaft verkürzten Position aus gewinnen wir einen neuen Zugang zu den seit dem 16. Jahrhundert immer zahlreicher werdenden Feststellungen, daß die Zeit sich verkürze, ohne daß man sich noch auf die Apokalypse berufen hätte. Die Wendung von sich verkürzenden Zeiträumen bleibt zwar eingespannt in einen Erwartungshorizont (daß sich nämlich in Zukunft immer schneller Fortschritte einstellen mögen), aber die Wendung wird auch angereichert durch andere, durch neue Erfahrungsbestände, die nicht in einem christlichen Sinne ausgelegt wurden. Der harte Erfahrungskern, von dem zunächst ausgegangen wurde, waren die Entdeckungen und Erfindungen der aufkommenden Naturwissenschaft. Als Gesamttendenz läßt sich für den Zeitraum vom 16. bis zum 19. Jahrhundert festhalten: Die zunächst christlich stimulierten und utopisch angereicherten Hoffnungen und Erwartungen, die sich an die Geschichte der Erfindungen und Entdeckungen anschlossen, wurden zunehmend von naturwissenschaftlichen Erfahrungssätzen eingeholt.

Aus der Zeitverkürzung, die früher von außen her der Geschichte ein früheres Ende setzt, wird jetzt eine Beschleunigung bestimmbarer Erfahrungssektoren, die in der Geschichte selber registriert wird. Neu ist dabei, daß nicht mehr das Ende schneller herbeikommt, sondern daß gemessen an den langsamen Fortschritten der vergangenen Jahrhunderte die gegenwärtigen Fortschritte sich immer rascher einstellen. Das Telos, die Natur zu beherrschen und die Gesellschaft gerechter zu organisieren, wurde zu einer gleitenden Zielbestimmung, und jede vorauseilende Absicht ließ sich gern als verzögerter Fortschritt deuten.

Es handelt sich also um mehr und um anderes als bloß um eine

Säkularisation. Sosehr apokalyptische Erwartungen im Gewand millenarischer Hoffnungen in den neuen Beschleunigungsbegriff eingegangen sein mögen: Der Erfahrungskern, auf den sich die neuen Erwartungen beriefen, war nicht mehr aus der Apokalypse ableitbar.

Aber die Auseinandersetzung mit der apokalyptischen Tradition geht weiter. Sie taucht, vielfach vermittelt, immer dort wieder auf, wo es um die Zielbestimmung der Geschichte geht, das immer schneller einzuholen zur Aufgabe der Menschen wurde. Das wird deutlich im 18. Jahrhundert, als die Kategorie der Beschleunigung von der zunehmenden Beherrschung der Natur ausgeweitet wurde auf die Gesellschaft, auf die Entfaltung der Moral, auf die Geschichte insgesamt. Ja man kann sagen, daß die Geschichte selber überhaupt erst als eine eigene Seinsweise des Menschen freigelegt wurde, indem sie als fortschrittlich und beschleunigt gedeutet wurde.

Gegen Ende des 18. Jahrhunderts, vor allem während der Französischen Revolution, mehren sich die Stimmen, welche die gesamte Geschichte in die Perspektive zunehmender Beschleunigung rücken. Die Frage, ob die Abfolge sich verkürzender Perioden objektiv feststellbar sei oder ob es sich nur um eine subjektive Wahrnehmung handele, wird von den meisten Autoren – implizit oder explizit – berücksichtigt. Lessing bescheinigt dem aufgeklärten Chiliasten, noch sehr distanziert, daß er die Zukunft selber beschleunigt herbeiführen wolle. Damit ist jene Rückkoppelung des tatsächlichen Geschichtsverlaufs an die Hoffnungen, Pläne und Handlungen der Menschen angesprochen, die Kant dann auf ebenso subtile wie engagierte Weise zu begründen sucht. Die moralische Verpflichtung, Fortschritte zu versuchen und herbeizuführen, glaubt Kant durch Ereignisse der Französischen Revolution, besonders aber durch die Reaktion der Menschen auf diese Ereignisse auch empirisch einlösen zu können, so daß die Hoffnung wächst, in immer kürzeren Zeitabständen eine gerechte Republik und eine friedliche Völkerordnung herbeizuführen.

Niemals ging er so weit wie Condorcet, der davon überzeugt war, die Fortschritte des Menschengeschlechts voraussehen, lenken und beschleunigen zu können, »sobald man in der bisherigen Geschichte aller Fortschritte den rechten Leitfaden gefunden habe«.[29] Aber in beiden Theoremen werden die Pflicht, die Wünschbarkeit oder die Feststellung eines beschleunigten Fortschreitens an den handelnden Menschen selbst zurückgebunden, sosehr geschichtsphilosophische Rückversicherungen in Anlehnung an einen Naturplan (Kant) oder an allgemeine Gesetze (Condorcet) bemüht wurden.

Die Erfahrung der naturwissenschaftlichen Erfolgsserie und der beginnenden Technifizierung mochte dieser Selbstgewißheit Condorcets Pate gestanden haben. Jedenfalls gilt für den geschichtsphilosophisch imprägnierten Begriff der Beschleunigung seit dem 18. Jahrhundert, daß er sinnvoll nur verwendet werden konnte, wenn ein Ziel anzugeben war, das beschleunigt zu erreichen sei. Hier liegt die formale Analogie zur außerzeitlichen Zielbestimmung, die aus den apokalyptischen Texten altbekannt war.

So beschwor Robespierre auf dem Konstitutionsfest 1793 Glück und Freiheit als Bestimmung der Menschen, die jetzt in der Revolution beschleunigt zu verwirklichen Pflicht aller Bürger sei, und Condorcet formulierte im selben Jahr jenes ›loi révolutionnaire‹, das zum Ziel habe, die Revolution aufrechtzuerhalten, zu steuern und zu beschleunigen.[30]

Was Joseph Görres ein Vierteljahrhundert später spekulativ deduziert: daß sich »die große Weltbahn der Geschichte [...] gleichförmig beschleunigt«, daß die »Verkürzung der Perioden, wie sie der Gegenwart näherkommen«, unverkennbar[31] sei – diese Einverwandlung apokalyptischer Erwartungen in die Geschichtsdeutung imprägniert auch die französische Schule der Positivisten. Was in der Apokalypse von Gottes geheimem Ratschluß erwartet wird, soll nunmehr von den Menschen herbeigeführt werden. Im Rückgriff auf Condorcet fordert auch Saint-Simon, die vergangenen Jahrhunderte auf die sukzessiven Fortschritte des mensch-

29 Condorcet, *Esquisse d'un tableau historique des progrès de l'esprit humain* (1793), mit dt. Übersetzung hg. v. Wilhelm Alff, Frankfurt am Main 1963, S. 27ff., 43, 371, 385, und R. Koselleck, *Vergangene Zukunft*, Frankfurt am Main 1979, S. 83.

30 Vgl. Anm. 26 des folgenden Aufsatzes. Zur Variantenskala der Beschleunigungssentenzen siehe Horst Günther (Hg.), *Die Französische Revolution. Berichte und Deutungen deutscher Schriftsteller und Historiker*, Frankfurt am Main 1985, S. 552, 831, 837 (Wieland), 652 (Forster), 1054, 1070 (Wilhelm Schulz).

31 Joseph Görres, *Europa und die Revolution* (1819), in: *Gesammelte Schriften*, hg. v. Wilhelm Schellberg, Köln 1929, Bd. 13, hg. v. Günther Wohlers, S. 188f.

lichen Geistes hin zu ordnen, »et vous verrez clairement les moyens à employer pour accélérer son perfectionnement«.[32] Alle ineinandergreifenden sozialen, ökonomischen und politischen Analysen der Weltgeschichte bewegen sich bei Saint-Simon und seinem Schüler Comte im Rahmen tatsächlich zu beobachtender Geschwindigkeitssteigerungen sowie unter dem Vorgebot, diese auch beschleunigt voranzutreiben. Das Endgericht wird auch hier – wie bei Schiller – in die Geschichte selbst hineingenommen. »La Grande Crise finale« sei die Französische Revolution, die zur friedlichen Neuordnung der Gesellschaft hinführe. Voraussetzung sei freilich die soziologische Theorie, nur sie leiste »la réorganisation totale, qui peut seule terminer la grande crise moderne«[33], indem sie die Erkenntnisse der Vergangenheit in vorausschauende Zukunftsplanung umsetze. Auch wenn die Vokabel des Jüngsten Gerichts erhalten bleibt, die apokalyptische Metaphorik ist verblaßt.

Was ist nun diesen Zeugnissen gemeinsam? Offensichtlich ist diese Beschleunigung, die hier für die ganze Weltgeschichte beansprucht und beschworen wird, weniger ein kontrollierter Erfahrungsbegriff als vielmehr ein utopischer Erwartungsbegriff.

Eine quasi religiöse Verheißung hatte die Zeitspanne eingefärbt, die beschleunigt zurückgelegt werden sollte. Aber die Zielbestimmungen blieben innerweltlich und erfuhren im 19. Jahrhundert durch die technischen Fortschritte neue Unterstützung. So wird in einem Essay des Brockhaus über die Eisenbahnen 1838 die Weltfriedensorganisation einer sich selbst bestimmenden Menschheit als Postulat sittlicher Notwendigkeit definiert. Und der Autor fährt fort: »Nach diesem wahrhaft göttlichen Ziel hat die Geschichte zwar von jeher ihren Lauf gerichtet, doch auf den stürmend fortwärts rollenden Rädern der Eisenbahnen wird sie es um Jahrhunderte früher erreichen.«[34]

Man wird wohl behaupten können, daß hier die formale Zeitstruktur einer apokalyptischen Erwartung vorliegt. Aber mehr

32 *Esquisse d'une nouvelle encyclopédie, Œuvres de Saint-Simon et d'Enfantin*, 47 Bde., Paris 1865-78, Bd. 15, S. 89, zit. nach: Rolf Peter Fehlbaum, *Saint-Simon und die Saint-Simonisten*, Basel und Tübingen 1970, S. 12.

33 Auguste Comte, *Cours de philosophie positive*, hg. v. Ch. Le Verrier, 2 Bde., Paris 1949, Bd. 2, S. 114 und 157f.

34 Siehe Anm. 16.

auch nicht. Denn die Erfahrungsinstanz blieb ein technisches Instrument, von dem sich sehr bald herausstellte, daß es eine solche heilsgeschichtliche Zumutung nicht einzulösen vermochte. Wer weiterhin an innerweltlichen Zielbestimmungen festhalten wollte, der mußte nach anderen Akzeleratoren Umschau halten.

Durch den Rückgriff auf die apokalyptische Tradition und ihre Umsetzung seit der Frühen Neuzeit haben wir somit eine weitere Antwort gefunden. Geschichtliche Beschleunigung kann registriert werden in zwei möglichen Fällen:

Erstens kann sie als Zeitverkürzung aus Zielerwartungen abgeleitet werden: dann bleiben Beschleunigungsprozesse als Postulat immer möglich und können unbeschadet ihrer Erfüllbarkeit stets aufs neue beschworen werden. In diesem Falle handelt es sich um einen jederzeit wiederholbaren Erwartungsbegriff. Rein subjektiv lassen sich daraus Verlangsamungen, Verzögerungen oder Verspätungen ableiten – Kategorien der Wünschbarkeiten oder enttäuschter Hoffnungen.

Zweitens kann die Beschleunigung aus dem Vergleich mit vergangenen Ereigniszusammenhängen abgeleitet werden: So bleiben sie empirisch überprüfbar und können Daten liefern für weitere Planung. Dann handelt es sich um einen reinen Erfahrungsbegriff.

Schließlich, und damit komme ich zum Schluß, gibt es eine Kombination beider Möglichkeiten, wie sie heute vielleicht am häufigsten auftritt: Sie besteht darin, daß der technisch-industrielle Zustand, den die entwickelten Länder in ihrer Vergangenheit bisher erreicht haben, in Zukunft von den weniger entwickelten aufzuholen sei. Daraus folgt zwingend, daß der Aufholbedarf nur beschleunigt gestillt werden kann. Auch hierbei handelt es sich um eine Bestimmung der Gleichzeitigkeit des Ungleichzeitigen, die ein großes Konfliktpotential in sich birgt. Ferner liegt darin eine Verschränkung von Erfahrung und Erwartung vor, deren Differenz dazu herausfordert, beschleunigt überbrückt zu werden. Die Erfahrung der einen ist die Erwartung der anderen. Condorcet, Comte oder Friedrich List haben die Beschleunigung der geschichtlichen Ereignisse vor allem im Hinblick auf diese dritte Möglichkeit hin untersucht und gefordert. In unserer Zeit gehört sie – ich erinnere an Chruschtschow oder an Mao Tse-tung – nicht nur zum Alltagsgeschäft der politischen Planung, sie ist aus Politik und Ökonomie im globalen Zusammenhang nicht wegzudenken. Wir wissen freilich nicht, wie lange dies noch gilt.

Hören wir noch einmal auf Chamisso, mit dessen Hilfe wir die bisherige Bahn der Beschleunigung betreten haben: »Im Herbst 1837 war ich Votum solvens in Leipzig, die Eisenbahn mit vorgespanntem Zeitgeist zu befahren – ich hätte nicht ruhig sterben können, hätte ich nicht vom Hochsitze dieses Triumphwagens in die sich entrollende Zukunft hineingeschaut.«[35] Ein Jahr später war Chamisso tot.

35 *Chamissos Werke*, hg. v. Max Sydow, 5 Teile in 2 Bdn., Berlin, Leipzig, Wien und Stuttgart (1907), 1. Teil: »Chamissos Leben und Werke«, S. 136.

Zeitverkürzung und Beschleunigung

Eine Studie zur Säkularisation

»Et minuentur anni sicut menses et menses sicut septimana et septimana sicut dies et dies sicut horae.« (»Und die Jahre werden verkürzt werden gleichsam zu Monaten, und Monate zu Wochen, und Wochen zu Tagen, und Tage zu Stunden.«) Diese Zeilen stammen aus dem 4. Jahrhundert, sie gehören zu den Visionen der tiburtinischen Sibylle.[1] Es handelt sich um einen apokalyptischen Text. Mit der Zeitverkürzung wird der Aufstand der furchtbaren Völker eingeleitet, die das Römische Reich zerstören werden. Sie ist ein Werk des Antichristen, der das letzte große Elend über die Erde bringt, aber auch eine Tat des wiederkehrenden Christus: denn »der Herr wird jene Tage abkürzen wegen der Auserwählten«[2], damit ihr Leiden nicht zu lange dauere, bevor der Erlöser den Antichrist besiegt hat. Ob durch den Antichristen oder durch Christus herbeigeführt: die Zeitverkürzung ist ein Vorzeichen des Weltendes.

1 *Sibylla Tiburtina (explanatio somnii)*, zit. nach *Sibyllinische Weissagungen. Urtext und Übersetzung*, hg. v. Alfons Kurfess, Heimeran (München) 1951, S. 276. Der Text stammt nach E. Sackur, *Sibyllinische Texte und Untersuchungen*, Halle 1898, S. 162, und A. Kurfess, a.a.O., S. 346, aus der Zeit um 360 n.Chr. Die entsprechende Passage von Laktanz, dessen Text nach Hans Lietzmann Konstantin gekannt hat, lautet: »tunc et annus et mensis et dies breviabitur: et hanc esse mundi senectutem ac defectionem Trismegistus elocutus est; quae cum evenerint, adesse tempus sciendum est, quo deus ad commutandum saeculum revertatur« (*Firmiani Lactantii Epitome divinarum institutionum* 66,6, ed. S. Brandt = CSEL, Bd. IX, S. 756f., abgedruckt bei Kurfess, a.a.O., S. 246).

Zu den theologisch im griechischen Osten früher als im lateinischen Westen umstrittenen apokalyptischen Weissagungen sei weiterhin auf die Forschungen Harnacks und Lietzmanns verwiesen. Im Volksglauben blieben die endzeitlichen Erwartungen und damit auch die – relativ seltenen – Beschleunigungs- bzw. Zeitverkürzungstopoi immer präsent und konnten und können jederzeit abgerufen werden. Die geringe Variationsbreite der zugrundeliegenden Quellen betont Arthur Hübscher, *Die große Weissagung. Texte, Geschichte und Deutung der Prophezeiungen von den biblischen Propheten bis auf unsere Zeit*, München 1952. Mit einer Fülle historischer Belege, aber begriffsgeschichtlich ohne analytische Fragestellung, Ernst Benz, *Akzeleration der Zeit als geschichtliches und heilsgeschichtliches Problem*, Mainz 1977 (Abh. d. geistes- und sozialwiss. Klasse der Mainzer Akademie der Wissenschaften und der Literatur, Jg. 1977, Nr. 2). – Zeittheoretisch unspezifisch, kulturgeschichtlich anregend Daniel Halévy, *Essai sur l'acceleration de l'histoire*, Paris 1961.

2 *Sibylla Tiburtina* (vgl. Anm. 1), S. 278 – nach Mark. 13,20.

Vergleichen wir mit diesen Zeilen eine Aussage des deutschen Elektroingenieurs und Unternehmers Werner von Siemens. Siemens schloß 1886 aus der Serie bisheriger Erfindungen auf ein dahinterliegendes Gesetz: »Dies klar erkennbare Gesetz ist das der stetigen Beschleunigung unserer jetzigen Kulturentwicklung. Entwicklungsperioden, die in früheren Zeiten erst in Jahrhunderten durchlaufen wurden, die im Beginne unserer Zeitperiode noch der Jahrzehnte bedurften, vollenden sich heute in Jahren und treten häufig schon in voller Ausbildung ins Dasein. Es ist dies einerseits die natürliche Folge einer Erscheinungsform unseres Kulturfortschritts selbst [...], andererseits die Wirkung des sich selbst verjüngenden wissenschaftlich-technischen Fortschritts.«[3]

Formal scheinen die beiden Zeitbestimmungen erstaunlich ähnlich zu sein. Beide Male werden verkürzte Zeitspannen beschworen oder benannt, auch wenn ihr Kontext und ihr Inhalt verschieden sind. Der Text der tiburtinischen Sibylle verweist auf eine Zeitverkürzung vor dem Ende der Welt. Der Text des Elektroingenieurs verweist auf eine Beschleunigung im Horizont des Fortschritts. Genau betrachtet handelt es sich also um sehr unterscheidbare Positionen. Einmal wird die Zeit selber beschleunigt, indem die Zeitphasen, die der Natur entlehnt sind – Jahre, Monate und Tage zumindest –, zusammengedrängt werden. Es handelt sich um eine von Gott gewollte Verwandlung der Naturzeit, deren gleichmäßige Rhythmen sich verkürzen, bevor das Jüngste Gericht eintritt.

Das andere Mal wird schon aus naturwissenschaftlichen Gründen nicht daran gedacht, daß sich die Naturzeit selber ändern könne. Sie bleibt sich – mit Newton – immer gleich. Aber innerhalb der natural begründbaren Chronologie ereignen sich die Fortschritte in Wissenschaft und Kultur sowie deren Ausbreitung immer schneller. Die Naturzeit selbst bleibt sich zwar gleich, aber der von den Menschen geschaffene Inhalt der Zeit wird beschleunigt verwirklicht. Trotz der semantischen Ähnlichkeit handelt es

3 Werner von Siemens, *Das naturwissenschaftliche Zeitalter. Vortrag, gehalten in der 59. Versammlung Deutscher Naturforscher und Ärzte am 18. September 1886*, Berlin 1886, zit. nach Johan Hendrik Jacob van der Pot, *Die Bewertung des technischen Fortschritts. Eine systematische Übersicht der Theorien*, Maastricht 1985, 2 Bde., Bd. 1, S. 120; dort auch eine für die Begriffsgeschichte unersetzliche Belegsammlung.

sich also um zwei verschiedene, ja einander widersprechende Befunde: Im Text der Sibylle wird die Zeit selbst verkürzt, im Text des Ingenieurs beschleunigt sich die Abfolge der Innovationen und Verbesserungen innerhalb gleicher Zeitfristen.

Zeitverkürzung und Beschleunigung werden ähnlich definiert, verweisen aber auf verschiedene Vorstellungen bzw. Sachverhalte.

Damit befinden wir uns im Zentrum unserer Frage: Hängt das eine mit dem anderen zusammen? Verweist die sprachliche Ähnlichkeit der Formulierung und der Zeitbestimmung auf einen Zusammenhang? Handelt es sich gar um eine Säkularisierung christlich apokalyptischer Endzeiterwartungen, die zum Beschleunigungssatz geführt haben? Handelt es sich um christliches Erbe, das hier in Modernität transponiert wurde? Oder anders gewendet: Hängen Zeitverkürzung, Beschleunigung und Säkularisation überhaupt zusammen?

Um diese Fragen zu beantworten, werde ich in drei Schritten vorgehen:

Erstens versuche ich terminologisch den Begriff der Säkularisation zu klären.

Zweitens versuche ich, die Kategorie der Zeitverkürzung vom Neuen Testament her in die Neuzeit hinein zu verfolgen.

Drittens versuche ich, den modernen Begriff der Beschleunigung davon abzuheben, um ihn mit dem Begriff der Säkularisation und der Zeitverkürzung zu kontrastieren.

1. Säkularisation – realgeschichtlich und metaphorisiert

Säkularisation ist heute ein weitgreifendes und diffuses Schlagwort geworden, über dessen Gebrauch kaum Einigkeit zu erzielen ist. Es dient der christlichen oder antichristlichen Kulturkritik so gut, wie es als geschichtsphilosophisches Deutungsmuster verwendet wird. Je nach Standort schillert sein Gebrauch.[4]

4 Hermann Lübbe, *Säkularisierung. Geschichte eines ideenpolitischen Begriffs*, Freiburg und München 1965. Über ›Säkularisierung‹, ›Säkularisation‹ und ›Verweltlichung‹ sowie ihre fremdsprachlichen Äquivalente informiert inzwischen grundlegend G. Marramao in: *Historisches Wörterbuch der Philosophie*, Basel 1992, Bd. 8, Sp. 1133-1161. Zur Sach- und Begriffsgeschichte siehe jetzt: *Zur Säkularisation geistlicher Institutionen im 16. und im 18./19. Jahrhundert*, hg. v. Irene Crusius,

Verfolgen wir die Begriffsgeschichte, so stellt sich (1.) heraus, daß Säkularisation einen institutionell eindeutigen Kern besitzt, über dessen Bedeutung kein Zweifel besteht. Das erst gegen Ende des 16. Jahrhunderts im Französischen aufgekommene Wort meinte zunächst die Überführung eines Ordensgeistlichen in den weltlichen Status. Aus einem regulären Geistlichen wurde dann ein ›saecularis‹, ein Weltgeistlicher. In dieser kanonisch-rechtlichen Bedeutung hat der Ausdruck bis heute seinen strengen Sinn behalten.[5]

(2.) Eine erste Ausweitung dieses Rechtsinstitutes erfolgte mit dem Westfälischen Frieden 1648. In die langwierigen Friedensverhandlungen zu Münster und Osnabrück brachte der französische Gesandte – mit dem alten Wort – einen neuen Begriff ein, nämlich den der Säkularisation. Er sollte einen politischen Akt bezeichnen, den es seit der frühmittelalterlichen Kirche längst gab, ohne daß diese Bezeichnung dafür verwendet worden wäre. Säkularisation meinte für den französischen Gesandten die Überführung von Kirchengütern in weltliche Herrschaft. In der konkreten Situation des Dreißigjährigen Krieges hatte diese Bezeichnung freilich eine antiprotestantische Pointe. Die protestantischen Territorialherren sollten an dem gehindert werden, was sie selber ›Reformation‹ nannten, nämlich daran, weiterhin katholische Kirchengüter ein-

Göttingen 1996 (Veröff. d. Max-Planck-Instituts für Geschichte, Bd. 124, Studien zur Germania sacra 19), hier auch seine begriffs- und sachgeschichtlichen Forschungen zusammenfassender Beitrag von Martin Heckel: *Das Problem der »Säkularisation« in der Reformation*, S. 31-56. Die Rückbindung des Begriffs der Säkularisation an den Begriff ›Saeculum‹ ist meines Wissens noch nicht hinreichend geleistet. Die semantische Ladung, die ›saeculum‹ aus ›secus‹ und ›sexus‹ speist, bedarf noch einer historisch-anthropologischen Deutung. Sie verweist sprachlich auf den Zusammenhang von Geschlecht, Generation, Menschenalter, Regierungszeit, Lebenszeit und auf die maximale Zeit von rund 100 Jahren, die über- oder unterschritten werden mag, also auf jene Zeitspanne, die einerseits sakral überhöht worden ist (so schon im Imperium Romanum), andererseits – im christlichen Kontext – als ›weltlich‹ ausgelegt werden konnte. Die Transposition des Weltbegriffs ›saeculum‹ in die rechnerisch vereindeutigende und verharmlosende ›Jahrhundert‹-Kategorie hat zwar eine vorchristliche Herkunft, erfolgte aber erst im 16. und 17. Jahrhundert. Zur etruskisch-römischen Vorlaufgeschichte immer noch Hans Lietzmann, *Der Weltheiland*, Bonn 1909, und jetzt Art. »Saeculum«, in: *Der kleine Pauly*, München 1979, Bd. 4, Sp. 1492-1494, zur Quellenerschließung.

5 Zum folgenden vgl. den Artikel »Säkularisation, Säkularisierung«, in: *Geschichtliche Grundbegriffe*, Stuttgart 1984, Bd. 5, S. 789-829, von Werner Conze, Hans-Wolfgang Strätz (zum kanonistischen und staatskirchenrechtlichen Begriff) und Hermann Zabel (zum geschichtsphilosophischen Begriff).

zuziehen. Im großen und ganzen wurde durch den Westfälischen Frieden auf dem Boden des Deutschen Reiches eine Pattsituation herbeigeführt, welche die Anteile kirchlicher und weltlicher Besitzungen festschrieb. Aber dabei sollte es nicht bleiben. Im Zuge der Aufklärung, kulminierend in der Französischen Revolution, kam es zu einer Welle weiterer Säkularisationen im Sinne der Enteignung von kirchlichen Besitzungen, Stiftungen und Gütern. An diesem Vorgang waren nunmehr vorzüglich katholische Landesherren selber beteiligt. Die deutschen Bischöfe behielten sich vor, Stiftungsbesitz nicht nur zum Besten der Religion, sondern auch zum Besten »des gemeinen Wesens in eine andere Form, die dem Hauptzweck gemäßer und den wirklichen Bedürfnissen angemessen ist, zu verändern«.[6] Josef II. führte zahlreiche Kirchengüter neuen Zwecken zu, und in der Französischen Revolution schließlich wurde alles Kirchengut eingezogen und über die neue, durch das enteignete Kirchengut abgestützte Währung auf das kapitalkräftige Bürgertum transferiert. Als Schlußstrich dieser Säkularisationswelle darf die Auflösung aller deutschen kirchlichen Herrschaften betrachtet werden, mit der die alte Reichsverfassung zu Grabe getragen wurde.

Säkularisation hat also einen kirchenrechtlichen Kern, dessen Bedeutung bis heute in Kraft geblieben ist. Darüber hinaus meint Säkularisation einen politisch begründeten Rechtsakt, der den weltlichen Herrschaftsanteil und Besitzanteil der Kirche zurückdrängt oder enteignet, um die finanziellen Gewinne neuen Zwekken zuzuführen. Diese Zwecke mochten pädagogisch, merkantil oder ökonomisch sein, selbst weltlich-religiös, wie bei den Protestanten, sie mochten auch als Prämien für politisches Wohlverhalten verwendet werden – in jedem Fall drängten sie die Kirchen aus dem Bereich weltlicher Herrschaft zurück, für den der moderne Staat einen Monopolanspruch erhob.[7]

In beiden Fällen, im kanonischen wie im politisch-rechtlichen Sinne, bezog der Begriff der Säkularisation seinen konkreten Sinn

6 Emser Punktation der Erzbischöfe von Mainz, Trier, Köln, Salzburg, 25. 8. 1786, s. Anm. 5, S. 804, zit. nach Carl Mirbt, *Quellen zur Geschichte des Papsttums und des römischen Katholizismus*, Tübingen [5]1934, S. 415.

7 Zu diesem ganzen institutionellen und rechtlichen Komplex zuletzt Martin Hekkel, *Korollarien zur Säkularisierung* (Sitzungsberichte der Heidelberger Akademie der Wissenschaften, Philosophisch-historische Klasse, Jg. 1981, Bericht 4).

aus der Opposition geistlich/weltlich. Der geschichtliche Hintergrund ist nur verständlich durch die Zwei-Reiche-Lehre des Augustin, die in zahlreichen Transformationen und Metamorphosen, wie Gilson gezeigt hat[8], die abendländische Geschichte strukturiert. In dem Maße wie die politisch-rechtliche Säkularisation vorangetrieben wurde, wurde auch versucht, den Anteil der kirchlichen Herrschaft auf den Bereich des Geistlichen zu beschränken. Was jeweils verweltlicht wurde, welche Herrschaftsrechte es waren und welche Besitzungen verteilt wurden, das läßt sich empirisch verifizieren und historisch eindeutig überprüfen. Die Bewertung mag je nach Standort schwanken, der Befund selber bleibt eindeutig.

(3.) Völlig anders verhält es sich mit dem Begriff der Säkularisation, wie er seit der Französischen Revolution metaphorisch ausgeweitet wurde. Aus dem kanonisch-rechtlichen und aus dem politisch-rechtlichen Begriff wird seitdem eine geschichtsphilosophische Deutungskategorie, die den Anspruch erhebt, ähnlich wie ›Emanzipation‹ oder ›Fortschritt‹, die gesamte Weltgeschichte der Neuzeit zu interpretieren.

Zahlreich sind die Varianten der Deutung, die dem Säkularisationsbegriff zugemutet werden. Am einen Extrem befindet sich die Position von Marx, der es als die Aufgabe der Geschichte bezeichnet hat, »nachdem das Jenseits der Wahrheit verschwunden ist, die Wahrheit des Diesseits zu etablieren«.[9] Das andere Extrem mag mit Overbeck und den negativen Theologen bezeichnet werden: Für Overbeck war schon »die Theologie nichts anderes als ein Stück der Verweltlichung des Christentums«.[10] Bereits mit der Etablierung der Kirche begann die Säkularisation, die Verstrickung in innerweltliche Aufgaben, die ihre schwer beherrschbaren Folgelasten hervortrieben. Für die negativen Theologen lag gerade in dieser weltlichen Verstrickung der Sinn der christlichen Heilslehre beschlossen. Mag die Geschichte noch so unsinnig verlaufen, die christliche Botschaft, von der menschlichen Existenz einmal übernommen, verspricht Rettung.

Zwischen beide Extreme, der marxistischen und der existentia-

8 Étienne Gilson, *Les métamorphoses de la cité de dieu*, Louvan und Paris 1952.

9 Karl Marx, *Zur Kritik der Hegelschen Rechtsphilosophie*, Einleitung (1844), in: MEW, Bd. 1 (1956), S. 379.

10 Franz Overbeck, *Über die Christlichkeit unserer heutigen Theologie* (1873), Leipzig [2]1903, S. 34.

listischen Position der negativen Theologie, läßt sich die liberale Position einschreiben. Auf einem bestimmten Abstraktionsniveau bleiben Kant, Hegel, Dilthey und Troeltsch in einer Fluchtlinie angeordnet. Für sie alle bezeichnet es eine durchgängige Aufgabe der Neuzeit, daß die christlichen Heilserwartungen nicht mehr im Jenseits angesiedelt werden, sondern daß die christliche Religion sich moralisch und sittlich in dieser Welt verwirklicht. Von der Eschatologie, welche die Weltgeschichte einst zu beenden lehrte, führt der Weg zum Fortschritt, der die christlichen Postulate bis hin zur kommenden Herrschaftsfreiheit innerweltlich realisieren soll.

Alle hier pauschal skizzierten geschichtsphilosophischen Optionen lassen sich seit der Französischen Revolution politisch lokalisieren. Sie sind im Spektrum vom Konservativismus bis zum Kommunismus jeweils bestimmten politischen Parteilagern zuzuordnen und lassen sich deshalb auch ideologiekritisch lesen. Gleichwohl gibt es eine gemeinsame Signatur dieser Verweltlichungslehren: Alle verzichten auf eine rigorose Trennung von Jenseits und Diesseits, von Ewigkeit und Welt, von geistlich und weltlich. Vielmehr stehen alle geschichtsphilosophischen Deutungsschemata unter dem Vorgebot, daß alle Aufgaben und Herausforderungen in der geschichtlichen Zeit, mit und durch die geschichtliche Zeit selber zu lösen seien. ›Zeit‹ steht nicht gegen ›Ewigkeit‹: Die Zeit vereinnahmt sich die Ewigkeit. Alle dualistischen Oppositionspaare christlicher Herkunft zerrinnen unter der als allgemein gültig angesetzten Voraussetzung, daß die Weltzeit der Geschichte nicht nur die Probleme hervorrufe, sondern auch ihre Lösungen herbeiführe. Anders gewendet: die Opposition von Vergangenheit und Zukunft rückt an die zentrale Stelle und verabschiedet die Opposition von Diesseits und Jenseits.

Dieser Vorgang mag als Verweltlichung beschrieben werden, korrekter wäre die Bezeichnung ›Verzeitlichung‹. Damit hätten wir einen ersten Zugang gefunden zu unserer Fragestellung nach dem Verhältnis von Beschleunigung und Säkularisation. Denn wenn es eine weltimmanente, geschichtliche Zeiterfahrung gibt, die sich von den naturgebundenen Zeitrhythmen unterscheidet, so ist es zweifellos die Erfahrung der Beschleunigung, kraft derer sich die geschichtliche Zeit als spezifisch von Menschen produzierte Zeit qualifiziert. Erst durch das Bewußtsein der Beschleunigung –

oder der ihr korrespondierenden Verzögerung – kann die natural immer vorgegebene Zeiterfahrung als eine spezifisch geschichtliche Zeiterfahrung spezifiziert werden.

Halten wir unser erstes Zwischenergebnis fest. Bis rund 1800 ist Säkularisation über die kirchenrechtliche Bedeutung hinaus ein politisch-rechtlicher Vorgang, der eine Gewichtsverschiebung von der Kirche auf den weltlichen Staat herbeigezwungen hat. Ab 1800 gewinnt Säkularisation eine geschichtsphilosophische Dimension. Die Zwei-Welten-Lehre als letzter Legitimationstitel für politisches Handeln und soziales Verhalten wird abgelöst von der Geschichte und von der geschichtlichen Zeit, die nunmehr als letzte Begründungsinstanz für politische Planungen und soziale Organisation beschworen und mobilisiert wird. Damit kommen wir zum zweiten Teil unserer Überlegungen.

2. *Die Transformation der apokalyptischen Zeitverkürzung*

Hat die neuzeitliche Beschleunigung etwas zu tun mit dem christlichen Erbe, ohne das unsere Neuzeit nicht verstanden werden kann? Oder enger gefaßt: Ist die unbestreitbare Erfahrung moderner Beschleunigung nur zu erklären, wenn die christliche Herkunft mitbedacht wird? Oder noch enger gefaßt: Ist die neuzeitliche Beschleunigung das Produkt einer Verweltlichung, die ohne den Gegenbegriff des Himmels und der Ewigkeit nicht zu denken ist?

Rein formal lassen sich zwei Antworten geben. Erstens kann Säkularisation die Negation der christlichen Herkunft bedeuten, die Ablösung von der Zwei-Reiche-Lehre, der grundsätzliche Verzicht auf diese.

Zweitens kann Säkularisation bedeuten, daß die christlichen Fragestellungen und Hoffnungen, konkreter gesprochen: die christlichen Glaubensgehalte, eine implizite Voraussetzung dafür bleiben, überhaupt Verweltlichung denken und erfahren zu können.

Diese analytische Alternative, die empirisch gesehen natürlich sehr viele Zwischenformen zuläßt, wird unsere weitere Überlegung leiten. Ich darf deshalb unsere eingangs getroffene Unterscheidung in Erinnerung rufen, nämlich die Unterscheidung zwischen der Zeitverkürzung, für welche die tiburtinische Sibylle einstand, und der Beschleunigung, für die unser Elektroingenieur ein Kronzeuge war.

(1.) Die Vorstellung, daß die Zeit selber verkürzbar sei, entstammt den apokalyptischen Texten jüdisch-christlicher Tradition. Es handelt sich um einen Begriff religiöser Erfahrung, der seinen Sinn aus der Heilserwartung bezieht. In christlicher Erwartung verkürzt Gott gnädig die Zeiten, weil er damit auch die Leiden der Seinen vor dem Weltende verkürzen will (Mark. 13,20; Matth. 24,22).[11] Es handelt sich also um das Vorziehen eines Weltendes, das als solches gewiß ist. Maßstab dieser Verkürzung ist die für die Zukunft vorgegebene Aufhebung der Zeit selber. Bevor das Jüngste Gericht der bestehenden Welt und ihren Zeitläufen ein Ende setzt, wird in einem Strudel von Elend und Leid auch die von der Natur vorgegebene Zeit des Sonnenumlaufs und der Gestirne rasend beschleunigt werden. Mit Laktanz gesprochen: »Die Sonne umdüstert sich zu immerwährender Blässe, der Mond färbt sich in Blut und ergänzt nicht mehr die Einbuße des verlorenen Lichtes; die Sterne fallen sämtlich vom Himmel; den Zeiten bleibt nicht mehr ihre Gesetzmäßigkeit, Winter und Sommer sind vermengt. Dann kürzt sich auch das Jahr und der Monat und der Tag [tunc et annus et mensis et dies breviabitur]; und dies ist das Greisenalter und die Ermattung der Welt, von der Trismegistus geweissagt hat. Dann ist die Zeit da, in der Gott wiederkehren wird, um diese Welt [saeculum] zu verwandeln.«[12]

Die Verkürzung der Zeit ist also ein Vorzeichen für die Erlösung aus dieser Welt. Subjektiv stand hinter dieser Vorstellung die Erwartung der Gläubigen, Christus werde wiederkehren, verdichtet zur Frage: Wann endlich? Grund solcher Erwartung war die Hoffnung, der handfeste Wunsch der Gläubigen, die Zeit abgekürzt zu sehen, um möglichst schnell am ewigen Heil teilzuhaben. Theolo-

11 Die griechischen Wendungen für das ›Verkürzen‹, ›breviare‹, sind sehr viel anschaulicher: ›ekolobosen‹ verweist auch auf ›verstümmeln‹ und ›verschlucken‹ (Mark. 13,20), und so ›ekolobothesan‹ und ›kolobothesontai‹ (Matth. 24,22). Auch eine der oft beschworenen Naherwartungsstellen (1. Kor. 7,29), ›tempus breve est‹, daß also, mit Luthers Worten, die Zeit kurz sei, ist im Griechischen deutlicher formuliert: ›ho kairos synestalmenos estin‹ – die Zeit drängt; das Zusammendrängende, Bedrängte und Bedrängende wird zugleich angesprochen.

12 Siehe Anm. 1, ed. Kurfess, S. 246.

gisch gesprochen setzte dieser Wunsch einen Gott voraus, der als Herrscher und Erschaffer der Zeit auch fähig war, diese Zeit zu verkürzen. Er war mächtig genug, selbst die Zeit des Gestirnenumlaufes zu beschleunigen, um das vorgeplante Weltende früher als vorgesehen herbeizuführen.

Im Haushalt christlicher Deutungsmotive spielte nun die Zeitverkürzung vor dem Weltende keineswegs eine anhaltend zentrale Rolle. Vielmehr geriet die apokalyptische Deutung, sobald sie auf konkrete politische und historische Ereignisse angewendet wurde, schnell in den Bereich der Häresie. Gleichwohl blieb die einmal geweissagte Zeitverkürzung ein theologisches Interpretationsangebot, das immer wieder, je nach Lage, abgerufen werden konnte. Und da die Weissagungen und Prophetien als von Gott inspiriert über menschliches Wissen hinausweisen, hatten sie teil an einer überzeitlichen Wahrheit, die durch kein chronologisch sichtbares Ereignis außer Kraft gesetzt werden konnte.[13] Freilich bleibt es ein durch kein Dogma auflösbares Dauerproblem, daß die angekündigten Zeitverkürzungen vor dem Weltende auf historisch einmalige Vorgänge verweisen, die sich gleichwohl strukturell dauerhaft wiederholen können sollen. Der Konflikt mit der Anstaltskirche war programmiert.

Vor allem im Spätmittelalter häuften und verselbständigten sich die apokalyptischen Visionen, die sich der Kontrolle der katholischen Kirche entzogen.[14] Selbst Luther ist dafür ein guter Zeuge – Luther, der im Gegensatz zu seinen theologischen Schriften in seinen Tischgesprächen immer wieder auf apokalyptische Erwartungen zurückkommt: sowohl indem er noch um Aufschub des Weltendes bittet, als auch indem er den Jüngsten Tag schon vor der Tür sieht und herbeisehnt. So referiert er einmal Melanchthons Vorstellung, daß zum Weltende nur noch 400 Jahre übrigblieben. »Sed Deus abbreviabit dies propter electos; dan die Welt eilet da-

13 Irenaios, *Adversus haereses* IV 33,9,10,15; Hippolyt, *Refutatio omnium haeresium* X 33. Die unvorstellbare Schnelligkeit (»inestimabilis velocitas« oder »celeritas«), mit der Gott das letzte Gericht vollziehe, weil ihm seine Urteilssprüche bereits im vorhinein völlig klar sind (so Otto von Freising, Chron. VIII 19, fußend auf Augustin, De Civ. Dei XX 2), darf nicht mit dem Zeitverkürzungsargument, das auf die historische Diachronie angewiesen bleibt, verwechselt werden.

14 S. u. a. W. Kamlah, *Apokalypse und Geschichtstheologie*, Berlin 1935 (Historische Studien 185), ND Vaduz 1965; Norman Cohn, *The pursuit of the millennium*, London 1962.

von, quia per hoc decennium vere novum saeculum fuit.«[15] Im Jahrzehnt zwischen dem Wormser Reichstag von 1521, wo Luther sich gegen Bannstrahl und Ächtung verwahrte, und dem 2. Speyerer Reichstag 1529, als sich die protestantische Partei verselbständigte, während die Türken Wien belagerten, drängte sich für Luther so viel zusammen, daß das neue saeculum fast abgegolten zu sein schien. Das Weltende schien ihm mit verkürzten Zeitrhythmen hereinzubrechen.

Luther, der der Johannesapokalypse gegenüber große Vorbehalte hatte, erlag gleichwohl der Suggestion, die von den Zeitverkürzungsstellen des Neuen Testamentes ausging. Es waren ganz konkrete politische Ereigniskatarakte, die eine Anwendung jener Bibelstellen provozierten, die mit dem erwarteten Weltende auch die Zeitstrecken als immer kürzer erscheinen ließen, in denen das Jüngste Gericht hereinbrechen werde. Im selben Maße wie Luther auf die Beschwörung apokalyptischer Figuren verzichtet – gleich ob real oder metaphorisch gemeint –, sondern sich auf empirisch sichtbare Konflikte und Konstellationen beruft, geraten ihm fast unter der Hand die Zeitverkürzungspassagen zu historischen Beschleunigungsargumenten. Aber grundsätzlich handelt es sich auch bei ihm um eine außergeschichtliche und übergeschichtliche Zeitbestimmung, die geeignet war, situativ auf die Geschichte appliziert zu werden. Es bleibt ein Dauerkriterium apokalyptischer Voraussagen, daß sie sich ständig wiederholen lassen. Eine nicht erfüllte Prophezeiung oder apokalyptische Erwartung kann immerfort wiederholt werden, ja die Wahrscheinlichkeit des Vorausgesagten und Erwarteten wächst mit dem Ablauf jeder Fehlerwartung. Gerade im Irrtum über den Zeitpunkt liegt ein Beleg für die zukünftig um so sicherere Erfüllung der Weissagung. Die Verkürzungsformel, die Aufhebung des ordo temporum, bleibt also theologisch oder metahistorisch vorgegeben und ständig applikabel. Mehr noch: Die empirischen Daten zur Erhärtung der Tatsache, daß die Zeiten sich verkürzen, konnten jeweils ausgetauscht werden. Die Plausibilität der Argumentation blieb erhalten, solange die Dauer der Welt mit der Lebenszeit eines Menschen verglichen wurde. Je mehr sich der Mensch dem Tod nähert, desto kürzer werden die Zeitfristen, die ihm noch zur Verfügung stehen. Immer

15 Martin Luther, *Tischreden*, in: WA, Nr. 678 und hier 2756b (Zusatz).

wieder wurde im Mittelalter die biologische Metaphorik in die theologische Zeitverkürzung eingeblendet. Die dauerhafte Prämisse dieses weit über 1000 Jahre währenden Interpretamentes blieb die von Gott gestiftete und begrenzte Zeit, über deren Ende er souverän verfügen konnte. Die Zeitverkürzung war jederzeit auf die Geschichte anwendbar, sie selber aber eine außerhistorische, übergeschichtliche Vorgabe, über die der Mensch selber nicht befinden konnte. Das änderte sich mit der Frühen Neuzeit.

(2.) Seit dem 16. Jahrhundert häufen sich Belege dafür, daß sich in immer kürzeren Zeitfristen Neuigkeiten auf dieser Welt einstellen. Formal bleibt die Verkürzung der Zeitabstände als Argument für zukünftiges Heil erhalten, aber die Berufung auf die Apokalypse tritt zurück. Sie verliert an politischer Resonanz, auch wenn sie in christlichen Sekten, bei Millenariern oder Pietisten und Bundestheologen weiterhin gepflegt wird, um geschichtliche Ereignisse im Hinblick auf das Jüngste Gericht zu deuten. Was sich seit dem 16. Jahrhundert dagegen vordrängt, ist etwas grundsätzlich Neues. Zum harten Erfahrungskern, von dem zunehmend ausgegangen wurde, verdichteten sich die Entdeckungen und Erfindungen der aufkommenden Naturwissenschaften. Daß im letzten Jahrhundert mehr entdeckt worden sei als in vierzehn Jahrhunderten zuvor, stellte z. B. Ramus schon zur Mitte des 16. Jahrhunderts fest.[16] Bacon formulierte es noch als Hoffnung, daß mit ihrer rationalen Steuerung die Erfindungen sich beschleunigen würden: »itaque longe plura et meliora, atque per minora intervalla, a ratione et industria et directione et intentione hominum speranda sunt.«[17] Aber daß dem so sei, wurde im 17. Jahrhundert häufig bestätigt; so meinte etwa Leibniz, daß in immer weniger Zeit immer größere Fortschritte in der Kunst des Erfindens gemacht worden seien. Aus der Hoffnung wird somit ein Erfahrungssatz.

Was unterscheidet nun diese formal so ähnlichen Argumentationsfiguren? Was unterscheidet die Zeitverkürzung im eschatologischen Horizont des Jüngsten Gerichtes von der Beschleunigung im Horizont des Fortschreitens?

16 Zit. nach J. B. Bury, *The Idea of Progress* (1932), (Paperback) New York 1955, S. 35.

17 Francis Bacon, *Novum organum* I, S. 108, in: *Works*, London 1858, ND Stuttgart – Bad Cannstatt 1963, Bd. 1, S. 207.

Zum einen ist nicht mehr Gott der Herr der Aktion, sondern es ist der Mensch, der die Fortschritte provoziert. Es handelt sich um einen schleichenden Wechsel des Subjekts.

Zum andern ist es nicht mehr die Zeit selber, die ihrer naturalen Regelmäßigkeit beraubt und insofern verkürzt wird; vielmehr bedient sich der Mensch der immer gleichbleibenden Naturzeit, um die von ihm ausgelösten Fortschritte chronologisch zu messen. Die erhoffte oder schon bestätigte Beschleunigung der Fortschritte wird berechnet innerhalb einer gleichbleibenden Zeit – im Gegensatz zur Zeitverkürzung, über die Gott verfügt.

Damit verändert sich der Argumentationshaushalt grundsätzlich. Aus der Zeitverkürzung, die zuvor von außen her der Geschichte ein früheres Ende setzte, wird jetzt eine Beschleunigung, die in der Geschichte selber registriert wird und über welche die Menschen verfügen. Neu ist dabei die Vorstellung, daß nicht mehr das Ende schneller herbeikommt, sondern daß, gemessen an den langsamen Fortschritten der vergangenen Jahrhunderte, die gegenwärtigen sich immer rascher einstellen.

Beiden Positionen bleibt eine Gemeinsamkeit. Denn beide Male zehren die Argumentationen von Zielbestimmung, von Teleologie, von einem Telos, das immer schneller erreicht werden soll. Das Ziel der beschleunigten Fortschritte war die Beherrschung der Natur und zunehmend auch die Selbstorganisation der politisch verfaßten Gesellschaft. Das Heil wurde nicht mehr am Ende der Geschichte, sondern seitdem im Vollzug der Geschichte selbst gesucht.

Dies waren die Ziele der Aufklärung. Bei ihnen handelt es sich also um mehr und um anderes als um bloße Säkularisation. Sosehr die Heilserwartungen im Gewand millenarischer Hoffnungen auch in den neuen Beschleunigungsbegriff eingegangen sein mögen: Der Erfahrungskern, auf den sich die neuen Erwartungen beriefen, war nicht mehr aus der Apokalypse ableitbar und nicht mehr vom Jüngsten Gericht her bestimmt. Vielmehr wurde, mit Schillers Worten, die Weltgeschichte selbst zum Weltgericht.[18]

18 Friedrich Schiller, *Resignation*, in: *Werke und Briefe*, Frankfurt am Main 1992, Bd. 1, S. 171, 420.

Gleichwohl darf die Behauptung gewagt werden, daß auch der neuzeitliche Fortschrittsbegriff, der sich durch die Beschleunigung der Entdeckungen und Erfindungen verifizieren ließ, eingefärbt bleibt von ehedem christlichen Erwartungen. Schillers Diktum von der Weltgeschichte als Weltgericht – unzählige Male wiederholt – bezeugt unmittelbar die Verzeitlichung, die das judicium maximum in den Prozeß der Geschichte hereinholt. Selbst wenn die eschatologisch oder apokalyptisch begrenzte Zukunft in eine offene Zukunft umgedeutet wurde, blieb immer ein Überschuß an christlichen Erwartungen in den naturwissenschaftlich verpackten Hoffnungen enthalten. Es häufen sich die Stimmen, die aus der dämpfenden Warnung alttestamentlicher Weisheit, daß für Gott tausend Jahre nur ein Tag seien (Ps. 90,4 und 2. Petr. 3,8), einen Umkehrschluß ziehen und eine Fortschrittsmetapher daraus machen: daß Entwicklungen, für die ehedem tausend Jahre gebraucht worden seien, nunmehr in einem Jahr verwirklicht würden.[19] Insofern hat es seine partielle Berechtigung, in einem authentischen Sinne von Verweltlichung christlicher Zielbestimmungen zu sprechen.

Das sei an einer Reihe von Belegen verdeutlicht.

Lessing registrierte bereits psychologisierend, daß auch in der Aufklärung Traditionen der Schwärmer und Millenaristen wirksam seien. Der aufgeklärte Schwärmer tue, wie er sagt, »oft sehr richtige Blicke in die Zukunft«, allein: »Er wünscht diese Zukunft beschleunigt und wünscht, daß sie durch ihn beschleunigt werde.«[20] Hier wird die Rückbindung des Beschleunigungspostulates an den autonomen Handlungsträger, an den Menschen, deutlich. Und ebenso deutlich wird die Transformation der apokalyptischen Naherwartung in eine akzelerierte Zukunftshoffnung: »Wozu sich die Natur Jahrtausende Zeit nimmt, soll in dem Augenblicke seines [des Schwärmers] Daseins reifen. Denn was hat er davon, wenn das, was er für das Bessere erkennt, nicht noch bei seinen Lebzeiten das Bessere wird?« Gegenüber solchen Fortschrittsschwärmern bewahrt Lessing eine ähnliche Distanz wie seinerzeit die antiapokalyptischen Kirchenväter, die jede Zu-

19 Siehe van der Pot (Anm. 3), Bd. 1, S. 120ff.

20 G.E. Lessing, *Die Erziehung des Menschengeschlechts* (1780) § 90, in: *Gesammelte Werke*, Leipzig 1858, Bd. 9, S. 423.

kunftsberechnung als häretisch zurückwiesen. Dennoch bezeugt Lessings Beschreibung des fortschrittsbewußten Beschleunigers den schleichenden, aber eindeutigen Wandel: Es handelt sich zwar nicht mehr um ein göttliches Vorgebot, aber das religiöse Unterfutter scheint allenthalben durch. So schrieb kurz nach Lessings kritischer Bemerkung ein deutscher Schriftsteller 1788: »Wir müssen eilen, die Revolution im menschlichen Geist womöglich zu beschleunigen [...] Laßt uns wirken, weil es Tag ist.«[21] Lange vor der industriellen Revolution greift das Pathos der Beschleunigungsformel im Lichtschein der Aufklärung um sich. Immer geht es dabei um Zielbestimmungen der neu entdeckten Geschichte, die in endlicher oder schließlich unendlicher Progression einzuholen seien. Lassen Sie mich weitere Zeugen aufrufen.

Kant bescheinigte den Theologen ironisch, daß sie immer wieder behaupten, jetzt eile die Welt mit akzeleriertem Falle zum Ärgeren: Aber dieses Jetzt (wie wir wissen, ist es das Jetzt der Zeitverkürzung) sei so alt wie die Geschichte überhaupt.[22] Gleichwohl verwendete auch Kant chiliastische Figuren zustimmend, als er eine geordnete Rechtsverfassung und einen Weltvölkerbund als das irdische Dauerziel politischen Handelns begründete. Unbeschadet, ja gegenläufig zu aller bisherigen geschichtlichen Erfahrung hat Kant in der Reflexion auf den kategorischen Imperativ einen Antrieb zu geschichtlicher Beschleunigung freizulegen versucht: Sobald nämlich die Moral aktiv in die Praxis einwirke, könne das von ihr geforderte Dauerziel um so schneller herbeigeführt werden: »Es scheint, wir könnten durch unsere eigene vernünftige Veranstaltung diesen für unsere Nachkommen so erfreulichen Zeitpunkt schneller herbeiführen.«[23] Das galt ihm wie für die Rechtsverfassung im innerstaatlichen Bereich so auch für den Völkerbund, für die kommende Weltfriedensorganisation im überstaatlichen Bereich: »Weil die Zeiten, in denen gleiche Fort-

21 Wilhelm Ludwig Wekhrlin, *Hyperboreische Briefe* (1788), Bd. 1, S. 308, zit. nach Rudolf Vierhaus, *Politisches Bewußtsein in Deutschland vor 1789*, in: ders., *Deutschland im 18. Jahrhundert*, Göttingen 1987, S. 200; Erstdruck in: Der Staat, 1967, S. 195.

22 Immanuel Kant, *Die Religion innerhalb der Grenzen der bloßen Vernunft* (1793), 1. St., 1. Abt., in: *Gesammelte Schriften*, hg. v. d. Preußischen Akademie der Wissenschaften, Berlin 1907, Bd. 6, S. 19f.

23 Kant, *Idee zu einer allgemeinen Geschichte in weltbürgerlicher Absicht*, 8. Satz, in: *Werke*, hg. v. Wilhelm Weischedel, Darmstadt 1964, Bd. 6, S. 46.

schritte geschehen, hoffentlich immer kürzer werden.«[24] Die ehedem jenseitige Zielsetzung des künftigen Heils wurde als weltliche Hoffnung in die Geschichte hineingenommen, verzeitlicht, und über die moralische Rückkoppelung diente die Beschleunigung zur Handlungsanweisung an den autonomen Menschen. Was ehedem ein Privileg der Auserwählten war, am künftigen Jüngsten Gericht über ihre Verfolger teilhaben zu können – »Spiritualis autem judicat omnia: et ipse a nemine judicatur«[25] –, gerinnt nunmehr zur moralischen Selbstermächtigung der machthabenden praktischen Vernunft.

Dieser Position entspricht, wenn auch weit aktivistischer, jene Position, die Robespierre auf dem Konstitutionsfest 1793 artikuliert hat. Glück und Freiheit seien die Bestimmung der Menschen, die es jetzt in der Revolution zu verwirklichen gelte: »les progrès de la raison humaine ont préparé cette grande révolution, et c'est à vous qu'est specialement imposé le devoir de l'accélérer.«[26] Oder wie Wieland die Vorgänge kurz darauf vom rechten Ufer des Rheines her kommentierte: Es käme den französischen Revolutionsplanern »auf nichts weniger an, als nach und nach, von Volk zu Volk in möglichst kürzester Zeit, den ganzen Erdboden zu demokratisieren«.[27]

Halten wir inne und fragen danach, was sich zwischen dem 16. und 18. Jahrhundert verändert hat. Aus der ehedem apokalyptisch erwarteten, erhofften oder befürchteten Zielbestimmung eines in verkürzten Zeitabständen einbrechenden Weltendes ist durch die Aufklärung ein rein innerweltlicher Erwartungsbegriff geworden. Gewiß hat auch in der Aufklärung eine quasi-religiöse

24 Kant, *Zum ewigen Frieden*, Anhang II (Ende), in: *Werke*, hg. v. Wilhelm Weischedel, Darmstadt 1964, Bd. 6, S. 251.

25 1. Kor. 15; dazu Irenaios, *Adversus haereses* IV 33. Zu »einer machthabenden praktischen Vernunft, die, so wie sie ohne weitere Gründe im Gesetzgeben schlechthin gebietend ist, als die unmittelbare Erklärung und Stimme Gottes angesehen werden kann, durch die er dem Buchstaben seiner Schöpfung einen Sinn gibt. Eine solche authentische Interpretation finde ich nun in einem alten heiligen Buche allegorisch ausgedrückt. Hiob...« (Kant, *Über das Mißlingen aller philosophischen Versuche in der Theodizee*, in: *Werke*, hg. v. Wilhelm Weischedel, Darmstadt 1964, Bd. 6, S. 116).

26 Robespierre, Discours ›sur la constitution‹, 10. 5. 1793, zit. nach Robespierre, *Textes choisis*, hg. v. Jean Poberen, Paris 1956, Bd. 1, S. 10.

27 Chr. M. Wieland, *Sämtliche Werke*, Leipzig 1857, Bd. 32, S. 100 (»Gespräche unter vier Augen« [1798], Abschnitt V).

Verheißung die Zukunft eingefärbt. Sie sollte Glück und Herrschaftsfreiheit bringen, und beides mußte kraft menschlicher Aktion beschleunigt erreicht werden. Alle diese Beschleunigungsbestimmungen wurden aber rein innerweltlich begründet. Hier liegt also der Typus jener Säkularisation vor, die sich nach unseren analytischen Kriterien vom Christentum absetzte, doch kann nicht bezweifelt werden, daß auch darin das christliche Erbe präsent blieb: sofern die Verweltlichung der Zielbestimmungen das kommende Jerusalem überhaupt als geschichtlich immanentes Ziel definieren ließ.[28]

(3.) Auch im 19. Jahrhundert, als die technischen Fortschritte den Beschleunigungssatz empirisch immer mehr anreicherten, blieben die religiös eingefärbten und insofern säkularisierten christlichen Zielbestimmungen gegenwärtig. So wird in einem Essay des Konversationslexikons ›Brockhaus‹ über die Eisenbahnen 1838 diesem dampfenden Vehikel eine Heilsbestimmung abgewonnen. Die Weltfriedensorganisation einer sich selbstbestimmenden Menschheit wird zunächst – ganz im Sinne von Kant – als ein Postulat sittlicher Notwendigkeit definiert. Dann fährt der Autor fort: »Nach diesem wahrhaft göttlichen Ziel hat die Geschichte zwar von jeher ihren Lauf gerichtet, doch auf den stürmend vorwärtsrollenden Rädern der Eisenbahnen wird sie es um Jahrhunderte früher erreichen.«[29] Noch 1871 erschien in

28 Diese Umbesetzung der außergeschichtlichen in eine innergeschichtliche Zielbestimmung bleibt trotz Hans Blumenbergs Kritik ein unbestreitbarer Vorgang, den Karl Löwith in *Weltgeschichte und Heilsgeschehen* nachgewiesen hat (Stuttgart 1953).

29 *Conversations-Lexikon der Gegenwart*, Leipzig: F. A. Brockhaus 1838, Bd. 1, S. 1126, s. v. »Eisenbahnen« (S. 1115-1136). Der Artikel endet mit folgender Passage: »Auf den eisernen Bahnen rollt unser Jahrhundert einem glänzenden, herrlichen Ziele entgegen. Den geistigen Weg, den wir darauf zurücklegen, werden wir noch sturmschneller durchfliegen als die körperlichen Räume! Und wie die brausenden Dampfkolosse jeden äußern Widerstand, der sich ihnen vorwitzig oder tollkühn in die Bahn legt, zertrümmern, so, hoffen wir, werde auch jeder geistliche Widerstand, den ihnen Befangenheit und Abgunst entgegenzusetzen versucht, durch ihre Riesenkraft zerschmettert werden. Noch ist der Dampftriumphwagen im Beginne seines Laufs und rollt deshalb nur langsam! Dies allein erregt die verblendete Hoffnung, er sei aufzuhalten; doch im Laufe wachsen die Sturmfittiche seiner Schnelligkeit, und überwältigen die, welche es versuchen, in die Speichen seiner Schicksalsräder hemmend einzugreifen!« (S. 1136) Wie die apokalyptische Zeitverkürzung zur geschichtlich immanenten Beschleunigung wird, ohne das Pathos der Heilsverkündung zu verlieren, wird an derartigen Passagen deutlich.

Deutschland ein Buch über die sakrale Bedeutung der Atlantik-Pazifik-Eisenbahn in den USA für das kommende Reich Gottes. Beschleunigung und Zusammenführung des globalen Verkehrsnetzes dienten dem Theologen als Unterpfand für die somit bewiesene beschleunigte Realisierung des Gottesreiches auf dieser Erde.[30]

Vergleichen wir die Belege aus dem 19. Jahrhundert, die sich um eine Legion vermehren lassen, mit den früheren Zeugnissen, so wird deutlich, daß sich die Beweislast für die Beschleunigung verschoben hat. Primärerfahrung war nicht mehr die religiös eingefärbte Heilserwartung, sondern die des technischen Erfolges, der in immer kürzeren Zeitabständen das menschliche Kommunikationsnetz zusammenführte und die Produktivität erhöhte. Die ehedem christlichen Heilserwartungen konnten sich seitdem am technischen Fortschritt ankristallisieren: Sie selbst wurden zum Sekundärphänomen.

Man wird bestenfalls behaupten können, daß die innerweltlichen Heilserwartungen formal an die alten apokalyptischen Zeitrhythmen anschließen – aber mehr auch nicht. Denn die neue Erfahrungsinstanz blieb ein technisches Instrument, von dem sich sehr bald herausstellte, daß es seine heilsgeschichtliche Zumutung nicht einlösen konnte. Die späteren Auflagen des Brockhaus enthalten zur Eisenbahn nurmehr technische Informationen. Wer weiterhin an innerweltlichen Heilsbestimmungen festhalten wollte, der mußte nach anderen Akzeleratoren Umschau halten. Friedrich Nietzsche hat die Umkehr der chiliastischen Beweislasten aus dem christlichen Erbe in die weltgeschichtliche Zukunft paraphrasiert: »Die Presse, die Maschine, die Eisenbahn, der Tele-

30 Carl Heinrich Christian Plath, *Die Bedeutung der Atlantik-Pacifik-Eisenbahn für das Reich Gottes*, Berlin 1871 (dank freundlichem Hinweis von Walter Magaß). Die transkontinentale Bahn vereine den Atlantik mit dem Pazifik. »Die Russen, die griechischen Katholiken, kommen vom Westen herzu, die protestantischen Germanen vom Osten, und die eine Ader, in welcher quer durch die Brust des germanisch-protestantischen Landes das christliche Herzblut, die Menschen, die dem Reiche Gottes zugehörigen, von Ocean zu Ocean strömt, ist die Atlantik-Pacific-Eisenbahn. So geht die Menschheit ihren Weg dahin. Sie wandert über die Erde, ihre Bahnen werden immer ebener und gerader, das Tempo ihres Ganges wird rascher und rascher, die Zeit fliegt eiliger mit jedem neuen Jahrhundert.« (S. 134) Trotz der offenbar zunehmenden Beschleunigung räumt der Autor ein, nicht zu wissen, wann die Menschheit »nach Gottes Willen ihr Ziel erreicht« haben werde.

graph sind Prämissen, deren 1000jährige Conclusion noch Niemand zu ziehen gewagt hat.«[31] Die ehedem millenarische Hoffnung, die in den apokalyptischen Erwartungen einer zweifachen Wiederkehr Christi enthalten war, werden nunmehr zur Folgelast der genuin technischen Erfindungen, die das gesamte Leben auf diesem Globus in unbekannter, aber tausendjähriger Perspektive verwandeln.

Halten wir das Ergebnis unseres zweiten Durchgangs fest. Die außergeschichtlich vorgegebene Zeitverkürzung wird im Laufe der Frühen Neuzeit zu einem innergeschichtlichen Beschleunigungsaxiom. Dabei wechselt das Subjekt von Gott zum Menschen, der eben diese Beschleunigung durch eine Verwandlung von Natur und Gesellschaft herbeizwingen soll. Als Säkularisat im Sinne der Übernahme eines christlichen Erbes kann daran erstens nur die Zielbestimmung bezeichnet werden, die sich an die progressiven Hoffnungen knüpfte, nämlich in Zukunft ein Reich des Glückes und der Herrschaftsfreiheit herbeizuführen. Zweitens ist allenthalben als Säkularisat anzusprechen, daß die Geschichte selber überhaupt ein Ziel haben solle.

In diesem begrenzten Sinne läßt sich von einer Verweltlichung christlicher Vorgaben sprechen. Aber bereits der Ausblick in die Frühe Neuzeit hat uns darüber belehrt, daß der harte Kern der modernen Beschleunigungserfahrung, nämlich die technische und industrielle Überformung der menschlichen Gesellschaft, selber nicht mehr aus theologischen Prämissen ableitbar ist. Damit komme ich zum Schlußteil.

3. Die Beschleunigung als nachchristliche, geschichtszeitliche Kategorie

Bisher wurde die christliche Heilserwartung samt ihren sich verkürzenden Zeitfristen als Sprungfeder geschichtlicher Beschleunigungsbestimmungen aufgewiesen. Dabei zeigte sich, wie aus dem Säkularisat einer theologischen Zielbestimmung langsam eine ak-

31 *Menschliches, Allzumenschliches* (1886) II 278: »Prämissen des Maschinen-Zeitalters«, in: *Kritische Studienausgabe*, hg. v. G. Colli und M. Montinari, München 1988, Bd. 2, S. 674.

zidentielle Bestimmung wurde, die sich primär an geschichtliche Erfahrungen zurückband. Der Satz von der Beschleunigungserfahrung hat sich seit dem 18. Jahrhundert gleichsam verselbständigt. Er konnte bestehen, ohne auf christliche Ableitungen angewiesen zu sein. Dies möchte ich unter drei Gesichtspunkten zusammenfassen.

Erstens gewinnt der Beschleunigungssatz seit der Französischen Revolution eine geschichtstheoretische Dimension, die geeignet ist, sich durch empirische Aussagen verifizieren zu lassen, ohne daß man dazu auf einen göttlichen Zeitplan zurückgreifen müßte. Während die deutsche Reformation und auch noch die englische Revolution, obgleich mit abnehmender Intensität, auf apokalyptische Erwartungen eingestellt waren, ändert sich dies mit der Erfahrung des schnellen Verfassungswechsels während der Französischen Revolution tiefgreifend. Es war ein immer wieder erhobener Befund, daß im Laufe der Französischen Revolution auf dem Weg von der Monarchie über die konstitutionelle Monarchie zur republikanischen Verfassung und ihrer despotisch-terroristischen Ausprägung zurück zur elitären Bürgerverfassung und hin zur Diktatur Napoleons alle Möglichkeiten menschlicher Organisationsformen binnen zehn Jahren durcheilt worden seien. Gemessen an dem antiken Kreislaufmodell des Polybios handelte es sich nach Aussagen von Wieland, Oelsner, Görres, Rebmann oder Kornmann, um nur einige zu nennen, um einen beschleunigten Wandel, der grundsätzlich nichts Neues hervorgebracht habe: »Unsre Zeitgeschichte ist eine Wiederholung der Thaten und Ereignisse von einigen Jahrtausenden – in der allerkürzesten Zeitperiode.«[32] Während sich inhaltlich die Geschichte nur wiederholen

32 Rupert Kornmann, *Die Sibylle der Zeit aus der Vorzeit oder Politische Grundsätze durch die Geschichte bewähret*, Regensburg ^{2}1814 (1. Aufl. 1810), 3 Bde., Bd. 1, S. 4. Rupert Kornmann, als Abt von Prüfening selber ein Opfer der – hier bayrischen – Säkularisation, bringt schon mit seinem prägnanten Titel den Wechsel der Argumentationsfiguren auf seinen Begriff. Der Verzicht auf die apokalyptischen Erwartungen – ohne den christlichen Glauben aufzugeben – und der Rekurs auf die sich seit der alten Geschichte immer wiederholenden Strukturen, angereichert durch die revolutionären, spezifisch neuzeitlichen Beschleunigungserfahrungen, befähigen Kornmann zu ebenso spannenden wie gelehrten und geistreichen Einsichten, die jede geschichtsphilosophische Anleihe vermeiden: »Einem einzigen Menschenalter war es vorbehalten, Dinge zu sehen, wozu einst das Leben vieler Generationen nicht hinlänglich war« (a.a.O.). Vgl. dazu meinen Artikel »Revolution«, in: *Geschichtliche Grundbegriffe*, Stuttgart 1984, Bd. 5, S. 739f.

könne, liege das eigentlich Innovative dieser französischen Revolutionserfahrung darin, daß alles schneller als bisher gelaufen sei. Damit wurde das Beschleunigungsaxiom um sein apokalyptisches Erbe gebracht und aus der progressiven, fortschrittlichen Erwartung herausgedreht, um gleichwohl als ein geschichtlicher Erfahrungssatz für ›Neuzeit‹ bestehen zu können. Wie Niebuhr einmal im Rückblick auf die Französische Revolution bemerkte, sei schon die gesamte europäische Geschichte seit dem letzten Drittel des 18. Jahrhunderts schneller verlaufen.[33] Diese subjektive Wahrnehmung bezog sich nicht nur auf das politische Geschehen, sondern auf den Ausklang des vorindustriellen Zeitalters.

Schon im Zeitraum der vormaschinellen Gewerbe, d.h. in der vorindustriellen Anlaufzeit, finden wir eine Fülle von außerpolitischen gesellschaftlichen Beschleunigungserfahrungen, die auf die kommende industrielle Revolution vorausweisen. Die Pferdekutschen konnten ihre Geschwindigkeit fast verdoppeln – dank besserer Straßen, die Flußschiffahrt konnte ihr Volumen für gleiche Transporteinheiten und Zeiträume erheblich vergrößern – dank der Kanäle. Die Nachrichtenübermittlung beschleunigte sich dank der Post und des Zeitungswesens, schließlich der optischen Telegraphie im 18. Jahrhundert enorm, und ferner verbesserte sich auch die Segelbautechnik derart, daß die schnellsten Segelschiffe im 19. Jahrhundert schneller fuhren als die ersten Dampfschiffe. Wir beobachten also im 18. Jahrhundert über die politische Beschleunigungserfahrung hinaus bereits eine Temposteigerung im Bereich der ökonomisch arbeitenden bürgerlichen Gesellschaft.

33 B. G. Niebuhr, *Geschichte des Zeitalters der Revolution*, Hamburg 1845, Bd. 1, S. 54: »Vieles trug dazu bei alles zu beschleunigen; selbst die Entfernung von einem Ort zum andern wurde verringert durch Wegebau, regelmäßige Einrichtung des Postenlaufs usw.; alles stand immer mehr dem Einzelnen zu Gebote. Eine große Zuversicht zu Unternehmungen aller Art wie man sie früher nicht gekannt hatte, verbreitete sich. Früher mußte, wer kein Vermögen, Stand und Geburt hatte, sich sehr mühsam forthelfen, jetzt wurde es jedem leicht zu einer eigenen unabhängigen Existenz zu gelangen. Der unbemitteltste unter uns hat es viel besser als vor hundert Jahren der Sohn wohlhabender nur nicht reicher Eltern. Die Wohlhabenheit im Mittelstande nahm zu, und jetzt ist die Zahl der Wohlhabenden in demselben ohne Zweifel funfzig mal größer als vor hundert Jahren. Man fing auch an, geschwinder und intensiver als früher zu leben; das aber war zur Zeit der Revolution erst im werden und hat sich hauptsächlich erst seitdem entwickelt.« (Vorlesung im Sommer 1829 an der Universität zu Bonn)

Zweitens: Mit der Einführung der Maschinentechnik und ihrer industriellen, kapitalistischen Organisation gewinnt nun der Beschleunigungssatz seine allgemeine Bestätigung in der Alltagserfahrung von jedermann. Lassen Sie mich einige Beispiele nennen, ohne Sie mit Zahlen zu belästigen. Durch die Arbeitsteilung wurde es möglich, nicht nur die Produktion zu steigern, sondern die Produktivität selber. Jeder Zeitgewinn in der Produktion schlug sich in der Steigerung der ausgeworfenen Produkte nieder. Eine allgemeine ständeübergreifende Bedürfnissteigerung wurde freigesetzt, so daß mit der Befriedigung alter Bedürfnisse zugleich neue Bedürfnisse geweckt und auch befriedigt werden konnten.

Bald zeigt sich durch den Eisenbahnbau und in einer zweiten Welle durch das Auto und den Flugzeugbau, daß in gleichen Zeiteinheiten immer mehr Menschen und immer mehr Güter in immer kürzeren Zeitfristen befördert werden konnten. Wie unsere Enzyklopädie schon 1840 beobachtete: Die Eisenbahnen »heben die räumlichen Trennungen durch Annäherungen in der Zeit auf [...] Denn alle Räume sind nur durch die Zeit, deren wir bedürfen, um sie zu durchlaufen, Entfernungen für uns; beschleunigen wir diese, so verkürzt sich für den Einfluß auf das Leben und den Verkehr der Raum selbst.«[34] Rein technisch gesehen hat sich diese Aussage weiterhin bestätigen lassen.

Dies gilt noch mehr für die Nachrichtenübermittlung. Mit der Einführung der Schnellpresse zu Anfang des 19. Jahrhunderts und mit der Erfindung der Telegraphie, der Lithographie und schließlich der Photographie wurde es möglich, in immer kürzeren Zeiträumen Ereignisse in Information zu verwandeln, welche die Menschen immer schneller erreichten. Mit der Erfindung des Telefons, des Radios und der Television ist es möglich geworden, Handlungen und Ereignisse mit der Benachrichtigung über eben diese Handlungen und Ereignisse zusammenfallen zu lassen. Damit verändert sich die gesamte politische und soziale Entscheidungsstruktur auf diesem Globus und ebenso die politische und

34 Brockhaus der Gegenwart (vgl. oben Anm. 29, Bd. 1, S. 1117). Zum ganzen s. Wolfgang Zorn, *Verdichtung und Beschleunigung des Verkehrs als Beitrag zur Entwicklung der ›Modernen Welt‹*, in: *Studien zum Beginn der modernen Welt*, hg. v. Reinhart Koselleck, Stuttgart 1977, S. 115-134.

soziale Organisationsfähigkeit. Taten und Handlungen sowie ihre Verarbeitung dank Information konvergieren zunehmend. Dank der Beschleunigung haben sich Handlung und Reflexion aufeinander zu bewegt: Der Mensch kann gar nicht mehr umhin, in die Zukunft auszuweichen und zu planen, weil ihm die Daten der fremden wie der eigenen Erfahrung zunehmend verfügbar werden.

Schließlich entspricht diesem Befund der Beschleunigung, der eine Wende zur offenen Zukunft herbeizwingt, auch das Bevölkerungswachstum auf diesem Globus. Der Anstieg der Weltbevölkerung von rund einer halben Milliarde Menschen im 17. Jahrhundert auf rund sechs Milliarden um das Jahr 2000 läßt sich als Beschleunigungssatz interpretieren: Es handelt sich um eine exponentielle Zeitkurve, bei der in immer kürzeren Zeitfristen die Menschheit sich verdoppelt. Die Verdichtung der Leistungssteigerungen durch Wissenschaft, Technik und Industrie ist zugleich die Voraussetzung dafür, daß die in geometrischer Reihe sich verdoppelnde Weltbevölkerung bisher gerade noch ihr Leben fristen kann. Unser Globus ist kraft der Beschleunigung selbst zu einem geschlossenen Raumschiff geworden.

Wenn wir noch einmal unsere Frage nach der Säkularisation stellen, so läßt sich füglich behaupten, daß die zuletzt genannte Faktorenreihe der Beschleunigung zwar weltimmanente Prozesse benennt, daß diese weltimmanenten Prozesse aber nicht mehr aus christlichen Heilserwartungen ableitbar sind. Damit komme ich zu meinem dritten Punkt:

Es zeichnet sich heute ab, daß bestimmte Beschleunigungsvorgänge in unserer ausdifferenzierten Gesellschaft ihren Sättigungsgrad erreicht haben. Ohne Zweifel wird die Weltbevölkerung an eine absolute Grenze stoßen müssen, gleich wann und wo diese Grenze erreicht wird. Desgleichen gibt es naturale Minimalbedingungen, die nicht überschritten oder gedehnt werden können, um etwa den Verkehr weiterhin zu beschleunigen. Der Auto- und der Flugverkehr blockieren sich zunehmend selbst. Die Informationstechnik kann zwar dank der Computer weiterhin Datenaggregate beschleunigt zusammenführen und insofern Vergangenheits- und Zukunftsdaten schneller vermitteln, aber in der produktiven Auswertung von Informationen wird der Mensch vermutlich weiterhin auf seine naturgegebene Rezeptionsfähigkeit verwiesen bleiben. Auch der bisher gültige Erfahrungssatz, daß sich unser Wohlstand nur halten läßt, wenn die Produktivität weiterhin gesteigert wird, mag im Sinne des Club of Rome an eine Grenze geraten, die nicht mehr durch Erhöhung der Beschleunigungsraten überschritten werden kann.

Damit stellt sich die Frage, ob die generelle Beschleunigungserfahrung auch in Zukunft ungehindert fortgeschrieben werden darf. Zunächst ist nicht auszuschließen, daß die ehedem apokalyptischen Untergangsvisionen durch die menschliche Fähigkeit zur Selbstvernichtung empirisch weit überboten werden. Während die apokalyptische Zeitverkürzung immer noch eine Schleuse, einen Durchgang zum ewigen Heil darstellte, zeichnet sich im Bereich der geschichtszeitlichen Beschleunigung die Möglichkeit ab, daß der Mensch selber die überkommenen, kulturell und industriell angereicherten Bedingungen seiner Existenz vernichtet.

So stellt sich die Frage, ob es möglich ist, aus den bisherigen Beschleunigungserfahrungen geschichtsimmanent langfristige Prognosen abzuleiten. Ich halte – mit Luhmann – diese Möglichkeit für relativ gering.[35] Denn wenn auch die Beschleunigung zu einer Dauererfahrung geworden ist und sich insoweit relativ stabilisiert hat, so läßt sich aus ihr doch keineswegs ableiten, was sich in Zukunft tatsächlich beschleunigt einstellen wird.

Denn nachdem die Beschleunigung als eine spezifisch geschichtszeitliche Kategorie einmal zum Erfahrungsmuster geworden ist, verwandelt sich im Rückblick die gesamte Geschichte in eine Zeitfolge zunehmender Akzeleration. Das erweist sich an drei exponentiellen Zeitkurven, die retrospektiv sich überlagernd die gesamte Menschheitsgeschichte aufschlüsseln.

Einmal vollzieht sich die biologische Ausdifferenzierung des Menschenwesens in sich verkürzenden Zeitabständen. Gemessen an den fünf Milliarden Jahren unserer verfestigten Erdrinde und an der einen Milliarde Jahre organischen Lebens auf dieser Erdkruste bedeuten die rund zehn Millionen Jahre des affenähnlichen Menschen nur eine kurze Zeitspanne. Und die zwei Millionen Jahre, seit deren Beginn selbstgeschaffene Werkzeuge wohl nach-

35 Niklas Luhmann, *The future cannot begin: temporal structures in modern society*, in: Social Research 43 (1976), S. 130-152.

weisbar sind, erscheinen daran gemessen als noch ein viel geringfügigerer Zeitraum.[36]

Sodann sind, gemessen an den zwei Millionen Jahren nachweisbarer Menschheitsgeschichte, die Hervorbringungen einer eigenständigen und ausdifferenzierten Kunst vor 30 000 Jahren in einer, rückwärts gerechnet, vergleichsweise kurzen Zeitspanne erfolgt. Kulturgeschichtlich verkürzen sich die Zeitspannen weiterhin: Die Einführung von Ackerbau und Viehzucht vor rund 12 000 Jahren, schließlich die Entfaltung der Hochkulturen vor rund 6000 Jahren verweisen, wiederum gemessen an der Vorgeschichte, auf immer engere Zeitabstände, in denen sich gleichsam beschleunigt Neues einstellte. Auch wenn dieses Neue der Kulturwelt schon zu den dauerhaften Voraussetzungen unseres eigenen Lebens geworden ist: Gemessen an der Gesamtdauer menschlicher Kulturgeschichte handelt es sich um progressiv verkürzte Zeitfristen, in denen höher aggregierte Organisationsleistungen nachweisbar sind.

Letztlich erkennen wir eine weitere exponentielle Zeitkurve, wenn wir den Blick einengen auf die rund 6000 Jahre unserer Hochkulturen. Erst seit rund 200 Jahren findet nämlich jene Beschleunigung statt, welche wir als postchristliche, technisch-industriell bedingte, spezifisch geschichtszeitliche Beschleunigung kennengelernt haben. Seitdem wird unsere Lebenswelt technisch-industriell überformt, so daß die Frage nach weiterer Beschleunigung zur Frage unserer Zukunft schlechthin geworden ist.

Doch verhindert es der Satz von der Beschleunigung oder von der Verkürzung unserer Erfahrungsfristen per definitionem, daraus unbesehen weitere Hochrechnungen abzuleiten. Es sind gerade die sich bisher überlagernden und verstärkenden exponentiellen Zeitkurven, die sich deshalb nicht mehr ungehemmt oder geradlinig in die Zukunft hinein hochrechnen lassen.

So mag es sein, daß wir in Zukunft genötigt sind, die Anstrengungen unserer Menschheit mehr auf Stabilisatoren und auf die naturhaften Vorgegebenheiten unseres irdischen Daseins zu lenken. Dann könnte es sich erweisen, daß die bisherige Beschleuni-

36 Dazu Karl J. Narr, *Vom Wesen des Frühmenschen: Halbtier oder Mensch?* in: Saeculum 25/4 (1974), S. 293-324; ders., *Zeitmaße in der Urgeschichte*, Opladen 1978 (Rheinisch-Westfälische Akademie der Wissenschaften, Vorträge G 224); Hermann Hambloch, *Der Mensch als Störfaktor im Geosystem*, Opladen 1986 (Rheinisch-Westfälische Akademie der Wissenschaften, Vorträge G 280).

gung nur eine Übergangsphase angezeigt hat, nach der sich die Anteile von Dauer und Überdauern sowie von Veränderung und Wandel neu aufeinander zuordnen lassen müssen. Politisch gesprochen kommt es darauf an zu wissen, wer wen oder was, wo und warum beschleunigt – oder verzögert.

Die unbekannte Zukunft und die Kunst der Prognose

»Kann man das Vergangene erkennen, wenn man das Gegenwärtige nicht einmal versteht? Und wer will vom Gegenwärtigen richtige Begriffe nehmen, ohne das Zukünftige zu wissen? Das Zukünftige bestimmt das Gegenwärtige und dieses das Vergangene.« Diese Worte stammen von Johann Georg Hamann. Für jeden Leser, der die Zeit metaphorisch als Linie deutet, die aus der Vergangenheit durch den fiktiven Punkt der Gegenwart in die offene Zukunft führt, ist diese Feststellung Hamanns unsinnig. Für den Geisteshistoriker ist es schnell ersichtlich, daß Hamanns Worte von der heilsgeschichtlichen Erwartung zehren, die durch die Offenbarung zugänglich, ein Wissen von der Zukunft bereitstellt, die jeden persönlich, aber auch die Weltgeschichte im ganzen betrifft. Für den politischen oder den Sozialhistoriker, der sich professionell mit Vergangenem beschäftigt, der etwa das Vergangene nach Kausalketten befragt, die in die Gegenwart führen, bleibt die Zukunft methodisch ausgespart. Allenthalben wird er erkenntnistheoretisch oder psychologisch einräumen, daß eigene Erwartungshaltungen seine Fragestellungen beeinflussen mögen, die ihm das sogenannte Erkenntnisinteresse stimulieren. Ein wenig Zukunft wird er dulden, ohne seine Berufsqualität geschmälert zu finden. Mehr gefordert sind heute die ausdifferenzierten Wissenschaftsfelder der Politologie, der Ökonomie und der Soziologie, sofern sie nicht Einzelfälle, sondern Strukturen hochrechnen, um Zukunftstrends aus ihnen abzuleiten.

Es gehört nun zum Befund historisch überlieferter Quellen, daß Zukunftsvoraussagen jedweder Art unzählbar sind. Wir brauchen nicht im Jahre 1984 zu leben, um an die Legion der Zeitutopien zu denken, mehr negativer als positiver Art, die Gegenwärtiges hochgerechnet haben, oder, mit Hamann zu reden, aus der Zukunft heraus Gegenwart diagnostizieren. Aber der Reigen führt weiter, etwa zu den Wahlprognosen, die die tatsächlichen Wahlen beeinflussen, sei es durch Zustimmung oder durch Widerspruch, den sie hervorrufen; oder unser Reigen führt zu den Planungsziffern einer Produktionsserie, die von den Marktanalysen künftig zu erschließender Möglichkeiten abhängen; oder zu den computergespeicherten Alternativen aller denkbaren Entscheidungen im geplanten Atomkrieg; oder zu den Voraussagen des Club of Rome, inzwischen verstärkt durch die umweltbewußten Grünen, die ihre Furcht in politische Zukunftsrationalität zu transponieren trachten; oder zu dem üblichen Geschäft jeder Diplomatie, die ohne Kalkül künftiger Handlungen gar nicht existieren würde; bis hin zum Alltag, in dem die finanziellen Folgen einer Kindsgeburt bedacht werden, und das um so mehr, als Arbeitslosigkeit oder Einkommenskürzung Zukunftsdaten enthalten, mit denen gerechnet werden muß. Schließlich sei nicht zu vergessen der Traum, dem schon in der Kanonisierung durch Artemidor eine weissagende Kraft zugemessen wird, die auch in die Diagnosen heutiger Analysen eingeht, indem sie therapeutisch, also auch prognostisch genutzt wird. Die Beispielreihe läßt sich beliebig verlängern. Sie reicht also vom Alltag der Individuen bis zur großen Politik und greift darüber hinaus in den Zeitraum nicht-steuerbarer Prozesse, auch wenn deren Randbedingungen änderbar sind. Ich erinnere an die Hochrechnung der Energiereserven korreliert mit der demographischen Kurve der Erdbevölkerung, die beide langfristige Daten bereitstellen, die ihrerseits zunehmend auf die mittel- und kurzfristigen Planungsdaten in Politik und Wirtschaft zurückwirken. Hamanns Worte, daß das Zukünftige auf das Gegenwärtige einwirke, kann in dieser Allgemeinheit also kaum bestritten werden.

Der Status des Zukünftigen entspricht nun nicht rundum dem Status des Vergangenen. Vergangenes ist in unserer Erfahrung enthalten und empirisch verifizierbar. Zukünftiges entzieht sich grundsätzlich unserer Erfahrung und ist demnach empirisch nicht verifizierbar. Gleichwohl gibt es Voraussagen, die mit größerer oder minderer Plausibilität aus der Erfahrung in die Erwartung transponiert werden können. Hierbei handelt es sich, um einen scharfen Kontrahenten von Hamann zu bemühen, um das Vorhersehungsvermögen, um die Praevisio. »Dieses Vermögen zu besitzen«, sagt Kant, »interessiert mehr als jedes andere: weil es die Bedingung aller möglichen Praxis und der Zwecke ist, worauf der Mensch den Gebrauch seiner Kräfte bezieht. Alles Begehren enthält ein (zweifelhaftes oder gewisses) Voraussehen dessen, was durch diese möglich ist. Das Zurücksehen aufs Vergangene (Erinnern) geschieht nur in der Absicht, um das Voraussehen des Künftigen dadurch möglich zu machen: indem wir im Standpunkte der Gegenwart überhaupt um uns sehen, um etwas zu beschließen oder worauf gefaßt zu sein.«[1]

Kant führt die geschichtlichen Zeitdimensionen auf ihren anthropologischen Kern zurück. Die Konzentration auf den handelnden Menschen, anders als in Augustins Reduktion der Zeitdimension auf den inneren Menschen, ähnlich dagegen schon in Chladenius' Historischer Hermeneutik, stellt uns anthropologische und insofern metahistorische Kategorien zur Verfügung, die die Bedingungen möglicher Geschichte definieren. Kant spricht innerhalb der drei Zeitdimensionen der Zukunft und dem ihr zugeordneten Vorhersehungsvermögen eindeutig das größere Gewicht zu.

Der Befund ist klar. Begehren, wie Kant sagt, aber auch Ängste und Hoffnungen, Wünsche und Befürchtungen sowie rationale Planungen, Berechnungen und eben Voraussagungen – alle diese Weisen der Erwartung gehören zu unserer Erfahrung, oder besser gesagt, korrespondieren mit unserer Erfahrung. Der Mensch als weltoffenes Wesen, genötigt, sein Leben zu führen, bleibt auf Zukunftssicht verwiesen, um existieren zu können. Die empirische Unerfahrbarkeit seiner Zukunft muß er, um handeln zu können, einplanen. Er muß sie, ob zutreffend oder nicht, voraussehen. Mit diesem Paradox sind wir im Zentrum unserer Fragestellung.

Was sieht der Mensch voraus, was kann er voraussehen? Die kommende Wirklichkeit – oder nur Möglichkeiten? Eine Möglichkeit, mehrere oder viele? Ist die Voraussicht geleitet von Furcht oder von Vernunft oder, mit Hobbes zu sprechen, von beiden zugleich? Ist sie geführt vom Glauben an eine Prophetie oder abgesichert durch den Rückgriff auf eine geschichtsphilosophisch begründete Notwendigkeit oder gespeist aus Kritik oder Skepsis? Ist sie an Vorzeichen mantischer oder magischer Art gebunden oder an ein Zeichensystem geschichtlicher Deutungen oder an die Versuche wissenschaftlicher Analysen?

Die historischen Antworten lassen sich nun eingrenzen, wenn

1 Kant, *Anthropologie in pragmatischer Absicht*, Teil 1, § 32, in: *Werke*, hg. v. Wilhelm Weischedel, Darmstadt 1964, Bd. VI, S. 490.

man die Voraussagen auf einige Grundtypen zurückführt, die sich im Laufe der Geschichte, einander überholend, aber auch überlappend, aufweisen lassen. Außerdem lassen sich die Antworten reduzieren, wenn nur nach den Voraussetzungen gefragt wird, wann und warum welche Prognosen eingetroffen sind oder nicht. Mit dieser letzten Frage werde ich mich im folgenden beschäftigen und dabei einer groben Typologie nicht entraten können.

Bei der Fülle eingetroffener und bei der ebenso großen, vielleicht größeren Fülle nicht eingetroffener und deshalb vergessener Prognosen, läßt sich eine Alternative denken. Entweder handelte es sich um ein reines Glücks- oder Zufallsspiel, warum eine Prognose sich bewahrheitet hat und eine andere nicht. Oder es lassen sich Kriterien finden; warum die eine Prognose eher eingetroffen ist als die andere, warum die eine sich hat verifizieren lassen, die andere nicht. Ich werde versuchen, einige Kriterien aus Beispielen politischer Prognosen zu entwickeln.

Sieht man von jeder historischen Erfahrung ab, so läßt sich sagen, entweder ist die Zukunft völlig unbekannt – dann ist jede Prognose ein Würfelspiel des Zufalls. Oder es gibt, und dafür spricht die historische Erfahrung, Grade der größeren oder geringeren Wahrscheinlichkeit, mit der die kommende Wirklichkeit vorausgesehen werden kann. Es gibt Bündel von Möglichkeiten, die einzeln oder zusammengenommen verschiedene Chancen ihrer Verwirklichung indizieren: Dann muß es auch eine Kunst der Prognose geben, die wenigstens minimale Regeln ihres Gelingens enthält.

Rein formal läßt sich folgende Regel aufstellen: Die Skala der Zukunftsaussagen reicht von absolut sicheren Prognosen zu solchen höchst unwahrscheinlichen Inhalts. So muß es als absolut sicher gelten, daß unser Globus die Katastrophe überdauert, die ein Atomkrieg für die ganze Menschheit herbeiführen kann. Andererseits ist es völlig unsicher, ob eine atomare Katastrophe durch Zufall, durch Versehen oder durch Absicht herbeigeführt wird, oder ob sie gar verhindert werden kann. Das heißt, je weiter wir uns von langfristigen Daten naturaler Vorgegebenheiten entfernen und unsere Voraussagen auf politische Entscheidungssituationen konzentrieren, desto schwieriger wird die Kunst der Prognose. Der tastende Lichtstrahl suchender Prognostik oszilliert zwischen sicheren und gewissen Rahmenbedingungen und solchen, die sich prozessual verändern, um im Feld politischer Aktionen vergleichsweise unsicher zu sein. Aber allemal zieht Prognostik ihre Evidenz aus der bisherigen Erfahrung, die wissenschaftlich verarbeitet wird und die hochzurechnen eine Kunst der Kombination vielfältiger Erfahrungsdaten darstellt.

Als Historiker sind wir in der Lage, eingetroffene Prognosen daraufhin zu befragen, warum sie sich erfüllt haben. Als Historiker wissen wir aber auch, daß in der Geschichte immer mehr geschieht oder weniger, als in den Vorgegebenheiten enthalten ist. Insofern ist die Geschichte immer neu und überraschungsschwanger. Wenn es gleichwohl eintreffende Voraussagen gibt, so folgt daraus, daß die Geschichte nie völlig neu ist, daß es offensichtlich längerfristige Bedingungen oder gar dauerhafte Bedingungen gibt, in deren Spielraum sich das jeweils Neue einzustellen pflegt. Jede einzelne Geschichte, in die wir verstrickt sind, erfahren wir als einmalig, aber die Umstände, unter denen sich die Einmaligkeit einstellt, sind selber keineswegs neu. Es gibt Strukturen, die sich durchhalten, und es gibt Prozesse, die anwähren: Beide bedingen und überdauern die jeweiligen Einzelereignisse, in denen sich Geschichte vollzieht. Anders gewendet, es gibt verschiedene Geschwindigkeiten des Wandels.

Geographische Bedingungen wandeln sich gar nicht oder nur kraft der technischen Beherrschung eben dieser geographischen Voraussetzungen menschlichen Tuns. Rechtliche und institutionelle Bedingungen wandeln sich ebenfalls langsamer als die politischen Aktionen, die sich dieser rechtlichen und institutionellen Bedingungen bedienen. Verhaltensweisen und Mentalitäten wandeln sich ebenfalls langsamer als die Kunst, sie ideologisch oder propagandistisch zu verändern. Politische Machtkonstellationen wandeln sich ebenfalls langfristiger als ihre tatsächliche Veränderung in Kriegen oder Revolutionen auf beschleunigte Weise sichtbar macht.

Auch wenn die konkrete Geschichte jeweils einmalig bleibt, gibt es verschiedene Schichten der Veränderungsgeschwindigkeit, die wir theoretisch auseinanderhalten müssen, um Einmaligkeit und Überdauern aneinander messen zu können. Wenn wir aber davon sprechen, daß sich geographische, institutionelle, rechtliche oder mentalitätsgebundene Bedingungen durchhalten, so sind wir genötigt, ihnen im konkreten Vollzug der diachronen Zeitverläufe den Charakter der Wiederholung zuzumessen. Der Brief, den ich morgens um 9.00 Uhr empfange, mag eine freudige oder traurige Nachricht enthalten, die unüberholbar oder unüberbietbar ist. Aber die Postauslieferung morgens um 9.00 Uhr vollzieht sich von Tag zu Tag, dahinter steht eine Organisation, deren Stabilität in der Wiederholung ihrer eingespielten Regeln enthalten ist, deren finanzielles Polster durch die wiederholte Fortschreibung der budgetmäßig erfaßten postalen Einnahmen ermöglicht wird. Dieses Beispiel läßt sich auf alle Bereiche des menschlichen Lebens ausdehnen.

Um meine These zu präzisieren: Prognosen sind nur möglich, weil es formale Strukturen in der Geschichte gibt, die sich wiederholen, auch wenn ihr konkreter Inhalt jeweils einmalig und für die Betroffenen überraschend bleibt. Ohne Konstanten verschiedener Dauerhaftigkeit im Faktorenbündel kommender Ereignisse wäre es unmöglich, überhaupt etwas vorauszusagen.

Lassen Sie mich eine Beispielreihe aus dem Umfeld neuzeitlicher Revolutionen bringen.

1. Der Begriff der Revolution ist ein geschichtstheoretisch geradezu exemplarisch zu nennender Begriff, der uns das Wechselspiel zwischen Einmaligkeit und Wiederholung erläutert. Gewiß, jede Revolution, die stattfindet, ist für die Betroffenen einzigartig, verheerend oder ein erhofftes Glück stiftend. Aber im Begriff der Revolution ist auch die Wiederholung enthalten, die Rückkehr oder gar der Kreislauf. Diese Bedeutung ist nun keineswegs ein zufälliger Rest des dem Lateinischen entlehnten Wortes revolutio. Der Begriff enthält vielmehr eine Strukturaussage über Revolutionen schlechthin, wie wir sie in zahlreichen Varianten auf diesem Globus immer wieder kennenlernen. Die Wiederkehrlehre, die theoretisch im Revolutionsbegriff enthalten ist, impliziert sowohl diachrone Verlaufszwänge, die sich analog wiederholen, wie auch synchron parallelisierbare Akte bestimmter Handlungen. So ist in dem Begriff enthalten die Gewaltausübung jenseits der Legalität, bei ihrem Gelingen ein Wechsel der Herrschaftsweisen oder der Verfassungsformen; ein Austausch, meist nur partieller Art, der Eliten; ein Besitzwechsel durch Aufruhr, Enteignung und Umver-

teilung der Güter oder Gewinne. Ferner enthält der Begriff altbekannte Verhaltensweisen: der Feigheit, des Mutes, der Furcht, der Hoffnung, des Terrors aus Angst oder aus Übermut, der Parteibildung und der Parteispaltung, der Rivalität der Führer, der Akklamationsfähigkeit der Massen und ihrer Akklamationsbedürftigkeit. Kurzum, in jeder Revolution sind sowohl Faktoren synchroner Art, die sich analog wiederholen, wie auch Wirkungsketten diachroner Art enthalten, die im Einzelfall einmalig sind, deren formale Struktur aber immer wiederkehrende Elemente aufweisen. Anders ausgedrückt: Die Geschichte verläuft nicht nur einmalig in diachroner Reihe, sie enthält immer auch Wiederholungen, metaphorisch gesagt eben Revolutionen, die einmaligen Wandel und Wiederkehr des analogisch Gleichen oder Ähnlichen, jedenfalls des Vergleichbaren enthalten.

Der Verlauf der Französischen Revolution von 1787 bis 1815 gleicht in vieler Hinsicht, nicht nur im Prozeß gegen den König, der zu seiner Hinrichtung führte, dem Ablauf der Englischen Revolution von 1640 bis 1660/88. Und so kann es nicht verwundern, daß die Voraussagen der Französischen Revolution immer wieder auf das Beispiel der Englischen zurückgriffen und daß die Diagnosen im Verlauf der Französischen Revolution immer wieder von Analogieschlüssen aus der englischen Parallele zehrten, um glaubwürdig zu sein. Cromwell war die diktatorische Figur, die Robespierre zu werden vermeiden wollte, die dann aber von Napoleon überboten wurde.

2. Für die Schlüsse aus der Vergangenheit in die Zukunft, die auf einer strukturellen Wiederholbarkeit beruhen, seien drei Beispiele genannt, die mit zunehmender Konkretion die Diktatur Napoleons voraussagten.

D'Argenson sagte als einer der ersten die kommenden Ereignisse zutreffend voraus, als er die Kombination von Monarchie und Demokratie als wahrscheinlich und als zukunftsträchtig definierte.[2] In der aristotelischen Topologie war ihm die Aristokratie das eigentliche Hindernis kommenden Ausgleichs, der über kurz oder lang zu einer Verfassungsänderung führen müsse. Eine so-

2 d'Argenson, *Considérations sur le gouvernement ancien et présent de la France*, Yverdon 1764, S. 138 ff.

zialgeschichtliche und prozessuale Auslegung der aristotelischen Herrschaftskategorien ermöglichte es d'Argenson, die Zusammenarbeit des Monarchen mit den aufsteigenden bürgerlichen Schichten vorauszusagen, um im Falle ihrer Verhinderung die Revolution zu prognostizieren. Die Destruktion der Nobilität und die démocratie royale entsprachen einander. Die Prognose beruhte auf einer neuen, verzeitlichten Kombination überkommener Begriffe und Einsichten. Die drei, besonders von Polybios stabilisierten, Verfassungsformen und ihre Verfallsweisen werden beweglicher und komplexer, sie führen zu überraschenden Verbindungen (besonders der einer monarchischen Demokratie), wie wir sie seit der Französischen Revolution in immer neuen Kombinationen kennenlernen mußten.

Die Ergiebigkeit der geschichtlichen Voraussage hing von den verschiedenen geschichtlichen Schichten ab, von den zeitlichen Tiefenstaffelungen, die aus der historischen Erfahrung in die Zukunftsaussage transponiert wurden. Die räumliche Metaphorik, die in unserem Wort ›Geschichte‹ enthalten ist, mag hier hilfreich sein, um zu fragen, welche Schicht der Erfahrung jeweils abgerufen wird. Das wird sehr viel deutlicher bei der zweiten Prognose aus dem Jahre 1772. Sie stammt von Diderot. Und sie lautet: »Unter dem Despotismus wird das über seine lange Leidenszeit erbitterte Volk keine Gelegenheit versäumen, seine Rechte wieder an sich zu nehmen. Aber da es weder ein Ziel noch einen Plan hat, gerät es von einem Augenblick zum andern aus der Sklaverei in die Anarchie. Inmitten dieses allgemeinen Durcheinanders ertönt ein einziger Schrei – Freiheit. Aber wie sich des kostbaren Gutes versichern? Man weiß es nicht. Und schon ist das Volk in die verschiedensten Parteien aufgespalten, aufgeputscht von sich widersprechenden Interessen ... Nach kurzer Zeit gibt es nur noch zwei Parteien im Staat; sie unterscheiden sich durch zwei Namen, die, wer sich auch immer dahinter verbergen mag, nur noch lauten können ›Royalisten‹ und ›Antiroyalisten‹. Das ist der Augenblick der großen Erschütterungen, der Augenblick der Komplotte und Verschwörungen ... Der Royalismus dient dabei ebenso als Vorwand wie der Antiroyalismus. Beides sind Masken für Ehrgeiz und Habgier. Die Nation ist jetzt nur noch eine von einem Haufen von Verbrechern und Bestochenen abhängige Masse. In dieser Lage bedarf es nur noch einen Mannes und eines geeigneten Augenblicks, um ein völlig unerwartetes Ergebnis eintreten zu lassen. Kommt dieser Augenblick, erhebt sich auch schon der große Mann ... Er spricht zu den Menschen, die gerade noch alles zu sein glaubten: Ihr seid nichts. Und sie sprechen: Wir sind nichts. Und er spricht zu ihnen: Ich bin der Herr. Und sie sprechen wie aus einem Munde: Ihr seid der Herr. Und er spricht zu ihnen: Hier sind die Bedingungen, unter denen ich euch zu unterwerfen bereit bin. Und sie sprechen: Wir nehmen sie an ... Wie wird die Revolution weitergehen? Man weiß es nicht.«[3]

Diderots Prognose war der Aufklärungstaktik entsprechend anonym in das Werk von Raynal über die koloniale Expansion Europas eingeschmuggelt worden. Sie gehört zu den erstaunlichsten Voraussagen über den mittelfristigen Verlauf der kommenden Revolution, die sich in groben Zügen vollständig bewahrheitet hat. Sie ist weit konkreter als eine ähnlich scharfsinnige Prognose Friedrichs des Großen.[4] Dieser hatte den kommenden Bürgerkrieg in Frankreich als Ergebnis der Aufklärung vorausgesagt, aber Diderot ging als Aufklärer der Aufklärung noch einen Schritt weiter und konnte die Dialektik von Herr und Knecht in eine politische Strukturaussage ummünzen, die eine freiwillig akzeptierte Diktatur zum Ergebnis hatte.

In die Voraussage Diderots gingen nun zahlreiche Schichten geschichtlicher Erfahrung ein. Zeitgenössisch bot ihm die schwedische Revolution Gustavs III. von 1772 den Einstieg in die Analyse mit dem Ergebnis einer überparlamentarischen Monarchie, das er für die französische Zukunft als mögliche Parallele hochrechnete.

Aber historisch liegen tiefere Schichten seiner Voraussage zugrunde, es gingen mehrere strukturell wiederholbare Elemente in sie ein. Es handelt sich um Argumentationsfiguren, die Diderot aus der römischen Geschichte ableitete, speziell aus Tacitus und seiner Analyse des Bürgerkriegs im Dreikaiserjahr. Wie die Parole, ja der Wunsch nach Freiheit in die Sehnsucht nach freiwilliger

3 Diderot, in: Raynal, *Histoire Philosophique et Politique et du commerce des Européens dans les deux Indes*, Genf 1780, IV, S. 488 ff. Dazu im einzelnen die Ausdeutungen in: *Wie neu ist die Neuzeit?* dieser Band, S. 225-239.

4 Friedrich der Große, *Werke*, dt. hg. v. G. B. Volz, Bd. 7, Berlin 1912, S. 267 f. (*Kritik des ›Systems der Natur‹ von Holbach*, 1770, aus dessen Thesenführung Friedrich die kommende Revolution ableitet).

Unterwerfung umschlagen könne, das war aus den aufgeklärten Prämissen, die Diderot teilte, nicht ableitbar. Dahinter standen Erfahrungen, die auf die römischen Bürgerkriege zurückführten und auf die Bürgerkriege in der Kaiserzeit. Außerdem stand noch Polybios' Kreislaufmodell Pate, das seinerseits in der sophistischen Tradition, von Herodot überliefert[5], den Weg in eine Monarchie als zwangsläufig deutbar machte. Die Treffsicherheit von Diderots Prognose beruhte also auf einer geschichtlichen Tiefenstaffelung, in die einmal ausformulierte historische Erfahrungen und ihre theoretischen Verarbeitungen eingegangen waren. Obwohl Diderot einräumte, nicht zu wissen, wie die Revolution weitergehe, gründete die Scharfsichtigkeit seiner Analyse auf der Wiederholbarkeit historischer Erfahrungssätze.

Das gleiche gilt nun für eine Voraussage Wielands. Er prognostizierte, nunmehr in den konkreten kurzfristigen Ereigniszusammenhang der Französischen Revolution eingebunden, daß Napoleon Bonaparte die Diktatur in Frankreich ergreifen werde. Eineinhalb Jahre vor dem Staatsstreich sagte er diesen voraus und fügte hinzu, daß er die beste Lösung sein werde, die der französische Bürgerkrieg finden könne. Wieland geriet deshalb in nicht geringe Schwierigkeiten, weil er in Weimar als Jakobiner und als ›Bonapartist‹, wenn es das Wort schon gegeben hätte, verschrieen wurde.

Die Sicherheit seiner eingetroffenen Prognose beruht nun nicht nur auf politischem Instinkt oder Zufallsspiel, sondern zunächst auf der großen Parallele, die er zur Englischen Revolution immer wieder zog, und darüber hinaus auf seiner antiken Bildung, die ihn disponierte, den Verfassungswandel im Schema der polybianischen Kreislauflehre zu sehen, sowie auf der Kenntnis des römischen Bürgerkrieges, der schließlich in die Diktatur Cäsars einmündete. Das, was Wielands konkrete Prognose auszeichnet, beruht also auf der theoretischen Prämisse, daß sich im Verlauf einer Revolution bestimmbare Verläufe wiederholen können, so daß es möglich wurde, auch einen Einzelfall, nämlich die Diktatur von Napoleon persönlich, daraus abzuleiten.[6]

5 Herodot, Hist. III 79 ff.

6 Wieland, Der Neue Teutsche Merkur, 2. Stück, März 1798, in: *Sämtliche Werke*, Bd. 32, Leipzig 1857, S. 53 ff.

Wir sind nun in der glücklichen Lage, eine andere Prognose Wielands zitieren zu können, die nicht eingetroffen ist. Nach der Einberufung der Notablen-Versammlung 1787 sagte er voraus, daß sich die kommende Revolution in Frankreich milde, wohltätig und vernunftgeleitet, friedlich und glücksspendend vollziehen werde. Wörtlich: »Auch in diesen wichtigen und zum Glück der Völker so wesentlichen Stücken scheint sich (wenn uns unser Vertrauen nicht betrügt) der gegenwärtige Zustand von Europa einer wohltätigen Revolution zu nähern; einer Revolution, die nicht durch wilde Empörungen und Bürgerkriege, sondern durch ruhige, unerschütterliche standhafte Beharrlichkeit bei einem pflichtmäßigen Widerstand – nicht durch das verderbliche Ringen der Leidenschaften mit Leidenschaften, der Gewalt mit Gewalt, sondern durch die sanfte, überzeugende und zuletzt unwiderstehliche Übermacht der Vernunft, bewirkt werden wird: kurz, eine Revolution, die, ohne Europa mit Menschenblut zu überschwemmen und in Feuer und Flammen zu setzen, das bloße wohltätige Werk der Belehrung der Menschen über ihr wahres Interesse, über ihre Rechte und Pflichten, über den Zweck ihres Daseins und die einzigen Mittel, wodurch derselbe sicher und unfehlbar erreicht werden kann, sein wird.«[7]

Für unsere Fragestellung wird eines sofort deutlich: Die sanfte und vertrauensvolle Voraussage beruhte darauf, daß Wieland alle bisherige Erfahrung durch die selbstgewisse Vormundschaft der Aufklärung außer Kraft zu setzen sich fähig glaubte. Beflügelt durch die optimierende Aufklärungshoffnung sagte Wieland eine Revolution voraus, die sich von allen bisherigen Revolutionen dadurch unterscheiden werde, daß sie ohne Bürgerkrieg vollzogen werden könnte. Zugunsten der Einmaligkeit geschichtlicher Progression verzichtete Wieland, seinem eigenen Vertrauen trauend, auf jeden Analogieschluß, den er aus der früheren Geschichte hätte ziehen können und den er zehn Jahre später gezogen hat. Es war gerade die geschichtliche Einmaligkeit und die lineare Hochrechnung des aufgeklärten Optimismus, die ihn eine Voraussage formulieren ließ, die binnen kurzem von den politischen Ereignissen desavouiert wurde.

7 Wieland, *Das Geheimnis des Kosmopolitenordens* (1788), in: *Sämtliche Werke*, Bd. 30, S. 422.

Das erste Kriterium, das wir damit erprobt haben, liegt also in der Testfrage enthalten, ob eine Prognose auf Möglichkeiten geschichtlicher Wiederholung rekurriert oder ob sie eine absolute Einmaligkeit des geschichtlichen Verlaufes unterstellt. Dort wo Wieland Analogieschlüsse aus der Erfahrung zog, hat er recht behalten, dort wo er die Geschichte als unvergleichbar neu definierte, blieb er im Unrecht.

Halten wir als erstes Zwischenergebnis fest: Je mehr zeitliche Schichten möglicher Wiederholung in die Prognose eingegangen sind, desto zutreffender war die Voraussage. Je mehr sich die Voraussage auf die Unvergleichbarkeit und Einmaligkeit der kommenden Revolution bezog, desto weniger hat sie sich erfüllt. Es gibt kaum eine Revolution, die so oft und so zutreffend in ihrem tatsächlichen Kommen vorausgesagt wurde wie die Französische. Aber ebenso häufig sind die illusionären Auskünfte über ihren kommenden Verlauf gewesen. Ich erinnere an die belle révolution, die herbeizuwünschen und anzupreisen Voltaire nie müde wurde. Er erblickte in der herbeigewünschten Umwälzung nichts anderes als die Vollstreckung einer moralischen Gerechtigkeit, die er als Philosoph polemisch einzufordern niemals aufgab. Gelegentlich sind die Voraussagen so exakt und präzise formuliert worden wie von Friedrich, Diderot oder Rousseau, weil sie den linearen Fortschritt in die Einmaligkeit hinein relativiert hatten. So ist der Anteil geschichtlicher Erfahrung jeweils verschieden dosiert in die Prognosen eingegangen. Dort wo die Chancen geschichtlicher Wiederholung negiert wurden, gerieten die Voraussagen in das Umfeld großer Wünschbarkeit, während dort, wo die Wiederholbarkeit geschichtlicher Möglichkeiten ernstgenommen wurde, die Prognosen eine größere Chance hatten einzutreffen. Um die Erfolgsträchtigkeit von Voraussagen beurteilen zu können, kommt es also darauf an, die zeitliche Mehrschichtigkeit geschichtlicher Erfahrung herauszuarbeiten, aus denen sich Voraussagen zusammensetzen.

Zur Erläuterung sei eine andere Beispielreihe vorgeführt, die unserer eigenen Vergangenheit angehört und auf den Ausbruch des Zweiten Weltkrieges hinweist. Dabei werde ich drei Typen vorführen, die unsere These von der geschichtlichen Tiefenstaffelung als Voraussetzung erfolgreicher Prognosen erläutert. Am 16. November 1937 schrieb Benesch, damals Präsident der Tschechoslowakei: »Ich weiß, daß die Lage ernst ist, bin aber dennoch Optimist. Ich glaube unentwegt, daß wir den Frieden erhalten werden. Ich glaube nicht, daß in absehbarer Zeit ein europäischer Krieg möglich ist. Ich bin vielmehr der Hoffnung, daß er nicht kommen wird.« Man müsse sich nur auf die Verteidigung vorbereiten. »Für die Tschechoslowakei fürchte ich nichts.«[8] Ein Jahr später befand sich Benesch im Exil zu London.

Es handelt sich hier um eine Wunschprognose, gespeist zugegebenerweise aus Optimismus, um eine Meinungsäußerung, die über einen Politiker in dieser Position zu dieser Zeit nur Erstaunen auslösen kann. Nun gehört es freilich zu jeder Voraussage, daß die eigene Einstellung zur Zukunft als Faktor in die Prognose eingeht. Aber die Chancen der Erfüllung steigen erst mit der Macht, die groß genug ist, um die Erfüllung einer sich selbst gestellten Prognose herbeizuführen.

In dieser Lage befand sich damals Hitler. Sieben Tage nach der optimistischen Äußerung von Benesch rief Hitler vor der Ortsgruppe der NSDAP in Augsburg aus: »Es ist doch etwas Wunderbares, wenn das Schicksal Menschen ausersehen hat, für ihr Volk sich einsetzen zu dürfen. Heute stehen uns neue Aufgaben bevor. Denn der Lebensraum unseres Volkes ist zu eng. Die Welt wird eines Tages unsere Forderungen berücksichtigen müssen. Ich zweifle keine Sekunde daran, daß wir genauso, wie es uns möglich war, die Nation im Innern emporzuführen, auch die äußeren gleichen Lebensrechte wie die anderen Völker uns verschaffen werden.«[9] Kaum verschleiert kündigt Hitler sein Expansionsprogramm an, ohne den möglichen Krieg beim Namen zu nennen. Insofern handelt es sich auch hier um eine Wunschprognose. Aber die Elemente, aus denen sich seine Zukunftsvoraussage zusammensetzt, sind vielschichtiger als bei Benesch.

Hitler beschwor, wie er es immer tat, den innenpolitischen Aufstieg als Unterpfand für den künftigen Erfolg auch auf dem Feld der Außenpolitik. Es handelt sich um den typischen Fall einer li-

8 Brief an Emil Ludwig, zit. nach Helmut Kreuzer, *Europas Prominenz und ein Schriftsteller*, in: Süddt. Zeitung, 17/18. 11. 1962.

9 Max Domarus, *Hitler, Reden und Proklamationen*, München 1965, Bd. 1/2, S. 760.

nearen Hochrechnung mittelfristiger Art aus der Vergangenheit in die Zukunft, wie wir sie auch bei Wieland kennengelernt haben, ohne neu hinzukommende Faktoren der Weltpolitik in Europa zu benennen, selbst wenn Hitler sie als Politiker bedacht haben mochte. Hier liegt die Stoßkraft der anfänglichen Erfolge Hitlers, aber zugleich die tiefsitzende Fehlerquelle verborgen, die seinen Untergang und mit ihm den des alten Deutschland herbeiführen half. Die lineare Hochrechnung war einschichtig. Hinzu kommt die Berufung auf das Schicksal, ein Ideologiestreifen, der in die deutsche Geistesgeschichte zurückreicht, jenes Schicksal, an dem Hitler keine Sekunde zweifelte, wie er sich selbst rückversichernd immer wieder versicherte. Die Struktur dieser Prognose enthüllt sich damit als eine ultimative Zwangsprognose. Hitler hat sie sich immer wieder selbst gestellt. Sie korrespondiert jener linearen Hochrechnung, die keine Alternativen zuläßt, vielmehr ausschließt. In der Ausschließlichkeit lag ihre Zwanghaftigkeit beschlossen, die Hitler durch das Bewußtsein seiner Auserwähltheit autosuggestiv absicherte. Seine Prognose nähert sich der beschwörenden Struktur prophetischer Weissagungen.

Konfrontieren wir die Wunschprognose von Benesch und die ultimative Zwangsprognose von Hitler mit einem dritten Typus. Am 27. November 1932 erklärte Churchill im House of Commons: »Es wäre sicherer, die Danziger Frage und des polnischen Korridors, heikel und schwierig wie sie ist, neu aufzurollen, mit kaltem Blut und in ruhiger Atmosphäre und solange die Siegermächte noch ihre breite Überlegenheit innehätten, anstatt zu warten und dahinzutreiben, Schritt für Schritt und Stufe um Stufe, bis noch einmal eine große Konfrontation zustande kommt, in der wir in gleicher Weise kämpfend einander gegenüberstehen.«[10]

Selbstredend gehen auch in diese Prognose Wünsche ein, und auch ein ultimativer Handlungszwang liegt in ihr beschlossen, aber mit dem Ziel, einen zweiten Weltkrieg zu verhindern. Es handelt sich um eine alternative Bedingungsprognose, die Handlungsanweisungen enthält. Was diese Prognose auszeichnet, ist die klare Formulierung zweier Möglichkeiten, deren eine auf die dauerhafte Erfahrung des Ersten Weltkrieges zurückgreift, deren andere aber

10 Churchill, Rede im House of Commons am 27. Nov. 1932, in: *Parl. Acts*, 5. Ser. vol. 272.

die Einmaligkeit der sich ändernden Nachkriegssituation in Rechnung stellt. Ihre Struktur ist mehrschichtig. Die Diagnose beruht auf der anhaltenden Erfahrung der Katastrophe von 1914, um für den schwindenden Handlungsspielraum 1932 eine Alternative zu formulieren. Die Warnung vor der Wiederkehr des Weltkrieges evoziert eine Anweisung, ihn zu verhüten.

Nun mag man die schlichte Alternative auf die Suggestionskraft von Churchills Rhetorik zurückführen – er wird auch weitere Möglichkeiten im Hinterkopf gehabt haben. Die Katastrophe, die zu vermeiden Churchill politisch vorschlug, ist gemäß seiner Voraussage eingetroffen. Die Erfahrung des Kriegsausbruches von 1914 mit dem daraus abgeleiteten Analogieschluß hat ihn nicht getrogen. Aber bei Churchill handelt es sich nicht um eine lineare Hochrechnung unentrinnbarer Zukunft, sondern diese Hochrechnung setzte eine Bedingung möglicher Wiederholung, um in actu dagegen anzukämpfen. Die Richtigkeit der Prognose gründet also in der handlungsanleitenden Verwendung mehrerer geschichtlicher Tiefendimensionen, deren Kombination die Treffsicherheit hervorgebracht hat.

Unsere Fragestellung nach den geschichtlichen Zeitschichten ermöglicht es uns, die Prognostik aus dem Bezugsrahmen der reinen Anthropologie oder gar der Psychologie der jeweiligen Agenten herauszuführen. Nicht der rührende Optimismus eines Benesch, nicht die Autosuggestion von Hitler und auch nicht die phantasievolle Nüchternheit von Churchill liefern uns den Schlüssel für die Richtigkeit oder Falschheit ihrer Voraussagen. Die objektivierbaren Kriterien liegen in der zeitlichen Tiefenstaffelung, die argumentativ für die Prognose herangezogen wurde.

Es ist nicht nur die formale Wiederholbarkeit möglicher Geschichte, die ein Minimum an prognostischer Sicherheit garantiert, sondern es kommt ebenso darauf an, die Mehrschichtigkeit historischer Zeitverläufe einzukalkulieren.

Deshalb möchte ich in einem zweiten Durchgang unsere Frage nach den verschiedenen Zeitschichten präzisieren. Theoretisch lassen sich drei Zeitebenen unterscheiden, die verschieden abrufbar sind, um Prognosen zu ermöglichen.

Erstens gibt es die kurzfristige Sukzession des Vorher und Nachher, die unsere alltäglichen Handlungszwänge kennzeichnet. Immer situationsbezogen ändern sich die Voraussetzungen für die beteiligten Agenten in früher oder später erfahrbaren Fristen, in Jahren, Monaten, Wochen, Stunden, ja sogar von Minute zu Minute. In diesem Zusammenhang ist es besonders schwierig, exakte Prognosen zu stellen, nicht zuletzt deshalb, weil niemals alle Reaktionen aller und deren Aktionen zugleich überblickt oder gar erkannt werden können. Es ist wie beim Schachspiel, wo erst nach einer bestimmten Summe von Zügen die Lage so weit geklärt ist, daß Prognosen mit wachsender, schließlich absoluter Treffsicherheit gestellt werden können.

Zweitens gibt es die Ebene mittelfristiger Trends, von Geschehensabläufen, in die eine Fülle von Faktoren eingehen, die sich der Verfügung der jeweils Handelnden entziehen. Hier wirken die zahlreichen transpersonalen Bedingungen in das Geschehen ein, die sich selber nur mit einer langsameren Geschwindigkeit ändern als die Aktionen der Handelnden selbst. In diesen Bereich gehören z.B. ökonomische Krisen oder Abläufe eines Krieges oder eines Bürgerkrieges oder die längerfristigen Wandlungen, die durch die Einführung neuer Produktionstechniken hervorgerufen werden, oder jene Vorgänge, die von den Betroffenen als Verfall der Sitten oder als Dekadenz einer politischen Handlungsgemeinschaft begriffen werden. Immer handelt es sich um Verlaufsfiguren, die von den transpersonalen Rahmenbedingungen beeinflußt werden, die aber schließlich so weit reichen können, auch die Rahmenbedingungen selbst zu verändern. Es handelt sich um prozessuale Verläufe, die aller Innovation zum Trotz so viel Analogieschlüsse zulassen, wie die Beispielreihe unserer Revolutionsprognosen gezeigt hat.

Drittens gibt es eine Ebene von gleichsam metahistorischer Dauer, die deshalb noch nicht zeitlos ist. Man kann auf dieser Ebene hypothetisch solche anthropologische Konstanten ansiedeln, die sich mehr als alle anderen Faktoren dem geschichtlichen Wandlungsdruck entziehen. Aus diesem Bereich stammt eine Fülle von Erfahrungssätzen, die sich grundsätzlich wiederholen lassen, die immer und immer wieder applikabel sind. Es handelt sich dann um Erfahrungssätze, denen eo ipso eine prognostische Wahrheit innewohnt.

Hierhin gehört die einfache Form des Sprichwortes, die oft mit gegenläufigen Nutzanweisungen versehen wird, aber immer anwendungsfähig bleibt. Übermut kommt vor dem Fall. Viele Hunde sind des Hasen Tod. Viele Köche verderben den Brei. Freilich hängt die Anwendbarkeit davon ab, ob man sich auf seiten der Hunde, der Köche, der Hasen oder im Brei befindet. Aber der Rang solch scheinbar banaler Lebensweisheiten kann nicht unterschätzt werden. Sie tauchen auch in höher aggregierten Aussagen auf. Selbst wenn man einräumt, daß der Verlauf der Geschichte sich nicht nach unseren moralischen Urteilen und Sprichwortweisheiten richtet, bleibt der Übermut doch eine berechenbare, gelegentlich zähmbare Größe im Spiel der Kräfte. Schließlich gibt es Kurzformeln, deren prognostische Wahrheit unwiderlegbar bleibt. So warnte Seneca Nero vergeblich: Er könne alle totschlagen, nur nicht seinen Nachfolger. Hier handelt es sich um eine formale Zukunftsaussage, die sich inhaltlich jederzeit füllen läßt. Scheinbar zeitlos sind solche Aussagen situativ applikabel. Stalin ahnte es, als er Trockij ermorden ließ. Nicht verhindern konnte er die Entstalinisierung durch seine Nachfolger.

In einem höher aggregierten Zustand handelt es sich um metahistorische Sätze, in denen die Bedingungen möglicher Geschichten, also auch möglicher Zukunft, reflektiert werden. Ich verweise hier auf die Reden des Thukydides oder auf die Thematik des Tacitus, der weniger die Tatsächlichkeit der Ereignisse beschreibt als die Art, wie sie widersprüchlich erfahren wurden. Die Bürgerkriegsanalysen beider Autoren, die die Verläufe nicht nur schildern, sondern zugleich semantisch reflektieren und auf ihren Erfahrungsgehalt abfragen, führen zu Lehren der Geschichte, die nicht nur rhetorisch wiederholt werden können. Sie sind auch tatsächlich anwendbar. Die Überwindung der konfessionellen Bürgerkriege in der frühen Neuzeit mag auch ohne antike Autoren gelungen sein, tatsächlich aber stellten sie Lehren bereit, die unmittelbar handlungsanleitend waren. Sie enthielten ein prognostisches Potential, das die neuen Erfahrungen um ihren Überraschungseffekt brachte. Religiöse Intoleranz wurde kalkulierbar, politisch berechenbar und deshalb zähmbar.

Wir können bis zur Gegenwart gehen und eine Vermutung anstellen. Wir wissen nicht, welche Argumente Dubček 1968 im Kreml zu hören bekam, bevor er sich den sowjetischen Bedingungen unterwarf. Aber die Grundstruktur der Argumente findet sich bei Thukydides in seinem berühmten Dialog zwischen den Athenern und den Bürgern von Melos.[11] Der Melier-Dialog besteht in einer auf zwei Rollen verteilten Argumentation, die modern formuliert auf eine alternative Bedingungsprognose hinausläuft, um handlungsanleitend zu wirken. Thukydides definierte die Einstellung der Melier in einem Satz als Wunschprognose: Sie nehmen die verhüllte Zukunft aus lauter Wunsch nach ihrem Recht schon für Gegenwart und irrten deshalb. Die Athener dagegen beriefen sich auf das Gesetz der Macht, das sie nicht erfunden, sondern nur übernommen hätten, um es anzuwenden. Nach dem Austausch der Argumente, in denen sich Hoffnung und Erfahrung gegenüberstanden, inhaltlich gesprochen das Rechtsbewußtsein der Melier und der gewollte Machtmißbrauch der Athener, berichtet Thukydides nurmehr in drei Zeilen, wie die Melier nach ihrer Unterwerfung hingerichtet, ihre Frauen und Kinder versklavt wurden. Das analoge Geschick blieb Prag erspart. Die Tschechen haben sich gebeugt. Und so 1939 Hácha vor Hitler.

Es wäre unsinnig, hier eine lineare Wirkungsgeschichte des Thukydides konstruieren zu wollen. Es gibt vielmehr geschichtliche Erfahrungsstrukturen, die, einmal ausformuliert, nicht verlorengehen, die sich auch unter völlig veränderten Bedingungen moderner Machtausübung oder neuer Rechtsauffassungen durchhalten: Ihnen wohnt eine prognostische Kraft inne, die von metahistorischer Dauer ist und die jederzeit für politische Hochrechnungen genutzt werden kann.

Ich komme zum Schluß. Die theoretische Unterscheidung zwischen unseren drei Zeitverläufen, der kurzfristigen Aktionen, der mittelfristigen Ablaufzwänge sowie der langfristigen bzw. dauerhaft wiederholbaren Möglichkeiten zeigt uns, daß sich ihr Verhältnis im Laufe der neueren Geschichte grundlegend verändert.

Kurzfristige Prognosen sind heute deshalb schwerer zu stellen, weil die Faktoren, die in sie eingehen müssen, selber vervielfältigt worden sind. Gewiß gehen Elemente metahistorischer Dauer in sie ein, aber die Vielfalt der universalen Rahmenbedingungen aller einzelnen Handlungen hat sich erhöht, ihre Komplexität ist schwe-

11 Thukydides, *Geschichte des peloponnesischen Krieges*, dt. v. G.P. Landmann, Zürich und Stuttgart 1960, S. 431 ff. (V 85-115).

rer beherrschbar. – Kurzfristige Prognosen waren einfacher, solange in der Frühen Neuzeit die Zahl der agierenden Handlungsträger überschaubar war, solange die Lebensdauer der Fürsten als Menschen in ihrer endlichen Begrenztheit politisch kalkulierbar blieb. Die Berechnung der Erbfallkonstellationen für den nächsten Krieg gehörte zur Dauerbeschäftigung frühneuzeitlicher Prognostik. Je mehr wir uns der eigenen Zeit nähern, desto schwieriger wird die Kunst kurzfristiger Prognosen, weil auch die längerwährenden Rahmenbedingungen der kurzfristigen Handlungsspielräume sich vervielfacht und verändert haben.

Aber auch die transpersonalen Konstanten, die als Bedingungen die mittelfristigen Verläufe determiniert haben, haben sich seit rund 200 Jahren mit steigender Geschwindigkeit geändert. Technik und Industrie haben die Erfahrungsspannen verkürzt, die sich nur unter gleichbleibenden Voraussetzungen stabilisieren konnten. Die Voraussetzungen unserer Lebensverläufe ändern sich schneller als früher, selbst die Strukturen werden zum Ereignis, weil sie sich schneller wandeln. Der gute alte Satz, daß wir nicht für die Schule, sondern für das Leben lernen, hat seine Kraft verloren. Wir lernen nur noch, wie wir umlernen können. Und selbst das haben wir noch nicht gelernt. Im Hinblick auf unser Modell dreier Zeitschichten läßt sich sagen, daß ehedem langwährende Konstanten, die den Bedingungsrahmen mittelfristiger Verläufe und kurzfristiger Handlungszusammenhänge stabil hielten, selber unter erhöhten Wandlungsdruck geraten sind. Es gibt immer mehr Variablen, die hochzurechnen und aufeinander zu beziehen immer schwieriger wird. Deshalb hat sich, wissenschaftsgeschichtlich gesprochen, aus der Zunft der Historiker die der Soziologen herausdifferenziert. Die Frage danach, wie sich kurze, mittlere und lange Fristen zueinander verhalten, zwingt die Soziologen zur Prognose, ob sie wollen oder nicht. In historischer Perspektive sei mir deshalb noch ein Nachwort gestattet: Die prognostische Sicherheit müßte wieder steigen, wenn es gelingt, mehr Verzögerungseffekte in die Zukunft einzubauen, Verzögerungseffekte, die berechenbarer werden, sobald die ökonomischen und institutionellen Rahmenbedingungen unseres Handelns stetiger werden. Aber das ist vermutlich nur eine Utopie, die aus der bisherigen Geschichte nicht ableitbar ist.

III.
Zeitgeschehen und Wiederholungsstrukturen

Wie neu ist die Neuzeit?

Es gibt eine Erfahrung, die jeder Historiker professionell zu machen genötigt wird: daß es über die erkenntnisfördernde Einzelforschung hinaus nur wenige Einsichten gibt, die nicht zuvor schon gefunden oder formuliert worden sind. Die Geschichtswissenschaft bildet, über alle Zeiten hinweg, einen Erfahrungsraum gemeinsamen Wissens, das immer wieder in Frage gestellt, immer wieder neu durchdacht sein will. Aber mehr als in anderen Wissenschaften üblich, führen alle Fortschritte der Historie immer wieder zurück zu Einsichten, die nur neu formuliert werden müssen, nicht unbedingt neu sind. Deshalb meine Frage, wie neu eigentlich die Neuzeit ist? Um diese Frage zu beantworten, werde ich in zwei Schritten vorgehen. Zunächst rufe ich in Erinnerung, *daß* unsere Neuzeit neu ist. Die Antwort wird leichtfallen, denn wer wollte daran zweifeln. In einem zweiten Schritt werde ich danach fragen, *wie* neu unsere Neuzeit ist. Die Antwort wird nicht leichtfallen, sie führt uns in Schwierigkeiten, die wir uns als Historiker mit der Begriffsbildung selbst aufgebürdet haben.

1.

Erstens also: daß die Neuzeit neu sei, sagt uns schon der Begriff. Blicken wir in unsere Schul- und Handbücher, so erhalten wir je nach Paragraphen klare Auskünfte. Da ist dieser Mönch, der in Wittenberg neunzig und einige Thesen an die Kirchentür geheftet oder genagelt haben soll, um die finanzielle Gnadenverwaltung der Kirche anzufechten. Da sind gelehrte Buchliebhaber, Humanisten, die sich mit Neugierde in antike Texte versenken, sie edieren, kommentieren und kritisieren. Und da ist ein Mann, der den Buchdruck erfunden hat, um die gesuchte Lektüre zu erleichtern. Und da ist ein missionsbewußter, wagemutiger Seefahrer, der versehentlich Amerika entdeckt; und bald darauf ersegelt ein anderer Seefahrer die Kugelgestalt unserer Erde. Da ist ein Astronom oder Astrologe, der diese Kugel in einen Stern verwandelt, der um die

Sonne kreist. Wahrlich bis dahin unerhörte Neuigkeiten, die um 1500 herum in den überkommenen Erfahrungsraum eingebrochen sind.

Blättern wir in unseren Handbüchern weiter, so zeigen sich auch schon die sogenannten Folgen. Die Kirche ist zerfallen, Konfessionen entstehen, Sekten wuchern, und kein Ruf nach Toleranz kann verhindern, daß in einer gegenseitigen Verfolgung, religiöser Bürgerkrieg genannt, Hekatomben von Toten an- und abfallen. Und in Übersee entstehen, indem sich die christlichen Seefahrer die Beute einander abjagen, weltweite Kolonialreiche. Der Globus wird zunehmend von Europa aus beherrscht, Reichtümer werden gehäuft und systematisch vermehrt. Zu Hause gedeiht, parallel zu all dem, die Gelehrsamkeit in den Humanwissenschaften. Vor allem entstehen die neuen, mathematisch fundierten Naturwissenschaften, die die Natur theoretisch erklären und zunehmend auch praktisch zu beherrschen lehren. Gleichzeitig verwandeln sich die Politik, die Kriegskunst und schließlich auch die Ökonomie in methodisch vorangetriebene Erfahrungswissenschaften, um ihre Wirksamkeit zu steigern. Promotor und Nutznießer all dessen ist der moderne Staat sowie die neue und nicht ohne Spannung zum Staat sich selbst bestimmende bürgerliche Gesellschaft.

Alle genannten Befunde gehören im 18. Jahrhundert bereits zum festgefügten Erfahrungsbestand, mehr noch, zum Herrschaftswissen. Und es war schon enzyklopädiefähig geworden. Im Rückblick auf die anwachsende Periode seit rund 1500 hat sich der Begriff einer neuen Zeit, einer neuen Geschichte langsam, aber erfolgreich durchgesetzt. Man wußte sich im Zeitalter der Aufklärung als Zeitgenosse einer neuen Periode, die so ganz anders war als das sogenannte Mittelalter und das sogenannte Altertum, auf die man kritisch und historisch reflektiert zurückzublicken gelernt hatte. Die ›neue Zeit‹, die ›neue Geschichte‹ waren Schulbuchwissen geworden.

Aber dabei ist es, wie wir wissen, nicht geblieben. Die Zeit wurde gleichsam immer neuer. So können wir 1787 lesen, »daß fast ganz Europa eine ganz verschiedene Gestalt überkam ... und beinah ein neues Geschlecht von Menschen in dem gedachten Welttheil zum Vorschein kam«.[1] Und am Vorabend der Französi-

1 Heinrich M. G. Köster, Art. »Historie«, in: *Deutsche Encyklopädie, oder Allge-*

schen Revolution, die nach den Erwartungen ihrer Agenten und Autoren nunmehr eine wirklich neue Zeit und deshalb auch einen neuen Kalender hervorbringen sollte, am Vorabend dieser Revolution wurde ›die neue Zeit‹ bereits durch die ›neueste Zeit‹ ergänzt. Diese Begriffsbildung der neuesten Zeit ist als Symptom einer neuen Zeiterfahrung gar nicht zu unterschätzen. Neu war nämlich jetzt, um 1770, daß man sich nicht mehr am Ende einer Periode wußte, die man rückblickend definierte – wie früher das Mittelalter –, sondern am Anfang einer neuen Periode, und daß man dieses Wissen sofort auf seinen Begriff brachte. Die Zukunft wurde geöffnet, und die autonome, zumindest literarisch und intellektuell sich selbst bestimmende Menschheit schickte sich an, diese Zukunft progressiv zu beherrschen oder, wie man damals zu sagen anfing, Geschichte zu machen.

Die neueste Zeit, einmal aus der neuen Zeit hervorgetrieben, wurde zum progressiven Iterativ. Wir befinden uns also, handbuchgetreu, im Zeitalter der Revolution, der Französischen und der Industriellen Revolution. Damit verändert sich auch der Status der zurückgelegten neuen Geschichte von rund 1500 bis rund 1800. Sie wird relativiert, heruntergestimmt zur ›neueren Geschichte‹, ein Komparativ nunmehr nicht nur im Vergleich zum Mittelalter, sondern nunmehr ein Komparativ zur eigenen Neuzeit. Früher bezogen sich die ›res novissimae‹ auf das Jüngste Gericht. Der bündige Begriff ›Neuzeit‹ selbst, der uns heute so geläufig ist, taucht erst im 19. Jahrhundert auf. Die ersten Belege stammen aus dem Zeitraum der Julirevolution um 1830, als klar wurde, daß die Revolution noch immer nicht an ihr Ende gelangt sei. Und wahrlich, dieses unser Zeitalter hat seitdem Veränderungen hervorgebracht, deren Ausmaß und deren Intensität von niemandem vorausgesehen werden konnten, der an der Schwelle um 1800 in die einmal erschlossene offene Zukunft blickte.

Lassen Sie mich einige Stichworte nennen, die unsere eigene Erfahrung aufschlüsseln. Da ist zunächst und vor allem die Beschleunigung zu nennen, mit der sich unsere Welt im ganzen und unser Alltag speziell von Generation zu Generation, mehr noch: innerhalb jeder Generation verändert haben und ständig verändern.

meines Real-Wörterbuch aller Künste und Wissenschaften, 23 Bde., Frankfurt am Main 1778-1804, Bd. 12, S. 657.

Viele unserer Erfahrungsdaten lassen sich seit dem 18. Jahrhundert in exponentielle Zeitkurven eintragen, die einen beschleunigten Wandel bestätigen. Die Weltbevölkerung verdoppelt sich seitdem in sich verkürzenden Intervallen, so daß für die Bewohnbarkeit des Globus ein Endpunkt hochrechenbar wird. Die Verkehrsgeschwindigkeit hat sich zu Lande, zu Wasser und mehr noch in der Luft in einer Weise gesteigert, der Verkehr so verdichtet, daß die sich allenthalben einstellenden Verzögerungen eine weitere Beschleunigung als unwahrscheinlich, zumindest als unrationell, erscheinen lassen. Die Nachrichtentechnik hat ein Kommunikationsnetz über den Globus geworfen, daß sich die Vermittlungszeiten zwischen Ereignis und Information darüber dem Nullpunkt annähern, wofür früher Informationszeiten von Tagen, Wochen, Monaten oder Jahren erforderlich waren. In den Künsten haben sich seit dem vergangenen Jahrhundert die avantgardistischen Modernisierungsschübe ständig verkürzt, so daß wir heute vor einer pluralistischen Pattsituation stehen. Unausweichliche Rückgriffe in die Vergangenheit, neohistoristische, neorealistische und neosymbolistische Kunstformen drängen wieder hoch.

Solche und ähnliche Befunde verweisen auf Grenzwerte der Beschleunigung, die das verführerische Schlagwort vom Ende der Neuzeit haben aufkommen lassen. Gewiß, das Schlagwort hat eine provokative Bedeutung, aber nur eine relative Berechtigung. Die Geschichte wird allen Postdefinitionen zum Trotz weitergehen. Dafür sorgt schon die ökologische Herausforderung. Wie auch immer sie unsere Verhaltensweisen ändern mag, ohne wissenschaftlich-technischen Fortschritt wird die ökologische Krise sich nicht bewältigen lassen. Blicken wir zurück auf die Abfolge der wissenschaftlich-technischen Neuerungen, auf die physikalischen, chemischen, nuklearen, elektronischen und auf die jüngsten biochemischen Entdeckungen und Innovationen, so mag man auch hier eine Beschleunigung registrieren. Der Abstand zwischen theoretischer Grundlagenforschung und ihrer technisch-industriellen Anwendung hat sich wahrscheinlich im Laufe der Neuzeit ebenfalls verkürzt – schwer zu berechnen. In Anbetracht der ökologischen Nötigung wird dieser Prozeß jedenfalls kein Ende finden dürfen, wenn wir denn mit den Folgelasten unserer von uns selbst induzierten technischen Welt fertig werden wollen. Die Zerstörung der Lebenswelt, der Verzehr an naturalen Energiequellen können, wenn überhaupt, nur mit Hilfe der Wissenschaften aufgefangen werden. Wir werden also des Fortschritts, so gerne er auch heute diskreditiert wird, in der Richtung sachgemäßer Innovationen nicht entraten können. Hier haben wir Überraschungen nicht nur zu erwarten, wir sind ihrer auch bedürftig. Unsere Neuzeit kann nicht umhin, weiterhin innovativ sein zu müssen.

Auch wenn ich mich nicht dem Verdacht aussetzen will, Geschichte könne jemals zur Gänze begriffen oder gar als totale Geschichte geschrieben werden, so muß ich doch noch drei Stichworte hinzufügen. Sie verweisen auf die politischen und die sozialökonomischen Transformationen, die katastrophengesättigt und katastrophenschwanger nicht in gleicher Weise linear progressiv nachzuzeichnen sind. Seit der Amerikanischen und seit der Französischen Revolution stehen alle politischen Handlungseinheiten im Zugzwang, sich zu demokratisieren. Wie immer es um die Verwirklichung bestellt war und ist: Das Postulat der Freiheit und der Gleichberechtigung aller Menschen, vor dem 18. Jahrhundert unerhört, dieses Postulat versetzt seitdem jede politische Selbstorganisation unter Legitimationsdruck. Es bleibt eine gemeinsame Signatur unserer zusammenwachsenden Welt, die die Welt aller Menschen ist. – Darin verpackt ist freilich das Postulat der Emanzipation, das seit rund 1770 immer mehr Lebensbereiche erfaßt: Stände, Klassen, Völker, Staaten, auch Sitten und Religionen, Rassen und Geschlechter, natürlicherweise immer die Jugend und vielleicht demnächst auch noch die Greise als eine gerontologisch zu emanzipierende Alterskohorte. Das Emanzipationspostulat, sich von jeglicher Fremdbestimmung zu befreien, verstärkt sicherlich die Pluralisierung und die Regionalisierung dieser unserer einen Welt. Hier sind schwere Konflikte zu erwarten, Kompromisse nötig.

Beide Trends, die einander streckenweise ausschließen, der Demokratisierung und der Emanzipation, sind unterfangen vom industriekapitalistischen Wirtschaftssystem und seiner bisher nicht gerade erfolgreichen sozialistischen Replik. Ohne dieses Wirtschaftssystem sind weder der steigende Wohlstand zu verstehen noch die im globalen Ausmaß anwachsenden Verzerrungen zwischen Reichtum und Armut. Endlich folgt aus dem wissenschaftlich-technisch fundierten Industriesystem das unendlich gesteigerte Zerstörungspotential, kraft dessen sich die Menschheit über Nacht vernichten kann: die Menschheit freilich nicht als autonomes Subjekt begriffen, sondern als Objekt politischen Handelns. Hier der Katastrophe zuvorzukommen ist und bleibt eine Aufgabe der Politik, der Politik der Zukunft. – Damit breche ich ab.

Was im ersten Durchgang weniger zu beweisen als in Erinnerung zu rufen war, ist die einfache Feststellung, daß unsere Neuzeit neu war, ist und sein wird. Der Erfahrungshaushalt aller Menschen hat sich in den letzten 500 Jahren zunächst langsam, in den letzten zwei Jahrhunderten immer schneller verändert, und er steht weiterhin unter enormem Veränderungsdruck.

2.

Damit komme ich zur eigentlichen Frage: wie neu ist unsere Neuzeit? Um diese Frage zu beantworten, werde ich drei Argumente vortragen: ein kurzes semantisches Argument, das die Neuzeit relativiert. Zweitens ein längeres prognostisches Argument, das die Neuzeit noch mehr relativiert, und drittens ein kurzes historisches Argument, das die Neuzeit wieder rettet.

Lassen Sie mich zunächst, erstens, auf einen so einfachen wie irritierenden Sprachbefund hinweisen. Die Redeweise von der Neuzeit hat sich eingefressen, und zwar mit einem Nachdruck, der nach allem Gesagten einsichtig ist. Aber die Redeweise oder Begriffsbildung enthält eine spezifische Unklarheit. Sie impliziert nämlich, mehr sprachlich suggestiv als logisch konsequent, daß das sogenannte Mittelalter und das sogenannte Altertum nicht neu gewesen seien. Das ist natürlich ein perspektivischer Irrtum. Er resultiert aus der Schwierigkeit jeder temporalen Positionsbestimmung. So sei daran erinnert: Alle Geschichten, die sich ereignen, wann und wo auch immer, sind für die Beteiligten, für die Betroffenen neu. Als Cäsar seinen bekannten Rubikon überschritt, war es ein Schritt ins Ungewisse, und der Bürgerkrieg, der daraus folgte, barg in sich Sieg oder Niederlage, so oder so eine Neuigkeit, ganz abgesehen von den erneuten Leiden, die er heraufführte. Oder ein anderes Beispiel: Der gotische Strebebogen, die Windmühle oder die mechanische Schlaguhr waren neu und innovativ, als sie im sogenannten Mittelalter erfunden wurden, geeignet, das ökonomische, das soziale und das geistige Leben zu verändern. Die historische Kategorie des Neuen und der Neuheit wird also psychologisch begreiflich, aber theoretisch zu Unrecht von der sogenannten Neuzeit monopolisiert. Entschlagen wir uns der Emphase.

Wird diese terminologische Überlegung akzeptiert, so folgt daraus zumindest eines: daß die Benennung unserer Zeitalter – Altertum, Mittelalter, Neuzeit – unglücklich, wenn nicht irreführend ist. Zahlreiche Ereigniszusammenhänge unterlaufen mühelos jede Periodisierung und jede Epocheneinteilung, die wir im Rückblick vornehmen. Und daß die Geschichten einmalig, ja einzigartig, also jedenfalls neu gewesen seien, von denen sie berichten, das versichern uns fast alle Historiker unbeschadet der Zeitalter, in die sie von uns hineindefiniert werden. Wir Historiker der Neuzeit sollten also vorsichtig sein, zumindest hellhörig werden, wenn wir das Neue allein für uns beanspruchen.

Das führt mich zu einem zweiten, dem prognostischen Argument: Die Kategorie des Neuen, die auf der Ebene der Ereignisabfolgen zu jeder Zeit aktuell bleibt, ist selber zu relativieren. Wie ein schönes Sprichwort lautet: »Erfahren wir's nicht neu, so erfahren wir's doch alt.«[2] Geschichte ist nicht nur einmalig, sie wiederholt sich auch. Nicht in ihrer Ereignisabfolge, darin bleibt sie in ihrer Komplexität und Zufälligkeit immer einmalig, sondern in ihren Strukturen, die die Ereignisse ermöglichen. Jeder Teilnehmer an der heutigen Feier, der mit der Bahn gekommen ist, wird sich am Fahrplan orientiert haben, der die regelmäßige Rekurrenz der Züge von Tag zu Tag verspricht. Der Fahrplan ist seinerseits nur einzuhalten, wenn das von Jahr zu Jahr neu festgelegte Budget der Bundesbahn sich in seinen Grundzügen wiederholt, um diese Institution am Fahren zu halten. Diese Beobachtung gilt für alle Lebensbereiche. Recht ist Recht nur, wenn es sich in seiner Anwendung wiederholt und wenn es wiederholbar ist. – Jede wirtschaftliche Produktion fußt auf der Wiederholbarkeit der Produktions-

2 *Die deutschen Sprichwörter*. Gesammelt v. Karl Simrock, Frankfurt am Main 1846, ND mit einem Nachwort v. Hermann Bausinger, Dortmund 1978, S. 97.

bedingungen. – Jede Sprache wird im Sprechen wiederholt, um eine einmalige Aussage verständlich zu machen. – Wo man hinschaut, sind alle Vorkommnisse, alle Geschehnisse, alle Handlungen von strukturellen Vorgaben unterfangen, die sich wiederholen müssen, damit sich überhaupt Ereignisse einstellen können. Davon zeugen nun auch die Prognosen.

Gestatten Sie mir ein Gedankenexperiment, das sich auf die Französische Revolution bezieht. Die zweihundert Jahre sind schließlich noch nicht ganz vorüber, um derentwillen wir gerade jetzt aufgefordert werden, ihrer zu gedenken. Prognosen sind nur möglich, wenn sich Geschichte auch wiederholt. – Wenn die Revolution so neu und einmalig gewesen ist, wie viele Zeitgenossen von ihr versicherten, dann hätte sie sich in keiner Weise voraussagen lassen. Was absolut neu ist, ist nicht vorhersehbar. Wurde sie aber vorhergesehen, dann müssen in ihr Vorgänge ans Licht der Geschichte getreten sein, die aus der vorangegangenen Geschichte ableitbar und hochrechenbar waren. Genau dies ist nun der Fall gewesen. Es gab zahlreiche Voraussagen, die auf erstaunliche Weise die Struktur der kommenden Revolution prognostizierten, mehr noch, den kommenden Prozeß als immanent notwendigen Ablauf in den Blick gerückt haben. Eine solche Voraussage konnte freilich nur formuliert werden, wenn sich in der Zukunft Möglichkeiten verwirklichen, die in der Vergangenheit angelegt oder schon einmal vorhanden waren, mit anderen Worten: wenn sich die Geschichte auch in der Struktur ihrer Ereignissequenz wiederholt. Wiederholt also nicht im Sinne der komplexen Einzelereignisse, die so einmalig bleiben wie die darin verwickelten Personen, sondern wiederholt im Sinne möglicher Vorgaben, die sich wieder einstellen können, aber nicht müssen.

1772 schrieb Diderot, der Herausgeber der großen Enzyklopädie, es bedürfe nur eines geeigneten Anlasses, das bestehende Herrschaftssystem zu stürzen. Ich zitiere: Unter dem Despotismus »wird das über seine lange Leidenszeit erbitterte Volk keine Gelegenheit versäumen, seine Rechte wieder an sich zu reißen. Aber da es weder ein Ziel noch einen Plan hat, gerät es von einem Augenblick zum andern aus der Sklaverei in die Anarchie. Inmitten dieses allgemeinen Durcheinanders ertönt ein einziger Schrei: ›Freiheit‹. Aber wie sich des kostbaren Gutes versichern? Man weiß es nicht.

Und schon ist das Volk in verschiedene Parteien aufgespalten, aufgeputscht von sich widerstreitenden Interessen ... Nach kurzer Zeit gibt es nur noch zwei Parteien im Staat; sie unterscheiden sich durch zwei Namen, die, wer sich auch immer dahinter verbergen mag, nur noch lauten können: ›Royalisten‹ und ›Antiroyalisten‹. Das ist der Augenblick der großen Erschütterungen, der Augenblick der Komplotte und der Verschwörungen ... Der Royalismus dient dabei ebenso als Vorwand wie der Antiroyalismus. Beide sind Masken für Ehrgeiz und Habgier. Was sich daraus ergibt, ist nicht schwer vorauszusehen.« Es bedürfe nur noch eines Mannes und eines geeigneten Augenblicks, um ein völlig unerwartetes Ereignis eintreten zu lassen. Soweit die Voraussage der kommenden Revolution als eines Bürgerkrieges, der nun für Diderot keineswegs überraschend enden wird. Er wird stillgelegt durch einen neuen Princeps, den neuen Herrn. Und Diderot inszeniert literarisch den Unterwerfungsvertrag; im kommenden Präsens gesprochen zitiere ich: Der neue Mann spricht zu den Menschen, die gerade noch alles zu sein glaubten: ›Ihr seid nichts.‹ Und sie sprechen: ›Wir sind nichts.‹ Und er spricht zu ihnen: ›Ich bin der Herr.‹ Und sie sprechen wie aus einem Munde: ›Ihr seid der Herr.‹ Und er spricht zu ihnen: ›Hier sind die Bedingungen, unter denen ich Euch zu unterwerfen bereit bin.‹ Und sie sprechen: ›Wir nehmen sie an.‹ Wie wird die Revolution weitergehen? Man weiß es nicht. »Quelle sera la suite de cette révolution? On l'ignore.«[3]

Es handelt sich um den klassischen Fall einer Bedingungsprognose, die mit einem »Wenn-dann«-Satz beginnt und die mit vergangenen Wirklichkeiten rechnet, die sich in der Zukunft strukturell wiederholen mögen. Und die erste Frage: Was geschieht, wenn ein versklavtes Volk plötzlich zur Freiheit gelangt, dürfte uns heute, wo sich diese Frage erneut stellt, nicht ganz über-

3 Die spannende Geschichte dieses Textes ist aufgeschlüsselt worden von Herbert Dieckmann, *Les contributions de Diderot à la »Correspondence littéraire«, et à l'»Histoire des deux Indes«*, in: Rev. d'Hist. littéraire de la France 51 (1951), S. 417-440. Dort auch der Paralleldruck der in Stockholm vorliegenden – längeren – Erstfassung aus Grimms Korrespondenz sowie der auf ihre systematische Aussage hin gekürzten Fassung aus Guillaume Thomas François Raynal, *Histoire philosophique et politique des établissements et du commerce des Européens dans le deus Indes*, T. 2, Den Haag 1774, S. 282f. Hier wird zitiert nach der Ausgabe Genf 1781, Bd. 4, S. 488ff., deren Text teilweise wieder auf die Erstfassung zurückgreift, die Grimm vervielfältigt hatte.

raschend klingen. Und wenn Diderot seine Bürgerkriegsvoraussage weitergetrieben hat bis zu der Situation, da ein Napoleon möglich wurde, dann hat er diese Voraussage auch und vor allem als eine Warnung formuliert, um eine drohende Gefahr zu verhindern, die er voraussah. Das sei kurz erläutert, wobei ich nicht umhinkomme, auch einiges zu erzählen.

Der literarisch inszenierte Unterwerfungsakt, der den Bürgerkrieg, wie wir heute sagen können, napoleonisch beendete, wird im Text selber in der Vergangenheitsform vorgetragen, als sei der neue Herr schon erschienen. Ich habe mich mit dem Zitat in der Gegenwartsform also einer Fälschung schuldig gemacht, die sich in Gegenwart von Horst Fuhrmann aber gleich aufklären läßt. Der Text bezieht sich nämlich nominell auf Gustav III. von Schweden. Dieser König, Neffe Friedrichs des Großen, hatte am 19. August 1772 gegen den Rat seines preußischen Onkels mit einem Staatsstreich die schwedischen Stände entmachtet, um sich als aufgeklärter Fürst durchzusetzen – übrigens nicht ohne Erfolg. Die Tat erregte das Entzücken Voltaires, der sich schnell zu einem Glückwunschschreiben herbeiließ. Anders Diderot. Es waren gerade die aufgeklärten Fürsten, speziell der König von Preußen, die den Haß Diderots auf sich gezogen hatten, weil sie ihre Untertanen vorsorglich daran hinderten, mündige und selbständige Bürger zu werden. Deshalb nahm Diderot den Staatsstreich zum Anlaß, wie er sagte, »Träumereien anläßlich der Revolution in Schweden«[4] aufs Papier zu werfen. Sie sprachen von Schweden, meinten aber Frankreichs Zukunft. Und Diderot, aus Selbstschutz zur Anonymität genötigt, vertraute seine Träumereien seinem Freund, dem Baron Grimm, an, der sie sofort seiner literarischen Korrespondenz einverleibte, jenem Organ, das, an zahlreiche europäische Höfe und Intellektuellenzirkel versandt, insgeheim eine aufgeklärte Öffentlichkeit herstellen sollte. Diderot nutzte also seine Chance. Er verfremdete die Ereignisse in Schweden, um seine Bedingungsprognose der Leserschaft darzulegen. Daß es sich um Schweden handelt, ist dem Text nur beiläufig zu entnehmen. Weder hatte sich dort das Volk erhoben, noch hatte dort ein offener Bürgerkrieg stattgefunden, weder wird der Name des Königs genannt, noch

4 »Réveries à l'occasion de la Révolution de Suède«; s. Dieckmann, *Contributions* (wie Anm. 3), S. 430.

werden die Spitznamen der ständischen Parteien zitiert, der Hüte und der Kappen, die sich wechselseitig von russischen und französischen Bestechungsgeldern aushalten ließen, woran sie Gustav III. durch seinen Staatsstreich zu hindern wußte. Schließlich war der von Diderot vorausgesagte neue Mann in Schweden selbst schon vor dem Staatsstreich König.

Fast kann man sagen, die empirischen Daten stimmen hinten und vorne nicht. Kurzum, es handelt sich um eine Camouflage, die es Diderot ermöglichte, seine Warnung vor dem kommenden potentiellen Napoleon zu veröffentlichen. Meine Fälschung, indem ich die Vergangenheitsform in die zukünftige Gegenwartsform umgeschrieben habe, diente also nur, die Camouflage aufzudekken, um den Text so zu lesen, wie ihn die gewitzten französischen Leser verstanden haben werden. Und der Baron Grimm hat diese Verfremdung sehr wohl wahrgenommen und nicht versäumt, sie in seinem eigenen Kommentar zu tadeln. Es handle sich hier, so kommentierte er die Schrift von Diderot in seiner geheimen Korrespondenz, um »politische Theorien a priori«, aus denen Diderot prinzipielle Folgerungen für die Zukunft ableite. Der Leser sei aber besser bedient mit einem Bericht über die geschichtlichen Ereignisse a posteriori, »des événements historiques a posteriori«.[5] Er wolle die Ereignisse in Schweden so erzählt bekommen, wie sie aufgrund ganz besonderer Ursachen in ihrer Einmaligkeit abgelaufen seien. Ein politisches Ereignis stelle sich niemals in gleicher Weise zweimal ein, und ein Prinzip, das nur einmal wahr sei, sei gar kein Prinzip.

Wir können dem Baron Grimm nur dankbar sein für seine Aufklärung. Denn sie zeigt uns, daß auch über das Verhältnis zwischen der immer einmaligen und immer neuen Ereignisgeschichte und der wiederholbaren Geschichte ihrer strukturellen Ermöglichung nichts Neues gesagt werden kann.

Damit stellt sich für uns die Frage, wie Diderot selbst zu seiner exakten Voraussage gekommen ist, die nach seiner eigenen Theorie in der Wiederholbarkeit möglicher Geschichten gründete. Schauen wir auf seine Person. Als Moralist hat Diderot die Revolution in Frankreich herbeigesehnt und herbeigeschrieben wie kaum ein anderer Aufklärer, bis hin zur Rechtfertigung des Kö-

5 Zit. ebd. 434.

nigsmordes. Als Skeptiker hat er sich gleichwohl immer wieder gefragt, ob es sich lohne, das Glück der gegenwärtigen Generation den Zufällen einer Revolution zu opfern zugunsten des Glücks der kommenden. Als Ironiker schließlich hat er es verstanden, seine moralischen Grundsätze mit seiner historischen Skepsis zu vermitteln. Darüber gibt es eine sehr gute Arbeit von Ruth Groh.[6]

Aber keine biographische Erklärung reicht für uns hin, das prognostische Potential auszuschöpfen, dessen er sich bedienen konnte. Es lag in seinem historischen Wissen. Natürlich war Cromwell das gerade ein Jahrhundert zurückliegende Beispiel, das seinen Schatten in die Zukunft warf. Und die französischen Revolutionsheroen taten sich denn auch schwer, den gegenseitig ständig erhobenen Vorwurf zu entkräften, wieder nach einer Diktatur des Cromwell zu streben. Immerzu verleugneten sie, moralisch drapiert, die Gewalt, die sie nun einmal auszuüben genötigt waren, jene Gewalt, die Napoleon dann kurzerhand ergriff. Diderot sah das voraus, so dürfen wir sagen, aus seiner historisch vermittelten Erfahrung.

Seine historisch vermittelte Erfahrung reichte aber noch über Cromwell weiter zurück. Vor allem zehrte sie von Tacitus, dessen Werk er noch in hohem Alter mit einem Zeile-zu-Zeile-Kommentar versehen hatte. Hier fand er die großen und die kleinen Parallelen »im Hinblick darauf«, wie er schrieb, »was die Gegenwart uns ankündigt und was von der Zukunft zu hoffen oder zu fürchten ist«.[7] Diderot, der sich nie mehr verzeihen konnte, daß er sich, um dem Gefängnis in Vincennes zu entkommen, mit einer Unterwerfungsadresse an den Pariser Polizeipräsidenten freigeschrieben hatte, Diderot verglich sich mit Seneca unter Nero. Und er schrieb eine heute noch aufregende Kasuistik des Widerstandes gegen eine Tyrannis. Und er lernte von Tacitus, wie die Dialektik eines Bürgerkrieges aussehen werde, und er lernte vor allem von ihm, daß Macht korrumpiere, daß auch die mildeste Diktatur keinen Schutz böte vor dem erneuten Ausbruch eines Bürgerkrieges, wie uns das erste Jahrhundert nach christlicher Zeitrechnung gezeigt hat. Die-

6 Ruth Groh, *Ironie und Moral im Werk Diderots*, München 1984 (Theorie und Geschichte der Literatur und der schönen Künste, Bd. 69 = NF, Rh. B., Bd. 2).

7 Hier zit. nach Denis Diderot, *Briefe 1742-1781*, ausgewählt u. hg. v. Hans Hinterhäuser, Frankfurt am Main 1984, S. 461.

ses Wissen um eine einmalig vergangene Wirklichkeit war es, das ihn befähigte, strukturell wiederholbare Möglichkeiten in die Zukunft hochzurechnen. Sosehr er die Revolution moralisch heraufbeschwor, so sehr sah er ihre Gefahren voraus. Und die französischen Leser werden die darin verpackte Warnung vor dem kommenden Diktator verstanden haben – ohne freilich, daß Diderots Warnung den Ablauf der Französischen Revolution hätte ändern können. Die Revolution hatte in zehn Jahren den politischen Freiheitsspielraum der Revolutionäre verzehrt. Kein Wunder, daß diese erstaunliche Prognose auch heute noch oder heute wieder Beklemmung erregt.

Es handelte sich also nicht um ein beliebiges historisches Wissen, das von Tacitus' literarisch einmaliger Deutung der römischen Geschichte herrührte und das von Diderot, wiederum literarisch vermittelt, in die damals einmalige Zukunft verlängert wurde, um vor einer drohenden Diktatur zu warnen. Es war schließlich die Geschichte selbst, die auch unter den neuen Bedingungen des 18. Jahrhunderts früher einmal vorhandene Möglichkeiten realisierte, also der alten Geschichte analoge Ereignisse zeitigte, d.h. also, daß sie sich strukturell wiederholte. Diderots Prognose blieb gegen seine Intention keine literarische Provokation. Sie hat sich wirklich erfüllt. Damit komme ich zum Schluß, zum historischen Argument.

Die bisherigen Argumente könnten den Anschein erwecken, als ob die Geschichte nur in ihren Ereignissequenzen neu sei – das ist sicher richtig; und daß die Geschichte sich in ihren Strukturen auch wiederhole – das ist sicher auch richtig. Aber die Geschichte zeitigt immer noch mehr, denn auch die Strukturen ändern sich. Und je nachdem, wie sich die Strukturen selber ändern, lassen sich die Zeitalter temporal verschieden einstufen. Das haben bereits die Zeitgenossen der Französischen Revolution wahrgenommen, als sie mit der überkommenen Lehre vom Verfassungskreislauf den Ablauf der Revolution zu deuten suchten, hilflos, aber nicht ohne empirische Evidenz. Denn zeigte nicht der Weg von der absolutistischen Monarchie über die aristokratische Ständeversammlung hin zur Demokratie der Jakobiner und zurück zur Aristokratie des Direktoriums samt allen Verfallsformen, daß der Weg wieder in die Despotie einmündete? Gewiß, die Geschichte schien sich zu wiederholen, aber das Neue, was diese Zeugen wahrnahmen, lag in der ungeheuren Beschleunigung, mit der dieser Prozeß vor ihren Augen ablief. Wofür Polybios mit seiner abstrakten Theorie neun Generationen vorsah und wofür die Englische Revolution 20 Jahre gebraucht hatte – von 1640 bis 1660 –, das schien sich nunmehr in einem Jahrzehnt zu erfüllen, oder wie es Rebmann 1805 in einem Nachruf auf den abgeschafften Revolutionskalender formulierte: »Dieser Kalender sah alles, was nur in zwanzig Jahrhunderten vor ihm geschah, in einem Zeitraum von wenigen Jahren und er starb endlich ... am Schlage, während die Ärzte ihm die Auszehrung prophezeiten.«[8]

Halten wir fest: Es war die Beschleunigung des politischen Prozesses, die nach der fast einhelligen Wahrnehmung der Zeitgenossen unsere Neuzeit eröffnete, längst bevor die technisch-industrielle Revolution die Beschleunigungen in den normalen Alltag hinein vorantrieb. Das heißt, selbst die überkommenen politischen Lehren und historischen Erfahrungsbestände rücken seitdem in einen neuen Aggregatzustand ein, unterliegen einem Strukturwandel. Einen solchen Strukturwandel unmittelbar wahrnehmen zu können, das zeichnet vermutlich die Neuzeit aus. Der Strukturwandel wird gleichsam selbst zum Ereignis.

Was folgt daraus für die Geschichte insgesamt? Die Geschichte hat es offenbar nicht nur mit dem Geschehen zu tun, sondern ebenso, die Philologen werden mir diesen Lapsus verzeihen, mit Schichten. Die Geschichte enthält zahlreiche unterscheidbare Schichten, die sich jeweils schneller oder langsamer verändern, jedenfalls mit verschiedenen Veränderungsgeschwindigkeiten. Wir sind ja gerade televisionäre Augenzeugen geworden eines raschen und plötzlichen Wandels in ganz Osteuropa. Aber die sozioökonomischen Strukturen, deren Insuffizienz diesen rasanten politischen Wandel bedingen und mit hervorgerufen haben, ändern sich deshalb noch lange nicht. Jedenfalls nicht mit der Schnelligkeit, die politisch geboten ist.

Wir Historiker müssen also zu unterscheiden lernen zwischen verschiedenen Schichten, solchen, die sich schnell ändern können, solchen, die sich nur langsam wandeln, und solchen, die dauer-

8 Andreas Georg Friedrich Rebmann, *Der revolutionäre Kalender* (1805), in: *Insel-Almanach auf das Jahr 1966*, Frankfurt am Main 1965, S. 82.

hafter sind und die wiederkehrende Möglichkeiten in sich bergen. Dann lassen sich auch die Zeitalter neu definieren, die der Neuzeit gerecht werden, ohne die anderen Zeitalter unserer gemeinsamen Geschichte als völlig andere ausschließen zu müssen. Um zu wissen, wie neu unsere Neuzeit ist, müssen wir wissen, wieviel Schichten der überkommenen Geschichte auch in unserer Gegenwart enthalten sind. Vielleicht mehr, als wir direkt wahrnehmen können. Dies zu leisten ist freilich eine Aufgabe historischer Reflexion, deren Ergebnisse nicht vorab in den Quellen zu finden sind. Wie sagte doch unser Kronzeuge Diderot: »Die Jugend liebt Ereignisse und Fakten, das Alter Reflexionen.«[9] Wenn das wahr ist, muß ein Historiker immer zugleich alt und jung sein, fürwahr ein paradoxer Beruf.

9 Diderot an Mr. Naigeon 1778 bei der Vorbereitung seines letzten Werkes über Claudius, Nero und Seneca, zit. n. Diderot, *Briefe* (wie Anm. 7), S. 461.

Hinweise auf die ›Neue Zeit‹ im französischen Revolutionskalender

Die Neue Zeit oder die Neuzeit enthalten als geschichtliche Begriffe einen Widerspruch in sich. Denn entweder ist die Zeit immer neu – sofern sich jede Gegenwart von jeder Vergangenheit und von jeder Zukunft unterscheidet, einmalig und deshalb neu ist. Dann handelt es sich um eine iterative Zeitbestimmung, die subjektiv mit immer neuen Erfahrungen angereichert werden kann. In diesem Sinne ist jede Zeit, die erfahren wird, eine neue Zeit. Sie geht in die Alltagserfahrungen von jedermann ein.

Oder aber Zeit indiziert die immer gleiche Wiederholungsweise, die dem Naturablauf der Gestirne und der Rotation des Erdballs innewohnt. Dann handelt es sich um objektivierbare Erfahrungsweisen, die mit Hilfe der kalendarischen Berechnungen allgemein und universal vermittelbar sind. Diese Art von Zeitrechnung gibt keine neue Zeit frei, es sei denn, daß der jeweilige Beginn einer solchen naturalen Zeitberechnung als kulturelle Leistung innovativ war und insofern sekundär auch als jeweils neuzeitlich empfunden werden konnte. In diesem Sinne ist jede Kalenderreform ein jeweils neuzeitliches Ereignis.

Daß es aber eine besondere Zeit geben solle, die sich von allen anderen Zeiten unterscheide, die also als ›Neue Zeit‹ sich emphatisch auszeichnet: dies ist eine geschichtliche Bewußtseinsbildung oder eine politisch-historische Wissensform, die mit den beiden zuerst genannten subjektiven und objektiven Zeitbestimmungen nur in einem lockeren Zusammenhang steht.

Daß eine ganz neue Zeit beginne, ist aus den Zeitbestimmungen selber schwer ableitbar. Es mögen neue Ereignisse eintreten oder neue Verhaltensweisen sich einspielen, aber inwieweit derlei Änderungen auch eine genuin neue Zeit anzeigen, das ist schwer zu begründen.

Als geschichtliche Bewußtseinsleistung oder als politisch-soziale Wissensform lassen sich zwei mögliche Zeiterfahrungen auseinanderhalten. Erstens kann es sich um Zeiterfahrungen handeln, die sich aus den Ereignissen und Verhaltensweisen und aus den

Faktoren, die die Verhaltensweisen und Ereignisse bedingen, stündlich, täglich, wöchentlich oder monatlich ableiten lassen. Dann ist die neue Zeiterfahrung in jenen Alltag eingelassen, der sich entlang den naturalen Zeitbestimmungen immer wiederholt. Man kann sie eine sozialanthropologisch fundierte Zeit nennen, die von der Rekurrenz ihrer Bedingungen – analog zur Naturzeit – abhängt.

Zweitens läßt sich die neue Zeit als geschichtliche Bewußtseinsform auf die Jahresabfolge aufblenden: dann handelt es sich um eine einmalige Zählweise, die in der Sukzession der Jahre, dank ihrer Numerierung, ebenfalls einmalig bleibt. Diese Zählweise, die sich im Unterschied zu den Tagen, Stunden, Wochen und Monaten nicht wiederholt, bezieht sich auf eine geschichtsphilosophisch imprägnierte Zeiterfahrung.

Die subjektive und die objektive Erfahrungsweise von Zeit, die an die natürlichen und biologischen Voraussetzungen zurückgebunden bleibt, ist in den sozialen und geschichtlichen Überformungen der Zeitdeutungen enthalten. Wie sie sich jeweils aufeinander beziehen lassen, ist ein dauerndes, immer neu gestelltes Problem der menschlichen Geschichte. Ohne Zweifel lassen sich neue Zeiterfahrungen gerade auf der Ebene der sozialen Alltäglichkeit registrieren, sofern denn die Ereignisse und Verhaltensweisen unter erhöhten Zeitdruck geraten und insofern sich grundsätzlich ändern. Wenn heute von Neuzeit die Rede ist, so wird ohne Zweifel dieses Phänomen empirisch in den Blick gerückt werden müssen. Ebenso ist die Zählung der Jahre in ihrer Abfolge immer eine Geschichtsdeutung des Gesamtverlaufes, sei es, daß sie nur enumerativ erfolgt, sei es, daß sie auf inhaltlich bestimmte Zeitalter aufgeblendet wird.

Die Arbeit von Michael Meinzer führt uns nun unmittelbar in diese vielfältigen Ambivalenzen des Zeitbegriffs. Er zeigt, wie die französischen Revolutionäre damit fertig zu werden versuchten.[1] Sie sind offensichtlich mit den Schwierigkeiten auf nur sehr unter-

1 Michael Meinzer, *Der französische Revolutionskalender (1792-1805). Planung, Durchführung und Scheitern einer politischen Zeitrechnung*, München 1992 (Ancien Régime, Aufklärung und Revolution, hg. v. Rolf Reichardt und Eberhard Schmitt, Bd. 20), sowie ders., *Der französische Revolutionskalender und die ›Neue Zeit‹*, in: *Die Französische Revolution als Bruch des gesellschaftlichen Bewußtseins*, hg. v. Reinhart Koselleck und Rolf Reichardt, München 1988, S. 23-60.

schiedliche Weise fertig geworden, die sich aus der Einführung eines neuen Kalenders ergeben haben.

Einerseits soll der neue Kalender eine neue Zeit eröffnen und anzeigen – also eine geschichtliche Neuzeit inaugurieren. Andererseits ist der Kalender notwendigerweise an die naturalen Bestimmungen der Wiederkehr zurückgebunden, die dem anhaltenden Wiederholungsvorgang der Sternenumläufe und der Erdrotation zugrunde liegt. Zumindest die Tage, die Monate und die Jahre sind von der Natur her vorgegeben, auch wenn Dekaden, Terminsysteme, Rhythmen und Periodizitäten als soziale Leistungen verstanden werden müssen.

Aber die Pointe dieser sozialen Leistungen, die aus politischen Planungen hervorgegangen sind, liegt darin, daß sie auf Regelhaftigkeiten verweisen, deren Einhalten gerade keine Innovation, keine Neuigkeit mehr bedeutet, sondern Stabilität, Ordnung im Alltag und in den Organisationsweisen der politischen Gesellschaft. In dieser neuen Zeitordnung verpackt mag so etwas wie ein neues Zeitbewußtsein angelegt sein: Aber gerade das Neue daran wird durch die Wiederholung zur Alltäglichkeit und verliert die Bedeutung einer neuen Zeit. Sie mag dann in der Verwaltungsroutine aufgegangen sein oder in der zunehmenden Entscheidungsfreiheit, z.B. über Heiratsdaten außerhalb des Brauchtums zu verfügen. Ob freilich diese Innovationserfahrungen schon ausreichen, im Wissen einer neuen Zeit zu leben, mag füglich bezweifelt werden. Der bäuerliche Alltag wird – neben der Großstadtanalyse – schon weniger ergiebig sein für die Innovationserfahrungen, die in den neuen Zeitabfolgen enthalten waren.

Überhaupt müßte die Frage nach dem Alltagsrhythmus gestellt werden, auf den das Dekadensystem aufgeblendet wurde. Arbeiten am Schreibtisch oder am grünen Tisch lassen sich schneller dezimalisieren als solche Arbeiten, die an der Hobelbank des Handwerks oder mit dem Pflug in der Hand des Bauern zu terminieren sind. Es könnte sein, daß die sozialanthropologische Komponente des neuen Revolutionskalenders nur in der Negation dieses Kalenders sichtbar wird.

Eher zu beantworten mag die Frage sein, die Michael Meinzer noch offenhält: ob die neuen Terminierungen entlang dem Dekadensystem auch geeignet waren, die gegenseitigen Abhängigkeiten der verschiedenen Verwaltungszweige aufeinander abzustimmen, also das zu leisten, was die Uhrzeit und die christliche Wochenzeit auch unabhängig vom Dezimalsystem zu leisten ermöglicht.

Da sich alle Neuerungen kraft des Dezimalsystems in einer vorindustriellen Zeit abgespielt haben, mag bezweifelt werden, ob schon genug Termindruck in den Alltag eingewirkt hatte, um die neuen Zehnerrhythmen als Herausforderung, als Aushilfe oder als Entlastung, kurzum als Weisen einer neuen Zeit empfinden zu können. Gerade ein Spezifikum der neuzeitlichen Erfahrung, die Beschleunigung, scheint durch die Kalenderreform in keiner Weise hervorgerufen oder beeinflußt worden zu sein.

Um so gewichtiger scheint mir der andere Aspekt der Interpretation von Michael Meinzer zu sein: daß es sich um ideologische Steuerungsversuche handele, die, primär gegen die Kirche gerichtet, eine allgemeine, unhinterfragte Evidenz für sich beanspruchen konnten. Der neue Kalender sollte nicht nur enumerativ eine neue Ära eröffnen, er sollte sie Tag für Tag etablieren und stabilisieren.

Befragt man aber die geschichtsphilosophische Ideologie, die hinter dem Revolutionskalender stand, so stößt man sofort auf die argumentative Ambivalenz, daß ausgerechnet ein Rekurs auf eine rationalisierte Natur eine neue Epoche der Geschichte einläuten sollte. Hier werden die argumentativen Widersprüche so eklatant, daß sie sich selbst entlarven. Wieso die Tagundnachtgleiche – ein zufälliges Datum im Hinblick auf die Einführung des Kalenders – ein Symbol für die politische oder soziale Gleichheit sein soll, das darf man füglich der revolutionären Rhetorik des Augenblicks anlasten. Aber hinter dieser naturalen Metapher steht ein grundsätzliches Problem der gesamten Revolutionsmetaphorik, soweit sie sich auf die Natur zurückbezieht und gleichwohl ein neues Zeitalter damit begründen will. Bei den politischen Begründungen des Kalenders wird dieser Widerspruch besonders auffällig. Die gleiche Sonne, die beide Pole gleichmäßig erleuchtet und sukzessive den ganzen Globus – sie wird den halben Globus immer in Nacht verhüllen. So desavouiert sich gerade die naturale Metapher, sobald sie auf die neue Zeit bezogen wird, in der alles ganz anders und neuartig sein werde. Robespierre erlag dem gleichen Widerspruch, als er den Fortschritt der Revolution damit erläuterte, daß die halbe Erdkugel, so wie sie im Licht erstrahle, schon revolutioniert sei und daß die andere Halbkugel der Erde demnächst folgen werde. Die Metapher bricht dort ab, wo sie die Dunkelheit evozieren müßte.

Es gehört freilich zu den Grundschwierigkeiten, geschichtliche Symbole zu entwerfen, die sich ihrer naturalen Herkunft vollends entziehen. Gerade die Kalenderreform legte die Unmöglichkeit dessen dar. Immer wird von der Wiederkehr ausgegangen, in der die Vernunft enthalten sei: sei es in der Wiederkehr des Tag-Nachtrhythmus oder des Monats- oder des Jahresrhythmus: diese sind von sich aus unfähig, eine neue Zeit symbolisch darzustellen. Ähnliches gilt für die Wiedergeburtsmetaphern, die die Silbe ›re‹ im Revolutionsbegriff beschwören. Eine gerechte Ordnung, die angestrebt wird, ist als wiederzugebärende immer schon vorgegeben. Sie zu verwirklichen heißt also sie wiederherzustellen. Es wird im Horizont unserer Zeiterfahrung im technisch-industriellen Zeitalter leicht übersehen, wie stark die Rückkehrmetaphorik im französischen Revolutionsbegriff noch enthalten war.

Gerade die Kalenderreform ist nicht geeignet, eine neue geschichtliche Periode zu eröffnen, sofern der Kalender nur die Regelhaftigkeit des Alltags organisiert. Nur die Jahresrechnung, deren Zählung in die Zukunft hinein offen ist, bietet hier die permanente Möglichkeit der Innovation. Deshalb muß die Jahresrechnung besonders berücksichtigt werden. Sie ist nur als antichristliche Zeitrechnung von symbolischer Bedeutung für eine Interpretation der gedanklichen Zeitlinie, die die Vergangenheit mit der Zukunft auf einer neuen Zahlenskala enumerativ vermittelt. Es ist das neue Geschichtsdatum, die Einführung der Republik, die durch die Kalenderreform erinnert und insofern perenniert werden soll. Diese Erinnerung kann dann als Unterpfand dauernder Innovation gedeutet werden, auch wenn dies nicht notwendig aus der neuen Datierung folgt.

Jedenfalls ist die Einführung jener neuen Jahresrechnung in der Tat eine Innovation gewesen, insofern sie für die ganze Welt, die ganze Menschheit Folge beansprucht, analog zu Christi Geburt eine neue Weltära zu eröffnen. Es liegt nahe, daß dieser Gedanke sich nur im Horizont der christlichen Erwartung bewegt hat, die freilich neu besetzt wird – mit analogen Mitteln, wie mit Hilfe des

Heiligen-Ersatzes, der neuen Feiertagsregelungen und dergleichen.

Aber im Gegensatz zur christlichen Zeitrechnung, die erst mehrere Jahrhunderte nach Christi Geburt eingeführt wurde, ist die Errichtung eines neuen Kalenders parallel zum Anlaß dieses Kalenders selber etwas Neues. Wirklich neu ist daran nicht die andere Zählweise oder die vermutlich größere Naturhaftigkeit und Namensmetaphorik oder eine höhere Rationalität. Neu daran ist wirklich die Reflexion, die Geschichte selber neu beginnen zu können, indem man sich kalendarisch über sie Rechenschaft gibt. Es ist diese Reflexionsleistung, die das eigene Tun auf Innovation verpflichtet und die als das spezifisch Neuzeitliche daran erkannt werden mag. Wieweit diese Reflexionsleistung die Praxis des Alltags wirklich verändert hat, das mag mehr an der Absicht als am Erfolg gemessen werden. Denn der Rest der neuen Alltagsrhythmen bewegt sich durchaus in den Bahnen der Analogie oder der Erfahrungsübersetzung: die Alltagsplanungen blieben weiterhin zurückgebunden an die Vorgaben der Natur, der sich kein Kalender, welcher auch immer, entziehen kann.

Stetigkeit und Wandel aller Zeitgeschichten

Begriffsgeschichtliche Anmerkungen

1.

Zeitgeschichte ist ein schönes Wort, aber ein schwieriger Begriff. Zunächst scheint der Begriff einfach und klar zu sein. Er zielt auf unsere eigene Geschichte, die der Gegenwart, unserer Zeit, wie man sagt. Dieser Wortgebrauch ist üblich, sein Sinn einsichtig. Sonst gäbe es keine Kommission und keine Arbeitsgemeinschaft für Zeitgeschichte, kein Institut für Zeitgeschichte, dessen Name sich wegen seiner einfachen telefonischen Verwendung und wegen seines höheren Allgemeinheitsanspruches durchgesetzt hatte. Der ursprüngliche Name sollte lauten: Deutsches Institut für Geschichte der nationalsozialistischen Zeit.[1] Dieser sachbezogene Name wich einem formalen Allgemeinbegriff, der sich inhaltlich immer neu auffüllen kann, je nachdem was als Zeitgeschichte neu erfahren und definiert wird, etwa Geschichte der Bundesrepublik oder die des Kalten Krieges.

Mit dieser plausiblen Auffüllung des Allgemeinbegriffes mit je neuen Inhalten taucht die erste Schwierigkeit auf. Wieso ist dies jetzt Zeitgeschichte und jenes nicht oder nicht mehr? Wo ist die Grenze zu ziehen zwischen dem, was dazugehört, und dem, was nicht mehr? Hat es nicht jede Geschichte mit Zeit zu tun? Wieso ist unsere eigene Geschichte Zeitgeschichte im ausgezeichneten Sinn, frühere Geschichten dagegen nicht? Hatte Alsted unrecht, als er vor rund dreihundert Jahren die Historie definierte: »Historia omnis chronica est, quoniam in tempora fit?«[2] Alle Historie ist Chronik, Darstellung entlang der Zeitfolge, da sich Geschichte nun einmal in den Zeiten vollzieht. Deshalb wurde früher zwischen älteren und neueren Zeiten unterschieden, von denen berichtet wurde, aber die Zeiten, tempora, bezogen sich auf alle

1 Hellmuth Auerbach, *Die Gründung des Instituts für Zeitgeschichte*, in: VZG 18 (1970), S. 529-554.

2 Johann Heinrich Alsted, *Scientiarum omnium Encyclopaedia*, Lyon [3]1649, Bd. 4, S. 37, 65.

Geschichten, von denen berichtet wurde. Es gibt überhaupt keine Geschichte ohne Zeitbezug. Wieso zeichnet sich die sogenannte Zeitgeschichte aus? Mit dieser Feststellung, die banal genannt werden mag[3], taucht eine zweite Schwierigkeit auf.

Räumen wir ein, was kein Historiker bestreiten wird, daß alle Geschichte mit Zeit zu tun hat, so ließe sich entsprechend der Sprachkonvention sagen: Wir meinen mit Zeitgeschichte die Geschichte unserer eigenen Zeit, unsere Gegenwart, die »Gegenwartschronistik«, um Fritz Ernst zu zitieren.[4] Damit taucht unser Problem auf scheinbar begrenzter Ebene erneut auf. Denn was heißt ›Gegenwart‹? Zwei extreme Antworten lassen sich finden.

Erstens kann ›Gegenwart‹ jenen Schnittpunkt meinen, in dem aus Zukunft Vergangenheit wird, jenen Schnittpunkt der drei Zeitdimensionen, der die Gegenwart immer zum Verschwinden bringt. Dann ist sie ein gedachter Nullpunkt auf der gedachten Zeitachse. Der Mensch ist immer schon vergangen, solange er noch eine Zukunft vor sich hat. Und erst wenn er aufgehört hat, sowohl vergangen wie zukünftig zu sein, ist er tot. Die Gegenwärtigkeit wird zu einem gedachten Nichts, das uns immer darauf verweist, sowohl der Vergangenheit wie der Zukunft anzugehören. Sie wird zu jenem Augenblick, der sich ständig entzieht. »Im Leben ist nichts Gegenwart«, wie Goethe einmal Byron übersetzte.[5]

Aber wer sich auf Goethe beruft, kann auch das Gegenteil bei ihm finden – wie in den Sprichwörtern zur Zeit. So sagt er ebenfalls: »Mußt stets die Gegenwart genießen / besonders keinen Menschen hassen / und die Zukunft Gott überlassen.«[6] Das führt uns auf die zweite extreme Antwort.

So wie sich die Gegenwart zwischen Vergangenheit und Zukunft zum Verschwinden bringen läßt, so läßt sich das Gedankenextrem auch umkehren: Alle Zeit ist Gegenwart in einem ausgezeichneten Sinne. Denn Zukunft ist noch nicht und Vergangenheit

3 Eberhard Jäckel, *Begriff und Funktion der Zeitgeschichte*, in: *Die Funktion der Geschichte in unserer Zeit*, hg. v. Eberhard Jäckel und Ernst Weymar, Stuttgart 1975, S. 162-176.

4 Fritz Ernst, *Zeitgeschehen und Geschichtsschreibung*, in: ders., *Gesammelte Schriften*, hg. v. G. G. Wolf, Heidelberg 1985, S. 289-341.

5 Zit. nach Franz Freiherr von Lipperheide, *Spruchwörterbuch*, Berlin 1907, 8. unveränd. Abdruck, S. 264, Monolog aus Byrons *Manfred*. Goethe, *Gedichte*, hg. v. Karl Eibl, Frankfurt am Main 1988, Bd. 2, S. 554.

6 Goethe, *Lebensregel*, a. a. O., S. 422.

nicht mehr. Zukunft gibt es nur als gegenwärtige Zukunft, Vergangenheit nur als gegenwärtige Vergangenheit. Die drei Zeitdimensionen bündeln sich in der Gegenwärtigkeit des menschlichen Daseins, mit Augustin zu reden in seinem Animus. Nur im steten Entzug ist Zeit präsent: in der expectatio futurorum die Zukunft, in der memoria praeteritorum die Vergangenheit.[7] Das sogenannte Sein von Zukunft oder Vergangenheit ist also ihre Gegenwart, in der sie präsent, vergegenwärtigt sind.

Unser Gedankenexperiment, das auf zwei extreme Antworten zugeführt hat, löst also nicht die Frage, was denn eigentlich ›Gegenwart‹ sei, wenn wir von Gegenwartsgeschichte sprechen wollen statt von Zeitgeschichte. Die Schwierigkeiten verdoppeln sich nur, denn Gegenwart kann so gut alle Zeitdimensionen umfassen – unser zweites Extrem – wie verschwinden zugunsten von Vergangenheit und Zukunft als einer permanenten Spannung, in der jede Gegenwart steht, indem sie sich verflüchtigt – unser erstes Extrem. Die scheinbar präzise Umdefinition von Zeitgeschichte in Gegenwartsgeschichte führt uns also nicht aus dem Dilemma heraus, daß alle Geschichten Zeitgeschichten sind und daß, auf ihre zeitlichen Dimensionen hin befragt, jede Geschichte auf eine jeweilige Gegenwart bezogen ist, die entweder alle Dimensionen umschließt oder nur auf Vergangenheit und Zukunft hin gedeutet werden kann, in die sich alle Gegenwart auflöst. Der konventionelle Sprachgebrauch ist also theoretisch gesehen unzureichend, um nicht zu sagen, irreführend.

Ein Ausweg läßt sich zeigen, wenn wir unser Gedankenexperiment zu Ende denken. Wenn alle Zeitdimensionen in einer jeweiligen Gegenwart enthalten sind, daß sie sich von daher ausfalten lassen, ohne auf ein und dieselbe Gegenwart zurückbezogen werden zu können, weil sich diese ständig entzieht, dann müssen die drei Zeitdimensionen selber verzeitlicht werden. Von Heidegger ist dieser Ansatz ermöglicht worden in *Sein und Zeit*, Raymond Aron und Reinhard Wittram haben ihn aufgegriffen, und Luhmann hat ihn formal konsequent durchgeführt.[8] Entsprechend

7 Augustin, *Confessiones*, XI 28 (37).

8 Raymond Aron, *Indroduction à la Philosophie de l'Histoire*, Paris 1948, S. 183. – Reinhard Wittram, *Zukunft in der Geschichte*, Göttingen 1966, S. 5. – Niklas Luhmann, *Weltzeit und Systemgeschichte: Soziologie und Sozialgeschichte*, hg. v. Peter Chr. Ludz, Opladen 1972, S. 81-115.

den drei Zeitdimensionen gibt es – verzeitlicht – dreimal drei mögliche Kombinationen.

Erstens gibt es, wie unser Gedankenexperiment schon gezeigt hat, eine gegenwärtige Vergangenheit und eine gegenwärtige Zukunft, der eine gegenwärtige Gegenwart entspricht, ob sie nun punktuell verschwindend oder alle Dimensionen umgreifend gedacht wird.

Zweitens gibt es, wenn denn schon jede Gegenwart sich nach vorne und nach rückwärts zugleich ausspannt: eine vergangene Gegenwart mit ihren vergangenen Vergangenheiten und ihren vergangenen Zukünften.

Drittens, konsequenterweise gibt es eine zukünftige Gegenwart samt der zukünftigen Vergangenheit und zukünftiger Zukunft. Mit Hilfe dieser Kategorien lassen sich alle geschichtlichen Zeitbestimmungen formal hinreichend fassen, ohne in die Unklarheit der Begriffe von Zeitgeschichte oder Gegenwartsgeschichte verstrickt zu werden. Dauer, Wechsel und Einmaligkeit der Ereignisse und ihrer Sequenzen lassen sich auf diese Weise bestimmen. Was *Dauer* hat, reicht z. B. von einer vergangenen Gegenwart (nicht von einer vergangenen Vergangenheit) bis in die gegenwärtige Zukunft, vielleicht in die zukünftige Zukunft hinein. *Wechsel* kann ebenso angesiedelt werden, etwa von der vergangenen Vergangenheit in die vergangene Gegenwart führen (man denke etwa an die Institutionen des Lehensrechtes und ihre Auflösung im Zuge der Säkularisation oder der Bauernbefreiung) – oder von der vergangenen Zukunft früherer Lebenswelten in unsere gegenwärtige Vergangenheit führen (man denke etwa an die Utopien der Französischen Revolution, deren Hoffnungen noch präsent sind). Die *Einmaligkeit* schließlich ergibt sich aus der Sukzession jeder nur denkbaren Gegenwart mit sich ändernden Vergangenheiten und Zukünften, die sich ebenfalls ändern. Es sollen keine weiteren Beispiele angeführt werden, das Kaleidoskop der geschichtlichen Möglichkeiten ist formal hinreichend bestimmbar, um das Verhältnis von Zeit und Geschichte zu reflektieren.

Damit hätten wir ein erstes Ergebnis. Jede Geschichte ist Zeitgeschichte, und jede Geschichte war, ist und wird sein: Gegenwartsgeschichte. Dauer, Wechsel und Einmaligkeit lassen sich in die jeweiligen Verhältnisbestimmungen der zeitlichen Dimensionen eintragen. Auf der Ebene unserer theoretischen Formalisierung läßt sich also füglich behaupten: Die sogenannte Zeitgeschichte unterscheidet sich in keiner Weise von den anderen Geschichten, die sich früher ereignet haben und erzählt oder dargestellt worden sind.

Aber, so könnte ein Einwand lauten, die Zeiten selber ändern sich doch, auch die Zeiten haben ihre Geschichte, sonst könnte man doch gar nicht von Zeitaltern sprechen, die sich eindeutig unterscheiden lassen. Diesen Einwand möchte ich aufgreifen, indem ich in einem zweiten Durchgang historisch vorgehe und nicht formal.

2.

Was zeigt uns die Wort-, Begriffs- und Sachgeschichte dessen, was mit ›Zeitgeschichte‹ jeweils gemeint und erfahren wurde? Die Sache selbst ist natürlich alt, die dafür verwendete Bezeichnung ›Zeitgeschichte‹ kommt in Deutschland im 17. Jahrhundert auf, greift um 1800 aus, und, das dürfen wir vorausnehmen, der Begriff ändert sich seitdem ebenfalls. Unser formales Problem, was Zeitgeschichte sei, hat also seine eigene sprachgeschichtliche Genese, auch wenn die Ergebnisse des Wortaufkommens und der Begriffsabwandlungen und die damit gemeinten Bestimmungen auf die Zeiten vor dem Aufkommen unseres Terminus, also rückwirkend, anwendbar sind.

Die Wortgeschichte beginnt, nach bisheriger Kenntnis, mit der Verwendung bei dem Barockdichter Sigismund von Birken, der sich auch durch theoretische Überlegungen zum Verhältnis von Dichtung, Theologie und Geschichtsschreibung ausgewiesen hat. Die Zeitgeschichte taucht bei ihm beiläufig auf, 1657, in einem Hymnus auf den Kaiser Matthias: »Die Zeitgeschichten bezeugen es / wie klüglich er allen / so wohl seinen / als des Reichs Unglücksfällen / vorgebeuget.«[9] Die Bedeutung ist klar. Es handelt sich um Geschichten, in denen der 1612 bis 1619 regierende Kaiser han-

9 Sigismund von Birken, *Ostländischer Lorbeerhaeyn*, Nürnberg 1657, S. 233, zit. nach E. Jäckel, a. a. O., S. 165. Vgl. Wilhelm Voßkamp, *Zeit- und Geschichtsauffassung bei Gryphius und Lohenstein*, Bonn 1967.

delnd mitgewirkt hat, von denen der Sänger, der sich als Dichter der Geschichte besonders verpflichtet wußte, berichtet. Speziell wird die vergangene Zukunft beschworen, denn gerade in der Verhütung von drohendem Unglück, also in der Abwehr von etwas, was hätte eintreten können, aber nicht eingetreten ist, liegt hier die eigentliche Leistung des Monarchen.

Den mit dem neuen Wort bezeichneten Sachverhalt hat es schon vorher und seitdem in unveränderter Weise gegeben: die Geschichten der zu gleicher Zeit Lebenden und deren eigene Berichterstattung oder die Berichterstattung über sie. Es ist dann immer eine Geschichte der Zeitgenossenschaft. Zeitgeschichte in diesem Sinne ist eine schöne Umschreibung für Historia sui temporis – und dies sind die Historien unseres Kulturraumes seit ihrer wissenschaftlichen Begründung immer schon gewesen. In diesem Sinne hat Herodot ein Drittel seiner Historien dem großen Perserkrieg gewidmet, der eine knappe Generationsspanne zurücklag, in diesem Sinne war Thukydides reiner »Zeithistoriker«, Polybios und Tacitus desgleichen. Aber auch die Actus (praxeis) Apostolorum und Cäsars Gallischer und sein Bürgerkrieg gehörten dazu so gut wie die Memoiren des Commynes, des Kardinal Retz oder die Denkwürdigkeiten, die Friedrich der Große aus seinen Kriegen niedergelegt hat. Die Linie läßt sich leicht ausziehen bis hin zu Churchills Kriegsgeschichten, für die er den Nobelpreis erhielt, oder zu Grossers musterhafter Analyse de *l'Allemagne de Notre Temps* (Paris 1970), die bis in das Vorjahr ihrer Veröffentlichung hinaufreichte. In diesem Sinne, teils wissenschaftlicher, teils literarischer Art, aber das eine schließt das andere bekanntlich nicht aus, hat es »immer« schon Zeitgeschichte gegeben, und man kann nur hoffen, daß es dabei bleiben möge.

Nun mag man einwenden, daß hier von Herodot bis Churchill völlig verschiedene Themen, Interessen, Stillagen, Gattungen und wissenschaftliche Methoden bzw. nichtwissenschaftliche Methoden in einen erzwungenen Zusammenhang gerückt werden. Aber betonen wir zunächst die Gemeinsamkeiten.

Erstens ging es fast immer um Ereignisschübe, die von den Beteiligten als Höhepunkte aller bisherigen Geschichten erfahren wurden, ob sie nun zu den Siegern oder zu den Besiegten gehörten, wobei die Besiegten oft die bessere, klarsichtigere Geschichte zu schreiben genötigt wurden. Das gilt für Thukydides so gut wie für den Marx des 18. Brumaire, den er als ein Besiegter, wenn auch wie ein Sieger geschrieben hat.

Zweitens war das Beteiligtsein, das Interesse als Zeuge, besser noch als Täter ein Kriterium der Authentizität, der Wahrheit der Historie. Und selbst wenn die kritische Historie, spätestens seit der entwickelten philologischen Methode, den Wahrheitsgehalt gerade von Täteraussagen, aber auch von Augenzeugen anzuzweifeln gelernt hat: der »zeitgeschichtlichen« Wahrheitsfindung dienen ehedem zeitgenössische Historien allemal mehr als spätere Kompilationen oder Kompositionen. Das falsche Zeugnis eines Zeitgenossen ist immer noch eine unmittelbarere Quelle, auch wenn es später entlarvt wird.

Drittens: Die Hinterfragung von Zeugen auf ihre Interessen oder Verblendungen hin, auf ihre Glaubwürdigkeit oder Lügenhaftigkeit, ja selbst auf ihre unentrinnbare Verlogenheit hin, das gehörte schon zum methodischen Geschäft des Thukydides oder Tacitus, ohne unsere philologisch-kritische Methodik.

Viertens: Ferner gehörte zur genuinen zeitgenössischen Geschichtsschreibung das Abwägen verschiedener Zeugenaussagen, analog zum Gerichtsverfahren, ein Element der antiken Historie seit Herodot, dem Erfinder, und wenn man so will, unübertroffenen Meister der Oral History.

Die wichtige Unterscheidung zwischen unmittelbaren Augenzeugen und nur mittelbaren Ohrenzeugen, um den Grad der Zuverlässigkeit abschätzen zu können, ist schon von Herodot getroffen worden. Selbst die Aufschlüsselung von Mythen, wie sie Hekataios vorgenommen hat, um ihren Wirklichkeitsbezug abzumessen, läßt sich mit Vicos Methode vergleichen oder mit der Aufschlüsselung von Gerüchten, hinter denen sich Realität verbergen mag und die als Gerüchte selbst schon Realität sind. Von Tacitus läßt sich heute noch lernen, daß der politische Realitätsgehalt von Gerüchten in den psychischen Dispositionen der Rezipienten und ihrer Weiterträger liegen kann und gerade deshalb wirksam wird.

Die Liste läßt sich verlängern, um gemeinsame Zugriffe, methodisch mehr oder weniger gefiltert, in allen Historien der je eigenen Erfahrungswelt von der Antike bis heute wiederzufinden. In diesem Sinne war und ist ›Zeitgeschichte‹ immer aktuell, jedenfalls immer denkbar, unbeschadet aller tatsächlichen Schwankungen, Verengungen oder Differenzierungen, denen sie in der Sukzession der Zeiten unterlegen war. Insoweit ist die bisher geschilderte zeitgenössische Geschichtsschreibung immer auf Erfahrungen und Verarbeitungsmethoden gleichzeitiger, generationsspezifischer Ereignisse ausgerichtet gewesen, also auf Synchronie bezogen. Dieser Befund wurde im Deutschen erst im 17. Jahrhundert mit dem Ausdruck ›Zeitgeschichte‹ auf seinen Begriff gebracht.

Mit dem gleichen Wort ›Zeitgeschichte‹ wurde aber auch ein zweites Bedeutungsfeld umrissen, nämlich die Diachronie, die auch schon im 17. Jahrhundert als ›Zeitgeschichte‹ bezeichnet wurde. Stieler registriert 1691 in seinem Wörterbuch[10] ›Zeitgeschichte / Chronologica‹, Zeitgeschichte also in einem spezifisch diachronen Sinne als Lehre von der Zeitabfolge, sei sie nun hilfswissenschaftlich oder realgeschichtlich orientiert, was dem knappen Text nicht zu entnehmen ist.

Dieser Doppelaspekt, daß der Ausdruck sowohl synchron wie diachron verwendet wurde, als er aufkam, ist sicher nicht nur zufällig. Entsprechend unseren anfänglichen Überlegungen ist es klar, daß es überhaupt keine reine Zeitgeschichte im Sinne von bloßer Gegenwartsgeschichte geben kann, daß sie zumindest auf vergangene Gegenwart und deren Vergangenheit rekurrieren muß: erst die Geschichte, dann ihre Erzählung (was nicht ausschließt, daß es auch Geschichten gibt, die nur aus ihrer Erzählung bestehen).

Der Rekurs auf die Zeitenfolge, lebensweltlich gesprochen von heute aus zurück in die Vergangenheit, in der schriftlichen Darbietung aber von früher nach heute, gehört also dem anfänglichen Wortsinn nach gleichberechtigt zum Begriff ›Zeitgeschichte‹. Wie es noch um 1800 im Lexikon von Schwan[11] heißt: Zeitgeschichte = »l'histoire qui rapporte les événemens du temps où l'on est« – also synchron begriffen, sowie auch: Zeitbuch = »die Zeitgeschichte; la chronique; l'histoire dressée suivant l'ordre des temps« – also

10 Caspar Stieler, *Teutscher Sprachschatz*, Nürnberg 1691, Sp. 1747, zit. nach E. Jäckel, a.a.O., S. 165.

11 Christian Friedrich Schwan, *Nouvelle Dictionnaire de la langue allemande et françoise*, Ludwigsburg 1800, Bd. 2, S. 676, zit. nach E. Jäckel, a.a.O., S. 165.

diachron begriffen. Die diachrone Sequenz gehörte also seit der Wortbildung ebenfalls zum Begriff der Zeitgeschichte, und es bleibt eine theoretische Lässigkeit, wenn dieser denknotwendige Aspekt in den Hintergrund tritt.

Es geht bei dem diachronen Aspekt nicht nur um das scheinbar nur hilfswissenschaftliche Gebot einer exakten Datierung oder einer Herstellung exakter Zeitfolgen, auch nicht nur um die erzählende Chronik, die nacherzählt wird und der von Tag zu Tag oder von Jahr zu Jahr, wie in der Annalistik, das jeweils Neue hinzugefügt wird. Diese einfachen Formen, so nötig sie bleiben, sind schon von Herodot und Thukydides weit überboten worden. Herodot hat das damals noch nicht Vorstellbare geleistet, die verschiedenen Reiche und Kulturräume mit ihren jeweiligen Zeitfolgen soweit irgend möglich zu synchronisieren, modern gesprochen, in einen gemeinsamen zeitgeschichtlichen Horizont einzurücken, um die Zusammenhänge aufzuspüren, die zum großen Konflikt zwischen Griechen und Persern geführt hatten. Thukydides schrieb sein diachrones Proömium, um die Konfliktträchtigkeit und die Machtkonstellation des Peloponnesischen Krieges aus ihrer Genese ableiten zu können.

Synchrone Analyse und diachrone Ableitung gehören also gleicherweise zum Begriff der Zeitgeschichte, wie er seit dem 17. Jahrhundert aussagbar wurde, und der um 1800 beide Aspekte zusammenführte. Es war also noch nicht die eigene Zeitgeschichte, die der Französischen Revolution, die definitorisch einbezogen wurde, sondern in unserem Beispiel das jeweils eigene Zeitgeschehen generell, das auf seinen Begriff gebracht worden ist. Deshalb war es z.B. möglich, daß Gottlieb Jakob Planck 1805 in seiner Geschichte des Papsttums immer darauf abhob, »wie und wo die Geschichte des Pabstthums in jeder Periode in die sonstige Zeitgeschichte hinein – und auch zuweilen aus dieser Zeitgeschichte hinausläuft«, wobei dieser Befund auf das späte Mittelalter bezogen wurde. Planck bemüht hier auch den Begriff des Zeitgeistes, der auf das Papsttum eingewirkt, wie umgekehrt dieses auf jenen zurückgewirkt habe.[12]

12 Gottlieb Jakob Planck, *Geschichte des Papsttums in den abendländischen Kirchen*, Hannover 1805, Bd. 1, Vorrede, zit. nach Peter Meinhold, *Geschichte der kirchlichen Historiographie*, Freiburg und München 1967, Bd. 2, S. 106.

Zeitgeschichte ist also, gemäß unseren Belegen, als ein systematischer Begriff verwendet worden, dessen Formalität ihn auf alle Zeitalter anwendbar machte, auf die vergangene Gegenwart, vergangene Vergangenheit und vergangene Zukunft, um unsere formale Kategorisierung aufzugreifen. In diesem Sinne untersuchte Goethe »jene Zeitgeschichte«, wie er es formulierte, die er dann im Götz von Berlichingen dramatisiert hatte.[13]

Besonders klar ist nun die Definition von Campe in seinem Wörterbuch.[14] Er hat den systematischen Anspruch, daß Zeitgeschichte zugleich diachron und synchron gemeint ist, auf den Begriff gebracht: Zeitgeschichte ist »erstens die Geschichte überhaupt, der Zeitenfolge nach geordnet (chronologische Geschichte)«. Es ist also noch nicht die nur jeweils hinzukommende Fortschreibung der Chronik, sondern die Geschichte überhaupt, also jener theoretische Oberbegriff, der erst damals geprägt wurde und der das Insgesamt aller denkbaren Geschichten reflexiv in sich versammelte. Zweitens fügte Campe den synchronen Aspekt hinzu, nämlich Zeitgeschichte: »die Geschichte einer gewissen Zeit, besonders unserer Zeit, wie auch, eine einzelne Geschichte unserer oder der gegenwärtigen Zeit«. Dieser systematische Aspekt, daß Geschichte überhaupt sowohl vergangenheits- wie gegenwartsbezogen Zeitgeschichte ist, ist nun im Laufe des 19. Jahrhunderts fast ganz verlorengegangen.

Der systematische Anspruch kam um 1800 freilich nicht von ungefähr. Aufklärung und Französische Revolution hatten einen Erfahrungsschub bewirkt, der in den Begriffen ›Geschichte schlechthin‹, ›Prozeß‹, ›Revolution‹ selber, ›Fortschritt‹ oder ›Entwicklung‹ zur Sprache gebracht worden war. Es waren allesamt neue Leitbegriffe, deren Gemeinsamkeit in der bewußt reflektierten Voraussetzung lag, daß alles Geschehen spezifisch zeitlich strukturiert sei. Wie und auf welche Weise – das zu klären führte zu den großen Systemen des deutschen Idealismus von Kant bis zu Hegel und Schelling. – Aber es gibt auch für den so schwer greifbaren Begriff ›Zeit‹ empirische Testfragen, die den historischen Ort

13 Zit. bei. E. Jäckel, a. a. O., S. 166.

14 Joachim Heinrich Campe, *Wörterbuch der deutschen Sprache*, Braunschweig 1811, Bd. 5, S. 833, hier zit. nach E. Jäckel, ebd., der die erste Definition aus gegenwärtiger Sicht als ›Mißverständnis‹ interpretiert.

beschreiben lassen, an dem die ›Zeitgeschichte‹ zur neuen Herausforderung wurde. Alles, was damals Bestand haben oder verändert werden sollte, wurde seit rund 1800 in gleicher Weise mit ›Zeit‹ legitimiert: Zeit als Dauer oder Zeit als Wechsel galten je nach den verfolgten politischen Interessen als unüberbietbare Legitimationstitel.

Wie sehr ›Zeit‹ um 1800 zu einem spezifisch geschichtlichen, wenn auch ambivalenten, Deutungsbegriff aufrückte, zeigt Grimms Wörterbuch. Bei allem Vorbehalt läßt sich aus den Zeitkomposita ein zulässiger Vermutungsschluß ziehen. Grimm registriert[15] 216 Zeitkomposita, die vor 1750 in der deutschen Sprache nachweisbar sind. Sie beziehen sich vorzüglich auf die lebensweltlichen Bereiche der menschlichen Natur, auf deren moralische Ausdeutung oder – der Bibel verpflichtet – auf ihre theologische Sinnstiftung. Zwischen 1750 und 1850 kommen 342 neue Komposita hinzu, deren Schwerpunkt in den Bereichen von Politik und Geschichte liegt. ›Zeitgeist‹ gehört als markanter Begriff in diese Reihe. Wie sehr unser Sprachbedarf, um Zeiterfahrungen geschichtlicher Art auf den Begriff zu bringen, damit abgedeckt war, zeigt der erstaunliche Befund, daß seit 1850 (bis 1956) nur noch 52 Zeitkomposita als neu hinzugekommen registriert werden.

Noch ein weiterer empirischer Befund belehrt uns darüber, warum gerade ›Zeitgeschichte‹ als Begriff um 1800 aktuell wurde. Das diachrone Gefüge der Zeitalterlehren änderte sich seit der sogenannten Renaissance und der sogenannten Reformation langsam, aber fundamental. Es ist hier nicht möglich, die komplizierte Wortgeschichte unserer gebräuchlichen Periodenbegriffe nachzuzeichnen. Aber im Hinblick auf die veränderte Zeiterfahrung, die sich mit der Trias Altertum – Mittelalter – Neuzeit und den beiden Schwellenbegriffen einer Renaissance und einer Reformation ergeben hat, seien einige Hinweise gestattet.

Solange sich die christliche Welt auf das Jüngste Gericht zubewegte, wußte sie sich im letzten Zeitalter, in dem grundsätzlich nichts Neues mehr zu erwarten war. Ob man die Vier-Reiche-Lehre verwendete – so vor allem in Deutschland – oder ob man die

15 Jacob und Wilhelm Grimm, *Deutsches Wörterbuch*, Leipzig 1956, Bd. 15, bearb. von Moriz Heyne, Henry Seedorf, Hermann Teuchert, ND München 1984, Bd. 31, Sp. 550-583.

drei Phasen der christlichen Heilsgeschichte – vor dem Gesetz, unter dem Gesetz, im Zeitalter der Gnade – beschwor, grundsätzlich lebte man im letzten Zeitalter. In diesem theologisch ausgespannten Erwartungshorizont, in Erwartung der res novissima, also des Jüngsten Gerichts, konnte die Chronik von Fall zu Fall das jeweils neu Anfallende einschreiben und fortschreiben. Die chronologische Gliederung ergab sich aus den biologischen Daten der Lebensdauer der herrschenden Fürsten, ihrer Dynastien oder der Päpste, ein Gliederungsschema, das bis heute noch nicht ganz außer Gebrauch gekommen ist. Die genealogische und biologische Neutralität entsprach einem in sich selbst gleichen Zeitalter, das mit dem Ende der Geschichte abschließen werde.

Das theoretisch schwierige Problem ergab sich erst, seitdem es so etwas wie eine Neuzeit gibt, deren Ende oder Ausgang unbekannt ist, seitdem die Zukunft als offen erfahren wird, seitdem Geschichte als Fortschritt oder als Entwicklung, als Prozeß erfahren werden konnte, also seit dem späten 18. Jahrhundert. Nur sehr langsam setzte sich der Begriff einer neuen Zeit, als logischer Anschlußbegriff zum Mittelalter, durch. Und kaum daß er sich, im 17. Jahrhundert, durchzusetzen begann, war man schon genötigt, den Begriff einer neuesten Zeit – im 18. Jahrhundert – hinzuzufügen oder im 19. Jahrhundert die ›Neuzeit‹ von der neueren Zeit abzusondern. Die ›Neuzeit‹ als Wort wurde erst in der deutschen Sprache des Vormärz geprägt, lexikalisch erst seit dem Ende des 19. Jahrhunderts registriert. Kurzum, die Zeitenfolgen schienen sich in ihrer Sequenz ›Renaissance, Reformation, Neuere Geschichte, Neueste Geschichte, Neuzeit‹ zu beschleunigen. Immer neue Zwischenperioden mußten erfunden werden, um die sogenannte neue Geschichte zu gliedern.[16] Die sogenannte Zeitgeschichte ist nun auch ein solcher Anschlußbegriff geworden, der sich auf die neueste Zeit, auf unsere Zeit, auf die Tagesgeschichte beziehen ließ, der Aktualität schlechthin versprach.

Seit der Französischen Revolution häufen sich die Titel von Zeitschriften und Buchserien, mit oft mehr als dreißig Bänden, von Jahr zu Jahr erscheinend, die den Leser über das aktuelle Geschehen informieren sollten. Faßt man diese Schriften unter ein ge-

16 Reinhart Koselleck, *›Neuzeit‹. Zur Semantik moderner Bewegungsbegriffe*, in: ders., *Vergangene Zukunft*, Frankfurt am Main 1979, S. 300-348.

meinsames Thema, so handelt es sich um die traditionelle Annalistik, bezogen auf die revolutionäre Weltgeschichte, die ihren empirischen Ausgangspunkt mit der Französischen Revolution gewonnen zu haben schien; mit der Französischen Revolution, deren kurze Etappen ein typologisches Gerüst der Verfassungssequenzen für alle weiteren Deutungen bereitstellten, gleich unter welcher parteilicher Perspektive das Zeitgeschehen wahrgenommen wurde.

Der Begriff der Zeitgeschichte wurde seitdem eingeengt auf die synchrone Aktualität der jeweils jüngsten Vergangenheit. Der Begriff wurde beschränkt auf die Modernität der anfallenden Geschichten. Er wurde zum formalen Dauerbegriff, der nur die neueste Geschichte, eben die sogenannte Zeitgeschichte, fortschrieb. Genannt seien *Die Geschichte unserer Zeit* von Karl Strahlheim, einem ehemaligen Offizier der kaiserlich französischen Armee, 33 Bde., 1826-1830, oder die *Geschichte unserer Tage*, bearbeitet von Dr. Mährlen, Band für Band seit der Juli-Revolution 1830 erschienen.

Der Begriff der Zeitgeschichte wurde ins Journalistische, in die Tagesschriftstellerei verschoben. Aber auch diese hatte ihr großes Format. Ich erinnere an die Linkshegelianer Bruno Bauer oder Karl Marx, an Heine oder an Lorenz von Stein, Michelet und Thiers, deren Schriften zur Zeitgeschichte noch heute zur wiederholbaren Lektüre gehören, wenn das 19. Jahrhundert, wie jetzt zunehmend, neu aufgearbeitet wird. Die professionellen Historiker zeigten sich damals eher skeptisch, ob es schon möglich sei, die Aktualität des Tagesgeschehens wissenschaftlich zu bearbeiten. Perthes hatte große Mühe, Autoren für seine europäische Staatengeschichte zu finden, nicht nur weil die Quellenbasis zu schmal sei, um die Geschichte mit philologisch-historischer Methode aus den Archiven zu erarbeiten, die nicht oder kaum zugänglich waren – vor allem weil die Bewegungen der Politik, die Veränderungen der Gesellschaft zu rasant seien, um schon endgültige Aussagen riskieren zu können. Die Unabgeschlossenheit der Geschichte wurde im Gegensatz zur christlichen und humanistischen Geschichtsschreibung zum Einwand gegen ihre »zeitgeschichtliche« historische Verarbeitung.

Die beschleunigte Alltagsgeschichte und der sichere Ort der

Archive schienen nicht kompatibel zu sein. Dabei muß daran erinnert werden, daß die Sperrfristen der Archive sich erst im Zuge der beschleunigten Geschichte verkürzten. Noch im Vormärz blieben die preußischen Archive bis zu Luthers Zeiten zurückreichend prinzipiell gesperrt, nur mit besonderer Genehmigung zugänglich, und noch gegen Ende des 19. Jahrhunderts lag die Sperrfrist auf der gesamten Zeitspanne seit 1700. Alles spätere Archivgut einzusehen unterlag ministerieller Genehmigung. Die Aktualität der Geschichte war also noch auf eine jahrhundertelange Dauer eingestellt. Die Archivalien besaßen über zwei Jahrhunderte hinweg politische oder rechtliche oder theologische Sprengkraft. Die heutige Dreißigjahresfrist lag noch jenseits der Hoffnungen professioneller Historiker, um Zugang zum Forschungsmaterial zu erhalten – von den offiziellen Hofhistoriographen abgesehen, und selbst diese konnten ihrer Vorrechte verlustig gehen wie Sybel durch Wilhelm II. Anders gewendet: die aktuelle Brisanz geschichtlicher Themen erstreckte sich für die Politiker im 19. Jahrhundert noch auf die gesamte sogenannte Neuzeit, nicht nur auf die heute sogenannte Zeitgeschichte. Die aktengebundenen Legitimationstitel waren noch nicht einem so schnellen Verfall ausgesetzt wie heute, da nach dreißig Jahren, unter Wahrung des Persönlichkeitsschutzes, die Archivschätze freigegeben werden, freilich von Wirtschaftsarchiven und von offenen oder geheimen politischen Spezialblockaden abgesehen.[17]

Dennoch muß zur Ehre der zünftigen Historiker gesagt werden, daß sie sich auch im 19. Jahrhundert, trotz schwer- oder unerreichbarer Akten, intensiv mit ›Zeitgeschichte‹ abgegeben haben, fast immer in Vorlesungen, gelegentlich auch in Publikationen, wie Ranke, Droysen oder Sybel, um nur deutsche Historiker zu nennen. Und die posthum gedruckten Vorlesungen zur Zeitgeschichte von Niebuhr oder Jacob Burckhardt gehören nicht nur zu den Quellen für damalige Sichtweisen, sondern bleiben ebenso lesenswert, weil sie eine Theorie der geschichtlichen Zeiten entwickelt hatten, die sie befähigte, die eigene Zeit in langfristige Perspek-

17 Dazu Reinhart Koselleck, *Archivalien – Quellen – Geschichten: 150 Jahre Staatsarchive in Düsseldorf und Münster* (Veröff. d. staatl. Archive des Landes Nordrhein-Westfalen, Reihe C: Quellen und Forschungen, Bd. 12), Düsseldorf und Münster 1982, S. 21-36.

tiven zu tauchen und bewußt von der Vergangenheit als einer qualitativ anderen zu unterscheiden lehrten. Niebuhr las über die Geschichte des Zeitalters der Französischen Revolution, um es als ein sich beschleunigendes Zeitalter zu interpretieren. Ähnlich Droysen und ebenso Jacob Burckhardt, die beide die Einmaligkeit der eigenen Zeit in der beschleunigten Abfolge der Ereignisse entdeckt zu haben glaubten. Kein Wunder, daß die Zeit der Geschichte im Hinblick auf ihre Beschleunigung und damit auch die ›Zeitgeschichte‹ eine neue Qualität der Fragestellungen hervorrief. Zeitgeschichte begann über ihre ehedem diachrone und synchrone Möglichkeit hinaus und über deren systematische Verschränkung hinaus die Bedeutung einer jeweils neuen und einmaligen Aktualität zu gewinnen, und zwar aufgrund neuer, bisher nie erfahrener, inhaltlicher Bestimmungen.

3.

Bisher wurde behandelt, welche formalen Schwierigkeiten entstehen, wenn Zeitgeschichte nicht auf die ganze Geschichte, sondern nur auf eine jeweils gegenwärtige Periode bezogen wird. Ferner wurde der historische Ort aufgewiesen, an dem Zeitgeschichte auf seinen diachronen und zugleich synchronen Begriff gebracht wurde, obwohl die Sache selbst so alt ist wie die Geschichtsschreibung. Darauf wurde die Neuartigkeit der Zeitgeschichte im Sinne einer sich ändernden Aktualität gezeigt, wie sie seit der Französischen Revolution begriffen wurde. Die eigene Zeitgeschichte konstituierte seitdem eine Differenz zu allen bisherigen Geschichten. Diese Position soll zum Schluß ausgeführt und in Frage gestellt werden.

Das Axiom des Historismus, daß alles einmalig sei in der Geschichte – jede Epoche unmittelbar zu Gott –, daß sich Geschichte nicht wiederhole, sondern in steter Entwicklung sich befinde, dieses Axiom ist das Epiphänomen jener Primärerfahrung, daß sich die Geschichte seit der Französischen und seit der Industriellen Revolution tatsächlich mit beschleunigter Geschwindigkeit dauernd zu ändern schien: insofern nichts vergleichbar, alles einmalig war.

Diese Erfahrung wirkte zurück auf die gesamte Vergangenheit. Erst seitdem sich die Geschichte in den letzten zwanzig Jahren beschleunigt verändert habe, so schrieb Humboldt[18] unter dem Druck der Französischen Revolution, erst seitdem sei man imstande, aus der gewonnenen Distanz die Eigentümlichkeiten der alten und der mittelalterlichen Geschichte in ihrer Andersartigkeit als Voraussetzung für die eigene Zeit zu erkennen. Seitdem wurde es möglich, die Geschichte nicht nur fortzuschreiben, sondern von dem neu gewonnenen Standpunkt aus auch umzuschreiben. Daß die Geschichte immer umgeschrieben werden müsse, nicht nur weil neue Quellen entdeckt würden, sondern weil die Zeiten selber sich ändern, diese Bemerkung Goethes ist bis heute eingelöst und bestätigt worden. Für Machiavelli, der seinen Livius noch systematisch auswertete und nicht historisch, bedeutete die Geschichtsschreibung kein Umschreiben, sondern die Wiederentdeckung neuer in alten Wahrheiten. Für Friedrich den Großen, der seinen Plutarch in der Tasche trug, solange er Krieg führte, wäre dieser Zwang zum Umschreiben noch unvorstellbar gewesen, während er seine eigene Geschichte fortschrieb. Umschreiben, um Falsches zu korrigieren, gibt es immer schon; umschreiben, weil die wandelbare Perspektive der Gegenwart Neues entdecken läßt, das gibt es erst seit dem Ende des 18. Jahrhunderts. Vom Abschreiben und Fortschreiben zum Umschreiben, zum Umschreiben-Müssen – das kennzeichnet die Schwelle, die zwischen 1750 und 1800 überschritten worden ist.[19] Seitdem hat die Zeit der Geschichte, die geschichtliche Qualität der Zeit, ihre Unwiederholbarkeit, ihre Einmaligkeit eine Dominanz gewonnen, die auch die heutige professionelle Zeitgeschichte prägt.

Vieles scheint dafür zu sprechen, daß unsere heute so genannte Zeitgeschichte eine Zeitgeschichte sui generis ist. Die technischen und die industriellen Voraussetzungen unserer eigenen Geschichte haben die Qualität und Raffinesse der Herrschaftsmittel unermeßlich verfeinert, haben die Vernichtungsmittel unendlich vergrößert, haben dagegen die Entscheidungsräume enorm eingeengt,

18 Wilhelm v. Humboldt, *Das achtzehnte Jahrhundert*, in: *Werke*, hg. v. Andreas Flitner und Klaus Giel, Darmstadt 1960, Bd. 1, S. 376-505, 398.

19 Daß ein analoger Schwellenwert auch früher registriert und überschritten wurde, etwa von Herodot zu Thukydides, wird im Beitrag *Erfahrungswandel und Methodenwechsel* gezeigt. Siehe oben S. 54-56.

haben den sogenannten Zwang der Verhältnisse bis ins Unerkennbare auf den ganzen Globus ausgedehnt, auf dem sich früher noch regional beschränkt leben ließ, haben der ehedem beschränkten Aktionskraft von Partisanen, Widerstandskämpfern und Rebellen zunehmend steuerbare Spielräume freigegeben. Das Einmaligkeitsaxiom scheint unserer eigenen Zeitgeschichte mehr als jemals zuvor einen spezifischen Erkenntniszwang aufzuerlegen.

Die Wissenschaften der Ökonomie und der Soziologie, teilweise auch der Politologie, haben der Erforschung der modernen, bisher unvergleichbaren Gesellschaft neue Wege erschließen geholfen. Ich nenne Raymond Aron, Hannah Arendt, Schumpeter oder Keynes, um Zeitdiagnosen von wissenschaftlicher Erschließungskraft in Erinnerung zu rufen, für die bis ins 18. Jahrhundert hinein noch die Historiker zuständig waren. Diese Ausdifferenzierung läßt sich nicht rückgängig machen, aber sie sollte uns davor bewahren, die Zeitgeschichtsschreibung auf die Ereignisgeschichte, speziell der politischen Geschichte, zu beschränken. Gewiß gibt es einmalige Situationen, einmalige Handlungen, einmalige Menschen, von denen Zeugnis abzulegen eine unveräußerbare Aufgabe der Historiker bleibt. Bonhoeffer oder Pater Kolbe, um im Bereich der politischen Kirchenhistorie zu bleiben, behalten ihren Zeugnischarakter, als testes indelebiles, um derentwillen die Historiker in Pflicht genommen bleiben. Und niemand wird dem heutigen Zeithistoriker die Aufgabe abnehmen können, die unwiederholbaren Entscheidungszwänge zu rekonstruieren, nach denen alles anders wurde, am 30. Januar 1933 oder nach dem 20. Juli 1944.

Aber der theoretisch anspruchsvollere Begriff der Zeitgeschichte, wie wir ihn um 1800 bei Campe kennengelernt haben, sollte uns daran erinnern, daß er mehr einzulösen beansprucht als nur die aktuelle Ereignissequenz, auf Personen und Handlungen bezogen, wissenschaftlich aufzubereiten. Es gibt Dimensionen, diachroner und synchroner Art, die zeitlich verschieden tief gestaffelt sind und über die uns auch weit zurückliegende Historiker noch für heute belehren können, weil die Geschichte sich strukturell wiederholt, was bei der Betonung der ›Einmaligkeit‹ gerne vergessen wird. Ich möchte im folgenden einige Beispiele nennen, die von der gegenwärtigen Vergangenheit als einer vergangenen Gegenwart zeugen.

Der Melier-Dialog des Thukydides über Macht und Recht bleibt mutatis mutandis ein Schlüssel auch für die Situation, in der sich Hácha gegenüber Hitler 1939, Dubček gegenüber Breschnjew 1968 befunden haben. – Die christlichen Quellen oder Anteile im modernen Antisemitismus bleiben aktuelles Thema einer geschichtlich langfristigen Dauer, wie es etwa in der Moraltheologie behandelt werden muß. Selbst wenn Hochhuth in seinem »Stellvertreter« Irrtümer historischer Positivität nachweisbar sind, seine Frage an die Kirchen ist deshalb nicht aus der Welt zu schaffen. Sie ist von Vorläufern und potentieller Wiederholbarkeit unterfangen. – Die Kollektivbiographie der bürgerlichen Elite im Frankreich der Französischen Revolution und unter Napoleon, deren Fähigkeit, sich an- und einzupassen in Ereignisse, die sie auslösen half, aber nicht steuern konnte, die sie mitmachte und ermöglichte, aber nicht goutierte, bleibt ein Erfahrungsmodell, das auch die zwölf Jahre unter Hitler, die Zeit davor und danach in einen plausiblen Zusammenhang bringen lehrt. Es handelt sich um sozialpsychische Prozesse, die durch die Ereignisgeschichte hindurchlaufen. Die Dosierung von Feigheit und Übermut läßt sich aus dem Drei-Kaiser-Jahr des Tacitus vielleicht besser erkennen, als wenn man in Rechtfertigungszwängen lebt, wie es die Deutschen seit 1945 tun und wie sie sich in fragwürdigen Memoiren niederschlagen. Hier sind Analogieschlüsse aus dem Tacitus in die Gegenwart möglich, die von struktureller Wiederholbarkeit zeugen, um heutige Aktualität sichtbarer zu machen. – Oder das literarische Eingeständnis von Ernst Jünger, daß im Ersten Weltkrieg, in den Grabenkämpfen unter selbstmörderischen Bedingungen, Gefangene umgebracht wurden, was die Alliierten zunächst nur den Deutschen zutrauten, dies Eingeständnis ist von den englischen Zeithistorikern kurz vor dem Aussterben der überlebenden Generation von 1914 jetzt nachgeholt worden[20], nach 1945, nachdem ganz andere Ausmaße an geplanten Massenmorden die kleineren spontanen Mordaktionen leichter mitteilungsfähig gemacht haben.

Was zeigen diese Beispiele? Es gibt allenthalben auch Rekurrenzphänomene: Die Zeit eilt und die Zeit heilt, sie bringt Neues und holt zurück, was nur aus der Distanz unterscheidbar wird. In

20 John Keegan, *Die Schlacht*, München 1981, S. 52, 235, 331 u.ö.

unserer Zeitgeschichte sind Strukturen enthalten, die nicht nur unserer eigenen Zeitgeschichte eigentümlich sind. Es gibt wiederholbare Konstellationen, langfristige Wirkungen, Gegenwärtigkeiten archaischer Einstellungen, Regelhaftigkeiten von Ereignissequenzen, über deren Aktualität ein Zeithistoriker sich aus der Geschichte überhaupt informieren kann. Denn, wie gesagt, Zeitgeschichte, auf ihren Begriff gebracht, ist mehr als die Geschichte unserer Zeit. Erst wenn wir wissen, was sich jederzeit, wenn auch nicht immer auf einmal, wiederholen kann, können wir ausmessen, was an unserer Zeit wirklich neu ist. Vielleicht weniger, als wir uns vorzustellen vermögen. Auf dies wenige kommt es dann an.

Erinnerungsschleusen und Erfahrungsschichten

Der Einfluß der beiden Weltkriege auf das soziale Bewußtsein

Jeder Mensch kennt in seiner Biographie Einschnitte, Zäsuren, die einen neuen Lebensabschnitt zu eröffnen scheinen. Es erfolgen Erfahrungsschübe, die die Bahnen des Gewohnten, des Bisherigen zu verlassen nötigen, andere, neue Wege eröffnen. Neue Erfahrungen zwingen dann auch das Bewußtsein, sie zu verarbeiten. Es werden gleichsam Schwellen überschritten, nach denen vieles, vielleicht alles, ganz anders aussieht, je nach dem Grade der Betroffenheit und ihrer Bewußtmachung. Verhaltensweisen, Einstellungen und das Bewußtsein davon ändern sich, wenn die Erfahrungen verarbeitet werden, was freilich nicht zwingend so sein muß.

Die beiden Weltkriege brachten nun Erfahrungseinbrüche, Erfahrungsschübe für die davon betroffenen oder in ihnen agierenden Menschen in einem Ausmaß, das zuvor undenkbar, unvorstellbar war. Deshalb kann kein Zweifel darüber bestehen, daß das Bewußtsein aller Zeitgenossen der Weltkriege von diesen geprägt worden ist. Und wenn es sich nicht geändert haben sollte, so drängt sich die Vermutung auf, daß ein tradiertes Bewußtsein der jeweiligen Vorkriegszeit zum falschen Bewußtsein geworden ist. In dieser Allgemeinheit dürfte der Satz von der Bewußtseinsprägung in den beiden Weltkriegen und durch die Weltkriege unbestritten sein. Die Erinnerungen und Erzählungen oder das Schweigen oder das Verstummen der Überlebenden sprechen eine beredte Sprache.

Wird freilich nach dem sozialen, nach dem gemeinsamen, nach dem gesellschaftlichen Bewußtsein gefragt, so wird die Antwort schwieriger. Dann wird eine Gemeinsamkeit vorausgesetzt, eine kollektive Mentalität, die notwendigerweise auf gemeinsamen Erfahrungen, auf gemeinsamen Voraussetzungen des Bewußtseins gründet. Damit erhebt sich die Frage, wieweit jeweils die Gemeinsamkeit reicht, die alle Betroffenen und Handelnden zugleich erfaßt hat – und wo muß differenziert werden, je nach dem Grad unterschiedlicher Betroffenheit und unterschiedlicher Voraussetzungen der Bewußtseinsprägung? Der gemeinsame Krieg wird nicht von allen gemeinsam erfahren. Deshalb ist es erforderlich, analytische Schnitte vorzunehmen, um die Gemeinsamkeiten und die Differenzen bestimmen zu können. Zunächst ist es notwendig, die Kriege selbst von ihren Folgen zu unterscheiden. Beides gehört in der Erfahrung der Betroffenen unmittelbar zusammen, speziell die Bewußtseinsprägung erfolgt sowohl durch den Krieg wie durch die Kriegsfolgen. Mehr noch: Es ist speziell das Bewußtsein, in dem sich Krieg und Kriegsfolgen zusammenfinden. Deshalb muß zunächst analytisch getrennt werden zwischen den synchronen Faktoren, die im Kriege selbst wirksam geworden sind, und den diachronen Faktoren, die die Kriegsfolgen hervorgebracht haben.

1. Synchrone Faktoren der Bewußtseinsprägung

1. Die *Kriegserlebnisse*

a) Sinne, Verhaltensweisen und Einstellungen sowie das davon affizierte und darauf reagierende Bewußtsein werden zunächst geprägt von den unmittelbaren Erfahrungen, die die Kriegsereignisse hervorgerufen haben, von den Erlebnissen, die jeweils gemacht wurden. Alle Erlebnisse gründen in den *Ereignissen*, in die die Betroffenen oder Handelnden verwickelt wurden. Sie können potentiell so zahlreich sein wie die Menschen, die sie durchstanden haben.

b) Der bewußtseinsprägende Erlebnisgehalt, das sogenannte Kriegserlebnis, ist aufzustufen und führt zu Gemeinsamkeiten, die nach übergreifenden typischen Situationen oder Lagen zu ordnen sind. Es gibt durch alle Erlebnissituationen hindurch Ähnlichkeiten und Gemeinsamkeiten, die auch gemeinsame Bewußtseinslagen stiften. Dann muß von strukturierten Ereignissen gesprochen werden oder von *Ereignisstrukturen*, die auf gemeinsame Bewußtseinsprägungen schließen lassen. Dazu gehören die Erfahrungen des Grabenkrieges, des Bombenkrieges, des Lebens und Sterbens in den Lagern, der Rüstungsarbeit oder auch die Erfahrungen, die den Haushalt der Emotionen umstürzen, von der kollektiven Psychose oder Massenhysterie angefangen bis zur Durchbrechung der Intimwelt, so daß die sexuellen Verhaltensweisen der bürgerlichen Gesellschaft zerschlagen werden, die Trennung familiärer Beziehungen, der Verlust der Angehörigen, die stimulierte Homosexualität in den Kampfverbänden der Männer, der Einbruch der jeweiligen Sieger und was alles an sozial-anthropologischen Daten genannt werden kann. Immer handelt es sich um einzelne Ereignisse, die zusammengenommen strukturiert sind und auf gemeinsame Bewußtseinsprägungen hinweisen.

2. Während die bisher geschilderten Ereignisse und Erlebnisse ihre gemeinsamen Strukturen durch den Krieg selbst gewinnen, ist *das Bewußtsein, mit dem Ereignisse und Erlebnisse verarbeitet werden, selber vorgeprägt.* Es gibt kein Bewußtsein, das als Kriegsbewußtsein isoliert werden könnte. Vielmehr gibt es zahlreiche sozialisierende Bedingungen, die aus der Vorkriegszeit bewußtseinsprägend wirken. Sie liegen gleichsam als ein Filter vor den Ereignissen und Erlebnissen im Kriege selbst. Sie stellen die Möglichkeit bereit, wie und welche Erfahrungen gemacht werden können, sie bedingen und begrenzen sie zugleich. Auch hier sind analytische Schnitte notwendig, selbst wenn die Vorprägungen in der Empirie nur gebündelt und schwer unterscheidbar auftauchen.

a) Eine nur schwer übersteigbare Vorprägung liegt in der Zugehörigkeit zu einer bestimmten *Sprachgemeinschaft.* Die jeweils gesprochene Sprache oder der jeweils gesprochene Dialekt sortiert die Erfahrungsmöglichkeiten nach Vorgaben der Sprachbilder, der Metaphern, der Topoi, der Begriffe, der Textualisierung, überhaupt der Artikulationsfähigkeit, der Aussagefähigkeit, die das Bewußtsein zugleich prägen und begrenzen. Es gibt kollektive Sprachvorgaben, die durch Kriegserfahrungen verändert, aber nicht völlig durchschlagen werden können.

b) Eng verbunden mit den sprachlichen Traditionen sind die überkommenen *religiösen Gewißheiten*, die *weltanschaulichen Selbstdeutungen* und die *ideologischen Entwürfe*, kraft derer die Erfahrungsdaten freigegeben, gebremst und sortiert werden. Diese Vorgaben stiften einen gemeinsamen Bewußtseinshaushalt, der auch Sprachgrenzen überschreiten kann. Dann entstehen Querverbindungen, die sogar die Grenzen von Freund und Feind im Kriege überschreiten können.

c) Ebenso bewußtseinsprägend ist die jeweilige Zugehörigkeit zu einer *politischen Handlungseinheit*. Zunächst ist der Staat zu nennen, sofern er die wichtigste politische Handlungsgemeinschaft stiftet, die in den Krieg verwickelt ist. Ebenso gehören dazu politische Organisationen, wie Parteien, Verbände, auch Kirchen müssen hier dazugezählt werden, denen jeweils zuzugehören kollektive Erfahrungschancen und Bewußtseinsprägungen hervorruft. Dabei handelt es sich um organisatorische, speziell militärische, administrative oder propagandistische Bedingungen, die den Raum des Bewußtseins umgrenzen und die sich der unmittelbaren Steuerung der Betroffenen entziehen. Wie die Sprachen oder Ideologien haben auch die politischen Organisationen, speziell die Staaten, je eigene Traditionen, die dem Bewußtsein vorausgehen. Dabei ist außerdem zu unterscheiden zwischen Staatsnationen wie Frankreich und Nationen, die in einem Staat vereinigt sind (wie in Rußland, Österreich-Ungarn oder Belgien), was für die jeweilige soziale Bewußtseinslage schlechthin entscheidend sein kann.

d) Ferner ist analytisch zu differenzieren nach *Generationen*. Trotz aller Gemeinsamkeit ist die Prägekraft verschieden dosiert, ob die Kriegserfahrungen in früher Jugend, im heranwachsenden Alter oder im Zustand des Erwachsenseins oder im hohen Alter gemacht werden. Die Rezeptionsweise ändert sich, und vor allem die Wirkungsgeschichte der Kriege ist nur nach diesen Abschichtungen der politisch gemeinsamen, aber biologisch differierenden Generationserlebnisse zu beurteilen. Die Veteranen von 1870/71 hatten ein anderes Bewußtsein im Ersten Weltkrieg als die jugendbewegten Freiwilligen, und das gilt mutatis mutandis auch für die Generationsverwerfungen zwischen dem Ersten und dem Zweiten Weltkrieg. Die führende SS-Elite entstammte weithin jenen Jahrgängen nach 1900, die den Weltkrieg verpaßt zu haben glaubten und deren Bewußtseinseinschnitte die Niederlage, die Bürgerkriege nach 1918, die Inflation, das Scheitern der parlamentarischen Demokratie und die Weltwirtschaftskrise waren. Es gibt absolute Jahrgangsgrenzen, je nachdem, ob der Krieg aktiv mitgemacht oder ob er nur passiv erlebt wurde. Diese Jahrgangsgrenzen haben für die Bewußtseinsprägung im Ersten und Zweiten Weltkrieg unterschiedliches Gewicht.

e) Ferner ist zu unterscheiden nach der Rolle, die *Geschlecht und Familie* gespielt haben. Frauen haben den Krieg potentiell anders erfahren müssen als Männer. Im Ersten Weltkrieg war die Spannung zwischen Front und Heimat stärker, prägender und bewußter erlebt worden als im Zweiten Weltkrieg. Der Erste Weltkrieg traf die Bevölkerungs- und Geschlechtergliederung sektoral verschieden. Total war der Krieg nur durch Blockade und im U-Boot-Krieg. Der Zweite Weltkrieg war total in jeder Hinsicht: durch Bombenkrieg, Terror, Völkermord, Partisanenkrieg, die allesamt dazu beigetragen haben, mit dem Gegensatz von Front und Heimat auch den Unterschied der Geschlechterrollen einzuebnen und die gemeinsame Betroffenheit der Familien zu verstärken. Vielleicht haben sich die Vorgaben der traditionellen Geschlechterrollen in den beiden Kriegen und durch diese hindurch stärker geändert als je zuvor.

f) Um das jeweilige soziale Bewußtsein auszumessen, ist natürlich zu unterscheiden nach *Klassen- und Schichtungskriterien*. Die Zugehörigkeit zu ökonomisch oder sozial bedingten Klassen führt versteckt oder offen zu relativ homogenen Bewußtseinsprägungen, auch wenn diese durch die bisher genannten Faktoren gruppenspezifisch variiert werden müssen. Hinzu kommen schichtungsspezifische Varianten, die zusätzliche Bewußtseinsbildungen hervortreiben. So sind die Grade der Aktivität oder der Getriebenheit im Kriegsgeschehen verschieden stark gestaffelt, je nachdem, in welchem sozialen Umfeld, klassen- oder schichtenspezifisch bedingt, der Krieg erfahren wurde. Hierher gehören die Wohnlage in Stadt oder Land, die Stellung im Produktionsprozeß und der Besitz an Produktionsmitteln, die Skala der Berufe, die sich nicht mit der sozialen Klassenzugehörigkeit decken muß. Immer handelt es sich um das ökonomisch und sozial gestiftete Bedingungsnetz verschiedener Erlebnischancen, die allesamt bewußtseinsprägend bleiben.

Alle sechs aufgeführten analytischen Schnitte zielen darauf, jene bewußtseinsprägenden Faktoren herauszuschälen, die den speziellen Kriegsereignissen und Kriegserlebnissen und ihrer Verarbeitung vorausliegen. Empirisch gesprochen wirken alle Faktoren gleichzeitig, wenn auch mit unterschiedlichem Gewicht. Um aber Bewußtseinswandel, der auf Kriegsereignisse und Kriegserlebnisse zurückzuführen ist, untersuchen zu können, bedarf es dieser analytischen Trennung, denn der Bewußtseinswandel durch die Kriege vollzieht sich mit unterschiedlicher Prägungskraft auf allen Ebenen zugleich.

3. ist strikt zu unterscheiden von den bisher angeführten Ereignis- und Erlebnisstrukturen und auch von den bisher angeführten Bedingungsstrukturen sozialer Bewußtseinsbildungen, indem nach den *spezifisch* und nur *kriegsbedingten Funktionen* gefragt wird, die die Menschen im Kriege und nur im Kriege haben ausüben müssen. Die von einem Krieg hervorgerufenen Aufgaben sind ganz besonderer Art und decken sich keineswegs zur Gänze mit den strukturellen Vorbedingungen, in die das jeweilige Bewußtsein eingebettet ist.

So ist im Kriege das Bewußtsein verschieden geprägt, je nachdem ob Befehlsfunktionen oder Gebote des Gehorsams dominierten. Mentalitäten der Offiziere, der Unteroffiziere, der Soldaten sind traditionellerweise unterschieden, auch wenn im ganzen der Erste Weltkrieg strengere Grenzen kannte als der Zweite Weltkrieg, der in dieser Hinsicht eine größere Durchlässigkeit eröffnete und herbeizwang. Auch ist zu unterscheiden, wer in Planungsstäben oder in der Exekutive kriegswichtiger Organisationen tätig war, wer in der Rüstungsindustrie oder in kriegswichtigen Betrieben oder im Ernährungssektor arbeitete, jedenfalls nicht dem Tod an der Front ausgesetzt war. Hinzu kommen Bereiche der erzwungenen Tätigkeit oder des Erleidens, die im Zweiten Weltkrieg weit mehr ausgriffen als im Ersten: die Gefangenschaft oder die Betroffenheit durch Zwangsarbeit. Hier sind zu nennen solche Funktionen, die sich vom Ersten zum Zweiten Weltkrieg durch die Totalisierung des Einsatzes verstärkt haben: Funktionen der Polizei und der Justiz und der politisch motivierten Parteiformationen, die als Werkzeuge des Terrors und des Massenmordes tätig wurden. Dem entsprechen Funktionen rein negativer Art bis hin zur Sinnlosigkeit des Opfers, das für niemanden mehr erbracht werden konnte wie in den Konzentrationslagern. Andererseits entstanden in diesem Zusammenhang Aufgabenbereiche, die sich vom Ersten bis zum Zweiten Weltkrieg enorm ausdehnten und intensivierten, nämlich der Partisanen gegen den äußeren Feind und der Widerstandsbewegungen im eigenen Land, die alle Loyalitäten neu zuzuordnen gezwungen waren.

Alle genannten Funktionen, die spezifisch kriegsbedingt ausgeübt wurden, wirkten natürlich zurück auf die strukturellen Vorgegebenheiten des gesamten gesellschaftlichen Systems, aus dem sie ableitbar waren. Aber das gesellschaftliche System und damit auch die Bewußtseinsbildung wurde durch ebendiese Funktionen verändert, und zwar in beiden Kriegen auf unterschiedliche und sich verstärkende Weise.

Die bewußtseinsprägende Wirkung der Kriege liegt also zunächst in den konkreten Ereignissen, die jeden Menschen getroffen oder die diese mit hervorgerufen haben. Nur durch Ereignisse und ihre Erlebnisse kommt jene Primärerfahrung zustande, die allein auf den Krieg zurückzuführen ist.

Diese Kriegsereignisse haben gemeinsame Strukturen, die ähnliche Erfahrungen und wiederholt zu machende Erfahrungen initiiert haben. Auf diese Weise konnten sie Gemeinsamkeiten im Bewußtsein stiften.

Alle Ereignisse konnten aber nur zu Faktoren der Bewußtseinsprägung werden, indem sie in bestimmter und vorgeprägter Weise apperzipiert werden mußten. Kriegserfahrungen konnten nur gemacht und ins Bewußtsein gehoben werden, weil sie in historisch vorgegebene Erfahrungsmöglichkeiten einrasteten. Derartige Vorgegebenheiten sind – wie gesagt – geprägt durch Sprache, Ideologie, politische Organisation, Generation, Geschlecht und Familie, Klassen- und Schichtzugehörigkeit. All diese Vorgaben haben die sozialen Bewußtseinseinstellungen im Kriege geprägt.

Andererseits sind alle gesellschaftlichen Vorgaben durch die Kriegsereignisse verändert worden. Eine Grundfrage ist es deshalb, welcher Faktorenreihe hier das größere Gewicht zugemessen werden darf: Sind es primär die Kriegsereignisse und deren gemeinsame Strukturen, die das vorgegebene Bewußtsein verändert haben – oder sind es vorzüglich die aufgeführten überkommenen Bewußtseinshaltungen, die die Kriegserfahrungen in ihrer Eigentümlichkeit geprägt haben? Auch wenn man zugibt, daß hier sicherlich eine Wechselwirkung vorliegt, wird man die Differenz ausmessen können, die zwischen dem Gewicht der Kriegserfahrungen und dem Gewicht der gesellschaftlichen Vorbedingungen besteht.

Inwieweit haben Sprache, Ideologie, politische Organisation, Generation, Geschlecht und Familie, Klassenzugehörigkeit das Kriegsbewußtsein formiert oder inwieweit haben die Kriegsereignisse und ihre bewußtseinsprägende Kraft die genannte Faktorenreihe selber verändert? Eine Antwort läßt sich finden, wenn der zweite analytische Schnitt die bewußtseinsändernde Kraft all der Funktionen ausmißt, die nur im Kriege und vom Krieg allein hervorgerufen worden sind und die ihrerseits die gesellschaftlichen Vorgaben verändert und zugleich die Kriegsereignisse ermöglicht haben. Die Kriege haben einen Funktionswandel in der Gesellschaft hervorgerufen und damit notwendigerweise Bewußtseinsveränderungen, die ohne die Kriegsereignisse selber nie zustande gekommen wären.

2. *Diachrone Wirkungen der Kriege auf das Bewußtsein*

Der Krieg im technischen Sinne endet mit der eintretenden Waffenruhe. Damit ändert sich auch der Status des Bewußtseins von diesem Kriege. Aus dem Kriegserlebnis wird die Kriegserinnerung. Die Erinnerung an den Krieg ist aber keine stabile Größe, die unverändert weiterwirkt. Sie unterliegt vielmehr den Kriegsfolgen, die die Erinnerung an den Krieg überformen, verdrängen, kanalisieren, kurzum verändern können. Vieles wird vergessen, anderes bleibt hartnäckig wie ein Stachel im Bewußtsein stecken. Vieles wird verdrängt, anderes glorifiziert. Der Krieg zeitigt Folgen, die die Bewußtseinsleistungen der Erinnerung filtern. Wenn also die Wirkungen der Kriege auf das jeweils kollektive Bewußtsein untersucht werden, muß unterschieden werden zwischen jenen Wirkungen, die durch den Krieg bereits im Kriege erfolgt sind, und jenen Wirkungen, die erst als eine spätere Folge des Krieges definiert werden dürfen. Auch hier handelt es sich empirisch gesprochen um einen kontinuierlichen Prozeß, der nur durch analytische Schnitte für unsere Fragestellung zerlegt werden kann. Methodisch liegt hier eines der schwierigsten Probleme vor, wenn es darum geht, jene Wirkungen des Krieges auf das Bewußtsein zu isolieren, die nur innerhalb der Kriege selbst stattgefunden haben. Wie ist es möglich, den Krieg selber und seine unmittelbaren Wirkungen aus dem weiterfließenden Strom des Bewußtseins zu isolieren? Wie lassen sich die Gedächtnisleistung im Bewußtsein oder ihre Verdrängung in die vorausgegangene Wahrnehmung des vergangenen Krieges rückübersetzen? Alle synchronen Faktoren unserer ersten Analysen treten nunmehr in ihrer diachronen Wirkung erneut auf. So schieben sich Schemata sprachlicher Übersetzung ein, die rückwirkend den Erfahrungsraum des Krieges umstrukturieren. Neue Sprachgehalte als Ergebnis des Krieges, Ideologien, Stereotypen, Parolen überlagern oder verdrängen den ursprünglichen Erfahrungsgehalt des Krieges. Hinzu kommen all jene Erfahrungen, die die Menschen im Kriege gesammelt haben, ohne sie sprachlich artikulieren zu können. Sie wirken in den Einstellungen und Verhaltensweisen weiter, ohne daß das jeweilige Bewußtsein sich davon Rechenschaft ablegen müßte oder könnte. Die Faktoren der Bewußtseinsbildungen sind also vielschichtig, sie stammen zur gleichen Zeit aus der Vorkriegszeit, aus der Vergangenheit des Krieges selber und aus den Folgen dieses Krieges, die das Bewußtsein weiterhin verändern. Deshalb ist es schwer für eine Bewußtseinsgeschichte und für eine Mentalitätsgeschichte, jene Schwelle festzuhalten, die nun einmal mit dem Eintritt der Waffenruhe endgültig überschritten worden ist.

Ein tiefgreifender Unterschied in der Bewußtseinsgeschichte liegt natürlich im unmittelbaren Ergebnis des Krieges, wenn die Schwelle zur Waffenruhe überschritten worden ist: Gehören die Betroffenen zu den Siegern oder zu den Besiegten? Auch wenn die Kriege als Geschehenseinheit zahlreiche gemeinsame Erfahrungen gestiftet haben, bleibt die Unterscheidung nach Siegern und Besiegten eine harte Alternative, die ex post die Bewußtseinsleistung und die Arbeit des Bewußtseins verschieden kanalisiert. Es bleibt ein Unterschied, ob für eine verlorene Sache oder für den Sieg gestorben worden ist – auch für die Überlebenden.

Aber die harte Alternative zwingt zu weiteren Differenzierungen, denn nicht jeder Sieg bleibt ein Sieg und nicht jede Niederlage eine Niederlage. So gibt es Sieger des Ersten und des Zweiten Weltkrieges wie die USA und Großbritannien, oder es gibt Sieger des

Ersten Weltkrieges, die im Zweiten zu den Besiegten gehören, wie Italien oder Japan, oder umgekehrt gibt es Länder, die im Ersten zu den Besiegten und im Zweiten zu den Siegern gehören wie Rußland bzw. die UdSSR.

Noch anders stellt sich die Bewußtseinsgeschichte dar, wenn der Kriegsverlauf selber einbezogen wird. So gibt es Verlierer im Kriege, die an dessen Ende zu den Siegern gehören. Diese Lage gilt für alle Nationen der Donaumonarchie und des russischen Kaiserreiches, die durch den Ersten Weltkrieg ihre staatliche Unabhängigkeit gewonnen haben. Dies gilt im Zweiten Weltkrieg für die zahlreichen von Deutschland unterworfenen Länder, in denen der Verlust der staatlichen Souveränität im Kriege danach im Gefolge des Sieges zu einem früher oder später tiefgreifenden Verfassungswandel geführt hat. Das gilt sowohl für Frankreich wie auch für die Staaten Osteuropas.

Schließlich müssen die mehr oder minder neutralen Länder einbezogen werden, deren politische Identität nicht notwendigerweise ungebrochen durch die Kriege hindurch aufrechterhalten wurde.

Es sind also nicht nur Sieg oder Niederlage, sondern auch die Art des Sieges und die Art der Niederlage, die zu zahlreichen Brechungen in der Konstitution des Bewußtseins führen, so daß es schwer ist, minimale Gemeinsamkeiten kollektiver Bewußtseinsräume zu definieren. Die Frage nach Analogie oder Differenzen in den sozialen Bewußtseinsräumen ist also diachron zu differenzieren durch die Frage nach Kontinuität und Diskontinuität. Trotz ähnlicher und insofern vergleichbarer Leiden verhindern verschieden dosierte Erfahrungsschleusen und unterschiedliche Erfahrungsschübe ein durchgängiges und gemeinsames Kriegsbewußtsein der europäischen Nationen. Wirkungsgeschichtlich ist die Überformung der Kriegserfahrung durch die unmittelbaren Kriegsfolgen kaum zu überschätzen. Der Einfluß der Oktober-Revolution setzte in ganz Europa neue Alternativen, auf die verschieden reagiert wurde. Dazu gehören die Bürgerkriege und die Inflation, die länder- und schichtenspezifisch sehr verschiedene Bewußtseinsströme erzeugt haben, die rückwirkend das Bewußtsein vom vergangenen Krieg neu stilisiert haben. Noch ein halbes Jahrzehnt lang suchten selbst die Sieger von 1918 die Ergebnisse ihrer Friedensverträge aufzubessern. Nach dem Zweiten Weltkrieg spielt der kalte Krieg zwischen dem Ostblock und dem Westblock eine analoge Rolle. Zahlreiche Primärerfahrungen des Zweiten Weltkrieges sind auf diese Weise in den verschiedenen Bewußtseinsräumen verdrängt oder stabilisiert worden oder in neue Sinnzusammenhänge eingerückt, die mit der Primärerfahrung nicht mehr ohne weiteres vermittelt werden konnten.

3. Der politische Totenkult und seine Denkmäler. Gemeinsamkeiten und Unterschiede nach den beiden Weltkriegen

Millionen von Gefallenen, Ermordeten, Vernichteten, Vergasten, Vermißten, an Hunger und Seuchen Verstorbenen, Millionen von Toten jeden Alters und jeden Geschlechtes sind ein Befund, der in beiden Kriegen zu den Primärerfahrungen derer gehört, die in schwindender Zahl überlebt haben. Dieser Befund gilt für verschiedene Länder in den beiden Kriegen auf unterschiedliche Weise. Aber der Totenkult ist eine gemeinsame Antwort, um, wenn möglich, dem Massensterben einen Sinn abzugewinnen.

Jeder Sterbende stirbt allein. Aber das organisierte Massentöten führt zu Gemeinsamkeiten und zu Unterschieden in der Erfahrungsverarbeitung und in der Erinnerungsleistung der Weiterlebenden, die im Folgenden skizziert werden sollen.

Das Leiden kann gestreckt, das Sterben kann verzögert werden, der gewaltsame Tod selbst ist uneinholbar. Die Unerbittlichkeit des Kriegstodes ist die zentrale Primärerfahrung, die alle Überlebenden gemacht haben. Deshalb stellt sich dem Bewußtsein die Frage nach dem Sinn des gewaltsamen Todes. Die politischen und theologischen Sinnverwalter haben in beiden Weltkriegen zwar Antworten zu formulieren versucht. Wieweit Presse, Propaganda und Partei, Kanzel oder Lehrstuhl gewirkt haben, wieweit sie auf Zustimmung oder Ablehnung stießen, kann hier nicht erfragt werden – das Echo ist so vielfältig dosiert, wie die nationalen und sozialen Systeme der Länder sich unterscheiden.

Allgemein kann vorausgeschickt werden, daß die streckenweise enorme Kriegsbegeisterung von 1914 sich bei der Wiederaufnahme des Krieges 1939 in keinem Land, auch nicht in Deutschland, in gleicher Weise wiederholt hatte. Insofern ist allen Nationalismen zum Trotz ein tiefgreifender Bewußtseinswandel zu registrieren. Die Erfahrung des Massensterbens greift tiefer, als daß sie nur durch nationale Antworten bewältigt werden könnte.

Im Folgenden soll die Frage eingeengt werden auf die bewußtseinsprägende Funktion, die der politische Totenkult, speziell vor Denkmälern, in Frankreich und Deutschland gehabt hat. Diese Auswahl beansprucht nicht, repräsentative Aussagen für alle Länder zu machen.

Der Zwang, dem gewaltsamen Tod einen Sinn abzugewinnen oder ihm zuvor schon zu unterlegen, ist so alt, wie Menschen sich in der Geschichte gegenseitig umzubringen fähig sind. Mit der Französischen Revolution wurde in dieser Sinndeutung eine Schwelle überschritten. Jeder Tote für die revolutionären Freiheitskämpfe sollte auf Denkmälern einzeln erinnert werden. Damals zuerst entstand ein politischer Totenkult, der jenseits christlicher Vorgaben den Soldatentod in eine nationale Aufgabe umwandelte. Es ging darum, daß die Gefallenen für dieselbe Sache der Freiheit gefallen sind, wofür die Überlebenden einstehen sollen. Es handelt sich um einen neuen weltlichen, nicht mehr primär religiösen Kult, auch wenn dessen Formen übernommen wurden, dessen Zweck es war, die Vergangenheit des Sterbens mit der Zukunft der Überlebenden in einen übergreifenden Sinnzusammenhang zu rücken. An die Stelle des christlichen Jenseits als Ort der Toten trat die politische Zukunft. Diese Funktion der Kriegs- und Bürgerkriegsdenkmäler – zuvor gab es nur Siegesmale und Erinnerungsmale für Feldherrn oder Fürsten – hat sich bis zum Zweiten Weltkrieg durchgehalten. Sie gehört zur Signatur der Neuzeit. Die Forderung, jeden Gefallenen einzeln zu erinnern, ist zunächst von den französischen Revolutionären erhoben worden. Aber sie wurde aufgegriffen auch von den Nationen, die sich gegen Frankreich und Napoleon erhoben. In der Erinnerung aller einzelner Soldaten lag ein demokratischer Grundsatz der Gleichheit enthalten, der sich unerachtet der verschiedenen Verfassungsformen in allen europäischen Staaten im Laufe des 19. Jahrhunderts durchgesetzt hat. Der Höhepunkt dieser Entwicklung wurde mit dem Ersten Weltkrieg erreicht. Die Denkmale seit dem Ersten Weltkrieg unterscheiden (von den Regimentsdenkmälern abgesehen) nicht mehr zwischen Offizieren, Unteroffizieren und Mannschaften – die Gleichheit des Todes wird zum Symbol der politischen Handlungseinheit.

Die Soldatenfriedhöfe aller Völker, seit 1871 friedensvertraglich garantiert, kennen Einzelgräber für jedermann, dessen Name identifiziert werden konnte. Und die Massengräber der anonymen Gefallenen werden durch Namensinschriften auf die Individuen zurückbezogen. Und wer, kraft der technischen Massenvernichtung, nicht mehr gefunden werden konnte, erhielt seine Inschrift in den Großgrabmalen für Vermißte. Oft beträgt die Zahl der so Erinnerten annähernd oder mehr als die Hälfte – wie auf den Schlachtfeldern in Flandern, an der Somme oder vor Verdun. Kein Name durfte verlorengehen. Die politische Funktion der Soldatenfriedhöfe und der Vermißtenmale verbindet also jeden einzelnen gefallenen Staatsbürger mit der Identität der Nation, als deren Unterpfand der Tod der einzelnen erinnert wird. Die Verwaltung der Soldatenfriedhöfe liegt in Frankreich in den Händen des Staates, während sie in Deutschland nach den Niederlagen von einer nichtstaatlichen Organisation, der Kriegsgräberfürsorge, übernommen wurde. Gleichwohl kann gesagt werden, daß der nationale und patriotische Sinn der Soldatenfriedhöfe in beiden Ländern nach dem Ersten Weltkrieg vergleichbar gepflegt wurde. Das schließt nicht aus, daß die private Trauer der zurückgebliebenen Familienmitglieder jenseits vaterländischer Ansprüche ihren Ort des Gedenkens auf diesen Friedhöfen fand.

Nach dem Zweiten Weltkrieg verblaßt in Frankreich der Erinnerungskult der gefallenen Soldaten hinter der staatlich gepflegten Erinnerung an die Toten der Widerstandsbewegung. In Deutschland dagegen ist die verbreitete Ideologie der Kriegsgräberfürsorge auf eine humanitäre Betreuung heruntergestimmt worden mit der durchgängigen Mahnung: Nie wieder Krieg, was in der Zwischenkriegszeit nicht die leitende Devise gewesen war.

Völlig neu durch den Zweiten Weltkrieg sind die Massengräber der in den Konzentrationslagern ermordeten Menschen. Obwohl der Zahl nach und im Hinblick auf die militärische Nutzlosigkeit vergleichbar mit dem Massensterben in den Materialschlachten des Ersten Weltkrieges, sind sie in jeder anderen Hinsicht einzigartig. Denn es handelt sich um die Ermordung, die Beseitigung, die

Vernichtung von Menschen beiderlei Geschlechtes, ohne daß den Umgebrachten der Sinn eines Opfers zugemutet oder abgefordert werden könnte. Deshalb verlieren die Gedenkstätten, die anstelle der Friedhöfe treten, die Funktion eines Sinnangebotes, es sei denn, das Überleben selbst wird thematisiert.

In den KZ-Mahnmalen wird besonders deutlich, was in der Bundesrepublik nach dem Zweiten Weltkrieg auch für die Totenmale in den Gemeinden gilt: daß der Tod nicht mehr als Antwort, sondern nur noch als Frage verstanden wird, nicht mehr als sinnstiftend, nur noch als sinnfordernd. Damit wird ein Mentalitätswandel deutlich, der sich auch in der Geschichte der Kriegerdenkmale im engeren Sinne nach den beiden Weltkriegen verzeichnen läßt.

Unter den Kriegerdenkmälern im strengen Sinne ragt natürlich das Grabmal des unbekannten Soldaten unter dem Pariser Arc de Triomphe heraus. Der repräsentative Tote, der für alle Gefallenen der Nation einsteht, findet sich in fast allen Ländern Europas, die an den Kriegen teilgenommen haben. Nicht so in Deutschland. In Deutschland fehlt eine zentrale Erinnerungsstätte nicht nur für den Zweiten, sondern auch für den Ersten Weltkrieg, und das aus Gründen der föderalen Verfassung. Insofern ist das Fehlen eines nationalen Einheitssymboles charakteristisch für das nie völlig homogenisierte Nationalbewußtsein der Deutschen.

In beiden Ländern gibt es nun eine Fülle von Denkmalstypen, die durchweg vergleichbar, wenn auch ebenso unterscheidbar sind. Einige seien genannt: Es gibt Regimentsdenkmäler, die für jene militärischen Handlungseinheiten einstehen, die die Traditionspflege in ihren Dienst genommen haben. Hier handelt es sich um eine Tradition, die in Deutschland nach 1945 abgerissen ist und in der Bundesrepublik nur zögernd wiederaufgenommen wurde. Frankreich steht vor einem ähnlichen Problem, militärische Identifikationen anzubieten, nach und trotz den verlorenen Bürger- bzw. Befreiungskriegen in Vietnam und Algerien.

Ein weiterer Typus, in beiden Ländern gleicherweise verbreitet, steht für die Erinnerungspflege von Organisationen ein. Schulen, Studentenverbindungen, Universitäten, also vorzüglich bürgerliche Organisationen, aber auch größere Einheiten wie die der Post oder der Eisenbahn oder der Turn- und Sängervereine haben ihre je eigenen Denkmäler errichtet. Im ganzen kann gesagt werden, daß hier die Bewußtseinslage der Stifter unmittelbar aus den sozialen Bedingungen ableitbar ist, in denen sie als Überlebende oder Nachgeborene den Totenkult pflegen. Während nach dem Ersten Weltkrieg dieser Kult allenthalben aufrechterhalten wurde, läßt sich für die Zeit nach dem Zweiten Weltkrieg sagen, daß er mehr oder minder eingeschlafen ist. Häufig scheinen solche Denkmäler nach 1945 nur noch Erinnerungsmerkmale vergangener Zeiten zu sein. Mit dem Absterben der überlebenden Generationen stirbt auch der Totenkult aus. Die Denkmäler zeugen von Vergangenheit, ohne mehr auf eine Zukunft zu verweisen.

Ferner gibt es Kriegerdenkmäler zahlreicher Art auf den Schlachtfeldern in Frankreich, die gleicherweise in Deutschland nicht vorhanden sind. In Frankreich obliegt die Traditionspflege teils dem Staat, teils dem Militär, aber auch den alten Kriegerverbänden, über deren Mentalitätsgeschichte Antoine Prost eine grundlegende Analyse vorgelegt hat.

Der am meisten verbreitete Typus des Kriegerdenkmals ist das Gemeindedenkmal. Es gibt kaum eine Gemeinde in Deutschland oder Frankreich, die nicht aus eigener Kraft nach dem Ersten Weltkrieg ein Denkmal errichtet hätte. Wenn ein breitenwirksamer Bewußtseinswandel registriert werden kann, der durch die Kriege und nur durch die Kriege hervorgerufen worden ist, so an diesen Gemeindedenkmälern. Der Totenkult gehört zur Wirkungsgeschichte der Kriege, die Toten selber gehören dem Kriege an. Hier, auf der untersten Ebene sozialer und politischer Organisation, kann daher die Analyse zu einigen empirisch abgesicherten Ergebnissen vorstoßen. Prost hat dies für Frankreich geleistet, aber auch in Deutschland liegen inzwischen einige verallgemeinerungsfähige Studien vor.

Die Entstehungsgeschichte der Gemeindedenkmäler in beiden Ländern ist durchaus vergleichbar, und in vieler Hinsicht gleichen sich auch die Erscheinungsformen von Denkmal und Kult. Alle Gemeinden haben von sich aus den Entschluß gefaßt, die Gefallenen aus ihrer Mitte durch ein Denkmal der Vergessenheit zu entreißen. Komitees wurden gegründet und, da die finanziellen Belastungen meistens für kleine Gemeinden zu hoch waren, Subskriptionen veranstaltet, an denen sich gemeinhin mehr das mittlere Bürgertum beteiligte, und zwar mit politischen Einstellungen, die von der Mitte nach rechts reichen. Während in Deutschland der Staat vor 1933 nicht direkt intervenierte, hat der französische Staat bis zu 15% der Auslagen selbst beigesteuert, je nach Prozentsatz, wie viele Gefallene pro Kopf der Bevölkerung in einer Gemeinde zu verzeichnen waren. Insofern liegt in Frankreich ein höheres Maß staatlicher Anleitung und Einflußnahme vor als in Deutschland.

Auffallend für Frankreich ist nun, daß die Siegesdenkmäler in den Gemeinden – entgegen der offiziellen Politik – mit Abstand in der Minderzahl sind. Die Hälfte bis zu zwei Drittel aller Denkmäler haben eine zivilistische, eine staatsbürgerliche Pointe oder sind vorzüglich auf Trauer eingestellt. Politisch reicht hier die Skala von konservativen Katholiken bis zu Sozialisten, die sich solcher Denkmalstypen bedienten, um den Krieg nicht als siegreichen in Erinnerung zu halten, sondern vorzüglich die Trauer, um die Toten als Unterpfand für den Frieden zu erinnern. Dem steht eine Gruppe patriotisch-pathetischer Denkmäler gegenüber, die eher in der republikanischen Tradition liegen. Eine wichtige, aber vergleichsweise kleinere Gruppe von Denkmälern pflegt ausgesprochen pazifistische Traditionen: Hier werden Witwen, Waisen oder zurückgebliebene Eltern auf dem Denkmal dargestellt. Familien, Frauen und Kinder werden also in Frankreich als Zurückgebliebene in den Ritus der Trauer ostentativ einbezogen – und dies weit mehr, als es in Deutschland üblich war.

Vergleicht man die französische Typologie mit den deutschen Denkmälern, so fallen eine Reihe von Gemeinsamkeiten, aber auch Unterschiede auf, soweit ein Urteil schon möglich ist.

Siegesmale entfielen hier eo ipso. Gleichwohl gibt es eine Reihe von Denkmälern, besonders aus bürgerlichem Milieu, die den verlorenen Krieg zu kompensieren trachten. Dann wird darauf hingewiesen, daß Deutschland – angeblich – im Felde unbesiegt gewesen sei. Solche Denkmäler entstammen meistens konservativen Organisationen, befinden sich aber auch in Städten mit konservativer Mehrheit. Unterschwellig sind hier Bewußtseinsstrukturen stabilisiert worden, die die Niederlage nicht hinzunehmen trachteten: Die Möglichkeit der Wiederaufnahme des Krieges läßt sich aus solchen Denkmälern immerhin ableiten, ohne daß sie sichtbar gemacht worden wäre.

In vieler Hinsicht gleichen sich freilich deutsche und französische Denkmäler, sofern sie die Trauer selber thematisierten. Die Allegorien gleichen sich dann, von den Unterschieden der Helme oder Uniformen abgesehen, zur Gänze. Oft wird die Unmöglichkeit, den Tod rationalisieren zu können, durch Pathos kompensiert, oder es wird ausgewichen auf ästhetische Signale, indem schlichte Steine oder Stelen, Quader oder Kuben errichtet wurden, deren allegorischer Sinn kaum noch bewußt ist.

Freilich läßt sich hier – nach dem Ersten Weltkrieg – auch ein Unterschied in der Mentalität nachweisen: Während in Frankreich der Hinweis auf Ruhm, Ehre und Helden auf etwa 30% der Denkmäler erscheint, hat die Inschrift der Heldenerinnerung in Deutschland offenbar weiter um sich gegriffen. Auch hier liegt eine Überkompensation der Niederlage vor, wenn auch der Schwerpunkt solcher Inschriften in einer anderen Richtung zu deuten sein mag. So häufig wie die Helden werden in Deutschland auch die Kameraden genannt, wenn auch nicht auf den Gemeindedenkmälern. Die Tendenz ist stärker in Richtung auf eine Männergemeinschaft zu erkennen, die den Ersten Weltkrieg an der Front durchgestanden hat. Die figurale Aufnahme von Familienmitgliedern findet zwar auch in Deutschland statt, aber offensichtlich weniger als in Frankreich. Insofern ist die erinnernde Trauer, soweit die Denkmäler Signale aussenden, verschieden ausgerichtet. Die stumpfe Verzweiflung wird in beiden Ländern überhöht zugunsten einer Trauer, aber die Trauer richtet sich in Frankreich mehr auf den gewonnenen Frieden, in Deutschland mehr auf den vergangenen Kampf. Freilich dürfen derartige Unterschiede nicht dazu verleiten, schon generelle Aussagen über nationale Mentalitäten zu riskieren.

Ein weiteres Unterscheidungskriterium für den Totenkult liegt in beiden Ländern in der Grenzziehung gegenüber der Beteiligung der Kirchen an der Pflege der Erinnerung. In Frankreich war dies durch das Gesetz der Trennung von Staat und Kirche von 1905 generell geregelt worden. Auf öffentlichen Plätzen, und so auf Denkmalen, durften keine christlichen Symbole erscheinen. Wenn also in Frankreich christliche Symbole für den Totenkult verwendet werden konnten, so nur dann, wenn die Denkmäler auf kirchlichem Boden oder auf dem Friedhof errichtet wurden. Insofern bietet die Ikonographie der französischen Denkmäler ein genaues Abbild der sozialen Strukturen, die jeweils in den verschiedenen Gemeinden dominierten. Hier zeigt sich besonders deutlich, daß die Bewußtseinsgeschichte, die den neuen Totenkult beinhaltet, anknüpft an die sozialen Gegebenheiten, die bereits vor den Kriegen vorhanden waren. – Das gleiche gilt auch für Deutschland, nicht zuletzt aufgrund seiner regionalen und föderalen Vielfalt. In ausgesprochen katholischen Gemeinden pflegen die Kriegerdenkmäler häufig an den christlichen Märtyrerkult anzuknüpfen und ebenso an die Auferstehungssymbolik der Kirche. In protestantischen Gemeinden dagegen überwiegen solche Denkmäler, die auf christliche Hinweise eher verzichten, allenthalben zugunsten des Eisernen Kreuzes, das immerhin auch eine christliche Deutung zuläßt.

Insgesamt kann deshalb gesagt werden, daß die Kriegerdenkmäler die sozialen und politischen Strukturen stabilisieren halfen, die in den Gemeinden bereits vorhanden waren. Das Massensterben gerät deshalb auf dem Wege über die symbolisierte Erinnerung in den Streit der Parteien, die sich in den Gemeinden auch bekämpften. Rein pazifistische Denkmäler sind in Deutschland, mangels Majorität, kaum, in Frankreich häufiger errichtet worden, bleiben aber auch hier in der Minderheit.

Einen Einschnitt brachte in Deutschland die Machtergreifung der Nationalsozialisten. Sie zerstörten all solche Denkmäler, die ihnen zu pazifistisch oder defätistisch erschienen, um potentielle Siegerdenkmäler mit heroischem Pathos zu favorisieren. Da der Totenkult von der Partei übernommen wurde, konnten alle Denkmäler im Sinne der neuen Ideologie umfunktionalisiert werden, um eine militärische Gesinnung und Haltung in der nachwachsenden Jugend zu erzeugen. Es fehlt noch eine Analyse, welchen Anteil die alten Frontkämpfer hier gespielt haben, deren Mentalität zweifellos den französischen Frontkämpfern nahestand, wenn nicht gleichartig war. Die steigende Rolle der jungen, nachwachsenden Nachkriegsgenerationen, besonders in der Hitlerjugend, bedarf hier noch genauer Untersuchung. Um auf eine Parallele zu verweisen: In Frankreich sind die stärker revanchistisch intonierten Denkmäler nach dem 1870/71er Krieg erst seit 1890 errichtet worden, von der privaten Organisation ›Souvenir-Français‹. Hitler selbst mißtraute der Kriegsbegeisterung der Deutschen, die er propagandistisch entfachen wollte. Weniger durch den Kriegsbeginn als durch die Siege während der ersten Kriegshälfte wuchs ihm Enthusiasmus zu. Generell darf aber gesagt werden, daß der Totenkult an den deutschen Gemeindedenkmälern zweifellos mehr von konservativen und nationalistischen Mentalitäten getragen wurde als im republikanischen Frankreich, das immer um seinen Sieg bangte.

Das hat nun auch Folgen gezeitigt für den Denkmalskult nach dem Zweiten Weltkrieg. Hier laufen die Wege in den beiden Deutschland auf der einen Seite und untereinander und in Frankreich auf der anderen Seite auseinander.

Die vergleichsweise wenigen gefallenen Soldaten der französischen Armee des Zweiten Weltkrieges wurden grundsätzlich nur durch Zusatztafeln auf den Gemeindedenkmälern erinnert. Sie rückten ein in einen Erinnerungsraum, der ikonographisch die Kontinuität der beiden Kriege betonte. Das gilt auch für die Mehrzahl der Kriegerdenkmäler in den westdeutschen Gemeinden. Freilich ist hier ein Unterschied festzustellen: Zahlreiche Kriegerdenkmäler in Westdeutschland – und mehr noch in der späteren DDR – wurden durch die Siegermächte beseitigt oder durch linke Mehrheiten in den Gemeinden zerstört. Das Minimum an Veränderung lag oft in der Ausmerzung pathetischer Inschriften. Hinweise auf Ruhm und Ehre wurden getilgt, die Helden in Tote oder Opfer verwandelt. Christliche Symbole als minimale Konsensbasis für das verlorene nationale Identitätsbewußtsein begannen zu dominieren, ohne daß daraus Rückschlüsse auf eine gesteigerte Christlichkeit zu ziehen wären. Ferner sind in Westdeutschland die Inschriften ausgeweitet worden auf Tote aus dem zivilen Bereich, später sogar aus den Konzentrationslagern. Krieg und Terror werden zusammen erinnert – womit verschiedene Identitätsstränge zusammengeführt werden, deren minimale Gemeinsamkeit nurmehr in der verzweifelten Sinnlosigkeit zu finden ist. Insofern indiziert der Denkmalskult, der kaum mehr betrieben wird, eher einen Verlust an Identität. Er verweist auf einen tiefgreifenden Bewußtseinswandel.

Anders in Frankreich: Hier wurde durch de Gaulle angeordnet, daß neue Denkmäler nur für die Résistance errichtet werden durften. Als Gegner wurde nicht Deutschland, sondern das Terrorregime der Nazis definiert, die neue nationale Homogenität reichte unter diesem Motto von den Kommunisten bis zu den Konservativen, soweit sie an der Widerstandsbewegung teilgenommen hatten. Der Totenkult wurde also in den Dienst der neugegründeten 4. Republik gestellt, zentralistisch gesteuert, aber gleichwohl getragen von allen Franzosen, die sich von der Vergangenheitslast des Pétain-Regimes zu befreien suchten. Die Gemeindedenkmäler rückten also beide Weltkriege in einen kontinuierlichen Erinnerungsraum, die neuen Denkmäler stifteten eine neue Basis für die Zukunft mit einer neuen französischen Verfassung.

In dieser Hinsicht nicht unähnlich ist der Denkmalskult in der DDR geraten. Kriegerdenkmäler blieben den Sowjets vorbehalten, die sowohl die Trauer um ihre Toten pflegen wie ihre politische Funktion als Befreier vom Faschismus betonen. Und dort, wo neue Denkmäler errichtet wurden, dienten sie nur der Erinnerung an die Opfer der Konzentrationslager und aller Widerstandsaktionen, die in die Tradition der Arbeiterbewegung zurückweisen. Auch hier handelt es sich um einen staatlich gesteuerten Identifikationsprozeß, der neue Frontlinien in den zu stiftenden Erinnerungsraum einzeichnet. Es werden nurmehr die Toten des Klassenkampfes und der Bürgerkriege nach 1918 und der antinazistischen Widerstandskämpfer erinnert. Diese Denkmäler dienen dazu, einen neuen Ausschnitt aus der politischen Vergangenheit als Unterpfand für eine sozialistische Zukunft in Erinnerung zu halten. Damit bleiben die Totenmale in der DDR politisch stärker funktionalisiert, als dies in der Bundesrepublik der Fall ist. Der Totenkult an den Gemeindedenkmälern ist mehr oder minder in Vergessenheit geraten, die Erinnerung wird immer mehr privat gepflegt.

Und dort, wo die Sinnlosigkeit des Kriegstodes im Bewußtsein wachgehalten wird, vollzieht sich dies in außerinstitutionellen Bahnen. Dies äußert sich in häufiger Übermalung der Kriegerdenkmäler durch Inschriften wie: Nie wieder Krieg. Ohne kultische Formen gewinnt diese Art von Erinnerung an die Millionen Toten einen neuen Sinn: Das Überleben selbst wird zur einzigen Herausforderung. Die Toten entschwinden.

IV.
Historiographische Perspektiven auf verschiedene Zeitebenen

Die Zeiten der Geschichtsschreibung

»Es war einmal ein Müller...«, »es war einmal ein König...«: Wem sind derlei Anfänge Grimmscher Märchen nicht vertraut? Da wird ein Märchen aus einer ungewissen Vergangenheit erzählt, und wer dem Märchen nicht glauben will, der wird doch zugeben müssen, daß es spannend ist, eine innere Wahrheit zutage fördert, die uns nachdenklich macht. Und doch ist jeder irgendwann in seiner Kindheit in die Lage gekommen zu sagen: Aber das ist doch keine wahre Geschichte! Eine wahre Geschichte ist kein Märchen. Wer aber eine wahre Geschichte zu erzählen versucht, der mag auch damit anfangen: »Es war einmal...« Er erzählt dann aus seiner Vergangenheit, was ihm zugestoßen ist, wie er in eine mißliche Lage geraten war und wie er sich daraus befreit hat oder was sonst auch immer. So scheint die Frage, was die Zeit der Geschichtserzählung sei, zunächst leicht beantwortbar. Es ist die Zeit der Vergangenheit. Geschichte berichtet von dem, was früher einmal war, und sie soll möglichst so berichten, daß das, was sie erzählt, auch wirklich so war, wie es erzählt wird. Rankes bekanntes Wort, daß er zeigen wolle, wie es eigentlich gewesen sei, gibt dieses Postulat in knapper Weise wieder.

Aber damit sind wir schon bei einer ersten Schwierigkeit angelangt. Wer garantiert uns, daß die berichtende Erzählung wahr ist? Da muß es doch irgendeinen Zeugen geben, der uns als Kontrollinstanz dient: So war es gewesen und nicht anders. Denn, so der Hintergedanke, wir wollen uns doch keine Märchen auftischen lassen.

Mit dieser Kontrollfrage stoßen wir bereits auf ein erstes Merkmal jener historischen Zeit, in der die Historiker zu erzählen genötigt sind. Sie können nur von einem Zeitraum berichten, aus dem wir irgendwelche verbürgten Nachrichten haben, die uns mehr oder minder zuverlässig die Richtigkeit der Geschichten erkennen lassen. Damit haben wir ein wichtiges Merkmal der Historie genannt. Sie entstand genau an der Grenzscheide zwischen Sagen, Mythen und Märchen auf der einen Seite und dem Wunsch nach glaubwürdig abgesicherten Nachrichten über das, wovon berichtet wird. Das eine lag irgendwo im Dunkel der Vergangenheit verborgen, das andere rückte ins Licht kontrollierbarer Überlieferung. Bei dem, was in der Geschichtsschreibung zur Sprache kommt, handelt es sich also um rational kontrollierbare Vergangenheit.

Unsere Grenzziehung trennt historische Zeiten von den Zeiten nichthistorischer Erzählungen. Jeder Historiker muß über diese Grenze wachen. Herodot, der sogenannte Vater der Geschichtsschreibung, hat uns das gelehrt, und seine Lehre gilt bis heute. Demgemäß waren die Historiker zunächst dadurch ausgezeichnet, daß sie selbst noch Zeugen befragen konnten, die uns die Wahrheit einer Geschichte verbürgten. Besser noch war es, wenn auch weitere Zeugen zur Kontrolle herangezogen werden konnten, und noch besser schien es, wenn der Historiker die Taten selber erlebt oder – und dies schien der beste Fall zu sein – wenn er die Taten selber vollzogen hatte, von denen er berichtete. Zu solchen Historikern gehörten Cäsar oder Friedrich der Große, die über ihre Kriege aufschlußreiche, bis heute unentbehrliche, Bücher verfaßt haben.

Heutzutage nennt man diese Art der Geschichtsschreibung ›Zeitgeschichtsschreibung‹. Aber dies ist ein unglücklicher Ausdruck. Denn Geschichte vollzieht sich immer in der Zeit, und dazu gehört die ferne Vergangenheit so sehr wie unsere Zukunft. Gemeint ist mit der sogenannten Zeitgeschichte eine Geschichtsschreibung, die aus der Erfahrungswelt einer jeweils lebenden Generationsgemeinschaft stammt. Alle noch Lebenden oder Überlebenden dienen dann als Augen- oder Ohrenzeugen; man kann sie befragen und ihre Berichte kritisch sichten. Thukydides z.B. hat solch eine Geschichte des großen Krieges zwischen Athen und Sparta geschrieben, an dem er selbst als Feldherr beteiligt war.

Diese Zeitgeschichtsschreibung, die sich auf die Berichte der Lebenden und Überlebenden stützt und deren Erinnerung so weit reicht, wie mündliche Berichte reichen konnten, steht am Anfang der Geschichtsschreibung, und sie hat trotz aller schwankenden Bewertung bis heute ihren unüberholbaren Platz behalten.

In diesen Zusammenhang gehört auch eine schlichtere Vorform, nämlich die Registratur der Ereignisse von Tag zu Tag oder von Jahr zu Jahr. Es handelt sich, grob gesprochen, um die Annalistik oder auch um die Chronik, soweit sie das jeweils anfallende Neue registriert und den vergangenen Geschichten hinzufügt. Hier wird notiert, was an Bemerkenswertem sich ereignet hat oder was jemand für berichtenswert hielt. Was heute geschieht, wird dann für die Zukunft aufgeschrieben, wobei das Notierte im Akt der Niederschrift schon zur Vergangenheit wird. Damit haben wir zwei Formen der Geschichtsschreibung skizziert, die an die Erfahrungswelt der Lebenden zurückgebunden bleibt: die kunstvolle Zusammenstellung von Ereignissen aufgrund der kontrollierten Aussage von Augen- und Ohrenzeugen sowie die schlichte Registratur all dessen, was für eine Lebensgemeinschaft im Ablauf der Tage und der Jahre wichtig schien. Beide Formen der Geschichtsschreibung handeln von der Vergangenheit, aber von einer Vergangenheit, die man selbst erfahren hat oder von der wir noch durch lebende Zeugen Nachricht erhalten haben.[1]

Die zusammenlebenden Generationen stiften die Einheit und den Zusammenhang dessen, wovon hier erzählt und was schriftlich festgehalten wird. Es gab nun im 18. Jahrhundert einen heute fast vergessenen Gelehrten, der diese Gliederung erkenntnistheoretisch unüberholbar klar begründet hat. Für Chladenius – so heißt dieser Gelehrte – gibt es eine Gegenwartsgeschichte, die alle Lebenden erfaßt; ferner die kommende Geschichte, die uns immer bevorsteht und die wir planend, hoffend oder fürchtend vorwegnehmen; und schließlich gibt es die alte Geschichte, die immer dort beginnt, wo die letzten Zeugen aussterben. Die alte Geschichte wächst also in dem Maße an, wie die Generationen dahinschwinden. Es handelt sich hier um eine gleitende Zeitskala, deren mit der Zeit sich dauernd verschiebender Mittelpunkt die jeweils Lebenden sind.

Nun weiß jeder, der die heutigen Schulbücher kennt, daß diese Einteilung keineswegs geläufig ist, auch wenn sie erkenntnistheoretisch unüberholbar richtig bleibt. Wer heute von der Alten Geschichte, dem Mittelalter und der Neuzeit spricht, denkt in anderen Zeitkategorien: Er gliedert nach universalhistorischen Epochen. Mit der Alten Geschichte werden gemeinhin die Geschichten

1 Dazu Arnold Esch, *Zeitalter und Menschenalter. Die Perspektiven historischer Periodisierung*, in: *Hermann Heimpel zum 80. Geburtstag*, hg. v. Max-Planck-Institut für Geschichte, Göttingen 1981.

der Hochkulturen gemeint, von denen außer ihren großen Baudenkmalen auch schriftliche Überlieferungen zeugen. In Europa beruft man sich auf die Geschichte der Juden, der Griechen und Römer, an die sich dann das sogenannte Mittelalter anschließt. Die Dreiheit: Alte Geschichte/Mittelalter/Neuzeit enthält also ganz andere Zeiteinheiten als die anfangs beschriebene Zeit der Generationseinheiten. Statt einer gleitenden Zeitskala fixieren wir objektivierbare Perioden. Die Dreiheit soll nämlich die gesamte Geschichte erfassen. Für die vorschriftliche Zeit wird der Ausdruck der Ur-, Vor- und Frühgeschichte verwendet. Solche Gesamtgliederungen entsprechen einem alten menschlichen Bedürfnis, sich über die eigene Lebenswelt hinaus über Herkunft, Ziel oder Sinn aller Geschichten, also der sogenannten einen Geschichte im ganzen, Auskunft zu geben.

Die Neugierde der Menschen reicht auch in jene Bereiche hinein, die früher von Mythen und Sagen und von religiösen Deutungsmustern besetzt waren, sei es daß sie den Anfang oder sei es daß sie das Ende aller Geschichte thematisieren. Auch die Dreiheit Alte Geschichte/Mittelalter/Neuzeit hat ihre zahlreichen mythischen und theologischen Analogien. So war in der Antike vom Goldenen, Silbernen und Eisernen Zeitalter die Rede, welche die Menschen in abfallender Kurvenführung durchleben müßten. Die Christen etwa gliederten ihre Weltgeschichte in die drei Zeitalter ›Vor dem Gesetz‹, ›Unter dem Gesetz‹ und in das letzte ›Zeitalter der Gnade‹, das mit Christi Erscheinen begonnen hatte und bis zum Weltende währen würde. Diese Deutung schloß trotz allem Elend auf dieser Welt eine abfallende Kurve insoweit aus, als der Gläubige in der Hoffnung leben konnte, sich nach dem Weltende im Paradies wiederzufinden.

Unsere Gliederung Alte/Mittlere/Neue Geschichte ist dagegen nicht mehr im strengen Sinne christlich zu nennen. Im ganzen gingen die Menschen, die sich seit rund 300 Jahren dieser Gliederung bedienten, davon aus, daß die Neuzeit wirklich eine neue Zeit mit sich bringe und uns in eine immer bessere Zukunft hineinführe. Die Neuzeit wurde gleichsam in einer aufsteigenden Kurve gedacht und insofern als fortschrittlich ausgelegt. Die zahlreichen Entdeckungen und Erfindungen, ihre technischen Verwirklichungen und ihre industriellen Verarbeitungen boten dabei den erfahrungsgesättigten Boden, der eine derart optimistische Zukunftssicht zu rechtfertigen schien.

Heute sind wir längst skeptisch geworden gegenüber einer solch globalen Gliederung, die uns mit der Neuzeit die unendliche Sprossenleiter des Fortschritts erklettern ließe. Aber den Schulbüchern und den Handbüchern liegt immer noch jene Dreiteilung der gesamten Geschichte zugrunde. In der Wissenschaft dagegen gibt es längst bittere Kontroversen darum, wo nun die Grenze zwischen der alten und der mittleren Geschichte zu ziehen sei oder wann eigentlich die sogenannte Neuzeit begonnen habe: mit Columbus und mit Luther oder erst mit der Französischen Revolution oder gar erst mit jenem langfristigen Prozeß, der ›Industrielle Revolution‹ benannt wird? Solche Streitereien sind freilich müßig, denn sie fragen danach, welche konkreten Inhalte in ein einmal vorgegebenes Zeitraster einzupassen sind. Für die konkreten Geschichten und die großen Zusammenhänge erweisen sich die überkommenen Zeitbestimmungen als zu formal und inhaltsleer. Anders gewendet: Die temporalen Bestimmungen von nur drei Zeitaltern sind zu unbestimmt, als daß sich die wirkliche Geschichte danach sinnvoll gliedern ließe. Die Dreigliederung befriedigte zunächst nur das Erklärungsbedürfnis jener Humanisten, die sich über die christliche Tradition hinweg an den antiken Vorbildern zu orientieren suchten. Die Dreigliederung befriedigte auch die Deutungswünsche der Französischen Revolutionäre, die mit ihrer Revolution eine ganz neue Zeit anheben lassen wollten. Deshalb versuchten sie denn auch, den historischen Daten einen neuen Kalender überzustülpen. Stunde Null sollte fortan nicht mehr das vermeintliche Geburtsdatum von Christus sein, sondern das Jahr 1792, in dem die Republik ausgerufen wurde. Nun, dieser Kalender hat nicht lange gewährt und ist nur noch in historischen Büchern wiederzufinden.

Wir haben bisher zwei Formen historiographischer Zeit kennengelernt: Einmal die sogenannte Zeitgeschichte, die sich auf den Erfahrungsraum der Lebenden beschränkt und die in ihrer einfachsten Form von Jahr zu Jahr fortgeschrieben wird. Zum zweiten die universalhistorischen Tiefenbestimmungen. Aber damit hat es nun keineswegs sein Bewenden, so sinnvoll auch diese extrem unterschiedlichen Zeitbestimmungen bleiben. In der Praxis bedient sich die Geschichtswissenschaft einer Vielzahl von Zeitmodi, um ihren zahlreichen Aufgaben gerecht zu werden. Es gibt eben nicht die eine Zeit der Geschichtsschreibung, sondern eine Vielzahl von Zeiten.

1. Eine heute selbstverständlich erscheinende, aber erst seit 300 Jahren übliche Art der Datierung operiert mit der Rückwärtsrechnung der Jahre vor Christi Geburt. Bis in die Aufklärung hinein rechnete man noch mit einem Kalender, der mit der Weltschöpfung begann, also rund 5000 Jahre vor Christi Geburt. Seit der Rückwärtsrechnung gewann man einen offenen Spielraum für die neue Sicht der Vergangenheit. Die Erschließung vieler Millionen Jahre, die unserer schriftlich überlieferten Geschichte vorausgingen, setzte eine geologisch und paläontologisch begründete Naturgeschichte frei, die im weiten Sinne natürlich auch zur Geschichte gehört. Die lineare Rückwärtsrechnung hatte einen weiteren Vorteil:

2. Jetzt, nach Entdeckung der Kugelgestalt des Globus, wurde es möglich, die Vielzahl der Kulturen mit ihren unterschiedlichen eigenen Chronologien auf einer gemeinsamen, gleichsam neutralen Zeitachse anzusiedeln. Seitdem lassen sich die verschiedenen Kulturen oder Staaten an einer gemeinsamen Chronologie messen und miteinander vergleichen. Im Hinblick auf die Industrialisierung werden z. B. die Länder ja nach ihren Entwicklungsgraden als vorauslaufend, zurückbleibend oder aufstrebend eingestuft. Genau genommen führen die Vergleiche, die der Historiker anstrengt, dazu, die Gleichzeitigkeit des Ungleichzeitigen zu thematisieren. Was auf dem Kalender als gleichzeitig erscheint, kann nach den inneren Entwicklungsrhythmen einer Kultur oder eines Staates als ungleichzeitig definiert werden. Es gibt eben heute immer noch Stämme, die gerade erst die Steinzeit hinter sich gelassen haben, während führende Nationen wie die USA bereits ihre Astronauten auf den Mond senden. Gewiß kennen wir heute die eine Weltgeschichte, aber sie ist erst in unserem Jahrhundert empirisch einlösbar geworden. Sie läßt sich nur deuten, indem zugleich die unterschiedlichsten Zeitphasen, Verzögerungen und Beschleunigungen der Zeitabläufe in den verschiedenen Ländern, Schichten, Klassen oder Kulturbereichen auf einen gemeinsamen Nenner gebracht werden. Der gemeinsame Nenner bleibt jene kalendarische

Zeit, die inhaltlich sehr unterschiedliche Zeitverläufe zu messen erlaubt.

Das führt uns auf einen dritten Gesichtspunkt.

Seit der Aufklärung ist man sich dessen bewußt geworden, daß jede Geschichtsschreibung von den Fragen abhängt, die man an sie richtet. Anders gesagt, die historische Perspektive, die man von seinem jeweiligen Standort aus gewinnt, führt zu verschiedenen zeitlichen Tiefenbestimmungen dessen, was man beschreibt oder erzählt. Sachliche Gesichtspunkte werden seitdem methodisch an den Anfang einer Darstellung gerückt, und je nach den Sachfragen erweist sich dann die Geschichte als sehr unterschiedlich beschreibbar. So hat sich etwa der Epochenbegriff der ›Renaissance‹ durchgesetzt, nachdem die Wiedergeburtslehre konkret auf die Wiederherstellung alter Texte und auf die Nachahmung antiker Kunstwerke bezogen wurde. Nach dieser zunächst engen kulturgeschichtlichen Bedeutung wurde der Begriff dann ausgedehnt auf eine historische Periode. Das gleiche gilt für den Begriff der ›Reformation‹, der zunächst nur die kirchengeschichtliche Bedeutung einer Wiederherstellung urchristlicher Zustände haben mochte, um dann später gleichwohl als Epochenbegriff den Beginn der sogenannten ›Neuzeit‹ zu umreißen. Als verfassungsgeschichtliche Fragen im 18. Jahrhundert zu dominieren begannen, wurde der Begriff des ›Feudalismus‹ geprägt, der die zurückliegenden 1000 Jahre abendländischer Geschichte umgreifen sollte, worauf das Zeitalter der Demokratie folgen müsse. Mit dem Vordringen wirtschaftshistorischer Fragestellungen rückte dieser Begriff des Feudalismus dann als Epochenbegriff nach, um endlich vom Zeitalter des sogenannten ›Kapitalismus‹ abgelöst zu werden – ein Ausdruck, der sich erst seit der zweiten Hälfte des 19. Jahrhunderts einbürgerte.

Oder: Mit den sachgebundenen Kriterien der Malerei und der Architektur wurde ein Zeitalter des ›Barock‹ eingeschoben, das sich sozialhistorisch auf die Rolle der weltlichen oder kirchlichen Stifter bezog, welche die Kunst dieses Zeitraums finanziert hatten.

Immer handelt es sich bei solchen modernen Epochenbestimmungen um ursprünglich sachbezogene Ausdrücke, die dann gleichsam flächendeckend auf ganze Perioden ausgeweitet wurden. Aber auch hier zeigt sich bald, daß derartige ursprünglich sachbegrenzte Epochennamen als zusammenfassende Periodisierungsangebote nicht ausreichen, um die Vielfalt historischer Erscheinungen einzufangen. Zudem bleiben diese Periodenbegriffe der europäischen Geschichte verpflichtet und können allenfalls metaphorisch auf andere Kulturkreise übertragen werden: So spricht man zwar von der Aufklärung oder von einem Mittelalter der griechischen Geschichte oder von feudalen Zuständen in der japanischen Geschichte, doch treten die Grenzen jeder Übertragbarkeit schnell zutage.

Dies hat eine perspektivische Vielzahl von Zeitbestimmungen zur Folge, die sich gegenseitig überschneiden. Wird etwa die Institutionengeschichte Europas beschrieben, so läßt sich vom 12. bis zum 18. Jahrhundert eine Kontinuität feststellen, die durch die kirchliche Reformation nicht unterbrochen wurde. Wird dagegen die gleiche Zeitspanne nach kirchenrechtlichen oder religionsgeschichtlichen Gesichtspunkten gegliedert, so läßt sich nicht bezweifeln, daß mit der Entstehung der reformierten Kirchen, also mit Luther, ein neues Zeitalter anhebt. Unterschiedliche Perspektiven setzen verschiedene Zeiteinheiten mit differierenden Anfangs- und Enddaten frei.

Daher können von den gleichen Ereignissen verschiedene Darstellungen gleich wahr sein.

4. Die Perspektivik gewann selber eine spezifisch zeitliche Dimension, nämlich die der rückwirkenden Veränderung. So wird es seit dem 18. Jahrhundert nicht bezweifelt, daß die Wahrheit der Geschichte nicht ein für allemal die gleiche bleibe. Dem geschichtlichen Zeitverlauf wuchs eine erfahrungstiftende Qualität zu, die rückblickend Vergangenes neu zu erkennen lehrt. Seitdem gehört auch die Wirkungsgeschichte vergangener Ereignisse zum Ereignisbestand selbst: »Daß die Weltgeschichte von Zeit zu Zeit umgeschrieben werden müßte, darüber ist in unseren Tagen wohl kein Zweifel übriggeblieben« – so faßte Goethe zu Ende der Aufklärung diesen temporalen Erfahrungswandel zusammen.[2]

Das führt uns auf einen fünften Gesichtspunkt. Die Zeit hat gleichsam selber eine geschichtliche Qualität gewonnen. Die

2 Goethe, *Materialien zur Geschichte der Farbenlehre*, in: *Werke*, Hamburger Ausgabe, Bd. 14, Hamburg 1960, S. 93, 195.

eine kalendarische Zeit reicht nicht aus, um historisch sachgerecht zu verfahren. Je nach seiner Thematik erkennt der Historiker verschiedene Zeitabläufe, die in- und umeinander gelagert verschiedene Tempi des Wandels aufweisen. Deshalb ist man dazu übergegangen, verschiedene Zeitebenen zu unterscheiden. Geläufig ist heute die Trennung in Ereignis- und Strukturgeschichte. Was sich von Tag zu Tag ereignet, das wird vorzüglich von der politischen Geschichtsschreibung in seinen vielfältigen Verflechtungen untersucht. Sie berichtet von Ereigniszusammenhängen, deren Anfänge und Enden relativ sinnvoll zu bestimmen sind. So ist etwa die Geschichte des Ersten oder des Zweiten Weltkrieges zwar eindeutig zu datieren, aber beide Weltkriege können auch zusammen als eine Geschehenseinheit thematisiert werden: als zweiter Dreißigjähriger Krieg.

Freilich kann der Historiker ebenso sein Augenmerk auf die Voraussetzungen lenken, unter denen Ereignisse stattfinden. In diesem Falle sucht er nach den allgemeinen Bedingungen, die sich nur sehr langsam gewandelt haben oder deren Wandel sich überhaupt kaum bemerkbar macht. Er richtet seinen Blick auf Strukturen, die eine bestimmte Dauer haben, ohne daß sie sich von Tag zu Tag ändern müßten. Wer etwa die Geschichte der katholischen Kirche schreibt oder wer die Geschichte des englischen Parlamentes darstellt oder wer die wirtschaftlichen Produktionsbedingungen thematisiert oder wer die Verhaltensweisen von Berufsgruppen oder Klassenzugehörigen untersucht oder wer die Strukturen der Familien in den verschiedenen sozialen Schichtungen analysiert, der wird jedenfalls mit Zeitfristen arbeiten müssen, die nicht von Tag zu Tag punktuelle Veränderungen erkennen lassen.

Ereignisgeschichtlich hat sich z. B. unter Hitler unendlich viel geändert. Noch heute sind wir und die europäischen Völker und insbesondere die Juden davon betroffen. Andererseits wissen wir aber, daß sich langfristige Strukturen über alle Katastrophen hinweg erhalten haben bzw. wieder auflebten. Das gilt etwa für die föderalen Verfassungselemente oder schichtenspezifisch für die Berufsgruppen und deren Verhaltensweisen, die Kontinuitäten zeigen, die durch die zwölf Jahre 1933-1945 nicht sofort abgerissen wurden.

6. Sofern nun die Wechselwirkung von Ereignissen und Strukturen thematisiert wird, bedient sich der heutige Historiker gerne einer weiteren Zeitkategorie, nämlich der des Prozesses. Es gibt gravierende Ereignisse, die ihre eigenen strukturellen Voraussetzungen verändern, wodurch allein sie erklärbar werden. Umgekehrt können durch sich wandelnde Strukturen die Ereignisse in neue Bahnen gelenkt werden. Die Geschichte des 19. Jahrhunderts läßt sich etwa so schreiben, daß mit der Industrialisierung demokratische Verfassungsprinzipien sich durchsetzen gegen die überkommenen monarchistischen oder ständischen Ordnungsformen. Einzelne Ereignisschübe wie die Revolutionen von 1830, 1848 oder die Einigungskriege von 1864 bis 1871 wirken dann auf die ökonomischen und sozialen Vorbedingungen zurück. Solche Wechselwirkungen auf verschiedenen Zeitebenen erscheinen dabei als ein irreversibler Prozeß.

7. Damit kommen wir zu einer weiteren Zeitbestimmung, ohne die ein moderner Historiker kaum noch wird arbeiten können. Es handelt sich um die Kategorien der Beschleunigung und der Verzögerung. Gemessen an bestimmten Ausgangsbedingungen lassen sich viele Prozesse der Neuzeit aufweisen, die nur als Beschleunigung interpretierbar sind. Man denke etwa an die Veränderung des Verkehrs- und Nachrichtenwesens. Von der Postkutsche über die Eisenbahn zum Flugzeug sind die Verkehrswege gleichsam geschrumpft, und vom reitenden Boten bis zum Telefon und zum Funk haben sich die Zeitspannen der Nachrichtenübermittlung gleichsam auf den Nullpunkt verkürzen lassen. Derartige empirisch eindeutig nachweisbare Beschleunigungen haben natürlich enorme Rückwirkungen auf die sozialen und wirtschaftlichen Strukturen, die sich selbst keineswegs in gleicher Weise beschleunigt verändert haben. So werden etwa Verzögerungen bemerkbar, die auf eine mangelhafte Anpassung an besonders schnelle Veränderungen schließen lassen. Das gilt in hohem Ausmaß für die Relation der nichtindustrialisierten zu den hochentwickelten Staaten, wobei die unterentwickelten Länder, herausgefordert, sich zu industrialisieren, nur durch Beschleunigung ihre bisherige Verzögerung werden aufholen können. Diese Kategorien gelten freilich einzig im Hinblick auf die reine Industrialisierung, dürfen nicht unbefragt auf kulturelle Verhaltensweisen übertragen werden.

Daraus entstehen bekanntlich große Konflikte. Das führt uns zu einer letzten, aber ganz zentralen Zeitbestimmung.

Es handelt sich hierbei, achtens, um den Begriff der Übergangszeit. Seit dem 18. Jahrhundert gehört es zur Grunderfahrung der in der sogenannten Neuzeit lebenden Menschen, in einer Übergangszeit zu leben. Die Erfahrungsräume der jeweils zusammenlebenden Generationen verändern sich so schnell, daß die Lehren der Großväter für die Enkel bereits nutzlos zu sein scheinen. Wir erleben Erfahrungsbrüche mit einer Geschwindigkeit, wie sie in früheren Jahrhunderten gleicherweise nicht registriert worden sind. Damit stehen die Historiker vor der neuzeitlichen Aufgabe, die völlige Andersartigkeit der Vergangenheit zu erkennen, um sie mit den Wandlungsprozessen unserer eigenen Zeit zu konfrontieren. Schließlich stehen sie vor der Herausforderung, auch die mögliche Richtung in eine ebenso offene wie unbekannte Zukunft hinein ins Kalkül mit einzubeziehen. Und immer wenn neue Erfahrungen auftauchen, die bisher noch nicht gemacht worden sind, erhärtet sich die zeitliche Grunderfahrung des Übergangs.

Wir haben uns von den Märchenerzählungen aus alter Vergangenheit weit entfernt. Aber die Vielfalt der geschichtlichen Zeiten, mit der sich die Historiker heute beschäftigen, sollte sie nicht daran hindern zu sehen, daß es immer noch dieselben Menschen sind, von denen sie erzählen.

Über die Theoriebedürftigkeit der Geschichtswissenschaft

Seit dem Neukantianismus hat sich in unserer Wissenschaft eine Selbstbestimmung festgefressen: Die Historie habe es mit dem Individuellen, dem Besonderen, zu tun, während sich die Naturwissenschaft mit dem Allgemeinen abgebe. Die Wissenschaftsgeschichte hat diese Antithese überholt. Der hypothetische Grundzug ihrer Aussagen und die Verschränkung von Subjekt und Objekt innerhalb ihrer Experimente haben einen Zug der Relativität in die Naturwissenschaft eingebracht, der füglich als »geschichtlich« zu bezeichnen wäre. Umgekehrt hat sich die Fülle der Sozial- und Geisteswissenschaften in Systemzwänge hineinbegeben, die das einigende Band der historischen Weltanschauung längst durchschnitten haben. Die Fronten verlaufen nicht mehr eindeutig, wie der Streit um die Popperschule zeigt, entlang dem Gegensatzpaar Natur- und Geisteswissenschaften. Indes hat sich unsere Forschungspraxis davon kaum berühren lassen, mit dem Ergebnis, daß sich die historische Zunft isoliert sieht. Die Historie ist auf sich selbst zurückgeworfen und weiß nicht mehr genau, wo ihr Ort in der mittlerweile enthistorisierten Fakultät sei.

Ich möchte die These aufstellen, daß wir unserer Isolierung nur entrinnen können, wenn wir eine neue Beziehung zu den anderen Wissenschaften gewinnen, und das heißt, daß wir uns unserer Theoriebedürftigkeit bewußt werden bzw. uns einem Zwang zur Theorie stellen, wenn anders die Historie sich noch als Wissenschaft begreifen will. Keinesfalls soll versucht werden, uns durch Bindestrich-Bündnisse irgendwelche Theoreme benachbarter Wissenschaften zu entleihen, um uns auf deren Rücken als wissenschaftlich ausweisen zu dürfen. Es wäre sehr vorschnell, Soziologie und Geschichte derart zu verkoppeln, daß wir von einer irgendwie soziologisch verstandenen Gesellschaftswissenschaft her unseren eigenen Wissenschaftsbegriff gewönnen. Vielmehr möchte ich vorschlagen, zunächst einmal durch die uns eigenen Engpässe hindurch auf die Punkte zu stoßen, die selber theoriebedürftig oder vielleicht auch theorieträchtig sind.

1. Es ist eine Ironie der Bedeutungsgeschichte von »Geschichte«, daß der Ausdruck einer ›Geschichte selber‹ oder der ›Geschichte schlechthin‹ ursprünglich gerade die Theoriebedürftigkeit unserer Wissenschaft meinte. Sobald man darauf verzichtete, Geschichte mit bestimmten ihr zugeordneten Subjekten und Objekten zu denken, unterstellte man die Geschichtswissenschaft einem Zwang zum System. Die Geschichte selber und die Geschichtsphilosophie waren, als sie um 1770 als Ausdrücke auftauchten, bedeutungsgleich. Die metahistorische Komponente dieser Ausdrücke wurde dann im Zuge der Zeit von der Neuprägung »Geschichtlichkeit« aufgesaugt.

Die heutige Diskussion um die sogenannte *Geschichtlichkeit* stellt sich den theoretischen Herausforderungen, die sich aus der Krise des Historismus ergeben haben. Mit dem Begriff der Geschichtlichkeit wird versucht, den permanenten Relativierungsprozeß, dem sich der Historismus vorwurfsvoll ausgesetzt sah, zum Stehen zu bringen. Die Geschichtlichkeit setzt die Relativität gleichsam absolut, wenn man diesen Unbegriff einmal verwenden darf. Der Einfluß Heideggers ist hier unverkennbar, auch wenn er die Diskussion innerhalb unserer Wissenschaft nicht gerade weitergetrieben hat. Schon in ›Sein und Zeit‹ wird von der Geschichte fast völlig abstrahiert, die Geschichtlichkeit ist eine Kategorie der menschlichen Existenz, ohne daß zwischenmenschliche und überindividuelle Strukturen thematisiert würden. Der Weg von der Endlichkeit des Daseins zur Zeitlichkeit der Geschichte wird von Heidegger zwar aufgewiesen, aber nicht weiterverfolgt. Daher lauert hinter der Verwendung der fruchtbaren Kategorie Geschichtlichkeit einerseits die Gefahr einer transhistorischen Ontologie der Geschichte, wie sie etwa August Brunner entworfen hat. Andererseits scheint es mir kein Zufall, wenn bei Heideggers Anwendung seiner Philosophie auf die Geschichte – wo sie als Seinsgeschichte eschatologisch eingefärbt wird – herkömmliche geschichtsphilosophische Schemata des Verfalls und des Aufgangs durchscheinen.

Jedenfalls kann mit der Geschichtlichkeit und den ihr zugeordneten Kategorien der Blick freigelegt werden auf eine Historik, auf eine Metahistorie, die nicht die Bewegung, sondern die Beweglichkeit untersucht, nicht die Veränderung im konkreten Sinne, sondern die Veränderlichkeit. Es gibt eine Menge ähnlicher Formalkriterien historischen Handelns und Erleidens, die gleichsam zeitlos quer zur Geschichte dazu dienen, Geschichte aufzuschlüsseln. Ich erinnere an »Herr und Knecht«, »Freund und Feind« oder an die Heterogonie der Zwecke oder an die wechselnden Relationen von Zeit und Raum im Hinblick auf Handlungseinheiten und Machtpotential oder an das anthropologische Substrat des politischen Generationswechsels. Die Liste solcher Kategorien ließe sich verlängern, sie verweisen auf jene Endlichkeit, die Geschichte sozusagen in Bewegung versetzt, ohne daß der Inhalt oder die Richtung solcher Bewegungen damit irgendwie erfaßt würde. (Oft noch verbergen sich hinter solchen Kategorien christliche Axiome, etwa der negativen Theologie, wie sie bei Wittram in seinem Buch über das Interesse an der Geschichte immer wieder durchschlagen.)

Wie die Geschichtlichkeit die Bedingungen der Möglichkeit von Geschichten überhaupt umreißen soll, so nicht minder den Ort, den darin die historische Forschung einnimmt. Sie entlastet den Historiker von dem Vorwurf einer vermeintlichen Subjektivität, der man insofern nie entraten kann, als »die Geschichte« den Historiker und die Historie dauernd überholt. Die sogenannte Transzendenz der Geschichte meint hier jenen Überholvorgang, der den Forscher dauernd zwingt, die Geschichte immer wieder neu zu schreiben. Damit wird das Umschreiben der Geschichte nicht nur zur Fehlerkorrektur oder zum Wiedergutmachungsakt, sondern gehört zu den Voraussetzungen unseres Berufes – sofern die Geschichte der Historie transzendent ist. Man kann also sagen: So wie früher die Historie als Erzählkunst ihre eigenen Historiken entwickelt hatte, so ist die Geschichtswissenschaft heute zu einem Begriff der Geschichtlichkeit gelangt, der zugleich die Bedingungen der Möglichkeit von Geschichte überhaupt wie auch der Geschichtswissenschaft im engeren Sinne umschreibt.

Wie schwierig es freilich ist, metahistorische Kategorien in die konkrete Forschung einzubringen, zeigt die Problematik einer historischen Anthropologie. Nipperdey hat kürzlich darauf hingewiesen, und es besteht kein Zweifel, daß uns hier die westlichen Nachbarn mit ihren strukturalistischen, ethnologischen oder psychosoziologischen Ansätzen voraus sind. Immer wieder gelangt man vor die Aporie, daß formale Dauerkriterien selber nur historisch bedingt sind und nur auf geschichtlich umgrenzbare Phänomene anwendbar bleiben. Mit anderen Worten: Alle metahistorischen Kategorien schlagen im Zuge der Forschung um in historische Aussagen. Diesen Umschlag zu reflektieren gehört zu den Forschungsaufgaben speziell einer historischen Anthropologie, generell jeder Historie.

2. Die Diskussion der systematischen Prämissen der sogenannten ›Geschichte an sich‹ führt uns also ganz von selbst zu einer Umkehr der Fragestellung, zu einer Hinwendung auf die Theoriebedürftigkeit der Forschungspraxis. Eine spezifisch historische Fragestellung kann sich wissenschaftlich nur dadurch ausweisen, indem sie auf die ihr innewohnende oder vorgeordnete Historik zurückgreift, sie muß zum Zwecke der Forschung ihre eigenen theoretischen Prämissen entfalten.

Die aus dem Vorgebot einer historischen Welterfahrung sich entfernenden Einzelwissenschaften haben alle ihre eigenen objektgebundenen Systematiken entwickelt. Die Ökonomie, die Politologie, die Soziologie, die Philologien, die Linguistik: Alle diese Wissenschaften lassen sich von einem Gegenstandsbereich her definieren. Sehr viel schwieriger ist es dagegen für die Historie, von ihren tatsächlichen Forschungsobjekten her eine geschichtliche Systematik oder eine jeweils auf einen Objektbereich bezogene Theorie zu entwickeln. In der Praxis ist das Objekt der Historie alles oder nichts, denn ungefähr alles kann sie durch ihre Fragestellung zum historischen Gegenstand deklarieren. Nichts entgeht der historischen Perspektive.

Es ist schon bezeichnend, daß die Geschichte »als solche« gar kein Objekt hat – es sei denn sich selbst, womit sich die Frage nach ihrem Foschungsobjekt nicht lösen, sondern nur sprachlich verdoppeln läßt: »Geschichte der Geschichte«. Hierbei wird deutlich, wie sehr ›Geschichte schlechthin‹ ursprünglich eine metahistorische Kategorie war. Es stellt sich nun die Frage, ob die Geschichtswissenschaft durch die Definition von Gegenstandsbereichen jenen historischen Charakter zurückgewinnen sollte, den sie bis in das 18. Jahrhundert hinein immer gehabt hat. Das sicher nicht. Denn unser Begriff von Geschichte bleibt ambivalent: Objektbezogen wird Geschichte zu einer historischen Kategorie, ohne Gegenstand bleibt sie eine metahistorische Größe. Als solche ist sie ein Sammelbecken theologischer, philosophischer, ideologischer oder politischer Zuordnungen, die mehr oder minder unkritisch hingenommen werden.

Ich möchte deshalb meine These dahingehend einengen, daß die ubiquitär angelegte Historie nur als Wissenschaft bestehen kann, wenn sie eine Theorie der geschichtlichen Zeiten entwickelt, ohne die sich die Historie als Allesfragerin ins Uferlose verlieren müßte. Ich vermute, daß in der Frage nach der historischen Zeit die metahistorischen und die historischen Kategorien zur Konvergenz gezwungen werden. Eine solche Fragestellung hat sowohl systematischen wie auch geschichtlichen Charakter. Das soll an einigen Beispielen gezeigt werden.

a) Zunächst sei auf ein Thema unseres Arbeitskreises verwiesen, die *Begriffsgeschichte*. Die Begriffsgeschichte, wie wir sie versuchen, kann ohne eine Theorie der historischen Zeiten nicht auskommen. Wir meinen nicht Zeitlichkeit allgemeiner Art, die sich vorgängig zur Geschichtlichkeit stilisieren läßt und die grundlegend mit Geschichte zu tun hat. Vielmehr geht es darum, die zeitlichen Spezifika für unsere politischen und sozialen Begriffe theoretisch so vorzuformulieren, daß sich der Quellenbefund danach ordnen läßt. Nur so können wir aus einer philologischen Registratur zu einer Begriffsgeschichte vorstoßen. Eine Hypothese für unser Lexikon geschichtlicher Grundbegriffe besteht darin, daß sich die politisch-soziale Sprache seit dem 18. Jahrhundert auch bei durchgängigem Gebrauch derselben Worte insoweit geändert hat, daß seitdem eine »neue Zeit« artikuliert wurde. Veränderungs- und Beschleunigungskoeffizienten verwandeln alte Bedeutungsfelder und damit die politische und soziale Erfahrung. Frühere Sinngehalte der heute noch üblichen Topologie müssen mit der historischen Methode erfaßt und in unsere Sprache übersetzt werden. Ein solches Verfahren setzt einen theoretisch geklärten Bezugsrahmen voraus, innerhalb dessen allein solche Übersetzungen sinnfällig werden. Ich spreche also von der im Arbeitskreis so genannten »Sattelzeit«, deren heuristischen Charakter ich nicht nachhaltig genug betonen kann und die den Wandel vom vorneuzeitlichen zu unserem Sprachgebrauch thematisiert.

Wir können unsere Aufgabe nicht bewältigen, wenn wir eine historisch-philologische Wortgeschichte auf einer vergleichsweise positivistischen Ebene zu schreiben versuchten. Dann blieben wir in der Quellenmasse stecken. Höchstens könnten wir ein unvollkommenes Glossar zum politisch-sozialen Vokabular liefern, wobei wir wechselweise die Geschichte eines Wortkörpers mit verschiedenen Sinngehalten registrieren oder umgekehrt vermeintlich durchgängige Sinngehalte von Wort zu Wort weiterverfolgen müßten. Eine derart additive Beschreibung, kraft deren wir uns durch die Geschichte weiterhangeln, bedarf vielmehr eines zeitlichen Indikators, der aus der Summe der sprachlichen Befunde überhaupt erst eine Geschichte für uns anzeigt. Der theoretische Vorgriff der sogenannten Sattelzeit zwischen rd. 1750 und rd. 1850 ist nun der, daß sich in diesem Zeitraum eine Denaturalisierung der alten Zeiterfahrung abgespielt habe. – Der langsame Schwund aristotelischer Bedeutungsgehalte, die noch auf eine naturale, wiederholbare und insofern statische Geschichtszeit verweisen, ist der negative Indikator für eine Bewegung, die sich als Beginn der Neuzeit beschreiben läßt. Alte Worte, etwa Demokratie, Freiheit, Staat, bezeichnen seit rund 1770 einen neuen Zukunftshorizont, der den Begriffsgehalt anders umgrenzt; überkommene Topoi gewinnen Erwartungsgehalte, die ihnen früher nicht innewohnten. Ein gemeinsamer Nenner des politisch-sozialen Vokabulars besteht darin, daß in steigendem Ausmaße Bewegungskriterien auftauchen. Wie fruchtbar dieser heuristische Vorgriff ist, zeigt sich an einer ganzen Reihe von Artikeln, die Bewegungsbegriffe selbst thematisieren, etwa über den Fortschritt, die Geschichte oder die Entwicklung. Trotz der alten Worte handelt es sich fast um Neologismen, die seit rd. 1770 einen temporalen Veränderungskoeffizienten gewinnen. Das bietet einen starken Anreiz dafür, auch andere, alte Begriffe der politischen Sprache nunmehr auf ihren potentiellen Bewegungscharakter hin zu lesen und zu befragen. Die Hypothese einer Denaturalisierung der historischen Zeiterfahrung, die in die politisch-soziale Semantik hineinwirkt, wird erhärtet durch die Entstehung der modernen Geschichtsphilosophie, die sich das Vokabular einordnet.

Mit anderen Worten, erst ein theoretischer Vorgriff, der einen spezifischen Zeitraum freilegt, öffnet überhaupt die Möglichkeit, bestimmte Lesarten durchzuspielen und unser Lexikon aus der Ebene einer positivistischen Registratur auf die der Begriffsgeschichte zu transponieren. Erst die Theorie verwandelt unsere Arbeit in geschichtliche Forschung. Dieser Vorgriff hat sich bisher bewährt. Der gesamte politisch-soziale Sprachraum hat sich – bei Identität vieler Worte – aus einer quasi statischen, nur langfristig sich wandelnden Tradition herausbewegt hin zu einer Begrifflichkeit, deren Sinn sich aus einer neu erfahrenen Zukunft erschließen läßt. Dieser Vorgriff muß sich freilich nicht bei allen Worten bewähren.

Werden erst einmal die naturalen Konstanten der alten historischen Zeiterfahrung zerbrochen, ist mit anderen Worten der Fortschritt freigesetzt, so taucht damit eine Fülle neuer Fragen auf.

b) Eine der wichtigsten ist die Frage nach den theoretischen Prämissen der sogenannten *Strukturgeschichte*. Die Antwort läßt sich nur finden, wenn man nach der historischen Zeitbestimmung von Aussagen fragt, die Dauer indizieren sollen. Geht man davon aus, daß die historische Zeit zwar in die Naturzeit eingebettet bleibt, aber nicht darin aufgeht, oder anders gewendet, daß die Uhrzeit zwar relevant sein mag für politische Entscheidungen, daß sich aber geschichtliche Zusammenhänge nicht mit der Uhr messen lassen, oder noch anders gewendet, daß der Sternenumlauf nicht mehr (oder noch nicht wieder) für die geschichtliche Zeit relevant ist, so sind wir gezwungen, Zeitkategorien zu finden, die historischen Ereignissen und Prozessen adäquat sind. Wir können also Kategorien, wie sie Braudel entwickelt hat, nur in die empirische Forschung einbringen, wenn wir uns über die theoretische Bedeutung dessen, was von Dauer sein kann, klar sind. Diese Überlegung führt uns in ein grundsätzliches Dilemma.

Wir verwenden nämlich immer Begriffe, die ursprünglich räumlich gedacht waren, aber doch eine temporale Bedeutung haben. So sprechen wir etwa von Brechungen, Friktionen, vom Aufbrechen bestimmter dauerhafter Elemente, die in die Ereigniskette einwirken, oder von Rückwirkungen der Ereignisse in deren dauerhafte Voraussetzungen. In diesem Falle entstammen unsere Ausdrücke dem räumlichen Bereich, gar der Geologie, sie sind ohne Zweifel sehr plastisch und anschaulich, aber sie machen auch unser Dilemma anschaulich. Es hängt damit zusammen, daß sich die

Historie, soweit sie es mit der Zeit zu tun hat, grundsätzlich ihre Begriffe aus dem räumlichen Bereich entlehnen muß. Wir leben von einer naturalen Metaphorik, und wir können dieser Metaphorik gar nicht entrinnen aus dem einfachen Grunde, weil die Zeit nicht anschaulich ist und auch nicht anschaulich gemacht werden kann. Alle historischen Kategorien, bis hin zum Fortschritt, der ersten spezifisch modernen Kategorie geschichtlicher Zeit, sind ursprünglich räumliche Ausdrücke, von deren Übersetzbarkeit unsere Wissenschaft lebt. So enthielt »Geschichte« ursprünglich auch einen räumlichen Bedeutungsstreifen, der sich inzwischen so sehr verzeitlicht hat, daß wir auf die Verdoppelung der »Strukturgeschichte« verwiesen werden, wenn wir Stetigkeit, Dauer oder Langfristigkeit (aufs neue) in unseren Geschichtsbegriff einbringen wollen.

Die Historie als Wissenschaft lebt im Unterschied zu anderen Wissenschaften nur von der Metaphorik. Das ist gleichsam unsere anthropologische Prämisse, da sich alles, was temporal formuliert sein will, an die sinnlichen Substrate der natürlichen Anschauung anlehnen muß. Die Anschauungslosigkeit der reinen Zeit führt in das Zentrum der methodischen Schwierigkeiten, über eine Theorie historischer Zeiten überhaupt sinnvolle Aussagen machen zu können. Dahinter lauert sogar die spezifische Gefahr, daß wir in unserer empirischen Forschung die Metaphorik so naiv hinnehmen, wie sie uns jeweils zufällt. Denn wir sind darauf angewiesen, von Anleihen aus dem Sprachgebrauch des Alltags oder anderer Wissenschaftsbereiche zu leben. Die erborgte Terminologie und der Zwang zur Metaphorik, weil die Zeit selber nicht anschaulich wird, bedarf also ständiger methodischer Rückversicherungen, die auf eine Theorie der geschichtlichen Zeiten verweisen. Diese Zwischenüberlegung soll uns nunmehr zurückführen zur Frage nach der »Dauer«.

Es gibt offenbar langfristige Vorgänge, die sich durchsetzen, gleich ob sie bekämpft oder ob sie gefördert werden. Man kann beispielsweise den rasanten industriellen Aufstieg nach der 48er Revolution daraufhin befragen, ob er trotz oder wegen der gescheiterten Revolution stattgefunden habe. Es gibt Argumente für und wider, beide müssen nicht zwingend sein, aber beide liefern einen Indikator für jene Bewegung, die sich quer durch die politischen Lager von Revolution und Reaktion hindurchsetzt. So ist es möglich, daß die Reaktion in diesem Falle vielleicht revolutionärer gewirkt hat als die Revolution selber.

Wenn also Revolution und Reaktion zugleich Indikatoren sind für eine und dieselbe Bewegung, die sich aus beiden Lagern speiste und von beiden vorangetrieben wurde, so indiziert dieses ideologische Begriffspaar offenbar eine historische Dauerbewegung, einen unumkehrbaren Fortschritt langfristiger Struktur, der das politische Für und Wider von Reaktion und Revolution übersteigt. Auch der Fortschritt selber ist damit mehr als eine nur ideologische Kategorie. Auch die Kategorie der vernünftigen Mitte, die damals so gerne strapaziert wurde, läßt sich nur mehr sinnvoll denken, wenn ein dauerhafter Veränderungskoeffizient eingebracht wird. Im Handlungsspielraum einmal vorgegebener Bewegung läßt sich keine vernünftige Mitte statisch fassen, sie gerät zwangsläufig ins Oszillieren zwischen ›rechts‹ und ›links‹. Ihr Sinn wandelt sich selber mit der Zeit. Die räumliche Metaphorik, auf ihre temporale Bedeutung hin befragt, zwingt also zu theoretischen Vorüberlegungen. Erst wenn man sie geleistet hat, läßt sich definieren, was Dauer, Verzögerung oder Beschleunigung etwa bei unserem Beispiel des Industrialisierungsprozesses eigentlich bedeuten sollen.

c) Die Destruktion der naturalen *Chronologie* führt uns zu einem dritten Punkt. Die chronologische Reihe, an der sich unsere Historie bisweilen immer noch entlanghangelt, läßt sich auf diese Weise vergleichsweise leicht als Fiktion entlarven.

Früher bot der natürliche Zeitenlauf das unmittelbare Substrat möglicher Geschichten überhaupt. Er ordnete – astronomisch – den Heiligen- und Herrscherkalender; die biologische Zeit lieferte den Rahmen für die natürliche Erbfolge der Fürsten, an der – symbolischerweise bis 1870 – die sich reproduzierenden Rechtstitel zu den Erbfolgekriegen hingen. Alle Geschichten blieben der ›Natur‹ verhaftet und in die biologischen Vorgegebenheiten unmittelbar eingelassen. In den gleichen Erfahrungsraum gehört die mythologische Überhöhung der astrologischen und der kosmischen Zeit, der im vorhistoristischen Zeitalter nichts Unhistorisches anhaftete. Aber seitdem die Triade von Altertum, Mittelalter und Neuzeit die chronologische Abfolge gliedert, sind wir einem mythischen Schema erlegen, das stillschweigend unseren gesamten

Wissenschaftsbetrieb weiterhin gliedert. Es ist offensichtlich, daß dieses Schema für das Verhältnis von Dauer und Ereignis unvermittelt nichts hergibt. Wir müssen vielmehr lernen, die Gleichzeitigkeit des Ungleichzeitigen in unserer Geschichte zu entdecken, denn schließlich gehört es zu unserer eigenen Erfahrung, daß wir noch Zeitgenossen haben, die in der Steinzeit leben. Und da die ausgreifende Problematik der Entwicklungsländer heute auf uns zurückkommt, wird es unerläßlich, sich über die Ungleichzeitigkeit des Gleichzeitigen theoretisch klarzuwerden und entsprechende Fragestellungen zu verfolgen. Die scheinbar metahistorische Frage nach den geschichtlichen Zeitstrukturen erweist immer wieder ihre Relevanz für konkrete Forschungsfragen. Dazu gehört auch

d) die Deutung *geschichtlicher Konflikte*. Jeder historische Prozeß wird nur so lange vorangetrieben, als die in ihm enthaltenen Konflikte unlösbar sind. Sobald ein Konflikt sich auflöst, gehört er zur Vergangenheit. Eine historische Konflikttheorie läßt sich nun hinreichend nur entwickeln, wenn die ihm innewohnenden Zeitqualitäten herausgearbeitet werden. Gemeinhein werden Konflikte historiographisch so bearbeitet, daß die Kontrahenten als feste Subjekte eingebracht werden, als fixe Größen, deren fiktiver Charakter zu durchschauen ist. »Hitler« und »Hitler in uns«.

Das historische Subjekt ist eine fast unerklärbare Größe: Man denke an die berühmte Persönlichkeit oder an das Volk, das nicht minder vage ist wie die Klasse, an die Wirtschaft, den Staat, an die Kirche und dergleichen Abstracta oder Potenzen. Es läßt sich vielleicht nur psychologisch nachvollziehen, wie man zu ›wirkenden Kräften‹ kommt und diese auf Subjekte reduziert. Stellt man die Temporalfrage an derartige Subjekte, so lösen sie sich sehr schnell auf, und es stellt sich heraus, daß der intersubjektive Zusammenhang das eigentliche Thema historischer Forschung ist. Ein solcher Zusammenhang läßt sich aber nur temporal beschreiben. Die Entsubstanzialisierung unserer Kategorien führt zu einer Verzeitlichung ihrer Bedeutung. So etwa läßt sich die Skala vergangener oder zukünftiger Möglichkeiten nie von einem einzigen Handlungsträger oder von einer Handlungseinheit her umreißen. Vielmehr verweist eine solche Skala sofort auf die der Kontrahenten, so daß erst die zeitlichen Differenzen, Brechungen oder Spannungen die Tendenz zu einem neuen Realitätsgefüge ausdrücken können. Unversehens kommen so unterschiedliche Zeitverhältnisse, Beschleunigungs- und Verzögerungsfaktoren ins Spiel.

Werden lange, mittlere und kurze Zeitfristen thematisiert, so ist es schwer, zwischen solchen herauspräparierten Zeitschichten kausale Verbindungen herzustellen. Es bietet sich hier an, mit Hypothesen zu arbeiten, die Konstanten einbringen, an denen variable Größen gemessen werden, was nicht hindert, auch die Konstanten ihrerseits wieder in Abhängigkeit von variablen oder anderen konstanten Größen zu sehen. Ein derartiger historischer Relativismus scheint mir, konsequent zu Ende gedacht, zur funktionalen Methode hinzuführen. Diese schlösse den Regressus in infinitum aus. Macht man einmal die Zeitdifferenzen im intersubjektiven Zusammenhang thematisch, so ist es schwierig, an der vermeintlichen Wissenschaftlichkeit von Kausalketten festzuhalten, an der wir gewohnt sind, uns in die Vergangenheit zurückzufragen, um schließlich in der Absurdität linearer Ursprungsfragen zu landen. Hinter der geradlinigen Ableitung aus jeweils zurückliegenden Vorgegebenheiten verbirgt sich vielleicht ein Säkularisat der christlichen Schöpfungslehre, das unbedacht weiterlebt.

Die ursprünglich auf eine genuine Geschichtszeit hin entworfenen Kategorien der Spontaneität, der historischen Einmaligkeit und der geschichtlichen Kräfte sind im Zuge der Forschungspraxis des 19. Jahrhunderts allzuschnell an Substanzen der ›Persönlichkeit‹, des Volks, der Klasse, bestimmter Staaten usw. zurückgebunden worden. Dadurch sind jene historisch naiven Aussagen ermöglicht worden, über die wir heute lächeln. Aber gleichwohl lauerte auch dahinter eine Schwierigkeit, auf die ich aufmerksam machen möchte, ohne mir ein eigenes Urteil erlauben zu können. Ich meine

e) die *Zeitreihen*. Schumpeter sagte einmal, daß man historisch sinnvolle Aussagen nur machen könne, wenn man genügend Vergleiche in der zeitlichen Tiefe anstellen kann. Nun setzen aber Vergleiche, die auf Zeitreihen aufbauen, ein als durchgehend gedachtes Subjekt voraus, an dem gemessen überhaupt Veränderungen ablesbar sind.

Solche als durchgehend gedachte Subjekte scheinen mir ebenfalls nur hypothetisch eingebracht werden zu dürfen. In diesem Zusammenhang möchte ich auf die New Economic History hinweisen. Das Aufregende an deren Geschichtsbetrachtung scheint mir, wenn ich die Arbeiten von Fogel richtig beurteile, daß mit Hilfe theoretischer Prämissen, die unserer Wissenschaft nicht eigentümlich sind, gleichwohl genuin historische Erkenntnisse gewonnen werden. Fogel legte einmal auf Grund seiner Theorien Berechnungen vor, die das berühmte Argument widerlegen, daß vor Ausbruch des Bürgerkrieges in den USA Sklavenarbeit ökonomisch unrentabel gewesen sei. Die Zahlenreihen wurden empirisch verifiziert mit dem Ergebnis, daß sich mit der Ost-West-Wanderung die Rationalität der Negerarbeit gesteigert habe. Durch solch eine Einsicht gewinnt die moralische Bedeutung der liberalen Propaganda per negationem ungeheuer an Gewicht. Denn in dem Maß, wie der vermeintlich ökonomische Beweis, dessen sich die Liberalen subsidiär natürlich auch bedienten, an Kraft verliert, gewinnt das rein moralische Argument, daß kein Mensch Sklave sein darf, an Durchschlagskraft.

Hier haben wir ein Beispiel, wie dank einer Theorie, die bestimmte Daten aus ihrer Betrachtung ausfällt, bestimmbare Phänomene um so deutlicher in den Blick rücken. Mehr noch: Die Ausgrenzung gewisser Fragen unter bestimmten theoretischen Prämissen läßt Antworten finden, auf die man sonst nicht gestoßen wäre – ein deutlicher Beweis für die Theoriebedürftigkeit unserer Wissenschaft. Unterstellt man einmal den Zwang zur Theoriebildung – und solche Theorien dürfen sich keineswegs auf die Zeitstrukturen beschränken –, so folgt aus den bisherigen Beispielen, daß wir uns vorzüglich des hypothetischen Charakters unserer Methode bewußt werden müssen. Das soll noch an weiteren Belegen gezeigt werden, die uns über den naiven Gebrauch historischer Kategorien und über ähnlich naive Kritik an diesen Kategorien belehren können.

f) Unsere Wissenschaft arbeitet unter einem stillschweigenden Vorgebot der *Teleologie*. Wir alle kennen ein heute verrufenes Buch, Treitschkes Geschichte des 19. Jahrhunderts. Treitschke zeigte darin den gloriosen Weg der preußischen Geschichte, die zur kleindeutschen Einheit geführt hatte. Dabei bediente sich Treitschke nun einer Teleologie, die einem Magneten gleich die Fülle seiner Aktenbelege ordnete und ausrichtete. Die kleindeutsche Einheit war die Prämisse ex post, unter der er seine Quellen gelesen hat. Dabei gab er die Standortbedingtheit seiner Aussagen offen zu. Und im Vorwort gibt er zu verstehen, daß er gar nichts anderes vorhabe, als zu zeigen, daß es so kommen mußte, wie es gekommen sei, und wer es noch nicht begriffen habe, solle es eben durch sein Buch lernen. In diesem Aussagebündel sind drei Theoreme enthalten:

1. Das teleologische Prinzip als Regulativ seiner Aussagen und als Zuordnungsprinzip für die Quellenauswahl.
2. Die bewußt zugegebene Standortgebundenheit und
3. die geschichtsphilosophische Sicherheit, mit der Treitschke beanspruchte, die Geschichte überhaupt auf seiner Seite zu haben.

Er schrieb also Geschichte von Siegern, die die Weltgeschichte vom eigenen Erfolg her als Weltgericht reproduzieren. Diese drei Theoreme, daß man die Geschichte auf seiner Seite weiß, das teleologische Prinzip als Regulativ der Quellenanalysen und die Standortbezogenheit des Historikers, sind nun gar nicht so einfach anzugreifen, wie jemand glauben mag, der Treitschke der Parteilichkeit oder des Nationalismus zeiht.

Wenn jeder Historiker seiner Situation verhaftet bleibt, so kann er nur perspektivische Betrachtungen anstellen. Diese aber evozieren finale Gründe. Der Historiker kann ihnen schwerlich entrinnen, und wenn er davon absieht, so begibt er sich nur jener Reflexion, die ihn darüber belehrt, was er eigentlich tut. Die Schwierigkeit liegt weniger in der verwendeten Finalkausalität enthalten als in deren naiver Hinnahme. Denn für jedes Ereignis, das im Ablauf der Geschichte einmal eingetreten ist, kann man so viele Gründe herbeischaffen, wie man will. Es gibt überhaupt kein Ereignis, das man nicht begründen könnte. Wer sich jemals auf Kausalerklärungen einläßt, findet immer Gründe für das, was er zeigen will. Mit anderen Worten, gerade in der kausalen Ableitung von Ereignissen liegt noch kein Kriterium für die Richtigkeit der Aussagen darüber enthalten. So konnte auch Treitschke für seine Thesen die entsprechenden Belege beibringen. Und wenn man heute dieselben Quellen unter anderen Gesichtspunkten liest, so ist zwar der politische Standort von Treitschke überholt, nicht aber dessen theoretische Prämisse, die die von ihm gesuchte Kausalität auslöste. Diesen Vorbehalt müssen wir im Auge behalten, wenn wir uns gegen Finalerklärungen ideologiekritisch zu wehren suchen.

Jede Historie, weil ex post, hat finale Zwänge. Man kann ihrer nicht entraten. Wohl aber kann man aus dem Schema kausaler Addition und erzählender Beliebigkeit ausbrechen, indem man Hypothesen einführt, die vergangene Möglichkeiten ins Spiel bringen. Anders gewendet, der Perspektivismus ist nur erträglich, wenn er seines hypothetischen und damit revidierbaren Charakters nicht entblößt wird. Oder strenger formuliert: Alles läßt sich begründen, aber nicht alles durch jedes. Welche Begründungen zulässig sind und welche nicht, ist nicht nur eine Frage der vorgegebenen Quellen, sondern zunächst der Hypothesen, die diese Quellen zum Sprechen bringen. Das Verhältnis von Quellenlage, Quellenauswahl und Quellendeutung ist nur zu klären von einer Theorie möglicher Geschichte und damit möglicher Geschichtswissenschaft.

Die *Standortgebundenheit* als Prämisse unserer Forschung ist wohl erstmals von Chladenius reflektiert worden. Chladenius schrieb eine Theorie der Geschichtswissenschaft, die, vorhistoristisch konzipiert, manche Anregungen enthält, die über Droysens Historik hinausführen. Wegen ihrer trockenen und belehrenden Sprache ist sie leider noch nicht wieder ediert worden[1], aber sie bleibt eine Fundgrube von Einsichten, die vom Historismus unberührt sind. Chladenius hat alle historischen Aussagen als verkürzte Aussagen über die vergangene Wirklichkeit definiert. »Eine Erzählung mit völliger Abstraktion von seinem eigenen Sehepunkt ist nicht möglich.« Nur hat Chladenius den »Sehepunkt« selber noch nicht historisch relativiert und die Urteilsbildung als überholbar begriffen. Dementsprechend glaubte er im Objektbereich der Vergangenheit eine geronnene Realität erkennen zu können. Aber die Aussagen darüber standen nach seiner Ansicht unter einem Zwang zur Verjüngung, da die vergangene Totalität nie vollständig reproduzierbar sei. Der Terminus »verjüngter« Aussagen war nun schon zeitlich gedacht und nicht mehr räumlich. Das »Junge« ist für ihn das jeweils Gegenwärtige, und unter dieser erkenntnis-

1 Jetzt J.M. Chladenius, *Allgemeine Geschichtswissenschaft*, Leipzig 1752, ND Wien, Köln und Graz 1985.

theoretisch formalen Fortschrittsperspektive wurde das Vergangene befragt. Nur durch die Linse der Gegenwart wird Geschichte sichtbar. Diese Art der Teleologie verzichtet auf ein Richtungskriterium, wie es im Horizont der Geschichtsphilosophie gesucht wird.

Das dritte Theorem nun, das Treitschke ins Spiel brachte, nämlich die Geschichte auf seiner Seite zu haben, ist eine ideologische Fiktion. Diese Fiktion lebt von der Kategorie der *Notwendigkeit*, die Treitschke stillschweigend einbringt, um den Ablauf der deutschen Geschichte hin zum kleindeutschen Reich als zwangsläufig darzustellen. Hinter der Bestimmung der Notwendigkeit lauert eine platte Tautologie, derer sich nicht nur Treitschke, sondern jeder Historiker bedient, der sich auf sie beruft. Ein Ereignis als notwendig ausweisen heißt nichts anderes, als daß man eine verdoppelte Aussage zum selben Ereignis macht. Ob ich formuliere, daß etwas eingetreten ist, oder ob ich formuliere, es ist notwendig eingetreten, ist nämlich ex post völlig identisch. Es ist etwas nicht deshalb mehr eingetreten, weil es eintreten mußte. Mit der Zusatzaussage über ein Ereignis, daß es hat eintreten müssen, vindiziere ich diesem Ereignis eine Kausalitätskette von zwingendem Charakter, eine Notwendigkeit, die letztlich von der Allmacht Gottes herrührt, an dessen Stelle sich der Historiker geriert.

Anders gewendet, durch die Kategorie der Notwendigkeit vernebeln wir uns dauernd den Zwang zur Hypothesenbildung, die einzig Kausalitätsketten zulassen kann. Wir können Notwendigkeitsaussagen insoweit riskieren, als wir sie mit Vorbehalt formulieren. Nur im Rahmen hypothetisch eingebrachter Prämissen lassen sich zwingende Gründe entwerfen, was nicht ausschließt, daß durch andere Fragestellungen völlig andere Gründe in den Blick rücken. Die Richtigkeit von Quelleninterpretationen wird nicht nur durch den Quellenbefund, sondern zunächst durch den theoretischen Aufweis der Fragestellung nach möglicher Geschichte abgesichert.

Nicht also, daß die teleologischen Fragen und daß die Standortgebundenheit des Fragestellers aus der Welt zu schaffen wären, sondern jedwede unterstellte Notwendigkeit als Realaussage unterliegt unserer Kritik. Auch diese Kritik verweist auf temporale Bestimmungen: Sie richtet sich gegen die Einmaligkeit und Gradlinigkeit historischer Abläufe, die in mancher Hinsicht ebenfalls ein Säkularisat der Vorsehung darstellen, einer Vorsehung, die bei uns immer noch in der Aussage zwingender Notwendigkeit versteckt ist. Eine der komplexen historischen Wirklichkeit adäquate Theorie der historischen Zeiten macht mehrschichtige Aussagen erforderlich.

g) Das führt uns zur bekannten Diskussion über die (vulgär-) marxistische *Monokausalität*, innerhalb derer sich die westlichen Historiker meistens ihrer Überlegenheit versichern zu können glauben. Indes läßt sich der Vorwurf, daß die Geschichte nicht monokausal zu deuten sei, leicht umkehren. Denn ob ich einen Grund, zwei, fünf oder unendlich viele einführe, sagt gar nichts aus über die Qualität meiner historischen Überlegungen. Mit einem monokausalen Schema lassen sich hypothetisch sehr vernünftige Aussagen machen – ich erinnere nur an die Bücher von Schöffler, deren Erkenntnisträchtigkeit oft auf monokausalen Erklärungen beruht. Gerade darin liegt ihre Fruchtbarkeit oder ihre überraschende Treffsicherheit. Wenn Marxisten monokausale Konstruktionen vorlegen, etwa Abhängigkeiten des sogenannten Überbaus vom sogenannten Unterbau aufweisen, so ist das unter der Prämisse einer Hypothesenbildung ein legitimes Verfahren. Der eigentliche Einwand, der gegen die Marxisten erhoben werden kann, liegt also nicht in der Monokausalität als einer möglichen historischen Kategorie, sondern erstens darin, daß diese Kategorie naiv gehandhabt wird – aber gerade hier sind sie sich mit den meisten unserer Historiker einig –, zweitens aber darin, und dieser Einwand ist weit gravierender, daß sie ihre Aussagen oft als Befehlsempfänger formulieren müssen und nicht selber kritisch in Frage stellen dürfen. Der Einwand gegen die Monokausalität ist also – recht betrachtet – ein Einwand gegen mangelndes Hypothesenbewußtsein, und er richtet sich – auf einer methodisch anderen Ebene – gegen politische Weisungsbindung. Die Reflexion auf Standortgebundenheit und Zielbestimmung wird politisiert und entzieht sich der wissenschaftlichen Selbstkontrolle. Damit freilich ist ein heikles Problem angerührt; jeder kennt die Doppelbödigkeir, auf der sich etwa die kommunistische Historiographie als Wissenschaft bewegen muß. Andererseits verweist uns die parteipolitische Bindung und der je nach wechselnden Lagen wechselnde Zwang zur Zieländerung und Selbstkritik im marxistischen Lager auf eine Problematik, die wir in Erinnerung rufen müssen. Damit komme ich zum Schlußteil.

3. Es ist ein spezifisch politischer Vorteil des kommunistischen Lagers, daß im dortigen Wissenschaftsbetrieb das Verhältnis von *Theorie und Praxis* dauernd reflektiert wird. So berechtigt die Einwände dagegen sind, daß in marxistischen Ländern die historiographischen Richtlinien parteipolitisch gesteuert werden, so dürfen diese Einwände uns nicht darüber hinwegtäuschen, daß jede Geschichtsschreibung eine Funktion in der Öffentlichkeit ausübt.

Nun ist freilich zu unterscheiden zwischen der politischen Funktion, die eine Wissenschaft jederzeit haben kann, aber nicht haben muß, und der jeweiligen politischen Implikation, die sie entweder hat oder nicht hat. So haben etwa die reinen Naturwissenschaften von ihrem Thema her keine politische Implikation: Ihre Ergebnisse sind universal vermittelbar und für sich genommen unpolitisch. Das hindert aber nicht, daß die politische Funktion dieser Wissenschaften – man denke an die Verwertung der Atomphysik oder der Biochemie – weit gewichtiger sein kann als die der Geistes- und Sozialwissenschaften. Dagegen übt die Geschichtswissenschaft immer, wenn auch eine wechselnde, politische Funktion aus. Je nachdem, ob sie als Kirchen-, Rechts- oder Hofhistorie, ob sie als politische Biographie oder als Universalhistorie betrieben wird, ändert sich ihr sozialer Ort und damit auch die politische Funktion, die ihre wissenschaftlich gewonnenen Ergebnisse ausüben. Die politische Implikation der historischen Forschung ist damit keineswegs hinreichend bestimmt. Sie hängt von der Fragestellung ab, die eine Forschungsrichtung verfolgt. Es klingt trivial, aber man muß heute daran erinnern, daß etwa musikhistorische Themen nicht in gleicher Weise politische Fragen einschließen wie solche der Diplomatiegeschichte. Auch die ideologische Reduktion jeder historischen Betätigung auf politische Interessenlagen kann nicht den wissenschaftlichen Ausweis der jeweils verfolgten Methode und der damit gewonnenen Ergebnisse ersetzen. Politische Funktion und politische Implikation decken sich nicht. Wer den Unterschied verwischt, verwandelt die Historie in einen Weltanschauungsunterricht, beraubt sie ihrer kritischen Aufgabe, die sie als Wissenschaft gerade für politische Probleme haben kann (aber nicht haben muß).

Wir wenden uns also jetzt ab von unserer Ausgangsfrage nach den theoretischen Prämissen, die uns auf dem Weg hin zu den Quellen geleitet haben. Wir kehren uns ab von der Frage, inwieweit wir Hypothesen zu bilden genötigt sind, und beschreiten nunmehr den Weg, der von den Marxisten immer mit reflektiert wird und der bei uns meistens naiv beschritten oder nur verbal beschworen wird. Wir stellen uns damit der strapazierten Frage nach der Didaktik, die sicher einer analog wissenschaftlichen Erörterung fähig ist, wie unsere spezielle Forschung auch. Nun hege ich die Vermutung, daß über die Didaktik der Geschichte sinnvoll nur gesprochen werden kann, wenn die Historie als Wissenschaft ihre eigenen theoretischen Prämissen aufdeckt. Dann könnte sich herausstellen, daß das Unbehagen am Schulfach der Geschichte die gleichen Wurzeln hat wie das mangelnde theoretische Reflexionsvermögen innerhalb unserer Wissenschaft. Positiv gewendet: Wenn wir uns dem Theoriezwang stellen, werden sich didaktische Konsequenzen aufdrängen, die die sogenannte Didaktik selber gar nicht finden kann.

Während wir über anderthalb Jahrhunderte hinweg unser philologisch-historisches Rüstzeug verfeinert haben und es perfekt beherrschen lernten, ließen sich die Historiker den Weg von den Quellen zurück an die Öffentlichkeit nur allzu leicht von den jeweiligen Machtlagen vorzeichnen. Gerade die großen Erfolge auf der positivistischen Ebene leisteten einer Überheblichkeit Vorschub, die für nationale Ideologien besonders anfällig war.

Der Weg von der Quellenforschung in die Öffentlichkeit zurück hat nun verschiedene Reichweiten: Er verbleibt vergleichsweise forschungsnah innerhalb der Universität, weiter fort führt er in der Schule, ferner erreicht er die Öffentlichkeit unserer politischen Handlungsräume und letztlich die Publizität im globalen Empfängerkreis historischer Aussagen.

Hier müssen wir uns daran erinnern, daß alle historischen Aussagen vergangene Sachverhalte nur verkürzt oder verjüngt wiedergeben können, denn die Totalität der Vergangenheit läßt sich nicht wiederherstellen, sie ist unwiderrufbar vergangen. Strenggenommen läßt sich die Frage nach dem, wie es eigentlich gewesen sei, nur dann beantworten, wenn man davon ausgeht, daß man nicht res factae, sondern res fictae formuliert. Denn ist einmal die Vergangenheit als solche nicht mehr wiederherstellbar, so bin ich gezwungen, den fiktiven Charakter vergangener Tatsächlichkeit anzuerkennen, um meine historischen Aussagen theoretisch absichern zu können. Gemessen an der Unendlichkeit vergangener Totalität, die uns als solche nicht mehr zugänglich ist, ist jede historische Aussage eine Verkürzung. Im Umkreis einer naiv-realistischen Erkenntnistheorie ist jeder Zwang zur Verkürzung ein Zwang zur Lüge. Ich kann aber darauf verzichten zu lügen, wenn ich einmal weiß, daß der Zwang zur Verkürzung ein inhärenter Teil unserer Wissenschaft ist. Darin liegt eine politische Implikation, damit gewinnt auch die Didaktik ihren legitimen Ort im Bereich der historischen Wissenschaft. Wir müssen uns ständig fragen, was für uns heute Geschichte jeweils ist, sein kann und sein soll: In der Universität, in der Schule und in der Öffentlichkeit. Nicht, daß sich der Forschungsbetrieb von außen her seine Ziele politisch und funktional vorschreiben lassen sollte, aber wir müssen uns darüber klarwerden, welche politischen Implikationen unser Forschungsbereich jeweils hat oder nicht hat, welche Aussageform wir demgemäß entwickeln müssen. Dann läßt sich auch die politische Funktion, die die Historie immer hat oder die sie haben sollte, von der Geschichtswissenschaft selber her besser bestimmen. Es kommt darauf an, die Aporie des Historismus aufzulösen, der davon überzeugt war, daß man aus Geschichten nicht mehr lernen könne, gleichwohl die Geschichtswissenschaft zur Lehre zählte.

Moderne Sozialgeschichte und historische Zeiten

In den letzten dreißig Jahren, praktisch nach dem Zweiten Weltkrieg, hat sich die Forschungslandschaft der Geschichtswissenschaften stark verändert. Die eine Veränderung betrifft jene Geschichte, die unter dem modischen Namen einer Sozialgeschichte zusammengefaßt wird. Nun ist dieses Wort sicher ein Gummibandbegriff, der elastisch genug ist, um mehr oder weniger heterogene Gebiete zu umgreifen. Der Begriff der Sozialgeschichte scheint zu Unrecht die streng ereignisbezogene Historie auszuschließen, die ihrerseits, wiederum zu Unrecht, sehr eng mit der politischen Geschichte verknüpft wird. Es läßt sich nur aus der wissenschaftspolitischen Polemik erklären, daß Ereignisgeschichte oder politische Geschichte nicht ebensogut Teil der Sozialgeschichte sein sollen, wie etwa die langfristigen Wandlungen in den Beziehungen zwischen verschiedenen Schichten und Klassen Element der politischen Geschichte sind.

Die zweite Veränderung in unserer Forschungslandschaft besteht darin, daß die Theoriedebatte stark und zunehmend in die historische Wissenschaft eingegriffen hat. Von den dezidierten Vertretern der Ereignisgeschichte wird diese Theoriezumutung als Verirrung zurückgewiesen, von den Sozialhistorikern aber freudig begrüßt. In diesem Zusammenhang müssen wir unterscheiden zwischen verschiedenen Theorien. Die einen haben aus den Sozialwissenschaften insgesamt auf die Historie eingewirkt, zahlreiche Anregungen gegeben und Fragen stimuliert. Es handelt sich um jene Theorien, die aus der Ökonomie, der Soziologie, der Politologie, der Anthropologie, der Linguistik und anderen humanwissenschaftlichen Forschungsbereichen kommend unsere diachrone Optik systematisiert und synchronisiert haben.

Ein anderer Strang der Theoriedebatte bleibt verhältnismäßig unwirksam. Es handelt sich um jene eher erkenntnistheoretischen Probleme, die von der angelsächsischen analytischen Philosophie diskutiert werden und die seit Hempel und Popper ein reges Eigenleben entwickelt haben. Ihr Einfluß auf die Forschungspraxis ist vergleichsweise gering geblieben, im Unterschied zu den sozialwissenschaftlichen Theorien, die sehr stark in unsere Zunft eingewirkt haben. Der Grund scheint klar zu sein: Die empirischen Beispiele, die von der analytischen und sprachphilosophisch inspirierten Philosophie her untersucht werden, sind zwar scharfsinnig seziert worden, aber meistens bleiben sie von so schlichter Einfachheit, daß sie für den praktizierenden Historiker ohne unmittelbaren methodischen Wert sind. Damit soll nicht gesagt sein, daß sie nicht erkenntnistheoretisch von größtem Interesse sind. Aber die Erkenntnistheorie muß nicht notwendigerweise in die Forschungspraxis zurückwirken, auf die sie sich bezieht. Das liegt anders bei jenen materialbezogenen und sozialwissenschaftlich begründeten Theorien, die aus der Nationalökonomie, der Mathematik, der politischen Wissenschaft, der Soziologie usw. stammen und die zahlreiche Modelle und Hypothesen der modernen historischen Forschung inspiriert haben.

Unter dem Titel der Sozialgeschichte hat sich also der Gegenstandsbereich der historischen Forschung enorm ausgeweitet. Es gibt inzwischen nichts mehr, was nicht in der historischen Zunft Unterschlupf gefunden hätte. Die Geschichte der Löhne und Preise, der Konjunkturen, der Produktivität, überhaupt der wirtschaftlichen Entwicklung gehört zu den bestetablierten Forschungsgebieten, die nach vorübergehender Isolation zunehmend sozialhistorisch eingeordnet werden. Aber was ist nicht alles noch hinzugekommen. Die Demographie, die Geschichte der Verwandtschaftsbeziehungen, der Familie, der Kindheit, ja die Geschichte des Todes, die sich bekanntlich jeder persönlichen Erfahrung entzieht. Oder die Geschichte der Krankheiten – nicht die der Gesundheit –, die der Verhaltensweisen, der Gebräuche, Riten und die der Sagen, so gut wie die der Verkehrswege, der Presse und der Kommunikationsnetze, insgesamt die Geschichte der sprachlichen und außersprachlichen Beziehungen, der Mentalitäten und der unbewußten Verhaltensweisen. Hinzu kommen natürlich all die Spezialgeschichten der jeweiligen Wissenschaften und die Geschichten ihrer Gegenstandsbereiche, die auf die verschiedenen Fakultäten verteilt sind. All dieses wird mehr oder minder unter dem Begriff der Sozialgeschichte subsumiert, obwohl alles unter anderen Bezeichnungen in unserer Zunft schon eine lange Tradition bis hin zu Herodot hat.

Jedenfalls können wir sagen, daß es kaum ein Relikt aus der Vergangenheit mehr gibt, das nicht inzwischen erhaltenswert geworden ist (kompensatorisch zur technischen Beschleunigung unserer Lebensverhältnisse) und das nicht in den Status eines Forschungsobjektes erhoben worden wäre. Auch die Grenzen zur Archäologie sind flüssig geworden, denn gerade die schrift- und sprachlosen Zeugnisse der Überlieferung gehören inzwischen zum Themenbereich der Sozialhistorie, die alles und jedes zur Sprache zu bringen versucht.

Wir stehen also vor dem Befund erstens einer theoretisch zunehmend durchdachten Forschungspraxis in der Historie und zweitens vor dem Befund einer enormen Ausweitung der empirischen Fragestellungen. Beide Befunde hängen natürlich eng miteinander zusammen. Je vielfältiger und zahlreicher die Zugriffe sind, desto diffuser die eingebrachten Ergebnisse. Kein Wunder, wenn hier die Theoretiker auf den Plan treten, um Abgrenzungen zu vollziehen, um Objektbereiche aufeinander zuzuordnen oder vergleichbar zu machen. Die Theoreme, Modelle oder Hypothesen kompensieren und ordnen den Andrang der Neugierde. Umgekehrt muß man sagen, daß die enorme Expansion der historischen Interessengebiete nach theoretischen Klärungen ruft, um nicht in das Antiquarische oder Anekdotische abzugleiten.

Ausdehnung der Forschung und Theoriebedürftigkeit sind also zusammenhängende und einander ergänzende Erscheinungen unserer Wissenschaft. In diesem Zusammenhang hat das Schlagwort der Sozialgeschichte seine Schlüsselrolle gewonnen. Ihre Konzepte sind häufig beschrieben worden, von Braudel, Hobsbawm oder von Kocka, so daß ich mir eine detaillierte Auflistung ersparen kann. Jedenfalls sind die Grenzbestimmungen gleitend: Sie reichen von der sogenannten unpolitischen Geschichte zwischenmenschlicher Beziehungen von Gruppen, Gemeinschaften oder speziellen Gesellschaften bis hin zur Geschichte der politisch organisierten Gesellschaften mit dem tendenziellen Anspruch, in der »Gesellschaftsgeschichte« auch die Totalität von Geschichte überhaupt in den Griff zu bekommen. Sozialgeschichte kann also Geschichte einzelner Klassen oder einzelner Bereiche meinen wie ebensogut die Geschichte der gesamten Menschheit. Damit ist natürlich nichts gewonnen.

Bevor ich sozialhistorische Entwürfe mit Fragen nach der historischen Zeit in Beziehung zu setzen versuche, möchte ich zwei methodische Vorbehalte anmelden. Der erste richtet sich gegen den Begriff der Totalgeschichte und der zweite gegen die Verwendung des Wortes »sozial« in der Sozialgeschichte.

Wer immer versucht, die Gesamtheit aller einzelnen Geschichten zu einer totalen Geschichte zu vereinigen, muß empirisch scheitern. Ein solches Unternehmen kann man nur versuchen, wenn zuvor eine Theorie für die Möglichkeit einer totalen Geschichte entworfen wird. Dann freilich stellt sich heraus, daß jede totale Geschichte immer das Produkt einer notwendigen Perspektive bleibt. Es muß geklärt werden, ob z. B. die Produktionsbedingungen oder die Marktbeziehungen einen primären Rang haben sollen oder etwa die Herrschaftsverhältnisse und die sozialen Schichtungen oder etwa, was für die Reformationszeit diskutabel bleibt, die religiösen Einstellungen und Erwartungen im sozialen Kontext. Mit dem Entwurf eines solchen perspektivischen Modells, das Prioritäten setzt, begibt man sich natürlich in den Streit möglicher Theorien, die wiederum durch andere in Frage gestellt werden können. All das vollzieht sich nicht nur im Bereich der empirischen Forschung, so ergiebig auch die Ergebnisse jeweils sind, die aus den verschiedenen theoretischen Prämissen hervorgehen.

Eine zweite Warnung muß ausgesprochen werden vor dem unbedachten Wortgebrauch von »sozial«. Von Sozialgeschichte zu sprechen ist erst möglich seit dem 19. und 20. Jahrhundert. Dahinter verbirgt sich ein modernes Problem, dessen theoretische Implikationen für frühere Zeiten nicht ohne weiteres Geltung beanspruchen können. Denn vor der Französischen Revolution war jede Gesellschaft immer zugleich eine »societas civilis et politica«. Die Ökonomie der Handelsgesellschaften oder der Territorialstaaten blieb immer noch eingebunden in die ständische Gesellschaft, deren Charakteristikum war, daß ihre ökonomischen, sozialen und politischen Bestimmungen zusammenfielen. Erst seit der Entwicklung des Welthandels und seit der Entstehung nationalökonomischer Systeme wurde es möglich, die Ökonomie als eigenständigen Bereich neben Staat, Gesellschaft, Kultur oder Religion zu definieren. Erst seither wurde es auch wissenschaftsgeschichtlich möglich, analytisch zwischen politischer Herrschaft, sozialer Verfassung und ökonomischer Struktur zu unterscheiden – Unterschiede, die für die Zeitgenossen der feudalen Welt noch nicht möglich waren.

Freilich ist es methodisch erlaubt, solche modernen Trennungen analytisch auch in die Vorvergangenheit zu übertragen, wenn man dessen eingedenk bleibt, daß sie für den damaligen Erfahrungsraum nicht angemessen sind. Ein Stand war, wie gesagt, zugleich politisch, sozial und ökonomisch definierbar, während eine Klasse des 19. Jahrhunderts unter allen drei Gesichtspunkten verschieden zu definieren wäre. Seit dem 19. Jahrhundert ist es von den sozialen Vorgegebenheiten her erlaubt, Herrschaftsklassen, soziale Klassen und ökonomisch bedingte Klassen zu unterscheiden. Keinesfalls konvergieren sie seitdem zu einem einheitlichen Stand im vorrevolutionären Sinne. Gleichwohl lassen sich diese modernen Kategorien natürlich in die Vergangenheit projizieren, um analytisch Erkenntnisse zu gewinnen, die den früheren Zeitgenossen zu gewinnen noch nicht möglich war.

Nach diesen zwei Vorbehalten gegen das Konzept einer »totalen Geschichte« und gegen den unkritischen Gebrauch des »Sozialen« möchte ich nunmehr drei Gesichtspunkte zur Debatte stellen.

Ich werde erstens einige Bemerkungen zur Entstehung des spezifisch historischen Zeitbewußtseins vorausschicken, zweitens werde ich über die verschiedenen Zeitdimensionen sprechen, die Ereignissen und Strukturen zugehören, drittens werde ich zum Schluß einen Vorschlag machen, wie man im Bereich der politischen und sozialen Semantik so etwas wie historische Zeit thematisieren kann.

1. Die Entwicklung eines spezifisch historischen Zeitverständnisses

Es ist eine Binsenweisheit, daß Geschichte immer mit Zeit zu tun hat. Aber es hat lange gedauert, bis so etwas wie geschichtliche Zeit explizit thematisiert worden ist. Ihre Entdeckung möchte ich im Zeitalter der Aufklärung suchen. Zuvor finden wir Gliederungen des geschichtlichen Verlaufes nach mythischen oder theologischen Kategorien, die Anfang, Mitte und Ende definieren. Oder wir kennen die Weltalterlehren, die den historischen Einzelereignissen bereits vorgeordnet waren. Die Chronologie des Alltags richtete sich nach naturalen Maßen des Sonnen- und Mondenumlaufes, wie heute auch. Und wenn diese Chronologie historisch angereichert wurde, so finden wir die wiederkehrenden Riten des Festkalenders oder die biologischen Lebensdaten der herrschenden Dynastien und ihrer Vertreter. All solche Zeitbestimmungen haben die Vielzahl der Geschichten nach naturalen Vorgegebenheiten geordnet, aber sie boten keinen Versuch, die Zeitkriterien aus dem Verlauf der Geschichte selber abzuleiten.

Die Erfindung des Mittelalters war ein erster Schritt, aus den historischen Ereignissen selbst so etwas wie eine geschichtsimmanente Gliederung zu gewinnen, die sich nicht personal oder natural oder mythisch begründen mußte. Aber es dauerte bekanntlich rund drei bis vier Jahrhunderte, bis zum 18. Jahrhundert, bis sich das Mittelalter als Periodenbegriff langsam eingebürgert hatte. Die Renaissance als Nachfolgebegriff wurde erst im 19. Jahrhundert ein allgemeinverbindlicher historischer Periodenbegriff. In diesen Jahrhunderten, die ex post die Geschichte neu zu gliedern erlaubten, hat sich ebenso langsam der Begriff einer neuen Zeit durchgesetzt. Meine These lautet nun, daß erst dieser Begriff einer Neuzeit eine genuin-historische Bedeutung gewonnen hat, jenseits mythischer, theologischer oder naturaler chronologischer Ursprünge. Wie Kant damals sagte: Bisher hat sich die Geschichte nach der Chronologie gerichtet. Jetzt komme es darauf an, daß sich die Chronologie nach der Geschichte ausrichte. Das war das Programm der Aufklärung: die geschichtliche Zeit nach Kriterien zu ordnen, die sich erst aus der Erkenntnis der Geschichte selbst ableiten ließen. Erst jetzt begann man, die Geschichte nach übergreifenden Sachgesichtspunkten der Politik, später auch der Ökonomie oder nach denen einer Gesellschaftsgeschichte der Kirchen und der Völker zu gliedern oder nach Gesichtspunkten der wissenschaftlichen Entdeckungsgeschichte zu ordnen oder nach kulturellen Leistungen zu fragen, die den Maßstab für eine historisch immanente Gliederung bieten sollten. Im 18. Jahrhundert wurden gleichsam die Früchte gepflückt, die seit der »Renaissance« und »Reformation« gewachsen waren.

Um die neue Position zu entwickeln, bedürfte es also der Reflexion auf geschichtszeitliche Kriterien. Diese Reflexion vollzog sich im Medium der Geschichtsphilosophie, die ein Produkt des 18. Jahrhunderts ist, auch wenn damit gemeinte Sachverhalte schon in früheren Epochen thematisiert worden waren. Aber der neue Begriff indiziert eine neue Reflexionsstufe. Die Reflexionsstufe läßt sich aufzeigen an der Verwendung zweier zentraler Zeitkategorien: eben der »neuen Zeit« und zweitens des »Fortschritts«. Die neue Zeit unterscheidet sich von früheren Aetates-Lehren dadurch, daß sie nicht erst ex post, sondern unmittelbar erfahren wird. Darin besteht die eine Novität dieses Epochenbegriffes. Er ist nicht ein rückschauender Begriff, sondern er entsteht aus der Gegenwart, die in eine offene Zukunft weist. Die Zukunft der Neuzeit wird als offen und unbegrenzt gedacht. Die Lehre von den letzten Dingen oder der Wiederkehr aller Dinge wurde zurückgedrängt durch das Wagnis, sich eine neue Zukunft zu erschließen. Eine neue Zukunft, die – und das meint der Begriff im emphatischen Sinne – grundsätzlich anders sei als alle bisherige Vergangenheit.

Mit dieser Erfahrung der geschichtlichen Zeit als einer neuen Zeit wurden zahlreiche Folgerungen ermöglicht. Einige seien genannt. Die neue Zeit war identisch mit dem Fortschritt. Denn der Fortschritt ist es, der die Differenz zwischen der bisherigen Vergangenheit und der kommenden Zukunft auf einen einzigen Begriff gebracht hat. Damit gewann die Zeit eine neue geschichtliche Qualität, die sie im Horizont des immer Gleichen und der Wiederkehr des Exemplarischen früher nicht gehabt hatte. Man kann auch sagen, Fortschritt ist die erste genuin geschichtliche Zeitbestimmung, die ihren Sinn nicht mehr aus anderen Erfahrungsbereichen, etwa der Theologie oder des mythischen Vorwissens bezogen hat. Fortschritt wurde vielmehr erst entdeckbar, als man daran ging, geschichtliche Zeit selbst zu reflektieren. Er ist ein reflexiver Begriff. In der Praxis heißt das, Fortschritt kann sich nur ereignen, wenn die Menschen darauf bedacht sind, ihn auch zu wollen und zu planen. Daß die Zukunft ein Horizont der Planung sei, und zwar nicht nur von Tagen, Wochen oder evtl. von Jahren, sondern langfristiger Art im Hinblick auf Veränderung, gehört zu den Begleiterscheinungen einer als fortschrittlich ausgelegten Geschichtszeit.

Ferner ist, um ein weiteres Kriterium zu nennen, mit der Entdekkung des Fortschritts verbunden die Entdeckung der geschichtlichen Welt. Die historische und die fortschrittliche Weltsicht sind gemeinsamen Ursprungs. Sie ergänzen einander wie ein Janusgesicht. Wenn die neue Zeit stets aufs neue Neues mit sich bringt, dann muß die andersartige Vergangenheit erst eigens entdeckt und erkannt werden, und zwar in ihrer mit der Zeit zunehmend anwachsenden Fremdheit.

Die Geschichte als moderne Wissenschaft entsteht dort, wo der Traditionsbruch Vergangenheit und Zukunft qualitativ auseinandergelegt hat. Seitdem wird es nötig, eigene Methoden zu entwickeln, die uns die Andersartigkeit der Vergangenheit erkennen lehren. Seitdem ist es möglich, daß sich die Wahrheit der Geschichte mit sich ändernder Zeit selber ändert, genauer, daß historische Wahrheit jeweils überholbar ist. Seitdem gehört es zur historischen Methode, einen Standpunkt definieren zu müssen, von dem aus Urteile gefällt werden können. Seitdem ist nicht mehr der Augenzeuge der authentische Kronzeuge eines Ereignisses, sondern er wird hinterfragt aus der jeweils fortgeschrittenen Perspektive, in die die Vergangenheit getaucht wird. Seitdem schließlich ist das Axiom der Einmaligkeit aller Geschichte und ihrer Individualität erst denkbar geworden. Und dies im Gegenzug gegen die vorangegangene historische Erfahrung, die im Sinne sowohl der Antike wie des Christentums nichts grundsätzlich Neues, sondern Ähnliches oder Gleiches in der Zukunft erwartet hatte. Man kann diese Vorgänge, die ich kurz skizziert habe, mit Lovejoy auch die Verzeitlichung der Geschichte nennen.

Ich habe mich bisher an methodischen Kriterien orientiert, die so etwas wie »historische Zeit« speziell innerhalb unserer Wissenschaft aufzeigen. Damit sind freilich sachgeschichtliche Implikationen gesetzt, auf die ich zum Schluß noch zu sprechen komme. Die Folgerungen für eine »Sozialgeschichte« liegen auf der Hand. Wenn wir als Historiker eine genuine Theorie entwickeln wollen, die sich von den allgemeinen Sozialwissenschaften unterscheiden soll, so muß es offensichtlich eine Theorie sein, die es möglich macht, eine Veränderung temporaler Erfahrungen einzukalkulieren.

Gewiß ist der Befund einer Verzeitlichung, um diesen ex post geprägten Ausdruck zu verwenden, zunächst nur eine Reflexion der geistigen Elite gewesen. Aber dahinter zeichnen sich neue Befunde und Verhaltensweisen ab, die über die ständisch gegliederte Welt des Ancien Régime hinausweisen. Es ist die Beschleunigung des Wandels, die durch Technik und Industrie hervorgerufen eine zusätzliche, eine spezifisch geschichtliche Zeiterfahrung kennzeichnet. Der Übergang von der Postkutsche über die Eisenbahn und das Auto zum Jet-Flugzeug hat alle Zeit-Raum-Relationen grundlegend geändert und damit auch die Bedingungen unserer Arbeitswelt, der sozialen Mobilität, der Kriegstechnik, des globalen Kommunikationsnetzes – alles Faktoren, die erst unsere Weltgeschichte auf dem endlichen Globus konstituieren. Mit der Verzeitlichung und der Beschleunigung wären temporale Rahmenbedingungen genannt, die als durchgängige Fragestellung in alle Konzepte der modernen Sozialgeschichte eingehen müssen. Diese Rahmenbedingungen ermöglichen es, diachrone und synchrone Vergleiche anzustellen, sie provozieren vor allem die zentrale Frage, was zu gleicher Zeit (im chronologischen Sinne) ungleich (im Sinne der geschichtlichen Zeiten) verlaufen ist. Ich erinnere hier nur an das klassische Werk von Barrington Moore.

Oder um ein Beispiel aus der preußischen Geschichte anzuführen: Preußen stand nach der Französischen Revolution unter der Herausforderung, seine ständische Sozialordnung zu reformieren, eine Herausforderung, die angenommen wurde mit dem Ziel, eine schriftliche Konstitution einzuführen. Obwohl nun eine solche mehrfach versprochen wurde, wurde sie erst 1848 erzwungen. Betrachten wir diesen Vorgang in temporaler Perspektive.

In der Reformzeit nach 1807 ging es zunächst darum, die Ökonomie zu liberalisieren, um einen freien Boden- und Arbeitsmarkt herzustellen. Es kam also darauf an, zuvor jene wirtschaftlichen Voraussetzungen zu schaffen, die überhaupt erst eine liberale Konstitution funktionsfähig gemacht hätten, in der die Stände nicht mehr nach Geburtsrechten, sondern nach Besitz und Bildung vertreten gewesen wären. Die ökonomischen Reformen hatten also eine sachliche Priorität, wenn eine liberale Konstitution durchgesetzt werden sollte. Zeitlich gesprochen: Erst ökonomische Reformen – danach die politische Konsequenz. Für Hardenberg war die

Gegenrechnung klar. Hätte er unter den Herrschaftsbedingungen der beginnenden Reformära sofort eine parlamentarische Kammer zusammengerufen, so wäre das Ergebnis für die ökonomischen Reformen katastrophal gewesen. Der Adel drängte als erster auf eine Verfassung und wäre mächtig genug gewesen, gegenüber dem schwachen Bürgertum und dem politisch unmündigen Bauerntum alle Reformgesetze zurückzuschrauben. In einem Satz, die ökonomischen Voraussetzungen einer Liberalisierung wären verhindert worden. Es war also 1815 noch zu früh, eine schriftlich legalisierte Verfassung ins Leben zu rufen. Die paradoxe Folge nun war die, daß es danach immer schon zu spät war. Denn je erfolgreicher die Reformen verliefen, desto mehr verstand es der Adel, sich führende Bürgerschichten einzuschmelzen. Um 1848 war fast die Hälfte des adligen Rittergutsbesitzes in bürgerlicher Hand, aber mit dem Ergebnis, daß der Adelsstand jetzt zu einer modernisierten Besitzklasse geworden und finanziell abgesichert war. Wichtige Teile des Bürgertums waren aufgesogen worden, Voraussetzung dafür, daß die 48er Revolution im Sinne der liberalen Hoffnungen scheiterte.

Man kann also überspitzt sagen, die ökonomische Modernisierung nach den Prinzipien von Adam Smith hat es verhindert, eine politische Modernisierung im Sinne eines westlichen Verfassungssystems nachzuholen. Die ökonomische Zeitreihe und die politische Zeitreihe führten gleichsam zu widersprüchlichen Ergebnissen, wenn man sie an den anfänglichen Planungsdaten mißt. Herausgekommen ist die sogenannte spezifisch preußische Lösung, in der die alten Stände, politisch reaktionär, Kräfte bereitstellten für eine ökonomische Modernisierung. Die Transformation einer altständischen in eine Klassengesellschaft muß also mit verschiedenen Zeitskalen gemessen werden, um die spezifisch preußischen Ergebnisse im Horizont der europäischen Industrialisierung erklären zu können. Das wäre eine grobe Skizze dafür, wie die zeitlichen Indikatoren der Priorität und der Folgelasten für sozialhistorische Fragen nutzbar gemacht werden können. Ich gehe natürlich nicht davon aus, daß die geschilderte zeitliche Priorität der ökonomischen Reformen mit ihren politischen Folgen, die Verfassungschancen zu verringern, ein hinreichendes Erklärungsmodell liefert für den langfristigen gesellschaftlichen Wandel in

Preußen. Aber die Frage nach den temporalen Strukturen der verschiedenen Sektoren bleibt offensichtlich eine conditio sine qua non jeder sozialhistorischen Erkenntnis.

2. *Ereignisse und soziale Strukturen*

Damit komme ich zum zweiten Aspekt. Es handelt sich um das Verhältnis der Ereignisse zu den sogenannten Strukturen. Zunächst möchte ich jedoch eine Zwischenbemerkung einfügen. Es gehört zu den falschen Vereinfachungen, die historische Zeit nach der Alternative »linear« oder »zirkulär« zu sortieren. Dieser Zugriff hat allzulange die historischen Vorstellungen absorbiert, bis Braudel den wichtigen Vorschlag machte, die historischen Zeiten mehrschichtig zu analysieren. Das Gegensatzpaar von Ereignis und Struktur ist geeignet, auf diese Mehrschichtigkeit Licht zu werfen.

Schon der »Fortschritt« und die »neue Zeit«, die ich zu Anfang skizziert habe, enthalten Vereinfachungen, die im 18. Jahrhundert noch begreiflich waren, weil die Entdeckung einer neuen Zeit erst einmal neue Erfahrungen auf einen Begriff gebracht hatte. Aber für unsere Wissenschaft greift natürlich diese Kategorie der immer neuen Zeit, in der wir zu leben vorgeben, zu kurz. Der Fortschritt, der sich nur auf einer linearen Zeitachse denken läßt, verschweigt den breiten Sockel all der Strukturen, die sich durchhalten und die sich temporal gesprochen auf Wiederholung gründen.

In der geschichtlichen Wirklichkeit sind natürlich Ereignisse und Strukturen verzahnt. Es ist der Historiker, der sie methodisch trennen muß, wobei davon auszugehen ist, daß er beide nicht gleichzeitig thematisieren kann. Es ist wie bei der Einstellung einer Fotolinse, die nicht zugleich eine Nah- und Fernaufnahme zuläßt.

Was ist nun die temporale Struktur eines Ereignisses? Ereignisse können schon von den beteiligten Zeitgenossen als zusammenhängend, als eine Sinneinheit erfahren werden. Darin liegt etwa die methodische Priorität der Augenzeugen beschlossen, deren Berichte bis in das 18. Jahrhundert als besonders zuverlässige Primärquelle gegolten haben. Darin liegt auch der hohe Quellenwert der überlieferten Geschichten, die von zahllosen Ereignissen erzählen und die weitererzählt werden.

Der Rahmen nun, innerhalb dessen sich eine Summe von Begebenheiten zu einem Ereignis zusammenfügt, ist zunächst die naturale Chronologie. Erst ein Minimum von Vorher und Nachher konstituiert die Sinneinheit, die aus einzelnen Begebenheiten ein Ereignis macht. Der Zusammenhang eines Ereignisses, sein Vorher und Nachher mögen ausgedehnt werden; seine Konsistenz bleibt jedenfalls der Zeitfolge verhaftet. Man denke nur an die Geschichten der Kriegsausbrüche 1914 oder 1939. Was wirklich geschah, nämlich in der Interdependenz der Handlungen und Unterlassungen, zeigte erst die folgende Stunde, der nächste Tag usw.

Auch die Transposition vergangener Taten und Erfahrungen in historische Erkenntnis bleibt der chronologisch meßbaren Abfolge verpflichtet. Das Vorher und Nachher konstituiert den Sinnhorizont einer Erzählung, deren knappste Formel Cäsars »veni, vidi, vici« darstellt. Jedes Ereignis bleibt in den Zwang der Zeitfolge eingelassen. Auch so ist das Diktum von Schiller lesbar: die Weltgeschichte sei das Weltgericht. »Was man von der Minute ausgeschlagen, gibt keine Ewigkeit zurück.«

Nun sind Ereignisfolgen bekanntlich nicht völlig beliebig. Auch Ereignisse sind diachron strukturiert. Das Vorher und Nachher oder das Zufrüh und das Zuspät konstituieren Ablaufzwänge, die man als diachrone Strukturen bezeichnen darf. Nur deshalb ist es möglich, die Sequenzen von Revolution, von Kriegen oder von politischen Verfassungsgeschichten auf einer bestimmten Ebene der Abstraktion oder der Typologisierung zu vergleichen.

Außer solchen diachronen Ereignisstrukturen gibt es nun längerfristige Strukturen, deren zeitliches Charakteristikum die Wiederholung ist. Während für Ereignisse das Vorher und das Nachher schlechthin konstitutiv sind, ist die Exaktheit chronologischer Bestimmungen offensichtlich weniger erheblich, um Zustände oder Langfristigkeit zu beschreiben. Alle Ereignisse beruhen auf strukturellen Vorgegebenheiten, die zwar in die jeweiligen Ereignisse eingehen, die aber diesen Ereignissen in anderer Weise vorausliegen als in einem chronologischen Sinne das Zuvor. Dazu seien einige Strukturen genannt: Verfassungsformen und Herrschaftsweisen, die auf der Wiederholung eingespielter Regeln beruhen. Oder die Produktivkräfte und die Produktionsverhältnisse, die sich nur langfristig, manchmal schubweise wandeln. Aber ihre Wirkung beruht auf der Wiederholung bestimmter Verfahren und auf der rationalen Stetigkeit der allgemeinen Marktbedingungen. Oder es seien genannt die geographischen und räumlichen Vorgegebenheiten, die langfristig den Alltag stabilisieren helfen oder auch politische Konfliktlagen hervorlocken, die sich im Ablauf der Geschichte ähneln und wiederholen. Ferner sind zu nennen bewußte und mehr noch unbewußte Verhaltensformen, die von Institutionen geleitet sein können oder die sich ihre Institutionen prägen, deren Charakteristikum ihre relative, überpersonale Dauer ist. Hierhin gehören natürlich die Gewohnheiten und Rechtssysteme, deren Kraft die einzelnen Ereignisse zu ordnen und zu überdauern pflegt. Schließlich sei genannt das generative Verhalten, das allen dramatischen Liebesgeschichten oder Liebestragödien zum Trotz überindividuelle Kontinuitäten und langfristigen Wandel indiziert. Diese Liste ließe sich natürlich verlängern, aber genug der Hinweise. Das zeitliche Charakteristikum solcher Strukturen liegt in der Wiederkehr des Gleichen, auch wenn sich das Gleiche langfristig oder mittelfristig ändert.

Ereignisse und Strukturen haben also im Vollzug geschichtlicher Bewegung verschiedene zeitliche Erstreckungen, die von der historischen Wissenschaft gesondert untersucht werden müssen. Üblicherweise nähert sich die Darstellung von Strukturen mehr der Beschreibung, die der Ereignisse mehr der Erzählung. Aber es hieße falsche Präferenzen setzen, wollte man Geschichte auf die eine oder die andere Art festlegen. Beide Ebenen, der Ereignisse und der Strukturen, bleiben aufeinander verwiesen.

Meine These lautet, daß Ereignisse niemals hinreichend durch vorausgesetzte Strukturen erklärbar sind, so wenig, wie man Strukturen nur durch Ereignisse erläutern kann. Es besteht eine erkenntnistheoretische Aporie zwischen beiden Ebenen, so daß man niemals das eine auf das andere hinreichend zurückführen kann. Das Vorher und Nachher eines Ereignisses behält seine eigene zeitliche Qualität, die sich nie zur Gänze auf ihre längerfristigen Bedingungen reduzieren läßt. Jedes Ereignis zeitigt mehr und zugleich weniger, als in seinen Vorgegebenheiten enthalten ist: daher auch seine jeweils überraschende Novität.

Zur Erläuterung sei ein Beispiel angeführt: Die strukturellen Voraussetzungen für die Schlacht von Leuthen können nie hinreichend erklären, warum Friedrich der Große diese Schlacht auf die Weise gewonnen hat, wie er sie gewonnen hat. Gewiß fußt dieses Ereignis auf vorgegebenen Strukturen: auf der preußischen Heeresverfassung, auf seinem Rekrutierungssystem, auf dessen Einbindung in die Sozial- und Agrarverfassung von Ostelbien, auf der darauf aufruhenden Steuerverfassung samt der Kriegskasse. All dieses ermöglichte den Sieg von Leuthen, aber der 5. Dezember 1757 bleibt in seiner chronologisch immanenten Abfolge einzigartig.

Oder ein anderes Beispiel: Ein arbeitsrechtlicher Prozeß kann für die betroffene Person eine dramatische Geschichte im Sinne eines Ereignisses sein. Zugleich kann der Prozeß aber auch Indikator für soziale, rechtliche und wirtschaftliche Vorgegebenheiten langfristiger Art sein. Je nach der Fragestellung verschiebt sich dann der Stellenwert der Geschichte in der Art ihrer Wiedergabe. Die Geschichte kann zeitlich verschieden eingestuft werden. Entweder wird das spannende Vorher und Nachher des Vorfalls, des Prozesses und seines Ausganges samt seinen Folgen thematisiert. Oder die Geschichte wird in ihre Elemente zerlegt und erhält Hinweischarakter für diejenigen gesellschaftlichen Bedingungen, die den Ablauf des Ereignisses »strukturell« einsichtig machen. Dann kann sogar die Beschreibung solcher Strukturen dramatischer sein als die Erzählung des arbeitsrechtlichen Prozesses als solche.

Geschichte läßt sich also nur erforschen, wenn man die verschiedenen temporalen Dimensionen auseinanderhält. Um meine These zu wiederholen: Ereignisse und Strukturen sind ineinander verschränkt, aber niemals läßt sich das eine auf das andere reduzieren.

Zwei Folgerungen für die sozialwissenschaftliche Praxis seien erlaubt. Wenn man die verschiedenen Zeitebenen auseinanderhält, stößt man auf die Bedingungen und auf die Grenzen möglicher Prognosen. Einzelne Ereignisse lassen sich schwerlich voraussagen, denn sie sind als solche einmalig. Dagegen lassen sich die Bedingungen möglicher Zukunft insoweit prognostizieren, als sich innerhalb der vorgegebenen Strukturen bestimmte Möglichkeiten wiederholen. Es lassen sich also die Bedingungen möglicher

Ereignisse hochrechnen, wofür es in der Geschichte der Prognostik zahlreiche Zeugen gibt.

Als zweites sei ein Hinweis erlaubt auf die Eigentümlichkeit der modernen Sozialgeschichte. Sie ist offenbar dadurch gekennzeichnet, daß sich seit der Französischen und seit der Industriellen Revolution die Strukturen selber schneller ändern als zuvor. Der strukturelle Wandel hat gleichsam Ereignischarakter gewonnen: Kennzeichen unserer Neuzeit. Aber diese Aussage gilt nicht für alle Strukturen, deren verschiedenen temporalen Erstreckungen zu untersuchen zweifellos eine Forschungsaufgabe bleibt.

3. *Erfahrungsraum und Erwartungshorizont als zeitliche Kategorien*

Im abschließenden Teil möchte ich noch einige Hinweise liefern, wie historische Zeit im Vollzug der jeweils lebenden Generationen untersucht werden kann. Bekanntlich ist historische Zeit schwer anschaulich zu machen, sie speist sich aus räumlichen Hintergrundsbedeutungen und läßt sich nur metaphorisch umschreiben. Aber es gibt eine Möglichkeit, Quellenbefunde auf geschichtliche Zeiten hin zu analysieren. Dazu dienen zwei anthropologische Kategorien, die geeignet sind, aus sprachlichen Zeugnissen die darin implizierten Zeitvorstellungen abzuleiten. Es sind dies die Kategorien des Erfahrungsraumes und des Erwartungshorizontes. Keine geschichtliche Handlung wird vollzogen, die nicht auf Erfahrung und Erwartung der Handelnden gründet. Insofern wird ein metahistorisches Kategorienpaar vorgeschlagen, mit dem eine fundamentale Bedingung möglicher Geschichte gesetzt wird. Beide Kategorien sind in ausgezeichneter Weise geeignet, historische Zeit zu thematisieren. Denn Vergangenheit und Zukunft verschränken sich in der Gegenwärtigkeit von Erfahrung und Erwartung. Die Kategorien sind geeignet, geschichtliche Zeit auch im Bereich empirischer Forschung aufzuspüren, weil sie, inhaltlich angereichert, die konkreten Handlungseinheiten im Vollzug sozialer und politischer Bewegung leiten. Um ein einfaches Beispiel zu nennen: Die Erfahrung der Hinrichtung Karls I. erschloß über ein Jahrhundert später den Erwartungshorizont von Turgot, als er

Ludwig XVI. zu Reformen drängte, die ihn vor dem gleichen Schicksal bewahren sollten. Turgot warnte seinen König vergeblich. Aber ein zeitlicher Zusammenhang zwischen der vergangenen Englischen und der kommenden Französischen Revolution wurde erfahrbar und erschlossen, der über die bloße Chronologie hinausführte. Turgot bediente sich eines strukturellen Analogieschlusses, den er aus der Erfahrung in Erwartung umsetzte. Im Medium von bestimmten Erfahrungen und von bestimmten Erwartungen zeitigt sich konkrete Geschichte.

Ich muß es mir ersparen, die wechselseitige Relation von Erfahrung und Erwartung in diesem Rahmen im einzelnen zu analysieren. Nur so viel sei gesagt, daß beide temporalen Extensionen auf sehr verschiedene Weise sich gegenseitig bedingen. In der Erfahrung speichert sich geschichtliches Wissen, das nicht bruchlos in die Erwartung umgesetzt werden kann. Wäre das möglich, würde sich die Geschichte grundsätzlich immer nur wiederholen. Wie Erinnerung und Hoffnung haben beide Dimensionen also einen unterschiedlichen Status. Schlagwortartig erhellt dies ein politischer Witz aus Rußland:

»›Am Horizont ist schon der Kommunismus sichtbar‹, erklärt Chruschtschow in einer Rede.
Zwischenfrage eines Zuhörers: ›Genosse Chruschtschow, was ist das: Horizont?‹
›Schlag doch mal im Lexikon nach‹, antwortet Nikita Sergejewitsch.
Zu Hause findet der Wissensdurstige in einem Nachschlagewerk folgende Erklärung: ›Horizont, eine Scheinlinie, die den Himmel von der Erde trennt, die sich entfernt, wenn man sich ihr nähert.‹«[1]

Das für die Zukunft Erwartete ist offensichtlich in anderer Weise endlich begrenzt als das in der Vergangenheit bereits Erfahrene. Gehegte Erwartungen sind überholbar, gemachte Erfahrungen werden dagegen gesammelt. Erfahrungsraum und Erwartungshorizont sind demnach nicht statisch aufeinander zu beziehen. Sie

1 Alexander Drozdzynski, *Der politische Witz im Ostblock*, Düsseldorf 1974, S. 80.

konstituieren eine zeitliche Differenz im Heute, indem sie Vergangenheit und Zukunft auf ungleiche Weise ineinander verschränken. Damit hätten wir ein Merkmal geschichtlicher Zeit gewonnen, das zugleich deren Veränderbarkeit anzeigen kann.

Meine historische These lautet nun, daß sich in der Neuzeit die Differenz zwischen Erfahrung und Erwartung zunehmend vergrößert hat. Genauer gesagt, die Neuzeit wurde erst als eine neue Zeit begriffen, seitdem sich die Erwartungen immer mehr von allen bis dahin gemachten Erfahrungen entfernt haben. Ich habe bereits erläutert, wieso der Ausdruck Fortschritt diese Differenz zum ersten Mal auf den Begriff gebracht hat. Jetzt möchte ich nur noch hinzufügen, daß sich seit dem 18. Jahrhundert das gesamte politische und soziale Vokabular grundlegend geändert hat. Es gibt eine temporale Binnenstruktur der politischen und sozialen Begriffe, die uns darüber belehrt, daß seit dem 18. Jahrhundert die Erfahrungsanteile und die Erwartungsanteile ihre Gewichte völlig verschieben.

Es ist ein durchgängiger Befund der politischen Sprache von Aristoteles bis zur Aufklärung, daß ihre Begriffe in erster Linie Erfahrung registriert und theoretisch verarbeitet haben. Die einmal gewonnenen Kategorien, etwa Monarchie, Aristokratie, Demokratie und ihre Verfallsformen reichten aus, um aus der so aufbereiteten Erfahrung Schlüsse für die Zukunft zu ziehen. Und das galt trotz der sich ändernden Sozialstrukturen. Was in Zukunft zu erwarten war, ließ sich nahtlos aus der bisherigen Erfahrung ableiten. Das ändert sich seit der Aufklärung radikal. Nehmen wir den alten Oberbegriff »res publica«, dem die einzelnen Herrschaftsformen untergeordnet waren. Die Aufklärung stellte alle Verfassungstypen unter eine Zwangsalternative. Es gibt nur noch die Republik – alles andere ist Despotie. Das entscheidende an diesem neuen Oppositionspaar ist nun ihre Temporalisierung. Alle Verfassungen erhalten einen zeitlichen Indikator. Der geschichtliche Weg führt fort von der Despotie der Vergangenheit – hin zur Republik der Zukunft. Aus einem erfahrungsgesättigten Begriff ›Republik‹ wird ein Erwartungsbegriff.

Es handelt sich um einen perspektivischen Wandel, der sich an Kant exemplarisch zeigen läßt. Die Republik war ihm eine aus der praktischen Vernunft ableitbare historische Zielbestimmung.

Und für den Weg in diese Zukunft verwendete Kant den neuen Ausdruck »Republikanismus«. Der Republikanismus indizierte ein Prinzip geschichtlicher Bewegung, die voranzutreiben ein moralisches Gebot politischen Handelns ist.

Der Republikanismus war also ein Bewegungsbegriff, der für die politische Aktion das leistete, was der Fortschritt für die ganze Geschichte einzulösen versprach. Er diente, die kommende geschichtliche Bewegung theoretisch vorwegzunehmen und praktisch zu beeinflussen. Die zeitliche Differenz zwischen den Herrschaftsformen aller bisherigen Erfahrung und der zu erwartenden und anzustrebenden künftigen Verfassung wurde so auf einen neuen Begriff gebracht.

Damit ist die zeitliche Binnenstruktur eines Begriffs umschrieben, die in den zahlreich folgenden Begriffen wieder auftaucht, deren Zukunftsentwürfe sich seitdem ständig zu überholen und zu überbieten trachten. Auf den Republikanismus folgte der Demokratismus, der Liberalismus, der Kommunismus, der Faschismus. Temporal gesehen enthalten alle eine Gemeinsamkeit. Zur Zeit, da die Begriffe geprägt wurden, waren sie ohne Erfahrungsgehalt. Während die aristotelischen Verfassungsbegriffe auf endliche Möglichkeiten politischer Organisation zielten, so daß die eine aus der anderen ableitbar war, sollten die neuen Bewegungsbegriffe eine neue Zukunft erschließen. Je geringer ihr Erfahrungsgehalt, desto größer ihr Erwartungsanspruch – das ist eine Kurzformel für die zeitliche Asymmetrie, die die modernen Bewegungsbegriffe kennzeichnet. Genau gesprochen handelt es sich um Vorgriffe.

Unsere anthropologische Prämisse läßt sich also semantisch verifizieren. Die Neuzeit zeichnet sich dadurch aus, daß die Differenz zwischen Erfahrung und Erwartung größer geworden und angespannter ist. Natürlich verschieben sich die Anteile von Erfahrung und Erwartung in dem Maße, wie die projektierten Systeme realisiert worden sind. Aber die zeitliche Spannung, die einmal entstanden ist, kennzeichnet auch heute noch unsere politischen und sozialen Sprachen. Die neuen Bewegungsbegriffe dienten dazu, pragmatisch betrachtet, die aus der ständischen Lebensordnung entlassenen Massen unter neuen Parolen zu ordnen. Insofern haben sie allemal auch parteibildenden Schlagwortcharakter.

Die politischen und sozialen Begriffe werden zu Steuerungsinstrumenten der sich wandelnden geschichtlichen Bewegung. Sie indizieren oder registrieren nicht nur vorgegebene Sachverhalte. Sie werden selber zu Faktoren der Bewußtseinsbildung und Verhaltenssteuerung. Damit wären wir schon an dem Punkt angelangt, wo die sprachliche Analyse der Zeiterfahrungen unmittelbar in die Sozialgeschichte übergeht. Im einzelnen müßte sie natürlich schichtenspezifisch und sprachpragmatisch differenziert werden. Aber für unsere Ausgangsfrage mögen die Hinweise genügen. Der sprachliche Aufweis der sich ändernden Zeiterfahrungen gehört sicherlich zu den spezifisch historischen Beiträgen, die in die Sozialgeschichtsschreibung eingehen müssen, sosehr diese sich auch von anderen systematischen Gesichtspunkten leiten läßt.

Ich habe versucht, drei Fragen nach den geschichtlichen Zeiten zu stellen, von denen sich die Sozialhistorie herausgefordert sieht.

Erstens habe ich historiographisch zu zeigen versucht, daß mit der Verzeitlichung jene Differenzierung unserer modernen Geschichte anfängt, die nur »sozialhistorisch« angemessen untersucht werden mag.

Zweitens habe ich an dem Begriffspaar von Ereignis und Struktur theoretisch zu zeigen versucht, daß wir auf die Trennung verschiedener Zeitebenen angewiesen sind, um sozialhistorisch arbeiten zu können.

Drittens habe ich mit Hilfe der metahistorischen Kategorien Erfahrung und Erwartung zu zeigen versucht, wie sich ein Wandel historischer Zeiten empirisch aufweisen läßt.

Geschichte, Recht und Gerechtigkeit

Die gewählte Thematik – Geschichte, Recht und Gerechtigkeit – klingt anmaßend und hochgestochen. Drei gewichtige Begriffe sollen in Relation gesetzt werden, drei Begriffe, die im Verlauf der erst seit dem 18. Jahrhundert so genannten *Geschichte* jeweils sehr unterschiedliche Sachverhalte oder Handlungsansprüche gemeint oder bezeichnet haben. Die Geschichtlichkeit der drei Begriffe steht außer Zweifel, sonst wären sie nicht Thema und Herausforderung an die Wissenschaften, die sich als Geschichtswissenschaft, speziell als Rechtsgeschichte, verstehen.

Aber ich werde im folgenden keine Geschichte dieser zentralen Begriffe skizzieren oder nachzuzeichnen versuchen.[1] Die mir vorgegebene Fragestellung zielte vielmehr darauf, über das Verhältnis der allgemeinen Geschichte zur Rechtsgeschichte zu sprechen. Diese Fragestellung suche ich aus der Distanz des Allgemeinhistorikers, also aus der Distanz eines professionalisierten Laien zu behandeln. Ich umgehe die lebhafte Debatte, die in den letzten beiden Jahrzehnten innerhalb der Rechtshistorikerschaft geführt wurde, soweit mir die Kenntnisse der Rechtsdogmatik fehlen, die in mancher Hinsicht die Debatte strukturiert hat.[2] Soweit sich die Auseinandersetzungen im Rahmen einer allgemeinen Historik bewegt haben, kann ich feststellen, daß die Fragen analog zu denen formuliert worden sind, die auch die allgemeine Historikerzunft in den letzten beiden Dekaden umgetrieben haben. Das Verhältnis einer allgemeinen zur Texthermeneutik, die Fragen nach Objektivitätskriterien und Standortbindung, die Fragen nach Struktur,

1 Vgl. Fritz Loos und Hans-Ludwig Schreiber, »Recht, Gerechtigkeit«, in: *Geschichtliche Grundbegriffe*, hg. v. Otto Brunner u. a., Stuttgart 1984, Bd. 5, S. 231-311.

2 Zur Entlastung von Einzeltiteln verweise ich auf die kritische, sozialhistorisch orientierte, Behandlung der Methodendebatte innerhalb der juristischen Fakultäten von Marcel Senn, *Rechtshistorisches Selbstverständnis im Wandel. Ein Beitrag zur Wissenschaftstheorie und Wissenschaftsgeschichte der Rechtsgeschichte*, Diss. Zürich 1982, und auf Diethelm Klippel, *Juristische Zeitgeschichte. Die Bedeutung der Rechtsgeschichte für die Zivilrechtswissenschaft*, Gießen 1985 (Gießener Rechtswissenschaftliche Abhandlungen, Bd. 4), dessen Zeitlichkeitsprämissen im folgenden differenziert werden. Beide Arbeiten mit guter Literaturübersicht.

Ereignis und Prozeß oder Entwicklung, die Verhältnisbestimmung zu Nachbarwissenschaften, speziell zur Sozial- und Wirtschaftsgeschichte: All das ist von den Allgemeinhistorikern wie von den Rechtshistorikern debattiert worden, von den letzteren nur etwas weniger vehement, gedämpfter und ruhiger, ohne dabei Schlips und Kragen zu verlieren. Aber die gemeinsame Signatur des Problemhorizontes, die Osmose der fakultätsgetrennten Lager ist unverkennbar. Trotz üblicher Differenzen im Detail, generationsspezifisch oder politisch bedingt, scheint mir der Konsens in den Frage- und Problemstellungen, aber auch in vielen theoretischen Bestimmungen und Antworten relativ weit zu reichen.

Im folgenden werde ich versuchen, einige integrale Zonen auszumessen, die die Rechtsgeschichte und die allgemeine Historie aufeinander verweisen. Ich trachte mich möglichst wenig auf den Flugsanddünen reiner Methodendebatten zu bewegen, auch wenn ich mir den Vorwurf einhandle, zu allgemein zu bleiben – aber das ist schließlich das einzige, vielleicht fragliche, Privileg, das der Allgemeinhistoriker unter sonst bevorrechteten Spezialisten für sich beanspruchen darf.

Dabei werde ich in zwei Schritten vorgehen, also doch ein Minimum an Methode einzuhalten suchen: Erstens behandle ich die Relation zwischen Geschichte und Gerechtigkeit. Genauer: Welche Typen lassen sich aufstellen, die geschichtliche Erfahrung mit so etwas wie Gerechtigkeit in Beziehung setzen? Offenbar stehen beide, Geschichte und Gerechtigkeit, in einer ständigen, unauflösbaren Spannung, die zu immer neuen Lösungsversuchen treibt, ohne daß beide Begriffe vollends je zur Deckung kämen. Wie wird deren Beziehung wissenschaftlich ausgelegt?

Daraus folgt zweitens, daß auch Geschichte und Recht, dieses als institutionalisierte Handhabung und Verwaltung von jeweils zu bestimmender Gerechtigkeit begriffen, immer aufeinander verweisen. Speziell schlage ich im zweiten Teil einige temporale Bestimmungen vor, die es ermöglichen sollen, die allgemeine Geschichte und die Geschichte des Rechts integral zu behandeln, auch wenn sie systematisch ausdifferenzierbar oder, mit Luhmann, ausdifferenziert sind.

1. Geschichte und Gerechtigkeit

Daß Geschichtskunde und Geschichtsschreibung in ihrem Verfahren auf das Ethos der Gerechtigkeit verpflichtet sind, ist der Historie seit Herodot in die Wiege gelegt. Die Metaphorik der Gerichtsverhandlung – auch wenn der Historiker nach Cicero »ohne die Rauheit gerichtlicher Verhandlungen und ohne die Stacheln richterlicher Urteile«[3] vorgehen soll –, ist bis heute in Kraft: Die besten Zeugen müssen befragt, ihre Aussagen gegeneinander abgewogen werden, auch die Gegenseite ist zu hören, um den wahren Sachverhalt zu ermitteln. Trotz aller methodischer Differenzierungen bleibt dieser Anspruch bis heute gültig. Insofern gehören die Prinzipien gerechter Verfahren[4] zur Wahrheitsermittlung. Freilich hat sich im Gefolge der hellenistischen und der christlichen Historie eine Weiterung ausgebreitet, die spätestens seit Ranke keine ungeteilte Zustimmung mehr findet: daß der Historiker über die Ermittlung des Sachverhalts hinaus auch über die darin verwickelten Personen und ihre Handlungen zu richten habe. Nun ist freilich die Kritik am moralischen Richteramt des Historikers so alt, wie dieses Amt beansprucht wird. Es gehört zur rhetorischen Tradition, daß der Historiker wenn möglich den eruierten Sachverhalt für sich selbst sprechen lassen solle, um den Richtspruch dem Leser zu überlassen. Dahinter versteckt sich eine indirekte Anleitung zur moralischen Urteilsbildung. So konvergieren beide Anweisungen aus unserer Perspektive: nicht nur die wissenschaftliche Ermittlung müsse ihrem sogenannten Gegenstandsbereich gerecht werden, sondern auch ein Urteil darüber solle gerechterweise gefällt, zumindest ermöglicht werden. Es handelt sich also um einen engeren und um einen weiteren Gerechtigkeitsbegriff, der entweder nur auf methodisch gerechte Verfahren, auf die Tatbestandserhebung zielt, oder auch auf eine gerechte Urteilsfindung. Modern gesprochen werden im sogenannten Werturteilsstreit beide Gerechtigkeitsbegriffe verwendet. Beide Begriffe, auf die Methode oder auf die Werturteile bezogen, verweisen aufeinander. Tatsa-

3 Cicero, *De Oratore* II 15,64, dt. Übersetzung von Raphael Kühner, München o.D., S. 151.

4 Lukian, *Wie man Geschichte schreiben soll*, c. 41, hg., übersetzt und erläutert v. H. Homeyer, München 1965, S. 148.

chenermittlung und Urteilsbildung sind nicht voneinander zu trennen.

Ich möchte deshalb unsere Frage an den Historiker umformulieren: Nicht nur das Verfahren der Historiker und nicht nur seine Urteile sollen gerecht sein, eine Forderung, der wir uns, wie gesagt, seit alters zu stellen haben. Die Frage soll vielmehr aufgegriffen werden, auf welche Art von Gerechtigkeit die von den Historikern erzählte oder konstituierte Geschichte bezogen wurde. Wurde oder wird der von den Historikern eruierten Geschichte eine ihr selbst innewohnende Gerechtigkeit angesonnen? Wohnt der einmal gestalteten Geschichte die Gerechtigkeit in einer Weise inne, daß sich das Urteil gleichsam aus dem geschichtlichen Sachverhalt von selbst ergibt und nicht erst aus seiner rhetorisch stilisierten oder literarischen Konstitution?[5] Es handelt sich also primär um eine Frage an die Theorie möglicher Geschichte und nur sekundär um eine Frage an die historische Wissenschaft und deren Methoden. Fünf Antworten lassen sich typisieren, die ich kurz entwickeln möchte.

Erstens: *die herodotische Antwort.* Was immer die Historien des Herodot bieten, das Element einer die einzelnen Geschichten durchziehenden Gerechtigkeit bleibt ihm stets präsent.[6] Die Menschen produzieren in ihrer Vermessenheit oder Verblendung ihr eigenes Verhängnis. Sie sind verantwortlich, aber nicht souverän, denn über ihnen walten die Götter und darüber ein Schicksal, das auf die Länge der Zeit, und sei es, wie im alten Testament, über Generationen hinweg, dafür sorgt, daß Unrecht bestraft, Verbrechen gesühnt werden. Allen Geschichten wohnt eine ihnen immanente Gerechtigkeit inne, der sich die Menschen nicht entziehen können, die der Historiker gleichsam vorfindet, um sie nacherzählen zu können. Die rational reflektierte Rückbindung Herodots an die mythischen Göttergeschichten und deren Sinnvorgaben kann uns nicht daran hindern, seinen Deutungsmustern auch heute noch Evidenz abzugewinnen. Wer als Historiker die Rußlandfeldzüge Karls XII. von Schweden, Napoleons oder Hitlers untersucht,

5 Dazu neuerdings Hayden White, *Auch Klio dichtet oder die Fiktion des Faktischen* (*Tropics of Discourse*, Baltimore ²1982). Aus dem Amerikanischen übers. v. Brigitte Brinkmann-Siepmann und Thomas Siepmann, Stuttgart 1986.

6 Dazu differenzierend Hermann Strasburger, *Herodot als Geschichtsforscher*, Zürich und München 1980, bes. S. 54.

wird sich kaum der Plausibilität entziehen können, daß hier Verblendung zum Verhängnis geführt hat, der Geschichte insoweit eine ihr innewohnende Gerechtigkeit abzugewinnen ist, wie auch immer die wissenschaftlichen Erklärungen für die Ursachen und den Verlauf der Feldzüge sonst lauten mögen.

Das von Lepenies und Gustafsson edierte geheime Tagebuch von Linné[7] hält noch im 18. Jahrhundert Geschichten aus dem Alltag Nordeuropas fest, deren Verlaufsmuster von Herodot stammen könnten. So tötet der Enkel eines einmal von Peter dem Großen willkürlich begnadigten Hochverräters den Enkel dieses Zaren. Nennen wir das Deutungsmuster: Es handelt sich um eine den geschichtlichen Zusammenhängen innewohnende Gerechtigkeit. Diese Geschichten haben ihren Anfang und ihr Ende, und darin gleichen sie den Fällen, die im Strafprozeß, Zivil- oder Verwaltungsrechtsprozeß ihre Analogie finden. Wo der Unterschied liegt, wäre eine Untersuchung wert. Der Richter entwirft die Geschichte mit dem Blick auf das Gesetz und dessen Anwendung. Seine das Recht verwaltende und anwendende Rolle ist im Hinblick auf die Gerechtigkeitsvollstreckung höher zu veranschlagen als die des Historikers. Dieser konstituiert durch seine Erzählung auch eine Geschichte, die er ebenfalls aus Zeugenverhören oder Quellenanalysen zusammenfügt. (Der Pitaval bietet Geschichten für beide, den Historiker und den Richter.) Aber der Richter muß den Fall selber zu seinem Ende führen, was der Historiker zu versuchen füglich unterlassen sollte.

Und schließlich gehört die Gerechtigkeit zur Motivation einer der ältesten Formen der Historiographie, nämlich zu den Memoiren, in denen der Täter und der Erzähler konvergieren. Ob es Cäsar, Friedrich der Große oder Napoleon waren, die ihre von ihnen beeinflußten und teilweise produzierten Geschichten erzählen: Dem Zwang zur Rechtfertigung, wie immer auch sie ihn sublimiert haben, entging keiner dieser Autoren. Und das gilt auch noch für Churchills große Kriegsgeschichten, an deren Verlauf er führend teilhatte. Jede Rechtfertigung unterstellt eine der Ge-

7 Carl von Linné, *Nemesis Divina*, hg. v. Wolf Lepenies und Lars Gustafsson. Aus dem Lateinischen und Schwedischen übers. v. Ruprecht Volz, München und Wien 1981. Dazu J.H. Franklin, *Jean Bodin and the 16th century Revolution in the methodology of Law and History*, New York, London 1961, [2]1966.

schichte innewohnende Gerechtigkeit, vor der man sich selbst affirmativ oder defensiv auszuweisen hätte.

Zweitens: *das thukydideische Modell.* Daß unser Deutungsmuster des Herodot offenbar nicht jede geschichtliche Erfahrung abdeckte, die die in ihre Geschichten verstrickten Menschen machen können, hat uns Thukydides gelehrt. Was auch Herodot schon sehen konnte, hat Thukydides expliziert. Der Mensch kann in Zwangsalternativen geraten, die er sich nicht gesucht hat, er wird verantwortlich für Lagen, die ihm aufgenötigt wurden. Der Zufall kommt ins Spiel, und so muß der Mensch Schuld auf sich laden, ohne daß ein Rechtstitel die Schuld begründen könnte.[8] Thukydides verzichtet dabei auf jedes Recht, das von den Göttern gestiftet wurde. Er schreibt in dem Jahrhundert, in dem auch der Konflikt zwischen altem und neuem Recht Ausweglosigkeiten produziert hat, die nur tragisch enden konnten.[9] Eine theoretische oder sophistische Antwort, die uns Thukydides bietet, ist die Trennung von Macht und Recht. Damit hat er eine Thematik angeschlagen, die uns bis heute nicht verlassen hat.

Die Macht folgt, worauf sich die Athener im Melierdialog berufen, ihren eigenen Gesetzen, gegen die eine Berufung auf Recht nichts verschlägt. Gemessen an der nackten Macht verwandelt sich das Insistieren auf Recht sogar in Verblendung, die zum Tode führt. Es ist ein Gedanke, den d'Aubigné im konfessionellen Bürgerkrieg sinnanalog neu formuliert hat. Wer sich auf sein Gewissen beruft, kommt um und ist deshalb selbst schuld daran.[10]

Freilich bleibt auch Thukydides im Bannkreis des Herodot, wenn er an die Vernichtung der Melier kommentarlos den historisch nächsten Akt anschließt: Die sizilianische Expedition der Athener, deren letzte Überlebende in den Steinbrüchen von Syrakus verenden. Aber die einmal ermordeten, versklavten und verkauften Melier bleiben deshalb nicht minder ermordet, versklavt und verkauft, ihre Stadt vernichtet. Thukydides versagt es sich,

8 Thukydides, *Historiae* III 45, hg. v. C. Hude, Leipzig 1910, S. 220.

9 Zum Ganzen Wolfgang Schadewaldt, *Die Anfänge der griechischen Geschichtsschreibung*, Frankfurt am Main 1982, und Christian Meier, *Die Entstehung des Politischen bei den Griechen*, Frankfurt am Main 1980.

10 Agrippe d'Aubigné, *La Confession du Sieur de Sancy*, in: *Œuvres complètes*, Paris 1877, Bd. 2, S. 369 f. Dazu Reinhart Koselleck, *Kritik und Krise*, Frankfurt am Main 1973, S. 15.

hier einen Konnex von Schuld und Sühne herzustellen, er läßt allenthalben nur Ursache und Wirkung gelten, auch wenn er sie gerne hinter der Beschreibung der Vorgänge selbst versteckt. Das Ende der Athener läßt sich besser aus unzureichender Macht bzw. aus deren falscher Einschätzung begründen. Der Rekurs auf eine der Geschichte selbst innewohnende Gerechtigkeit erübrigt sich. So wird die historisch referierte Berufung der Melier auf Recht und Gerechtigkeit zur argumentativen Kontrastfolie, um die Eigengesetzlichkeit der Macht, ihres Steigens und ihres Verfalls, gleichsam als die wahre Natur jeder Geschichte, herauszuarbeiten. Dubček hat das in Moskau akzeptiert, als sich 1968 der Melierdialog zwischen Tschechen und Russen, dessen Verlauf wir nicht kennen, strukturell wiederholt hat. Und das gleiche trifft zu auf Háchas Dialog mit Hitler 1939 in Berlin.

So hat uns Thukydides einen Erfahrungsstreifen freigelegt, der, in die Opposition von Macht und Recht eingespannt, Geschichten in allen Varianten deuten, und mehr noch danach handeln läßt. Die »Weltgeschichte als Machtgeschichte« von Thukydides über Machiavelli bis zu Cartellieri, von dem dieser Titel stammt, bleibt ein mögliches konsistentes Modell, auch wenn die Klagen fehlender Gerechtigkeit es begleiten oder sogar hervorrufen.

Wer wollte sich anheischig machen, das Verschwinden Tausender von politischen Handlungseinheiten, die im Laufe der Geschichte sang- und klanglos untergegangen sind, durch gerechte Gründe, als Walten einer höheren Gerechtigkeit zu legitimieren?[11] Thukydides hat uns gelehrt, daß Geschichten gerade keine ihnen innewohnende Gerechtigkeit vollstrecken. Aber seine Deutung bleibt auf die schweigende Differenzbestimmung von Macht und Recht angewiesen, die bis heute abgerufen wird. Das eine ist die stumme Interpretationsfolie des andern. – Die Geschichte des Völkerrechts ist ohne diese theoretische Vorgabe nicht zu konzipieren. Jörg Fisch hat in seiner Arbeit über die europäische Expansion und das Völkerrecht gezeigt, wie und wo in den naturrechtlichen Gleichheitssätzen Sonderrechte verpackt sind, hinter deren rechtlicher Verkleidung eine jeweils andere Macht und deren Interesse sichtbar werden.[12]

11 Siehe das persiflierte Kriegsdenkmal von Kienholz, Sammlung Ludwig, Köln.
12 Jörg Fisch, *Die europäische Expansion und das Völkerrecht*, Stuttgart 1984.

Alle Reiche sind im Grunde große Latrocinien, wie Augustin 800 Jahre nach Thukydides feststellte. Das führt uns auf ein drittes Deutungsangebot, das die unaufhebbare Spannung zwischen Macht und Recht theologisch kompensierte.

Drittens: *das augustinische Modell.* Augustin übernahm durchaus Deutungsmuster, die ihm die hellenistisch-römische Tradition anbot. Sowohl daß Gottes Hand die schreienden Ungerechtigkeiten dieser Welt schon in dieser Welt bestraft (kompatibel mit Herodot) wie auch, daß die Ungerechtigkeiten der Machtausübung ungesühnt immer neues Elend hervortreiben (kompatibel mit Thukydides). Die eigentlich neue Antwort des Kirchenvaters auf die Krisenlage um 400 bestand aber darin, daß die wahre Gerechtigkeit nur in Gott ruhe, an der die Christen gnadenhalber partizipieren mochten, aber deren Vollstreckung mit Sicherheit erst im *iudicium maximum* nach dem Ende der Zeiten zu erwarten ist.[13]

So werden die Geschichten von dem vergeblichen Anspruch, aus sich selbst heraus Gerechtigkeit zu generieren oder zu vollstrecken, entlastet, ohne daß die Menschen die Vorgabe einer höheren unsichtbaren Gerechtigkeit aufgeben müßten. Gottes Urteile sind gerechterweise geheim und im geheimen gerecht.[14] Gewiß gründet dieses Deutungsmuster im unbeweisbaren Glauben an eine Gerechtigkeit Gottes, an der teilzuhaben den Menschen erst nach dem Ende aller Geschichte vergönnt sei. Trotz aller potentiellen Teilhabe der Menschen an der Gerechtigkeit Gottes bleibt alle Ge-

13 Vgl. die rechtssprachliche Begriffsgeschichte von Hans Hattenhauer, *Pax et Justitia*, Hamburg 1983 (Berichte aus den Sitzungen der Joachim-Jungius-Gesellschaft der Wissenschaften, Jg. 1, H. 3).

14 Augustin, *Civ. Dei*, Buch 20, Kap. 19: Die Verurteilten würden verführt, die Verführten verurteilt, und zwar würden die Verurteilten verführt nach den verborgenerweise gerechten und gerechterweise verborgenen Richtsprüchen – »judiciis Dei occulte justis, juste occultis« –, mit denen Gott seit ihrem Sündenfall die vernünftige Kreatur zu richten niemals aufgehört habe. Über die zwingende Folgerung Dantes, im Diesseits verwirkte Strafen auch im Jenseits unerbittlich und ewig weiterhin vollstreckt zu sehen – als einen Erweis der göttlichen Gnade zu deuten, die damit zum radikalen, gleichsam gnadenlosen Vollstrecker der Gerechtigkeit wird: siehe Hugo Friedrich, *Die Rechtsmetaphysik der Göttlichen Komödie, Francesca da Rimini*, Frankfurt am Main 1942 (Das Abendland. Forschungen zur Geschichte europäischen Geisteslebens, hg. v. Herbert Schöffler, Band VI). Ohne schon prozessual zu deuten, zeichnet sich hier eine »Zwischenposition« Dantes zwischen Augustin und Hegel ab, die zu historisch weiteren Unterscheidungen auffordert, ohne einen typologischen Anspruch aufgeben zu müssen.

rechtigkeit auf dieser Welt unerfüllbar, unerreichbar, und wenn erreichbar, nur unvollkommen.

Dieses augustinische Modell hat in gedanklicher Konsequenz zwei aufeinander bezogene, aber diametral entgegengesetzte neue Antworten ausgelöst.

Viertens: *die absurde Geschichte.* Die Geschichte an und für sich genommen – ein Gedanke, der erst nachtheologisch konzipiert werden konnte – wird absurd, wenn die ausgleichende Gerechtigkeit des Jüngsten Gerichtes entfällt. Auch wenn den Menschen aufgetragen ist, Gerechtigkeit zu suchen und wenn möglich auszuüben: Alles, was sich auf dieser Welt ereignet, entzieht sich der unsichtbaren Justitia. Augustins eigene extreme Position wurde im Verlauf der mittelalterlichen Geschichte transponiert in dem Maße, wie seine Asymmetrie der beiden Reiche territorialisiert, auf kirchliche und weltliche Handlungseinheiten bezogen wurde. Und sofern das Reich Gottes von der Kirche repräsentiert werden konnte und soweit das Reich der Welt im christlichen Imperium aufging, ließen sich die geschichtlichen Ereignisse auch mit herodotischen und thukydideischen Deutungsmustern begründen. Aber die potentielle Absurdität, die in der Geschichte unauflösbare Ungerechtigkeit, die Augustin erst einmal denkmöglich gemacht hat: Sie bleibt – man denke an Voltaires *Candide* – ein möglicher Erfahrungsstreifen, der uns seitdem festhält.

Was immer an Erklärungen oder Schuldtiteln für Auschwitz bemüht werden mag, keiner wird ausreichen, das Absurde und Unfaßbare, das zum Ereignis wurde, mit den Maßstäben einer wie auch immer begründeten Gerechtigkeit zu deuten oder zu »verurteilen«. Auch wer nach Analogien Ausschau hält, kann der Sinnlosigkeit einer sich entziehenden Gerechtigkeit nicht entraten, wenn er diese Geschichte zu begreifen sucht. Keine Schuldzurechnung und keine Erklärung kann das Ereignis selber einholen. Augustin hat uns eine Erfahrungsmöglichkeit erschlossen, die unbeschadet seiner eigenen theologisch begründeten Hoffnung alle Gerechtigkeit ins sogenannte Jenseits entschwinden läßt. Insofern wird Thukydides von ihm überboten.

Und wer sich anheischig macht, die Vertreibung der Ostdeutschen als gerechte Strafe für Auschwitz zu interpretieren, was die Stuttgarter Erklärung 1945 nahelegt, dem kann man mit Thukydides antworten: Die Vertreibung wäre auch ohne Auschwitz geschehen. Aber mit Herodot läßt sich sagen: Ohne die Verblendung der Deutschen wäre es zu keinem der beiden Ereignisse gekommen. Nur der einmal von den Deutschen entfesselte Krieg hat Auschwitz möglich gemacht; im Ergebnis ebendieses Krieges konnten auch die Ostdeutschen vertrieben werden. Beides kann auf einen gemeinsamen Grund zurückgeführt werden, ohne daß das eine mit dem anderen kausal verbunden werden muß.

Aber das Ereignis selbst – die »Vertilgung« von Millionen Juden und anderer Völkergruppen – läßt sich durch keine Wissenschaft von der Geschichte, weder moralisch noch rational, angemessen deuten. Vielmehr muß die Absurdität, mit Hannah Arendt gesprochen, das Böse in seiner Banalität, ausgehalten werden, auch wenn man für die Zukunft daraus Lehren zu ziehen trachtet. Denn die Menschen – hier also die Deutschen – müssen auch für das Absurde einstehen, das sie einmal produziert haben.

Die postaugustinische Negativitätserfahrung, die erst mit dem kirchenväterlichen Deutungsangebot freigesetzt werden konnte, gehört zur Signatur unserer Neuzeit. Jede Parallele oder strukturale Analogie zu anderen Formen der »Ausrottung« bleibt als Erklärung stecken. Welche Erklärungstitel auch immer bereitgestellt werden, es ist ein Element unserer Erfahrung, daß es Geschichten gibt, die mit jeglicher Gerechtigkeitsvorstellung schlechthin inkommensurabel und ebendeshalb absurd bleiben.

Das führt uns auf eine fünfte Position, die, ebenfalls ohne Augustin undenkbar, das Gegenteil behauptet: »*Die Weltgeschichte ist das Weltgericht.*« Dieses Diktum Schillers wurde erst in der mehrfach reflektierten Fassung eines Liebesgedichtes an Laura formuliert. Dann wurde es von Hegel systematisiert und beansprucht seitdem, idealtypisch gesprochen, die divergierenden Deutungen des Herodot und des Thukydides zu vermitteln und beide in den *ordo temporum* der augustinischen Heilsgeschichte einzublenden. Das Diktum ist mit Herodot kontaminierbar: wie Schiller fortfuhr: »Was man von der Minute ausgeschlagen / gibt keine Ewigkeit zurück.« Jede Situation ist unüberholbar, gleichsam wie jede Epoche Rankes unmittelbar zu Gott. Für alle Folgen hat der Mensch einzustehen, die er einmal *nolens volens* ausgelöst hat. Irrtum oder Verblendung rächt sich unwiderruflich. Aber die der

Geschichte innewohnende Gerechtigkeit wird zum Movens nicht nur der einzelnen Geschichten, sondern der ganzen Weltgeschichte, gnadenlos ohne Kompensation im Jüngsten Gericht.

Der Gedanke einer erst im Jenseits zu erwartenden Belohnung oder Strafe ist mit Kant zutiefst unmoralisch, weil heteronome Bestimmungen, nämlich Hoffnung auf Belohnung und Angst vor Strafe, die reine Moralität depravieren. Die Moral hat sich *hic et nunc* zu bewähren, nicht auf ein Jenseits zu schielen. Unter diesem rigorosen Anspruch hat sich die thukydideische Differenzbestimmung zwischen Macht und Recht nur noch verschärft – eine Differenz, die Kant nie aufzulösen vermochte. Auch sie wurde eingeschmolzen – durch einen vereinfachten Hegel. Auch die Geschichte der Macht, der sich unmoralisch oder illegal durchsetzenden Macht, gewinnt die Weihe der Gerechtigkeit. Das Jüngste Gericht vollstreckt sich schon in der Geschichte selber: Jeder Tag ist der jüngste. Der Gedanke, daß der Erfolg nicht rechtens sein könne, wird mit Hegel aufgehoben: Kein Endgericht sorgt mehr für Ausgleich, die Geschichte selbst wird zum Prozeß, ihr Vollzug zur letzten Instanz. So wird der Mensch einer ungeheuren Zumutung ausgeliefert, die ebenfalls an das Absurde grenzt.

Die thukydideische Differenz zwischen Macht und Recht erweist sich jetzt diachron als Vehikel des Weltgeistes, ein »höheres Recht« geltend zu machen. Auch die zur Machtgeschichte isolierte Geschichte enthüllt sich wohlbegriffen als Rechtsgeschichte auf dem Weg zur Freiheit. Was situativ unmoralisch oder widerrechtlich scheint, kann mit der Zeit Recht verwirklichen. »Da gilt nur das Recht des absoluten Geistes und können nur Verhältnisse in Betracht kommen, die ein höheres Prinzip des Geistes geltend machen. Aber auf dieses Recht kann kein Staat sich berufen« – wie Hegel fortfährt, und was gegen rein machtpolitische Hegeldeutungen festzuhalten ist: Die Geschichte bleibt dem handelnden Menschen überlegen, um nicht zu sagen transzendent. Insoweit bleibt Hegel kompatibel mit Augustin. Es steht politischen Handlungseinheiten nicht zu, das höhere Recht der Weltgeschichte für sich selbst zu verbuchen, etwa als Legitimationstitel für offenbare Ungerechtigkeiten. »Wir haben das Recht des Weltgeistes gegen die Staaten zu beachten.« Hegel insistiert darauf, daß kein politischer Handlungsträger sich selbst ermächtigen könne, im Namen der

Weltgeschichte zu agieren. Wo das Machtgefälle zwischen gebildeten Völkern und Barbaren, zwischen Christen und Heiden, zwischen Mohammedanern und Ungläubigen rechtlich eingekleidet werde, dort, und so lange, herrsche »noch kein eigentlicher Rechtszustand«, wie Hegel fast kantisch fortfahren konnte.[15]

Das also wäre die fünfte Position, die hier mit Hinweisen auf fragmentierte Quellen des deutschen Idealismus umrissen wurde. Das Neue und Gemeinsame liegt in der konsequenten Verzeitlichung. Gerechtigkeit, was immer sie sei, vollstreckt sich in der gesamten Weltgeschichte und durch sie hindurch. Das Vorgebot des Immer-Schon und des Noch-Nicht nötigt die Menschen, eingedenk und selbstbewußt ihrer Begrenztheit, Gerechtigkeit zu realisieren. Dann läßt sich auch die Geschichte in ihrer Diachronie als Weg zum Rechtsstaat, zum Völkerbund deuten und dementsprechend handeln.

Nicht mehr die einzelne Geschichte, wie bei Herodot, bezeugt eine ihr innewohnende Gerechtigkeit, sondern die Weltgeschichte als offene Ganzheit steht unter dem rationalen Zwang, progressiv die menschliche Machtentfaltung in rechtlich gesicherte und mehr noch in gerechte Zustände zu überführen.

Wir wissen, daß dieses unsere neuzeitliche Erfahrung stiftende Deutungsmuster auch den Historismus imprägniert, jedenfalls alle liberalen, demokratischen und sozialistischen Geschichtsentwürfe hervorgerufen hat. Aber ebenso wissen wir, daß unsere eigene Erfahrung sich gegen die Verlockung dieser hoffnungsvollen und utopischen Geschichtsdeutung sperrt. Dennoch können wir diesem Angebot nicht völlig entrinnen, weil unsere Überlebenschancen von einem Minimum an rechtlicher Ordnung abhängen, sosehr diese von Tag zu Tag neu gewonnen und reproduziert werden muß.

Dabei kann uns die historiographisch einmal gespeicherte und gedeutete Erfahrung hilfreich sein. Der Rückgriff auf die angeführten drei vormodernen Verhältnisbestimmungen zwischen Geschichte und Gerechtigkeit bezeugt deren fortwirkende Aktualität. Die von Herodot formulierte Erfahrung, daß in der Vielfalt der konkreten Einzelgeschichten so etwas wie ein dem Menschen angemessenes gerechtes Schicksal aufscheinen kann; – die

15 Hegel, *Die Vernunft in der Geschichte*, hg. v. J. Hoffmeister, Hamburg [5]1955, S. 147f.

von Thukydides induzierte Erfahrung, daß Macht, soziale, politische oder ökonomische Macht, nicht direkt korrelierbar ist mit Recht, weder mit überkommenem noch mit gesetztem Recht; – die schließlich von Augustin auf den theologischen Begriff gebrachte Erfahrung, daß Gerechtigkeit in dieser Welt zu verwirklichen den Menschen unmöglich ist; – schließlich aber auch, daß die gottlos erfahrene Welt absurd bleibt: Auf diese Deutungsmuster muß um so mehr zurückgegriffen werden, als sie uns daran erinnern, welche Last dem Menschen aufgebürdet ist, wenn er gleichwohl Recht zu realisieren genötigt ist, um zu überleben. Es ist das Pathos der Ernüchterung, das sich aufdrängt, sobald Geschichte und Gerechtigkeit aufeinander bezogen werden.

Nun wird jeder Kenner nachweisen können, daß diese hier beschriebenen fünf Erfahrungsmodelle weder den ganzen Herodot noch den ganzen Thukydides noch den ganzen Augustin noch den ganzen Kant oder Hegel erfassen. Und die Deutungsvarianten lassen sich vermehren, wenn Texte anderer Autoren ins Spiel der Argumente eingeführt werden oder wenn etwa Augustin nicht in der Rezeptionsperspektive der negativen Theologie, sondern in der einer stoisch-christlichen Naturrechtslehre gelesen wird.

Hier soll nur ein Argument als These bekräftigt werden: Es gibt geschichtliche Erfahrungen, die sich im Zuge der Zeit angereichert, widerlegt oder erweitert haben, die allesamt nur deshalb gemacht werden konnten, weil die einzelnen Geschichten oder die ganze Geschichte mit Deutungsmustern einer möglichen Gerechtigkeit imprägniert blieben. Gerechtigkeit, wie immer sie historisch begriffen und variiert wurde, ist eine notwendige, freilich nicht hinreichende Bedingung, um zu erfahren, was Geschichte sei.

Man kann die fünf Varianten, die ich skizziert habe, auch als anthropologische Möglichkeiten stilisieren, die nach zweieinhalbtausend Jahren der reflektierten historischen Erfahrung aufeinander verweisen. Sukzessiv auf den Begriff gebracht, können sie auch als eine geisteshistorische Sequenz gelesen werden. Tatsächlich bleiben alle Deutungen zugleich abrufbar, ohne welche geschichtliche Erfahrung nicht in Wissenschaft überführt werden kann. Anders gewendet, die fünf Erfahrungsraster liegen allen methodischen Schritten voraus, die ein Fachhistoriker macht, um die vergangene Geschichte zu untersuchen.

Genauer betrachtet ließen sich auch alle modernen historischen Hypothesen und wissenschaftlichen Darstellungen, die geschichtliche Befunde konstruieren, auf die genannten Erfahrungsraster zurückführen. Implizit oder explizit wird immer die Gerechtigkeit oder Ungerechtigkeit einer geschichtlichen Lage, einer Veränderung oder einer Katastrophe zur Sprache gebracht. Das gilt nicht nur für die moralisierende Historie, die seit dem Hellenismus gepflegt wird, die Ranke und Max Weber überdauert hat und die bis heute nicht ausgestorben ist. Auch die sogenannten wertfreien Bemühungen entrinnen nicht einer der Geschichte unterstellten oder bewußt abgesprochenen Gerechtigkeit, die also denknotwendig in die Urteilsbildung einfließt. Selbst die Hinnahme der Absurdität bleibt insoweit der jüdisch-christlichen Tradition verhaftet, als diese einen gerechten Gott voraussetzte, mit dessen Tod eine Sinnlosigkeit freigesetzt wurde, die anderen Kulturen fremd ist.

Der Terror der Französischen Revolution wurde z. B. primär moralisch erfahren, von den Tätern als Vollstreckung der wahren Moral und von den Opfern als Durchbrechung der sozial bislang eingespielten Moral. Aber schon die nächste Forschergeneration, die, nach dem Vorlauf von Forster, spätestens seit Lorenz von Stein diesen Terror funktional interpretierte, nämlich als notwendiges Mittel zur Beseitigung der ständisch ungleichen Gesellschaft, unterstellte damit eine höhere Gerechtigkeit, die von den Jakobinern als einem Handlungssubjekt der Weltgeschichte vollstreckt worden sei. Diese »wertfreie« Sinnstiftung lebt von einer geschichtsimmanenten Gerechtigkeit oder von einer *logificatio ex post*, die uns freilich in Auschwitz wiederzuerkennen für immer versagt bleiben wird. Niemand wird sich anheischig machen, Auschwitz als notwendigen Schritt zu interpretieren, der zur Gründung des Staates Israel oder zur Einführung der freiheitlichen Grundordnung der Bundesrepublik führen sollte, um einem höheren Recht der Weltgeschichte Genüge zu tun. Den Gedanken konzipieren heißt bereits, die damit bezeichneten Befunde entstellen. Es ist übrigens jenes Recht, das die marxistischen Russen für die Exstirpation der Kulaken – hegelianisch gesprochen zu Unrecht – für sich beanspruchen.

Geschichte unter Gerechtigkeitskriterien zu deuten, ist also notwendig, aber niemals hinreichend. Damit habe ich meine erste These zu begründen versucht, die jedem Rechtshistoriker selbstverständlich klingen mag. Somit komme ich zum zweiten Teil.

2. Geschichte und Recht – Einige Fragen an die Rechtshistorie

Zunächst wurde Gerechtigkeit auszuüben als eine methodische Selbstverpflichtung des Berufshistorikers interpretiert, danach Gerechtigkeit als ein Deutungselement jeder dargestellten Geschichte aufzuspüren versucht. Dabei hat sich herausgestellt, daß bestimmte Interpretationen kompatibel bleiben, andere sich gegenseitig ausschließen. Aber keines der Deutungsangebote läßt sich zur Gänze außer Kraft setzen, ist völlig überholt, etwa aufgrund seines Alters oder aufgrund veränderter Konstellationen. Einmal gemachte Erfahrungen, einmal auf ihren Begriff gebracht, lassen sich wiederholen, transponieren. Die Geschichte bietet mehr als nur die Sequenz eines uneinholbaren und einmaligen Ablaufs. Das ist sie auch, aber nicht nur. Wie die Gerechtigkeitsmodelle in der allgemeinen Historiographie uns gezeigt haben, ist die Geschichte immer zugleich chronologischer Abfolge und einer systematischen Strukturierung unterworfen.

Nun gibt es sicher keine Spezialdisziplin innerhalb der historischen Wissenschaften, die uns diesen Befund so sehr bestätigen könnte wie die Rechtsgeschichte und, wie ich ohne Unterscheidung hinzufügen möchte, wie die Verfassungsgeschichte.

Es sei nur an Wieackers Untersuchungen erinnert, um den systematischen Beitrag der romanistischen Rechtsschule zur Anpassung des Zivil- und Wirtschaftsrechtes an die Bedingungen der Industrialisierung auszumessen. Bestimmte Rechtsregeln und formale Vorgaben dessen, was gerecht sei, überdauern und ermöglichen zugleich den Wandel und die Innovation des materiellen und des Verfahrensrechts.[16]

16 Franz Wieacker, *Pandektenwissenschaft und Industrielle Revolution*, in: Juristen-Jahrbuch, 9 (1968/69), S. 1-28; Stephan Buchholz, *Abstraktionsprinzip und Immobiliarrecht*, Frankfurt am Main 1978 (Ius Commune, Sonderhefte, Texte und Monographien 8); Heinz Wagner, *Die Politische Pandektistik*, Berlin 1985.

Die von Betti und Wieacker formulierte Alternative, ob die Rechtsgeschichte mehr kontemplativ sei, zur Entdeckung der vergangenen und zu rekonstruierenden Gegenstandsbereiche, oder mehr applikativ betrieben werde – diese Alternative läßt sich deshalb nicht grundsätzlich festschreiben. Sie kann nur forschungspragmatisch so oder so verwendet werden. Beide Zugriffe bedingen einander so gut, wie Geschichte selber nicht in ihrer diachronen Einmaligkeit aufgeht, sondern sich in bestimmbaren Strukturen wiederholt. Es wäre also zu fragen, ob analog zu den Gerechtigkeitsmodellen, die seit alters abgerufen werden können, um Geschichten zu begreifen, auch alte Rechtsbefunde oder institutionelle Regelungen früherer Zeiten abgerufen werden können, um heute, mehr oder minder vermittelt und umgesetzt, Geltung zu beanspruchen, oder ob sie auf funktionale Äquivalente verweisen, die gemeinsame Probleme voraussetzen.

Für die Verfassungsgeschichte ist die strukturelle Übertragbarkeit, also die Wiederholungsmöglichkeit, leicht nachweisbar. Die aristotelische Politik enthält Verfahrensweisen und Formen der Herrschaft, die heute noch als Rechtsregeln ausformuliert werden könnten, ohne an Wirkungskraft zu verlieren.

Die deutsche Geschichte bietet, strukturell präformiert in den griechischen *Amphiktyonien*, föderale Organisationsmuster und Regelungen, die nicht nur einmalig waren, sondern transformierbar und noch zukunftsträchtig sind. Ich erinnere an die Hanse, die als Kaufherreneinung nicht immer identisch war mit der Summe jener Städte, in denen die Kaufherren das Sagen hatten. Modern gesprochen sind Staat und Souveränität nicht immer zur Deckung zu bringen, so daß sich föderale Regelungen aufdrängen. Umgekehrt sei an die Schweiz und an die Niederlande erinnert, denen es in deutscher föderaler Rechtstradition zuerst gelang, als Bund staatliche Souveränität zu erlangen. Oder es sei an den Zollverein erinnert, der rechtlich gesprochen analoge Probleme zu lösen wußte, die heute von der Europäischen Wirtschaftsgemeinschaft zu lösen sind.

Natürlich ist einzuräumen, daß jeder der genannten Bünde, Einungen oder Vereine seinerzeit einmalige Herausforderungen zu bewältigen hatte. Die politischen und ökonomischen Probleme des Zollvereins z. B. stellten sich im Schatten britischer Dominanz und im Horizont nationaler Einigungswünsche, die der EG sind großräumiger und auf globale Machtlagen hin bezogen, von ökonomischer und politischer Einmaligkeit im Horizont weltweiter Interdependenzen und einer hochentwickelten Technologie. Zugegeben also die diachrone Einmaligkeit: um so erstaunlicher bleibt die strukturelle Analogie der organisatorischen und rechtlichen Regelungsformen der zwischen- oder überständischen und zwischen- oder überstaatlichen Institutionen. Wenn es also eine geschichtliche Disziplin gibt, die von ihrer Thematik her zuständig ist für wiederholte Applikation, so scheint es die Verfassungs- und Rechtsgeschichte mehr als alle anderen zu sein.

Recht ist, um Recht zu sein, auf seine wiederholte Anwendbarkeit angewiesen. Dazu ist ein Maximum an Formalität erforderlich, an fallübergreifender Regelhaftigkeit. Die Dauerhaftigkeit, wie befristet im empirischen Fall auch immer, also die relative Dauerhaftigkeit, gesichert durch Verfahrensregeln, ermöglicht die Subsumtion der Einzelfälle unter Satzung und Gesetz. Um es überspitzt zu sagen: Die Ausschußverhandlungen, die zum BGB geführt haben, gehören als Ereignisfolge zur politischen Geschichte. Hier wurde verhandelt und gehandelt, um durch Gesetzgebung Recht zu stiften. Der Erlaß und die Verkündung des BGB ist auch als rechtlicher Akt Teil der politischen Geschichte, diachron einmalig zu verorten. Die Geschichte des Rechts aber hat eine andere temporale Struktur. Sowohl die Rechtssätze, die überkommen, übernommen, verwandelt oder neu formuliert wurden, beanspruchen als Rechtssätze dauerhafte Anwendbarkeit wie natürlich die einmal erlassenen Gesetze, die 1900 in Kraft traten.

Gewiß wird niemand einem Rechtshistoriker verwehren, die Genese von Gesetzgebungswerken zu untersuchen, aber von der Theorie geschichtlicher Zeiten her betrachtet begibt er sich damit auf das Feld der diachronen Ereignisgeschichte in ihrer einmaligen Abfolge. Die geschichtlichen Zeitmaße des Rechtes dagegen, welchen Rechtes auch immer, beruhen auf ihrer strukturellen Wiederholbarkeit, gleich ob ewige Dauer beansprucht oder Fristen schon vorgesehen werden. Empirisch ist bekannt, daß die Geschichte des Rechts anderen Zeitrhythmen folgt als die politische Geschichte, diese wiederum anderen als die Sozial- oder die Wirtschaftsgeschichte. Das BGB blieb in Oberschlesien für die zurückgehaltenen und als Polen reklamierten Autochthonen nach 1945 weit über die Okkupation hinaus in Kraft; so wie der Code civil im Rheinland oder das ALR in Ansbach-Bayreuth den Herrschaftswechsel überdauerte.

Theoretisch ist also festzuhalten, daß die Geschichte des Rechtes, auch aller einzelner Rechtsbestimmungen, unter Wiederholungszwang stehend auf wiederholte Anwendung angewiesen ist und damit längere Fristen bzw. relative Dauer thematisiert, wenn man so will, Strukturen und nicht Ereignisse. Der Fall des Müllers Arnold ist nicht als Einzelgeschichte spannend – das ist der Fall natürlich auch –, sondern innerhalb der Rechtsgeschichte spannend als Symptom für einen Strukturwandel, der die Wiederholbarkeit von Machtsprüchen ausschließt, um die neue Regelhaftigkeit unabhängiger Justizverfahren in Gang zu setzen und rechtlich festzuschreiben.

Dieser temporale Aspekt, der der Geschichte des Rechts einen genuinen Anteil an der allgemeinen Geschichte zumißt, hat nun Folgen sowohl für die spezifische Quellenexegese wie für die Beziehung zu den Nachbarfächern und deren Sachbereichen. Das sei zum Schluß kurz angedeutet.

1. Juristische Quellentexte zielen, sofern sie Rechtsgeltung beanspruchen oder beanspruchten, auf Dauer, auf wiederholte Applikation, sehr im Unterschied etwa zu erzählenden Texten, auch wenn diese juristische Materien behandeln. Erzählende Texte oder Akten beziehen sich auf einmalige Vorgänge, die sie bezeugen. Rechtsstiftende Texte, die Urkunde als Ergebnis auch von Aktenvorgängen, Urteilssprüche aufgrund von vorgegebenen Verfahren und Gesetzen, oder Verträge infolge vorausgehender Verhandlungen setzen eine Zäsur in die vorangegangenen Ereignisketten, um eine neue Dauer zu installieren. Um derartige Dauerhaftigkeit zu ermöglichen, werden Gewohnheitsrechte mündlich tradiert oder schriftlich fixiert, und dazu dienen schließlich die Gesetze selbst: All diese Texte beanspruchen von ihrer sprachlichen Selbstaussage her über ihre jeweils einmalige Anwendung hinaus wiederholte Anwendbarkeit. Insofern hat es die Rechtshistorie, analog zur Bibel der Theologen, mit Textsorten zu tun, die von sich aus Recht zu erkennen geben. Ihr sprachlich formulierter Sachverhalt, ihre Begrifflichkeit ist eine andere, als wir sie etwa aus Reden kennen, die

Parlamentarier halten, um ein neues Gesetz zu begründen und mehrheitlich zustimmungsfähig zu machen. Die eine Textaussage ist bewußt temporär, die andere zielt auf Dauer. Daher gehört auch die Dogmatik auf gleich ursprüngliche Weise zur Geschichte des Rechts wie eine Hermeneutik, die den Text als einmaligen Text zu verstehen sucht. Die zeitliche Tiefendimension, die auf relative Dauer des Rechtes zielt, verleiht also den spezifischen Rechtsquellen einen eigenen Status, der nicht mit dem Status einer politischen, einer geschäftlichen oder einer erzählenden Quelle verwechselt werden darf.

Es gibt also genuin rechtliche Quellen, die von ihrer Eigenaussage her auf Applikation zielen, deren Sinn nicht auf ihre einmalige Entstehungssituation oder auf ihre einmalige Wirkungsgeschichte reduziert werden kann. Sowohl die Verfahrensregelungen wie die materiellen Ordnungsbestimmungen zielen auf ihre wiederholte Anwendung, haben eine iterative, also eine andere temporale Struktur als jene Quellen, die der Ereignisgeschichte verhaftet bleiben.

2. Aber dies ist nur ein Aspekt, der sofort ergänzt werden muß. Damit komme ich, zweitens, zum Verhältnis der Rechtsgeschichte zu den benachbarten historischen Fächern. Es ist allen Quellen gemeinsam, daß sie auf eine außertextliche Wirklichkeit verweisen. Diesen Status teilt der juristische Quellentext mit den Texten aller historischen Wissenschaften. Jeder Text kann zur Quelle für jede historische Fragestellung werden. So lassen sich die eine spezifische Rechtsgeltung beanspruchenden Texte ebenso ökonomisch, politisch, sozialhistorisch, theologisch, sprachgeschichtlich oder sonstwie lesen, wenn ich nur die entsprechenden Fragen an sie richte. Das trifft auch in umgekehrter Richtung zu. Die Rechtshistoriker haben diesen Perspektivenwechsel zugunsten ihrer eigenen Geschichtsschreibung schon ausgiebig vorgenommen; die Hilfswissenschaftsdienste leistenden Nachbarn werden dann methodisch für die Rechtsgeschichte vereinnahmt. Ich erinnere an Fehr für die Literaturgeschichte, an Ernst Rudolf Huber für die politische und Sozialgeschichte, an Sohm für die Kirchengeschichte, an Max Weber für die Wirtschaftsgeschichte, an Radbruch für die Kunstgeschichte: Alle genannten Gattungen wurden samt ihren spezifischen Quellen für die Rechtsgeschichte ausgedeutet.

Wir können deshalb zwei Abgrenzungen der Rechtshistorie zu den Nachbarwissenschaften treffen. Eine strenge Abgrenzung konzentriert sich auf genuin rechtliche Inhalte transportierende Texte und bedient sich der Nachbarn nur zur Hilfeleistung. Eine elastische Abgrenzung greift aus. Dann zeigt sich, daß die Rechtsgeschichte ohne politische, soziale oder Wirtschaftsgeschichte, ohne Religions- oder Sprach- und Literaturgeschichte usw. gar nicht auskommt. Das kennzeichnet unsere gegenwärtige Forschungslage. Heute werden gegenseitige Abhängigkeiten aufgewiesen, die, bei allem Vorbehalt der Revision, in sich schlüssige Deutungen bieten. Selbstredend kann jedes Recht als Interessenwahrung der Mächtigen gelesen, gleichsam das thukydideische Modell verwendet werden, wie auch immer ideologiekritisch angereichert. Natürlich kann jedes Recht auch als Ausdruck sprachlicher Möglichkeiten einer Rechtsgemeinschaft interpretiert werden. Natürlich kann jedes Recht als Antwort auf soziale Mißstände oder ökonomische Herausforderungen hin interpretiert werden, ob es sich, um Beispiele zu nennen, um die Abtreibungsregelung handelt oder um das Vertragsrecht oder um das Völkerrecht, das heute den Festlandssockel neu zu bestimmen genötigt wird. Jedes Recht kann als Reaktion auf bisher ungeregelte oder neu auftauchende Probleme oder als Regulativ für außerrechtlich vorgegebene Streitfälle gelesen werden. Insoweit bleibt die Geschichte des Rechts eingebettet in die allgemeine, in die politische und in die sozioökonomische Geschichte, neuerdings auch in die Geschichte der Technik.

Diese Abhängigkeitsbestimmungen sind nicht willkürlich, sondern ergeben sich zwangsläufig auch aus einer rechtshistorisch immanenten Quellenexegese. Jede konfligierende Deutungsgeschichte der auf Dauer eingestellten Rechtssätze verweist uns auf vorrechtliche und außerrechtliche Herausforderungen, die neu beantwortet werden müssen. Jede Differenzbestimmung zwischen Sein und Sollen evoziert die Frage nach außer- oder vorrechtlichen Faktoren, die diese Differenz bedingen. Oder wenn aus altem Unrecht neues Recht wird, wie seit der Aufklärung im Ehescheidungsrecht oder wie in der heutigen Abtreibungsregelung, herrschen außerrechtliche Anpassungszwänge sozialer und politischer Art, deren Druck eine potentielle Rechtsqualität generiert.

Aber auch rechtliche Innovationen, die sich unter den Pressionen der Industrialisierung ergeben haben und die sich unter dem Zwang wachsender globaler und ökologischer Abhängigkeiten noch ergeben werden, können nur rechtliche Qualität gewinnen, wenn sie wiederholbare Strukturen formieren helfen. Darin liegt ihr Test auf Gerechtigkeit enthalten. Das gilt für Verwaltungsakte und Richtsprüche im gleichen Maße wie für die Gesetze als solche und für internationale Vereinbarungen.

Um ein historisch bekanntes Beispiel zu nennen: Die Steinschen und die Hardenbergschen Reformgesetze reagierten mittelfristig auf einen sozialen Strukturwandel, kurzfristig auf eine politische und ökonomische Katastrophe. Ihre innovatorische Schubkraft mag unterschiedlich hoch eingeschätzt werden; jedenfalls hing der Erfolg der Innovation von der Wiederholbarkeit der neuen Rechtsordnungen ab. Stein griff mit seiner Städteordnung auf überkommene ständische Ordnungsmuster zurück. Es handelte sich um eine stadtbürgerliche Standesreform, und deshalb war sie erfolgreich. Ein Minimum an ständischer Abgrenzung wurde neu reguliert, um ein Maximum an finanzieller und stadtbürgerlicher Selbstverwaltung zu sichern. Ohne Rückgriff bzw. Wiederaufnahme altständischer Gepflogenheiten und Rechtsregeln wäre die Städteordnung – vermutlich – gescheitert. Hardenbergs Wirtschaftsreformen waren daran gemessen von größerer Innovationskraft und sind gerade deshalb – teilweise – gescheitert. Sie überformten und zersetzten zugleich die stadtbürgerliche Rechtsordnung des Freiherrn vom Stein, indem sie auf eine gemeinsame und gesamtstaatliche Wirtschaftsordnung für alle preußischen Einwohner drängten. Zahlreiche Verwaltungsakte und Gerichtsurteile waren nötig, schließlich weitere Gesetze und zwischenstaatliche Vereinbarungen, um jenen anfangs intendierten Wirtschaftsraum herzustellen, der von gemeinsamen Rechtsregeln geordnet wurde.

Altständische Interessen – und Rechte – wirkten dem entgegen, neue wirtschaftsbürgerliche Interessen und Rechtsansprüche drängten auf einen beschleunigten Wandel. Die spezifisch rechtliche Antwort auf die Herausforderungen dieser sozialen Gemengelage bestand in der Suche nach Rechtsregeln, die sich durch wiederholte Anwendung bewähren mußten und insofern auch Gerechtigkeit verbürgen konnten. – Dies herauszuarbeiten ist die genuine Aufgabe einer Rechtshistorie, die sich nicht in der allgemeinen Sozialgeschichte verlieren darf, sosehr sie auf deren Fragestellungen eingehen muß.

Wenn ich recht informiert bin, ist die sozialhistorisch gesättigte Verwaltungslehre von Lorenz von Stein der erste und bisher letzte Versuch, diese gegenseitigen Abhängigkeiten und Vorgaben sowohl systematisch wie ländervergleichend zu untersuchen. Aufgrund der heute ausdifferenzierten Methoden und neuen Fragestellungen wäre sie neu zu schreiben.

Unsere strenge Abgrenzung einer auf genuine Rechtsquellen bezogenen Rechtsgeschichte hat uns also auf die notwendige Ausweitung und Einbeziehung der anderen Zweige der Geschichtswissenschaften hingeführt. Aber bei den konstatierten Abhängigkeiten und Faktorenanalysen, was worauf zurückführbar ist, etwa das Recht auf Interessen oder Machtkonstellationen, sollte es nicht bleiben. Es gibt vielmehr minimale Bedingungen der allgemeinen Geschichte, die nur rechtsgeschichtlich begriffen und nur rechtshistorisch erklärt werden können. Die Reduktion der Rechtsgeschichte auf wechselnde Interessenlagen und diachrone Machtgeschichten ist allgemeinhistorisch gesprochen eine Selbstverständlichkeit, zerstört aber den Eigengehalt jener Rechtsgeschichte, deren temporale Struktur auf Wiederholbarkeit hin angelegt ist. Ich möchte deshalb zum Schluß die Frage umgekehrt formulieren: Wie sähe die allgemeine Geschichte aus, wenn sie nicht daraufhin befragt würde, was in ihr nur möglich war, sofern sie rechtlich bedingt und rechtlich strukturiert ist?

Unsere historiographische Ausgangsfrage nach denkbarer, nach möglicher oder unmöglicher Gerechtigkeit würde institutionell unterschlagen. Anders gewendet: Die Rechtsgeschichte ist eine notwendige, aber nicht hinreichende Bedingung der allgemeinen Geschichte. Deshalb wäre eine integrale Rechtsgeschichte zu fordern; und wir hätten eine empiriegesättigte Entsprechung zu meiner ersten These, daß es keine Geschichtsdeutung gibt, die die Frage nach der Gerechtigkeit unterbinden kann.

Die Durchführung einer solchen integralen Rechtsgeschichte müßte die zeitlichen Unterscheidungen aufsuchen, die sich aus dem Daueranspruch und der Wiederholbarkeit jeglichen Rechtes ergeben. Es gibt verschiedene Veränderungsgeschwindigkeiten der politischen, der sozialen, der ökonomischen, der sprachlichen und eben der rechtlichen Geschichte, die in der Erfahrung des Alltags von gestern auf heute bis morgen allesamt zusammenwirken und konvergieren. Aber aus ihren sachbedingten Differenzen ergeben sich im jeweiligen Heute ebenso Friktionen, die lösen zu helfen eine der dauerhaften Aufgaben des Rechts war und bleibt. Deshalb verläuft die Geschichte des Rechts langsamer, so möchte ich vermuten, hat eine andere Wandlungsgeschwindigkeit als die Ereignisfolge zumindest der politischen Geschichte. Dauer braucht eben ihre Zeit. Deshalb vielleicht sind auch die Juristen konservativer als ihre anderen Fachgenossen: konservativer nicht aus politischen Gründen, sondern weil es ihr gutes Recht ist.

Deutschland – eine verspätete Nation?

1.

1935 erschien in der Schweiz ein gewichtiges Buch, unter einem zwar präzisen, aber wie der Verfasser später meinte, etwas schwerfälligen Titel, der falsche Lesererwartungen erweckt habe: *Das Schicksal deutschen Geistes im Ausgang seiner bürgerlichen Epoche*. Es handelte sich um die Vorlesungen, die Helmuth Plessner in Groningen, im niederländischen Asyl, vor seinen Studenten gehalten hatte.

Und in der Tat entspricht die Semantik der Titelei durchaus dem Sprachgebrauch, der auch von Nationalsozialisten gepflegt wurde, jenseits der politischen Zollgrenze, die das Buch an seiner Verbreitung in Deuschland zunächst gehindert hatte. Vom Schicksal oder vom deutschen Geist zu sprechen war damals Mode, und auch der Abschied von der bürgerlichen Epoche gehörte zu den oft beschworenen topoi der Gebildeten, die sich nicht nur vom Marxismus distanzierten, sondern hierin mit ihm übereinzustimmen meinten.

Es zeichnet Plessner aus, daß er die deutsche Geistesgeschichte rundum ernst nahm, daß er sich verstehend auf sie einließ, um sie desto begründeter kritisieren und in Frage stellen zu können. Er scheute sich nicht, immer wieder von ›wir‹ und ›uns‹ zu sprechen, wozu er als Flüchtling wahrlich keinen Anlaß gehabt hätte. Als Philosoph, als Anthropologe und als Phänomenologe weiß er sich beteiligt an jenem Geschehen, das er analysiert. Nie versetzt er sich in die Pose des moralischen Besserwissers, wenn er rund vierhundert Jahre vorausgegangener Geschichte befragt, um die längerfristigen Gründe zu finden, die die Deutschen in ihre Verblendung getrieben haben. Namen werden nicht beschworen, wohl aber Strukturen beschrieben: Strukturen der Gesellschaft und der geistigen Strömungen, und wie sie auf je verschiedene Weise aufeinander einwirkten. So entstand ein Werk, das in einer Reihe genannt zu werden verdient mit zwei Büchern aus der gleichen Lage und der gleichen Zeit, die ebenfalls von zwei Philosophen verfaßt wurden, die von den deutschen Nationalsozialisten ebenfalls zu Juden abgestempelt worden waren: *Die Krisis der europäischen Wissenschaften und die transzendentale Phänomenologie* von Edmund Husserl (1936 in Belgrad erschienen), einem Lehrer Plessners, und *Von Hegel zu Nietzsche* von Karl Löwith (1939 in Japan vorgetragen, Husserl gewidmet und zwei Jahre später in der Schweiz publiziert). Die Bücher waren damals deutschen Lesern kaum zugänglich.

Alle drei Autoren sind Meister der philosophischen Geistesgeschichte. Husserl universal-historisch und auf die eigene Lehre hin bezogen teleologisch argumentierend; Löwith sich auf die deutschen Geistesgrößen des vergangenen Jahrhunderts beschränkend, aber diese systematisch befragend und sie einer allen gemeinsamen Unwiederbringlichkeit ihrer klassischen oder christlichen Vergangenheit aussetzend; Plessner schließlich bezieht als erster die ganze europäische Geschichte ein, um die deutsche daran zu messen, aber ebenso um zu zeigen, wo die deutsche Geschichte zugleich stellvertretend für die europäische einstehen kann. Auch er konstatiert – 1933 – eine gewisse Unumkehrbarkeit, die vom Verfall der klassischen Philosophie vorgezeichnet sei, weil sie vagierende Weltanschauungsansprüche der biologischen Rassenlehren zugelassen oder freigegeben habe. Plessner arbeitet am meisten historisch-soziologisch, angeblich für sich selbst sprechende Faktoren vergleichend und zusammenführend, die dann auf politische Groß-Konstellationen hinweisen, die sich dramatisch wandeln. So sieht er aus der Reformation hervorgehen eine fatale Dialektik zwischen deutscher Innerlichkeit und dogmatischer Staatskirchlichkeit. Den Deutschen habe jenes Goldene Zeitalter gefehlt, das den Briten, den Niederländern oder den Franzosen im 16. und 17. Jahrhundert zugute gekommen sei, bis hin zum gesellschaftlichen Benehmen, das den deutschen Bürgern abgehe – so großartig auch ihre Musik oder ihre philosophischen Systeme gelungen seien. Aber der Bezug zum Staat und zu Staatsidealen sei nie geglückt, so daß eine vorstaatliche Reichstümelei oder eine außerstaatliche Volkstumsideologie wuchern und wachsen konnten. Eine Bedingung dieser Konstellation liege in der anhaltenden Differenz zwischen dem überstaatlichen Sprach- und Kulturgebiet aller in Europa angesiedelten Deutschen und einer vormodern bleibenden Territorialstaatlichkeit, die nie alle Deutschen erfassen konnte. Die westlichen Nationen blieben traumatische Vorbilder, sie zu erreichen spätestens seit dem Dreißigjährigen Krieg unmöglich. Alle weiteren Versuche des Aufholens, vor allem während der rasanten Industrialisierung, hätten es nie vermocht, jene politische Kultur zu entfalten, die sich auf die Staatsnation beruft und nicht auf ein – weitgehend unpolitisches – Volksgebilde. Plessner spart nicht mit deutlichen Hinweisen auf die Rolle der Nachbarn, etwa der Franzosen in Versailles 1919, die es verhindert haben, daß sich die Deutschen und die Deutsch-Österreicher zusammenschlossen, um die – gerade auch im westlichen Sinne erwünschte – Volkssouveränität in einem gemeinsamen Staate ausüben zu können. Aber er legt größeren Wert auf längerfristige oder gleichsam tiefer liegende Komplexe, die die Deutschen an ihrer Selbstbestimmung gehindert hätten. Der mangelnden politischen Autonomie entsprechen geistige Mißstände. Die Naturwissenschaftler verdinglichten das Volk zu einer vermeintlich biologisch nachweisbaren Rasse, die Philosophen akzeptierten ihre außerwissenschaftliche Nebenrolle, indem sie formale Erkenntnistheorie betrieben oder inhaltsleere ›Entscheidungen‹ zu existentiellen Vollzugsweisen menschlichen Lebens erklärten.

In mancherlei Hinsicht mag der damalige oder der heutige Leser über diesen oder jenen Punkt mit Plessner streiten, aber nur weil er sich durch die Fülle der vorsichtig abwägenden und doch eindeutigen und gedankenreichen Aussagen zur Kritik provoziert fühlt. Wichtig bleibt Plessners durchgängige Beweisführung, daß alle dualistischen Oppositionen, etwa zwischen Wirtschaft und Politik oder zwischen Staat und Gesellschaft, zwischen Protestantismus und Katholizismus, zwischen Geist und Leben, nie weitertragen, sondern selbst auf ihre immanent ideologische Struktur hin untersucht werden müssen. Infolgedessen akzeptiert Plessner – mit Thomas Mann – auch nicht die These von den beiden Deutschland – etwa dem guten Weimar und dem bösen Potsdam. Vielmehr sieht er gerade in dem spezifisch Guten der deutschen Geschichte auch jenes Böse enthalten, das aus dem Guten hervorgetrieben wurde.

Das mag an Goethe oder Hegel erinnern, aber muß deshalb nicht falsch gedacht sein. Plessners Leistung besteht darin, daß er sich nie auf billige ideologiekritische Gleise abdrängen läßt, die kostenlos befahrbar sind. Er sucht nirgends nach Entschuldigungen, sondern sucht zu verstehen und zu erklären, auch um Verantwortung freizulegen. Und das um so mehr, als sich die zu diagnostizierende Lage nach dem Zweiten Weltkrieg und nach dem Judenmord auf so nicht vorhersehbare Weise geändert hatte – auch wenn die langfristigen Strukturen und mittelfristigen Konstellationen der deutschen Geschichte deshalb keine anderen geworden sind. Deshalb veranlaßte Plessner, um Reflexion, Besinnung und Erkenntnis anzuregen oder zu schärfen, 1959 eine zweite Ausgabe seines Buches. Der Text blieb, von kurzen Zugaben abgesehen, derselbe, worauf er, was ihm nicht lag, hätte stolz sein können. Aber er änderte den Titel, der nunmehr lautete: *Die verspätete Nation, über die politische Verführbarkeit bürgerlichen Geistes*. Mit diesem neuen Titel, einer verspäteten Nation, statt wie bisher vom sogenannten deutschen Schicksal eines sogenannten deutschen Geistes zu handeln, verschiebt sich der Thesengang Plessners um eine kleine, aber entscheidende Nuance.

Davon soll im folgenden gesprochen werden.

2.

Während der erstmals 1935 und dann 1959, also vierundzwanzig Jahre später, erschienene Text unverändert geblieben ist, wurde nur der Titel geändert. Damit rücken die subtilen Analysen der deutschen Geschichte, die immer im Hinblick auf die Nachbarnationen vergleichend vorgetragen worden waren, plötzlich in eine teleologische Perspektive. Verspäten kann sich nur, wer seinen Fahrplan nicht einhält. Aber wer befindet über den Fahrplan, der gar von einer »Nation« eingehalten werden soll? Die benachbarten Nationen oder die eigene Nation, die sich den Normen der Nachbarn fügt? Oder die Nation, die sich ihre eigenen Ziele setzt? Gibt es überhaupt einen weltgeschichtlichen Fahrplan, nach dem sich die einzelnen Nationen – wenn sie denn schon als die wichtigsten Handlungsträger hingenommen werden – zu richten hätten?

Moralisch und normativ ist die Formel einer verspäteten Nation suggestiv und wirksam. Aber geschichtstheoretisch steht sie auf schwachen Füßen. Sie verkündet eine exklusive Teleologie ex post, die nur eine Alternative zuläßt: Erfüllung oder Scheitern. Diese Zwangsalternative hat obendrein den argumentativen Vorteil, daß derjenige, der sie vertritt, immer im Recht bleibt. Entweder wird der normierte Fahrplan eingehalten oder man kommt zu spät. Tertium non datur. Der abwägende Text Plessners hat durch den aufgesetzten Titel eine Zuspitzung erfahren, die der Text selber nicht hergibt. Aber so hat er seitdem gewirkt: normativ richtend. Die Deutschen seien selber schuld, wenn sie nicht wie ihre westlichen Nachbarn, die Franzosen, die Niederländer, die Briten, eine kultivierte, humanistisch fundierte Staatsnation gebildet hätten. Gegen dieses moralisierende Urteil seien methodische Bedenken angemeldet.

Zunächst sei die normative Zwangsalternative heruntergestimmt. Die Deutschen haben sich nicht verspätet, vielmehr sind sie im Hinblick auf die politische Zielsetzung einer Nationalstaatsbildung später als die Franzosen, später als die Briten oder die Niederländer vorangekommen, in etwa gleichzeitig mit den Italienern, aber früher als die Polen, die Tschechen oder andere ost-mitteleuropäische Völker, die erst jetzt dabei sind, unter großen Opfern sich ihre eigenen, homogenisierten Staaten anzumessen.

Wird also die temporal normative Kategorie der Verspätung in eine vergleichende Perspektive getaucht – was ›früher als‹, ›gleichzeitig mit‹, ›später als‹ geschehen ist –, dann gewinnt die deutsche Geschichte ihren europäischen Kontext zurück.

Dann läßt sich die Gegenfrage stellen: Wann hätte sich denn die deutsche Nation früher als Staatsnation bilden können, um die vermeintliche Norm westlicher Vorbilder einlösen zu können? Es sei daran erinnert, daß sich der Begriff des Einen deutschen Volkes – von literarisch-humanistischen Vorläufern um 1500 abgesehen – erst langsam im 18. Jahrhundert herausgebildet hat und daß dieser Begriff noch im 19. Jahrhundert ein Erwartungs-, ein Hoffnungsbegriff war, dem noch keinerlei verfassungspolitische Realität entsprach, bis zur Stiftung des sogenannten klein-deutschen Reiches, das etwa ein Drittel der Deutschen aus der neuen Staatsbildung ausschloß. Es gab eben empirisch nicht das eine deutsche Volk, sondern immer handelte es sich um viele Völker, die zwar ähnliche Sprachen sprachen, kulturelle Gemeinsamkeiten pflegten, aber politisch sich auf zahlreiche Territorialstaaten verteilten. Um 1800 lautete denn auch die sehr korrekte Bezeichnung: ›deutsche Völkerschaft‹. Dieser Begriff umfaßte sowohl die Vielzahl der einzelnen Völker – der Preußen, der Sachsen, der Bayern, der Österreicher usw. – wie auch deren minimale Gemeinsamkeit in den ertragreichen Feldern der Kultur und einer gemeinsamen Hochsprache.

Diese Pluralität führt uns weit zurück in das hohe Mittelalter. Erst um 1200 gewann der Ausdruck ›Deutscher‹ die Kraft einer Selbstbezeichnung. Zuvor indizierte das Adjektiv ›deutsch‹ nur jene Menschen, die nicht des Lateinischen mächtig waren – die halb barbarischen, ehedem sogar noch heidnischen Menschen, die nicht zum Klerus zählten. Aber auch als Illiterate konnten sie die fürstlichen Herrschaftsränge einnehmen.

Und um 1200 wurden ›die Deutschen‹ nur von jenen Fürsten auf sich selbst bezogen, die den Kaiser zu wählen berechtigt und zur Romfahrt verpflichtet waren. Es war jene kleine Gruppe des Hochadels, der das Heilige Römische Reich segmentär und alternierend beherrschte, mit einer Vielzahl von Völkern unter sich, je nach den Landen und Herrschaften, denen diese Völker eingeordnet waren.

Es war also eine Herrschaftselite, die erst im 15. Jahrhundert den Namen einer deutschen Nation auf sich zog und die auch Luther angesprochen hatte: als Adelsnation, um sie auf eine christliche Erziehung zu verpflichten. Von deutschen Landen, gelegentlich von Deutschland war dabei die Rede, aber nicht von einem ›deutschen Volk‹. Und dabei blieb es, solange das Römische Reich existierte und darüber hinaus auch im deutschen Bund von 1815 und, völkerrechtlich korrekt, auch im zweiten Deutschen Reich, das als ein Bund der Fürsten geschlossen wurde. Noch 1914 adressierte Wilhelm II. beim Kriegsausbruch, als er keine Parteien mehr und nur noch Deutsche zu kennen beschwor, die Völker und Stämme des Deutschen Reiches. Seine monarchischen Kollegen hätten es ihm gewiß verübelt, ihnen ihre Völker wegzudefinieren. Erst eine Verwaltungsanordnung aus Hitlers Innenministerium sorgte dafür, daß deutsche Bürger in ihrem Paß zuerst als ›Deutsche‹ und nur in zweiter Linie als Preußen, Sachsen, Bayern usw. zu identifizieren seien.

Wir haben also einen erstaunlichen Befund zu registrieren, der vom Hochmittelalter bis tief ins 20. Jahrhundert hineinreicht. Er bezeugt nur langsam sich ändernde, aber grundsätzlich sich wiederholende Strukturen der deutschen Geschichte: es ist und bleibt die Geschichte vieler Völker, die sich staats- und völkerrechtlich, lehens-, stadt- und landrechtlich – auch römisch-rechtlich – so sehr wie sozialgeschichtlich und mentalitätsgeschichtlich voneinander unterscheiden lassen, auch wenn sie als Völkerschaft zahlreiche Gemeinsamkeiten aufweisen. Vor allem waren sie beherrscht von einer deutschen Adelsnation, die im internationalen Hochadel heiratsfähig blieb. Darin war der deutsche Hochadel dem polnischen, dem ungarischen, dem italienischen Hochadel ähnlich, die auch verschiedene Völker beherrschten, während der französische Hochadel seine analogen Herrschaftspositionen dank Richelieu und Mazarin bereits im 17. Jahrhundert zu räumen genötigt wurde. Nur der britische Hochadel wahrte, elastisch zum Bürgertum offen, seine parlamentarisch abgesicherten Vorrechte bis tief in das 19. Jahrhundert hinein – strukturell vergleichbar mit den deutschen Herrschaftsständen, die sich auf dem Reichstag zu Regensburg versammelten.

Die Vielzahl deutscher Völker blieb also verflochten mit der Vielzahl herrschender Adelsfamilien, die international eingebettet waren. Das Heilige Römische Reich war eben bis zu seiner gewaltsamen Beseitigung auch ein europäischer Herrschaftsverbund. Davon zeugen die osmotischen Grenzen, die eine eindeutige Innen-Außen-Abgrenzung gar nicht erst aufkommen ließen: Man denke an die Union Hannover-England (bis 1837), Dänemark-Schleswig-Holstein (bis 1866), Niederlande-Limburg-Luxemburg (bis 1867), an die starke Union Brandenburg-Preußen und die konkurrierende von Sachsen und Polen, sowie an die Jahrhunderte währende Union Österreich-Ungarn, von den habsburgischen Herrschaften in Italien ganz abgesehen, die erst 1866 beendet wurden. Alle Fürsten und Stände der genannten Länder waren zugleich Glieder der Reichsverfassung und ebenso unabhängige Herrscher im Europa außerhalb des Reiches.

Dieser elastischen Grenzbildung, die noch tief in das Zeitalter souveräner Staaten hineinreichte, entsprach die semantische Bezeichnung jenes ›Deutschland‹, das sich dahinter verbergen mochte: Die Namen sind in etwa so zahlreich wie die Nachbarn, die die Deutschen als Alemannen, als Sachsen, als Germanen, als Teutonen, auch als Deutsche oder eben weiterhin als sprachlich Unverständliche wahrnahmen und so bezeichneten. Die politische Grenzosmose reichte bis in die Semantik hinein. Sie bot ein politisches Kaleidoskop, das die Deutschen geographisch perspektivierte. Da war und blieb es schwierig, von Innen wie von Außen, eine einzige, gemeinsame, gar durch Volkssouveränität legitimierte Staatsnation zu bilden. Plessner hat in seinen Analysen darauf hinzuweisen immer großen Wert gelegt – bis hin zur gewaltsamen Verhinderung einer deutschen Volkseinheit, wie sie sich erstmals 1919 nach der Niederlage anbot, als sich die ›großdeutschen‹ Österreicher und die ›Kleindeutschen‹ mit überzeugender Mehrheit zusammenschließen wollten.

So stellt sich denn die Frage, ab wann denn eigentlich die deutsche Staatsnation sich hätte bilden sollen – rechtzeitig, um nicht verspätet in die Wirklichkeit zu treten?

Etwa zu Luthers Zeiten, als die konfessionelle Spaltung anhob? Etwa durch den Bauernkrieg, der gewiß demokratische Potenzen freisetzte, aber gut ständisch von den schwäbischen Bürgern und von Rittern, vor allem aber von den Fürsten blutig beendet wurde – und das zu einer Zeit, als alle militärischen und wirtschaftlichen Faktoren auf eine Stärkung der Fürstengewalt hindrängten?

Oder hätte sich eine deutsche Nation bilden sollen im Abwehrkampf gegen die Türken im Osten, die Franzosen im Westen, die Spanier im Süden, die Schweden im Norden? Es war 1648 mühselig gelungen, die territorialstaatlichen Bildungen innerreichisch und international so weit abzusichern, daß der dreißig Jahre währende Bürgerkrieg bzw. Krieg sein Ende finden konnte.

Oder hätte eine Nationalstaatsbildung gelingen können im Siebenjährigen Krieg, der den österreichisch-preußischen Dualismus für mehr als ein Jahrhundert festschrieb? Oder hätte sich eine deutsche Nation staatsrechtlich legitimieren und erheben können im Abwehrkampf gegen die französischen Invasionen, die seit der Revolution wellenförmig Mitteleuropa überfluteten und politisch dauernd umstrukturierten? Nur im Bündnis mit Rußland und England war es schließlich gelungen, Napoleon zu vertreiben, wahrlich keine Freunde eines mächtigen deutschen Reiches mit nationalstaatlicher Qualität, sowenig diese Lösung von den einheimischen Vormächten Österreich oder Preußen favorisiert wurde – allen intellektuellen Beschwörungen und nationalistischen Aspirationen zum Trotz.

Oder hätte sich eine deutsche Nation 1848 bilden können? Das hätte geheißen, daß alle schwärenden Grenzkonflikte mit Dänemark und Russisch-Polen, innerhalb Böhmens und Ungarns sowie in Italien und auch noch im Westen hätten gelöst werden müssen und gelöst werden können – allemal auf Kosten der europäischen Großmacht Österreich-Ungarn, die halbseitig zum deutschen Bund gehörte und außerhalb dessen eine nationenübergreifende Monarchie bildete.

Oder hätte Preußen eben diesem Österreich 1859 in den Rücken fallen sollen, als es wegen seiner italienischen Besitzungen mit Frankreich und Savoyen in einen Krieg verwickelt wurde: nur um dieses Vielvölkerreich gewaltsam aufzulösen, zugunsten eines Großdeutschland, das keine der Großmächte Europas geduldet hätte? So endet unsere Fragekette bei den Einigungskriegen Bismarcks, die parallel zu den Einigungskriegen Cavours in Italien jene Minimallösung eines kleindeutschen, also unvollkommenen Reiches herbeiführten, mit einem vergleichsweise geringen Aufwand an ›Blut und Eisen‹, wenn man diesen Nationsbildungsprozeß mit den französischen Revolutionskriegen, mit dem amerikanischen Sezessionskrieg zur gleichen Zeit oder mit dem Krimkrieg oder gar mit dem Ersten Weltkrieg vergleicht: diese haben ein Hundertfaches an Opfern gefordert und gekostet.

Wann also, so muß gefragt werden, war der rechte Zeitpunkt für eine deutsche Nationsbildung, wenn sie denn in der zweiten Hälfte des vorigen Jahrhunderts »zu spät« erfolgt war? Unser Rückblick legt nahe, daß eine so formulierte Frage falsch gestellt ist. Sie sucht rückwärtswirkend, kraft einer Teleologie ex post, Normen einer Nationsbildung aufzustellen, die zu befolgen eine Geschichte im Optativ zu schreiben erheischt. Die unverrückbare Tatsächlichkeit der vergangenen Geschichte verbietet es, von einer ›verspäteten Nation‹ zu sprechen. Wohl aber ist es möglich, von einer unvollständigen oder einer – wie es Theodor Schieder vorgeschlagen hat – unvollkommenen Nationsbildung zu sprechen.

Dann läßt sich auch die ehedem offene Zukunft mitdenken, die eine aktive Parlamentisierung, eine größere Beteiligung aller Klassen, eine Einbeziehung der Deutsch-Österreicher in einem gemeinsamen Staat für wünschbar oder machbar, jedenfalls für planbar hielt, um eine nationale Demokratisierung des einen deutschen Volkes durchzusetzen. Wie wir heute wissen, sind alle diese Hoffnungen – und Utopien – nach dem Ersten und im und durch den Zweiten Weltkrieg gescheitert.

Streng genommen gibt es eine deutsche Staatsnation, wie sie Plessner angepeilt hat, erst seit 1990: nach der Wiedervereinigung des ehedem durch die Siegermächte geteilten Deutschland; nach der Herausbildung einer eigenständigen österreichischen Staatsnation seit 1955; nach der Umsiedlung aller außerhalb der heutigen Bundesrepublik wohnenden Deutschen nach »Deutschland« – ein Vorgang, der 1919 begann, dann 1939 von der SS gewaltsam vorangetrieben und terroristisch durchgesetzt wurde, der nach 1945 im bitteren Rückschlag als Aussiedlung weitergeführt und erst in diesen Jahren seinen relativen Abschluß gefunden hat, mit der Rückkehr der Siebenbürger und der Wolgadeutschen in ein Deutschland, das sie vor 800 bzw. vor 250 Jahren verlassen hatten. In Anbetracht dieser zeitlichen Dimensionen beginnt selbst die Bezeichnung einer ›Verspätung‹ eine surreale Dimension zu gewinnen.

3.

Ohne Zweifel, der Weg der Deutschen zu jener Nationsbildung, die sie jetzt erreicht haben, war ein Weg scheinbarer Erfolge, bitterer Katastrophen, säkularer Verbrechen, die sie begangen haben, und schließlich einer Bescheidung, die es begreiflich macht, warum der Begriff einer deutschen Staatsnation heute ohne emotionale Belastung verwendet wird.

Das führt uns zu einer weiteren Frage: wieweit ist es überhaupt angemessen, den Begriff einer deutschen Staatsnation zu verwenden, um den Ereignissen und Strukturen einer ›deutsch‹ zu nennenden Geschichte gerecht zu werden? Daß der Begriff der Verspätung theoretisch schwach und empirisch ungeeignet ist, um eine ›deutsche‹ Geschichte zu erklären, ist bisher aufzuweisen versucht worden. Jetzt soll unsere Skepsis noch einen Schritt weiter getrieben werden. Auch der Begriff einer ›Nation‹ selber mag, zumindest hypothetisch, Schwierigkeiten auftürmen, die wegzuräumen erst den Blick auf die Eigentümlichkeiten der deutschen Geschichte freilegen heißen könnte.

Der Begriff der ›Nation‹ stand unbeschadet der französischen Bedeutungskraft im deutschen Sprachgebrauch eher für kulturelle, geographische oder ethnische Besonderheiten, wie sie etwa die Sorben, die Dänen oder die Polen, oder eben auch die Sachsen oder die Bayern im deutschen Reichsverband aufzuweisen hatten. ›Volk‹ war dagegen ein übergeordneter Begriff, der sowohl politische wie theologische Bedeutungen in sich versammelte (von den sozialen Bedeutungen einmal abgesehen). Zum einen war er ein Übersetzungsbegriff von ›populus‹ und zielte in natur-rechtlicher Tradition auf das politische Staatsvolk (das viele ethnische Nationen in sich vereinen konnte), oder – zum anderen – enthielt das ›Volk‹ die biblischen und theologischen Botschaften, im Sinne eines göttlichen Heilsplanes auserwählt zu sein: Damit nähert sich dieser Volksbegriff jenem Nationsbegriff der Franzosen, der Briten, der Polen oder der Italiener im 19. Jahrhundert, die als Nation ebenfalls eine besondere Mission im welthistorischen Fortschritt für sich beanspruchten.

Die Wortbedeutungen von ›Nation‹ oder von ›Volk‹ mochten im deutschen oder im westlichen Sprachgebrauch einander widersprechen: strukturell drückten sie alternativ dieselben Ansprüche und Sachverhalte aus. Nicht nur das deutsche Volk berief sich im 19. Jahrhundert auf seine sprachliche und kulturelle Eigentümlichkeit und Einheit. Auch die französische Nation reklamierte ihre Sprache als Motor der Zivilisation, dem die Dialekte der Minderheiten in Frankreich zu weichen hätten. Die Opposition einer ›Sprachnation‹ bzw. einer ›Kulturnation‹ gegen eine ›Staatsnation‹, die sich ebenso auf ihre Sprache und auf ihre Zivilisation berief, ist nur politisch-funktional ernst zu nehmen, nicht substantiell festzuschreiben. Die nationalistischen Ansprüche glichen sich diesseits und jenseits der Grenzen seitenverkehrt exakt. Was sich ereignispolitisch auszuschließen schien, war strukturell einander gleich – oder zumindest ähnlich, um historisch vorsichtiger zu argumentieren.

Unsere Frage also, ob der Begriff ›Nation‹ theoretisch geeignet ist, die deutsche Geschichte analytisch zu erfassen, muß umformuliert werden. Weder die Nation noch das Volk – jener für die sogenannte deutsche Ideologie spezifische Begriff – sind kategorial geeignet, um die Eigentümlichkeiten der deutschen Geschichte herauszuarbeiten. Erinnern wir uns: Das deutsche Volk gibt es erst seit dem 18. Jahrhundert, als Erwartungsbegriff kommender Erfüllung. Sozialgeschichtlich und mentalitätsgeschichtlich gibt es dieses deutsche Volk als überwölbenden Begriff, der die Summe der territorialstaatlich gegliederten Völker umfassen sollte, erst seit der französischen Herausforderung, eine ›Nation‹ zu bilden. Und rein staats- und völkerrechtlich verbindlich ist dieses deutsche Volk erst als Souverän der Weimarer Verfassung in die Wirklichkeit getreten. Die Verfassung von 1867 und 1871 war noch ein Bundschluß deutscher Fürsten – zum Schutz des deutschen Volkes –, die ihrem politischen Verband den Namen eines Deutschen Reiches gaben.

Damit komme ich zu meiner Schlußthese. Die deutsche Nation, wenn sie denn 1871 erstmals schüchtern und übermütig in Erscheinung trat, war bislang immer daran gehindert worden, eine solche zu werden, weil die langfristigen Strukturen der deutschen Geschichte nie national, sondern immer schon föderal ausgerichtet waren. Es sind die föderalen Strukturen der deutschen Geschichte, die uns von jenen Nachbarländern unterscheiden, die früher als wir zu einer Nationsbildung fanden. Und es sind die föderalen Strukturen, die über Jahrhunderte hinweg verhindert haben, daß sich so etwas wie eine deutsche Staatsnation im modernen demokratischen Sinne gebildet hatte.

Seit dem Hochmittelalter haben sich die deutschen Herrschaftsstände föderal organisiert, die Kurfürsten, die Fürsten, die Ritter, die Stadtbürger und auch die Bauern. Sei es im Miteinander derselben Stände oder sei es im zwischenständischen Verein: die deutsche Geschichte vollzieht sich in immer neuen Bundesformationen, die sich quer zum Lehensgefälle der Reichsverfassung immer wieder paritätisch organisierten, um handlungsfähig zu werden. Dieses Organisationsprinzip enthielt sogar eine republikanische Komponente, die sich auch in der Kreisverfassung der frühen Neuzeit durchsetzte.

Die föderalen Strukturen der deutschen Geschichte können nun gar nicht unterschätzt werden, um im Vergleich zu den benachbarten Ländern deutsche Spezifika zu erklären. Nie kam es zu einer gesamtstaatlichen Monarchie, weil alle Stände unter sich und miteinander eine Vereinigungsfreiheit genossen, die gegenläufig zur Lehenshierarchie wirksam blieb. Sukzessive schieden einzelne Stände aus: zuerst die Bauern – im sogenannten Bauernkrieg, der sie um ihre Einungsfreiheit brachte –, dann die Ritter, auch im 16. Jahrhundert, es folgten die Stadtbürger, vor allem die Hanse, die sich im Westfälischen Frieden keine völkerrechtliche Qualität mehr erwirken konnte. Die Gewinner blieben die ausländischen Nachbarn und die Fürsten, die innerhalb des Reiches weiterhin ihre Einungsfreiheit wahrten: am wirksamsten im Fürstenbund von 1785, der eine monarchische Reichsverfassung der Habsburger endgültig verhinderte.

Die ständische Einungsfreiheit, die reichsrechtlich immer nur halblegal blieb, politisch aber desto selbstbewußter gewahrt wurde, hatte nun als stetiges Wiederholungselement der deutschen Politik langfristige Folgen.

1. Das Reich war unter den damaligen Kommunikationsbedingungen zu groß, um als Staat institutionalisiert werden zu können. Deshalb konnte sich auch kein politisch organisiertes Staatsvolk der Deutschen herausbilden. Die ständischen Brechungen ließen nur territorialstaatliche Völker zu, deren Fürsten höchstens regionale oder überregionale Bündnisse eingehen konnten.
2. Diese Bünde bzw. Einungen konnten, befristet, wie sie aus pragmatischen Gründen geschlossen wurden, gleichwohl den Status einer Großmacht gewinnen. Damit übernahmen sie Funktionen, die im Westen, in Frankreich etwa, zur Staatsbildung beitrugen. Der Schwäbische Bund war z. B. die einzige politisch verfaßte Militärorganisation, die stärker als alle einzelnen Fürsten dazu imstande war, den Flächenbrand der Bauernaufstände in Süd- und Mitteldeutschland brutal niederzutreten. Er war 1525 eine europäische Großmacht.
3. Die Einungsfreiheit der Stände konnte aber auch direkt zur Staatsbildung führen: bei den Schweizer Kantonen und den Niederländischen Staaten (= Ständen), die, beide am Rande des

Reiches gelegen, sich quasi halblegal aus diesem Reichsverband emanzipierten. Dem kam entgegen, daß ihre Territorialherren zur habsburgischen Dynastie gehörten, eine Ablösung vom Kaiserhaus also eine Ablösung vom Reich erleichterte. Ihr Gründungsmuster war aber föderal, wie es in der Reichsgeschichte gepflegt wurde.

4. Die seit dem Hochmittelalter vorgegebene Einungsfreiheit zeitigte noch weitere, welthistorisch zu nennende Folgen. Sie ermöglichte es nämlich, daß sich die konfessionellen Kampfbünde zum Schutz der Reformation bzw. der Gegenreformation in traditionellen, noch vorkonfessionellen Bahnen zusammenfinden konnten. So blutig die Kämpfe der Unionen und Ligen auch wurden, das Ergebnis einer konfessionellen Parität war nur möglich, weil sich die Reichsstände ganz herkömmlich regional zusammenschließen konnten – und sei es jetzt nur zum Schutz ihres Bekenntnisses. Die 1648 endlich besiegelte Toleranz – mangels Alternativen – war eben auch und vor allem ein Ergebnis der strukturell bereits vor der Reformation vorgegebenen Bündnisfreiheit der deutschen Stände.

Darin unterscheidet sich die deutsche Geschichte langfristig und strukturell von den Geschichten der Nachbarstaaten. In Frankreich wurden die föderalen Chancen der Stände, vor allem des calvinistischen Adels, sukzessive unterhöhlt und schließlich zunichte gemacht – zugunsten einer intoleranten Staatskirche, die zu den Voraussetzungen der radikalen Aufklärung und der Französischen Revolution gehört.

Der Bürgerkrieg in Großbritannien vernichtete alle föderalen, also auch paritätischen Möglichkeiten zwischen England, Schottland, Irland und Wales. Es obsiegte eine anglikanische Staatskirche, die im Bunde mit dem Parlament alle anderen Bekenntnisse zu nur geduldeten Denominationen herabdrückte, bis erst im 19. Jahrhundert mühsam eine konfessionelle und damit auch politische Toleranz Fuß fassen konnte.

Die polnische Republik, mit ihrem Wahlkönigtum und ihren Föderationen in mancher Hinsicht der deutschen, föderal durchmischten Reichsverfassung ähnlich, konnte nicht verhindern, daß sich die katholische Kirche als exklusive Staatskirche durchsetzte und somit einer nationalen Intoleranz Vorschub leistete, die bis tief in unser Jahrhundert hineinwirkte, nachdem der polnische Staat endlich wieder entstand.

Die italienische Staatenvielfalt samt ihren föderalen Freiheiten, die vorbildlich auf die deutschen Bündnisformationen eingewirkt hatten – im Hoch- und Spätmittelalter –, hat es in der Frühen Neuzeit nicht vermocht, ihre autonomen Bündniskräfte zu erhalten. Die von außen gesteuerten Dynastien der Bourbonen und der Habsburger und auch die Savoyer hielten dem Papst getreu eine katholische Politik ein, die religiöse Toleranz, von seltenen Ausnahmen wie Livorno abgesehen, nicht zum Kriterium staatlicher Politik aufrücken ließ.

Hier darf also gesagt werden, daß die föderalen Strukturen der deutschen Geschichte eine in Europa erstaunliche Eigentümlichkeit ermöglicht haben: konfessionelle Toleranz, wenn schon nicht intentional, so doch zumindest institutionell einhalten und wahren zu können. Darin galt das Reich (nicht die habsburgische Monarchie) im 18. Jahrhundert als vorbildlich, und darin glichen sich auch die helvetische Conföderation und die Union der niederländischen Staaten, deren Toleranzfähigkeit weithin föderal bedingt war.

Es waren genau diese föderalen Strukturen, die auch den Untergang des Römischen Reiches überdauerten. Sie kamen vielmehr nach 1800 erst voll zur Geltung, sei es im peripheren Rheinbund Napoleons, der sich der föderalen Vorgaben nur instrumental und egoistisch bediente, oder sei es im Deutschen Bund von 1815. Er diente dazu, eine deutsche Nationsbildung zu verhindern, um, mit Wilhelm von Humboldt zu sprechen, keinen staatlichen Machtblock im Innern Europas entstehen zu lassen, wohl aber genügend Kräfte zu bündeln, die sich gegen Bedrohungen aus Frankreich oder Rußland hinreichend schützen konnten.

Und es war eine alte reichsrechtliche Figur, innerhalb des politischen Verbandes Sonderbünde generieren zu dürfen. Der Zollverein fußt staats- oder völkerrechtlich auf einer solchen alten bündischen Wiederholungsstruktur. Er schloß, unter preußischer Hegemonie, immer mehr deutsche Staaten zusammen, um hinter gemeinsamen Zollgrenzen die Freiheit des Handels zu sichern und die Zolleinnahmen zugunsten aller zu steigern. Damit wurde Österreich wirtschaftspolitisch in das Abseits eines Entwicklungslandes gedrängt, das vom Zollverein erfolgreich überflügelt wurde. Hierin darf füglich eine föderal bedingte Voraussetzung des kommenden zweiten deutschen Reiches gesehen werden. Das erste gemeinsame Parlament des künftigen kleindeutschen Reiches war das Zollparlament von 1867, das übrigens keineswegs propreußisch abzustimmen gewillt war.

Nicht, daß aus diesen ökonomischen Interessenverbindungen unilinear auf die kleindeutsche Reichseinigung geschlossen werden dürfte. Aber die föderalen Verfassungsmöglichkeiten boten sich – mit jahrhundertelangen Vorläufen – an, um neue Wege einer deutschen Einigung zu erschließen.

Und so war denn auch das kleindeutsche Reich verfassungsrechtlich primär ein Bund souveräner Fürsten, die ihrem Verein den Namen eines Deutschen Reiches gaben. Ohne die Eindämmung der Ansprüche des deutschen Volkes auf eine unmittelbare Souveränität – sosehr Bismarck diese Forderungen zu nutzen wußte – wäre das zweite deutsche Reich nicht zustande gekommen. Und ohne die strukturellen Vorgaben einer immer schon möglichen Föderation der Territorialstaaten, die Bismarck ebenso zu nutzen wußte, wäre das zweite Reich ebensowenig zustande gekommen.

Wer wollte sich anmaßen, diese föderale Zwischenlösung – vor allem im Hinblick auf die folgenden Katastrophen – als verspätet oder als unzeitgemäß zu geißeln? Hatten es bisher die jahrhundertetiefen föderalen Vorgaben verhindert, eine einzige deutsche Nation zu institutionalisieren, so boten sie in den Einigungskriegen die einmalige Chance, überhaupt eine deutsche Nation staatsrechtlich zu begründen: als Bundesstaat. Es gehörte zu den spezifisch föderalen Erfahrungen der deutschen Geschichte, daß nur paritätische Einungen zwischen Ungleichen die Gleichheit von Ungleichen absichern konnten, daß nur ein Minimum von Kompromißfähigkeit ein Maximum an Erfolg sichert. Diese Lehren waren den deutschen Fürsten und Reichsstädten über viele Generationen hinweg eingeschrieben, Lehren, die Bismarck raffiniert zu nutzen wußte, sosehr sich die Liberalen und die Demokraten dagegen aufbäumten, um ein einziges deutsches Staatsvolk emphatisch und nationalistisch nachzuschieben.

Wird erst einmal der Blick auf diese jahrhundertalten Wiederholungsstrukturen föderaler Organisationsfähigkeit gelenkt, die sich von Situation zu Situation anpassend nur langsam gewandelt hat, dann rückt die Frage nach der verspäteten Nation in den Hintergrund oder selber auf ein ideologisch präpariertes Gleis. Plessner hat das in seinen Analysen scharfsinnig erkannt. Die deutsche Geschichte ist, dank ihren föderalen Rahmenbedingungen, immer schon vornational oder nachnational zugleich. Sie verlangt, wie er schrieb, »eine Lösung entweder im Sinne der vornationalen ökumenischen Reichsidee oder im Sinne der nachnationalen Organisation der Vereinigten Staaten von Europa, in jedem Falle eine Unzeitgemäßheit, weil von Vorgestern oder von Übermorgen« (S. 27 der ersten Auflage, S. 40 der zweiten Auflage).

Diese Formulierung im holländischen Exil 1933 zeugt von einem außerordentlichen Weitblick nach rückwärts und nach vorn. Es ist eben nicht, wie der suggestive Teil der zweiten Auflage nahelegt, die rechtzeitige Nationsbildung, die uns herausfordert, sondern die Frage nach den innerstaatlichen, zwischenstaatlichen und überstaatlichen Organisationsformen, die die Nationen daran hindern, normative Letztinstanz ohne gemeinsame Alternativen zu bleiben.

In dieser Sicht gewinnt auch die Geschichte der deutschen Nation, die sich erst im Krieg gegen Frankreich 1870, im Ersten und durch den Zweiten Weltkrieg als eine deutsche Nationalgeschichte verfestigt hat, ihre eigentümliche Bedeutung. Ein gemeinsamer Erfahrungsraum wurde erst durch diese Kriege gestiftet – so wie für die Franzosen die Revolutionskriege zum nationalen Legitimationstitel ihrer geschichtlichen Mission geworden sind, erneuert im Krimkrieg gegen Rußland, im Italienkrieg gegen Österreich und traumatisch gescheitert im Krieg gegen Preußen-Deutschland 1870/71.

Erst der Erste Weltkrieg schuf jene Notgemeinschaft eines deutschen Volkes, auf das sich danach alle Parteien berufen mußten, um zustimmungs- und aktionsfähig zu werden. Aber auch der Weimarer Staat blieb noch eine Föderation, wobei Bayern 1919 darauf drängte, Preußen nicht in Teilstaaten zu zerlegen, und 1932 vergeblich versuchte, die Unterwerfung des sozialdemokratischen Preußen unter die diktatorische Reichsgewalt zu verhindern. Die Zerstörung der föderalen Minimalstruktur der Weimarer Republik, die Zerschlagung des autonomen Preußen war der erste Akt, der die nationalsozialistische Machtergreifung im folgenden Jahr ermöglichte.

Und was dann folgte, vollzog sich zwar im Namen und mit der Zustimmung des sogenannten deutschen Volkes: ›Ein Volk, ein Reich, ein Führer‹. Es war das nationale Trauma, das Hitler hochtrug und ihm an die Macht verhalf. Aber seine Pläne und Ziele, die Hitler nach 1933 verfolgte, überschritten alle Rechtstitel und Begründungen, die sich auf ein in Europa noch prinzipiell konsensfähiges nationales Staatsideal beriefen, das auch Plessner noch im niederländischen Exil einklagte. Hitler und seine Partei bedienten sich zwar alter und anerkannter nationaler Ansprüche. Aber in der Praxis wurden sie bald fallengelassen. Massen wurden mobilisiert, unbeschadet ihrer nationalen Legitimation, und Rassen wurden beschworen, um ein hierarchisches Terrorsystem zu errichten, das alle sozialen, ethnischen oder nationalen Rechtstitel auf Selbsterhaltung zerstörte. Die Vernichtung der Juden und der Zigeuner sowie von Millionen als slawisch definierter Menschen – von anderen, anders kategorisierten Gruppen abgesehen – wurde zwar von den Deutschen vollzogen, aber ihre Handlungsmaximen wurden nicht mehr national begründet, sondern rassisch, übernational und mit einem Erlösungsanspruch, der nur den sogenannten Übermenschen zugute kommen sollte.

Es war gerade Plessner, der nicht müde wurde, diese ideologische Verirrung zu analysieren, die von den überkommenen Nationalbegriffen abhob, um rassebiologische Materialismen in die Tat umzusetzen. 1933 niedergeschrieben, hat er hier prognostisch Züge der deutschen Geschichte herausgearbeitet, die er – nach der Katastrophe – zu Recht unter die Rubrik der ›politischen Verführbarkeit bürgerlichen Geistes‹ einordnen konnte. Er suchte nach soziologischen und nach geistesgeschichtlichen Erklärungen, ohne diese an national vorgegebenen Konstanten festmachen zu wollen. Damit hat sich sein Text bereits 1933 implizit gegen ein Ideologem gewendet, das nach 1968 in Deutschland kritiklos wucherte: das Ideologem vom deutschen Sonderweg.

4.

In Anbetracht der bis 1940 unvorstellbaren Massenmorde, die danach administrativ und fabrikförmig und mit kaltem Fanatismus der Täter inszeniert worden sind, liegt es nahe, nach Gründen zu suchen, die diesen Ereigniskomplex der deutschen Geschichte erklären mögen. Mit der These eines deutschen Sonderweges wird versucht, die in sich einzigartigen Großverbrechen kausal oder genetisch aus der deutschen Geschichte abzuleiten. Aber auch diese These steht – wie die einer verspäteten Nation – auf theoretisch schwachen Füßen.

Handelt es sich bei der These von der verspäteten Nation um eine alternativelose Teleologie ex post – wie oben gezeigt –, so suggeriert die These vom deutschen Sonderweg eine zwangsläufige Kausalkette ex ante, die unentrinnbar in die schuldhaft verursachte Katastrophe führen mußte. Dieses Erklärungsangebot enthält mehrere theoretische Schwächen, die schon Plessner in seinen bedachtsamen Analysen zu vermeiden suchte.

Die Unterstellung eines deutschen Sonderweges impliziert die Behauptung, die deutsche Geschichte sei nicht nur einmalig, wie es alle Nationalgeschichten sind, sondern etwas ganz Besonderes, einzigartig, so wie der Massenmord an den Juden als einzigartig diagnostiziert wird. Als sei es nötig, die Ungeheuerlichkeit der Judenvernichtung durch eine ungeheuerliche Geschichte kausal zu begründen. In diesen axiomatisch vorgetragenen Sätzen lauern mehrere Kurzschlüsse.

Erstens nötigt die These eines Sonderweges, der nur der deutschen Nation eigentümlich sei, zur Folgerung, daß alle nationalen Geschichten – per definitionem – als nationale Geschichten ebenfalls Sonderwege eingeschlagen haben. Auf der Ebene der Ereignisabfolgen sind alle Nationalgeschichten einmalig und lassen sich dann im Vergleich als jeweilige Sonderwege definieren. Dann ist die französische Geschichte ein Sonderweg gemessen an der britischen, dann ist die russische Geschichte ein Sonderweg gemessen an der polnischen, dann ist die mecklenburgische Geschichte ein Sonderweg gemessen an der preußischen Geschichte, usw. usf. Das Einmaligkeitsaxiom, das auf der Ebene der Ereignissequenzen immer zutrifft, verbietet es, den einen mehr als einen anderen Weg zum Sonderweg auszurufen.

Wird dagegen, zweitens, die Frage auf den Vergleich selber gerichtet, um strukturelle Unterschiede oder Gemeinsamkeiten der verschiedenen Nationalgeschichten zu ermitteln, dann kann das Ergebnis nicht einen einzigartigen und in sich singulären Sonderweg freigeben. Dann müssen strukturell minimale Gemeinsamkeiten vorausgesetzt werden, um Unterschiede herausarbeiten zu können. Unser Versuch, die Nationalstaatsbildung in Europa mit föderalen Handlungsstrukturen zu konfrontieren, führte uns zu einer Skala von Möglichkeiten, die von Polen über das Reich zur Schweiz und zu den Niederlanden, und weiter nach Italien, Frankreich und Großbritannien überleitete. Danach läßt sich – aufgrund des Vergleichs – behaupten, daß die deutsche Geschichte sich durch föderale Strukturen auszeichnet, die eine Nationsbildung verhindert und verzögert haben, ohne daß jemals eine deutsche Nation »zu spät« entstanden wäre. Die moralisch genormte Sonderwegthese wird auf diese Weise methodisch erübrigt.

Das führt uns zu einer letzten Frage, die auf eine Sonderwegtheorie geradezu neuralgisch wirken muß. Wie weit soll die Kausalkette zurückreichen, um die Einzigartigkeit einer deutschen Geschichte herauspräparieren und behaupten zu können? Bis zu Arminius, bis zu Karl dem Großen, bis zu Luther, zu Friedrich II. von Preußen, bis zu Napoleon oder zu Bismarck, oder nur bis zu Hindenburg und Hitler selber – um nur diejenigen Namen symbolisch zu nennen, die seit langem positiv oder negativ für eine Sonderwegsthese argumentativ bemüht werden? Es gibt keinen theoretisch zwingenden Anfang einer Kausalkette, die ex ante konstruiert werden könnte. Für jedes Ereignis und für jeden Ereigniszusammenhang lassen sich so viele Gründe herbeirufen, wie es überhaupt Ereignisse gegeben hat oder Zusammenhänge sich konstruieren lassen. Sucht man z. B. nach der antisemitischen Vorgeschichte der Judenmorde seit 1933, so böte sich im Querschnitt von 1905 viel eher Frankreich an, wo der Antidreyfusianismus grassierte, oder Rußland, wo antijüdische Pogrome und Exzesse wucherten, während das Deutsche Reich vergleichsweise judenfreundlich zu sein schien. Um die Vorgeschichte der späteren Judenmorde kausalgenetisch im Deutschland von 1905 zu verorten, bedarf es subtilerer, psychologisch unwiderlegbarer und gegen jede Kritik immunisierbarer Argumentationen, etwa gerade in der Verdrängung einer offenen Judenfeindschaft die Herkunft brutaler Judenmorde aufzuspüren.

Nachdem ein Ereignis einmal eingetreten ist, ist es nicht mehr schwer, durch eine kausale Verdoppelung dieses Ereignisses den Anschein einer Notwendigkeit zu beschwören. Aber darin liegt die theoretische Insuffizienz solcher Erklärungsangebote. Ein Ereignis ist niemals deshalb mehr eingetreten, weil es eintreten mußte. Hinter solchen Kausallineaturen lauern Kurzschlüsse und Vereinfachungen – post hoc, ergo propter hoc. Damit läßt sich alles beweisen. Was aber mit derartigen Axiomen verfehlt wird, ist ausgerechnet jener moralische Anspruch, der mit der kausalgenetischen Sonderwegthese erhoben werden soll. Denn die freie Verantwortung derer, die gehandelt haben, also der wirklichen Täter, wird verschluckt von einer übermächtigen Geschichte, die den Deutschen ihren Sonderweg vermeintlich alternativelos vorgezeichnet habe. Damit verpufft die moralische Herausforderung, die von der Sonderwegthese beantwortet werden sollte, vollends. Das gilt auch für die Thesen Goldhagens.

Hier lohnt es sich, auf Plessner im Jahre 1933 zu hören. Er versuchte, Konstellationen aufzuzeigen, die die Spielräume unserer deutschen Geschichte begrenzten, aber ebenso offenhielten für andere oder neue Wege. Derartige Konstellationen hängen auch ab von den Bedingungen der Nachbarländer und deren Völker, so daß ein Minimum von Wechselwirkung mitbedacht werden muß, um die Einmaligkeit oder Unverwechselbarkeit einer spezifisch national-historischen Lage zu erkennen.

Daß es gerade die föderalen Strukturen waren, die die deutsche Geschichte als vormodern und, wie man heute zu sagen beliebt, als postmodern kennzeichnen lassen, sollte uns zu weiteren Überlegungen herausfordern. Denn in diesen Strukturen sind Handlungsvarianten enthalten, die wir nicht selbst geschaffen haben, die uns gleichwohl zum Handeln aufrufen können. Nirgends steht geschrieben, daß die Nation ein Ziel der Geschichte ist, das zu erreichen eine temporale Pflicht sei, die jede Verspätung bestraft. Aber sicher ist, daß politische Handlungsfähigkeit nur durch Kompromißfähigkeit gewahrt werden kann und daß die Anerkennung von

Minderheiten, also die Gleichberechtigung Ungleicher, eine Voraussetzung jeder europäischen Völkergemeinschaft ist: beides alte Erfahrungssätze einer föderal strukturierten Geschichte.

Orts- und Namenregister

Begriffs- und Sachregister

Nachweise

Zeitschichten. Erstdruck in: *Zeit und Wahrheit. Europäisches Forum Alpbach 1994*, hg. v. Heinrich Pfusterschmid-Hardtenstein, Wien: Ibera-Verlag 1995, S. 95-100.

Erfahrungswandel und Methodenwechsel. Eine historisch-anthropologische Skizze. Erstdruck in: *Historische Methode*, hg. v. Christian Meier und Jörn Rüsen, München: R. Oldenbourg 1988 (Beiträge zur Historik, Bd. 5), S. 13-61.

Raum und Geschichte. Schlußvortrag auf dem Historikertag in Trier 1986, bisher unveröffentlicht. Die Anmerkungen wurden um einige seitdem erschienene Publikationen ergänzt.

Historik und Hermeneutik. Vortrag zu Ehren Hans-Georg Gadamers 85. Geburtstag, am 16. 2. 1985. Erstdruck als Sitzungsbericht der Heidelberger Akademie der Wissenschaften, Philosophisch-historische Klasse, Jg. 1987, Bericht 1, Heidelberg: Carl Winter 1987, S. 9-28; darin auch Hans-Georg Gadamers extemporierte Replik S. 29-36.

Die Verzeitlichung der Utopie. Erstdruck in: *Utopieforschung. Interdisziplinäre Studien zur neuzeitlichen Utopie*, hg. v. Wilhelm Voßkamp, Stuttgart: Metzler 1982, Bd. 3, S. 1-14.

Gibt es eine Beschleunigung der Geschichte? Vortrag vor der Rheinisch-Westfälischen Akademie der Wissenschaften, 1976. Bisher Teilabdruck unter dem Titel *Fortschritt und Beschleunigung. Zur Utopie der Aufklärung*, in: *Der Traum der Vernunft. Vom Elend der Aufklärung*, hg. v. d. Berliner Akademie der Künste, Darmstadt und Neuwied: Luchterhand 1985, S. 75-103.

Zeitverkürzung und Beschleunigung. Eine Studie zur Säkularisation. Bisher ungedruckter Vortrag, 1985 in Neapel in italienischer Sprache unter dem Titel »Accelerazione e Secolarizzazione« gehalten (übers. v. G. Marramao).

Die unbekannte Zukunft und die Kunst der Prognose. Erstdruck in: Attempto. Nachrichten für die Mitglieder der Vereinigung der Freunde der Universität Tübingen, Heft 70/71, 1984/85, S. 80-85, und in: *Soziologie und gesellschaftliche Entwicklung. Verhandlungen des 22. Deutschen Soziologentages in Dortmund 1984*, hg. v. Burkart Lutz, Frankfurt am Main und New York: Campus 1985, S. 45-59.

Wie neu ist die Neuzeit? Erstdruck in: Schriften des Historischen Kollegs, hg. v. der Stiftung Historisches Kolleg, Dokumentationen 7, dritte Verleihung des Preises des Historischen Kollegs (1989), München 1991, S. 37-52. Hier Nachdruck der um die Danksagung gekürzten Fassung aus der ›Historischen Zeitschrift‹, Bd. 251, München: R. Oldenbourg 1990, S. 539-552.

Hinweise auf die ›Neue Zeit‹ im Französischen Revolutionskalender. Erstdruck unter der Rubrik »Anmerkungen zum Revolutionskalender und zur ›Neuen Zeit‹«, in *Die Französische Revolution als Bruch des gesellschaftlichen Bewußtseins*, hg. v. Reinhart Koselleck und Rolf Reichardt, München: R. Oldenbourg 1988, S. 61-64.

Stetigkeit und Wandel aller Zeitgeschichte. Erstdruck unter dem Titel *Begriffsgeschichtliche Anmerkungen zur ›Zeitgeschichte‹*, in: *Die Zeit nach 1945 als Thema kirchlicher Zeitgeschichte*, hg. v. Victor Conzemius, Martin Greschat und Hermann Kocher, Göttingen: Vandenhoeck & Ruprecht 1988, S. 17-31.

Erinnerungsschleusen und Erfahrungsschichten. Der Einfluß der beiden Weltkriege auf das soziale Bewußtsein. Erstdruck in: *Der Krieg des kleinen Mannes. Eine Militärgeschichte von unten*, hg. v. Wolfram Wette, München und Zürich: Piper 1992, S. 324-343, mit dem Untertitel als Überschrift. Der Text wurde erstmals vorgetragen auf einer im September 1984 von der Polnischen Akademie der Wissenschaften veranstalteten Konferenz, die den Vergleich der beiden Weltkriege zum Thema hatte, deren Vorlagen aber nicht gedruckt wurden.

Die Zeiten der Geschichtsschreibung. Zuerst als Rundfunkvortrag für den Sender Freies Berlin unter dem Titel *Die Zeit der Geschichtsschreibung*, Frühjahr 1982, im Rahmen einer Sendereihe über die ›Zeit‹.

Über die Theoriebedürftigkeit der Geschichtswissenschaft. Erstdruck in: *Theorie der Geschichtswissenschaft und Praxis des Geschichtsunterrichts*, hg. v. Werner Conze, Stuttgart: Klett 1972, S. 10-28, hier gekürzt um die ›praktischen Folgerungen‹, die sich auf das – wie üblich nur teilweise realisierte – Reformprogramm der Bielefelder Fakultät für Geschichtswissenschaft bezogen hatten.

Moderne Sozialgeschichte und historische Zeiten. Erstdruck in englischer Sprache unter dem Titel *Concepts of historical time and social history*, in: *La Philosophie de l'histore et la pratique historienne d'aujourd'hui*, hg. v. David Carr u.a., Ottawa 1982 (Akten des internationalen Kolloquiums zur Geschichtsphilosophie 1980 in Ottawa), S. 113-126. Deutsche Originalfassung in: *Theorie der modernen Geschichtsschreibung*, hg. v. Pietro Rossi, Frankfurt am Main: Suhrkamp 1987, S. 173-190.

Geschichte, Recht und Gerechtigkeit. Erstdruck in den Akten des 26. Deutschen Rechtshistorikertages, hg. v. Dieter Simon, Frankfurt am Main: Vittorio Klostermann 1987, S. 129-149.

Deutschland – eine verspätete Nation? Erstdruck: *De late kommst van de Duitse natie*, in: *Leven met Duitsland. Opstellen over geschiedenis en Politiek*, aangeboden aan Maarten Brands, uitgeverij G. A. van Oorschot, Amsterdam 1998, S. 11-33. Erstdruck in deutscher Sprache: Reinhart Koselleck, *Europäische Umrisse deutscher Geschichte. Zwei Essays*, Heidelberg: Manutius 1999, S. 37-78.